OEUVRES

DE

CONDORCET.

PARIS. — TYPOGRAPHIE DE FIRMIN DIDOT FRÈRES, RUE JACOB, 56.

OEUVRES

DE

CONDORCET

publiées par

A. CONDORCET O'CONNOR,

Lieutenant-Général

ET M. F. ARAGO,

Secrétaire perpétuel de l'Académie des Sciences.

———

TOME HUITIÈME.

PARIS.

FIRMIN DIDOT FRÈRES, LIBRAIRES,

IMPRIMEURS DE L'INSTITUT,

RUE JACOB, 56.

———

1847.

ÉCONOMIE POLITIQUE

ET

POLITIQUE.

—

TOME II.

DE L'INFLUENCE

DE LA

RÉVOLUTION D'AMÉRIQUE

SUR L'EUROPE.

—⁕—

A M. le marquis de la FAYETTE, qui, à l'âge où les hommes ordinaires sont à
peine connus dans leur société, a mérité le titre de bienfaiteur
des deux mondes.

PAR UN HABITANT OBSCUR DE L'ANCIEN HÉMISPHÈRE.

1786 (1).

(1) Inséré en 1788 dans les *Recherches historiques et politiques
sur les États-Unis,* par Mazzey.

DE L'INFLUENCE

DE LA

RÉVOLUTION D'AMÉRIQUE

SUR L'EUROPE.

INTRODUCTION.

Le chemin de la vérité, dit le poëte Sadi, est étroit et placé entre deux précipices. Le moindre faux pas fait rouler au fond; on se relève étourdi de la chute; on gravit avec peine pour se rapprocher du sommet; on croit y toucher; on fait un dernier effort, et l'on retombe de l'autre côté.

L'Amérique avait à peine déclaré son indépendance, et nos politiques voyaient déjà clairement que la ruine de l'Angleterre et la prospérité de la France devaient être la conséquence nécessaire de cette heureuse révolution. Cette indépendance est reconnue, assurée; ils semblent la voir avec indifférence, et ne s'avisent de douter de leurs prédictions qu'à l'instant où l'événement commence à en vérifier la dernière partie.

J'ai cru que ce moment où l'opinion semble s'égarer en sens contraire, était précisément celui où il pouvait être utile de discuter tranquillement les conséquences de ce grand événement, et je vais tâcher d'être prophète de sang-froid.

Le prix proposé par M. l'abbé Raynal, sur le bien et le mal qui ont résulté pour l'Europe de la découverte du Nouveau-Monde, avait excité mon intérêt; j'avais osé entreprendre de résoudre cette question, mais j'ai senti que ce travail était au-dessus de mes forces, et je n'ai sauvé de l'incendie que le chapitre où j'examinais l'influence que l'indépendance de l'Amérique aurait sur l'humanité, sur l'Europe, sur la France en particulier, et l'analyse des principes d'après lesquels j'essayais de trouver une méthode de mesurer les différents degrés du bonheur public.

Une nation prise en corps étant un être abstrait, elle ne peut être ni heureuse ni malheureuse. Ainsi, quand on parle du bonheur d'une nation collectivement, on ne peut entendre que deux choses : ou une espèce de valeur moyenne, regardée comme le résultat du bonheur et du malheur des individus; ou les moyens généraux de bonheur, c'est-à-dire de tranquillité et de bien-être que le sol, les lois, l'industrie, les rapports avec les nations étrangères, peuvent offrir à la généralité des citoyens. Il suffit d'avoir quelque idée de justice pour sentir que l'on doit s'en tenir au dernier sens.

Autrement, il faudrait adopter la maxime trop répandue chez les républicains anciens et modernes, que le petit nombre peut être légitimement sacrifié au plus grand; maxime qui met la société dans un état de guerre perpétuelle, et soumet à l'empire de la force ce qui ne devrait l'être qu'à la raison et à la justice.

Les moyens généraux de bonheur pour l'homme en société peuvent se partager en deux classes : la première comprend tout ce qui assure, tout ce qui étend la jouissance libre de ses droits naturels. La seconde renferme les moyens de diminuer le nombre des maux auxquels l'humanité est assujettie par la nature; de pourvoir à nos premiers besoins plus sûrement et avec moins de travail; de nous procurer un plus grand nombre de jouissances par l'emploi de nos forces et l'usage légitime de nos industries; et, par conséquent, les moyens d'augmenter notre force et notre industrie doivent être rangés dans la même classe.

Les droits de l'homme sont : 1° la sûreté de sa personne, sûreté qui renferme l'assurance de n'être troublé par aucune violence, ni dans l'intérieur de sa famille, ni dans l'emploi de ses facultés, dont il doit conserver l'exercice indépendant et libre pour tout ce qui n'est pas contraire aux droits d'un autre.

2° La sûreté et la jouissance libre de sa propriété.

3º Comme, dans l'état de société, il y a certaines actions qui doivent être assujetties à des règles communes; comme il faut établir des peines pour les atteintes portées par un individu aux droits d'autrui, soit par la violence, soit par la fraude, l'homme a encore le droit de n'être soumis pour tous ces objets qu'à des lois générales, s'étendant à l'universalité des citoyens, dont l'interprétation ne puisse être arbitraire, dont l'exécution soit confiée à des mains impartiales.

4º Enfin, le droit de contribuer, soit immédiatement, soit par des représentants, à la confection de ces lois et à tous les actes faits au nom de la société, est une conséquence nécessaire de l'égalité naturelle et primitive de l'homme, et l'on doit regarder une jouissance égale de ce droit pour chaque homme usant de sa raison, comme le terme duquel on doit chercher à se rapprocher. Tant qu'on ne l'a pas atteint, on ne peut pas dire que les citoyens jouissent de ce dernier droit dans toute son étendue.

Il n'est aucun des droits des hommes qu'on ne puisse déduire facilement de ceux auxquels nous venons d'essayer de les réduire, et il serait même aisé de prouver que tous les principes des lois civiles, criminelles, comme ceux des lois d'administration, de commerce, de police, sont une suite de l'obligation de respecter les droits compris dans les trois premières divisions.

Le bonheur d'une société est d'autant plus grand, que ces droits y appartiennent avec plus d'étendue aux membres de l'État. Mais la jouissance de chacun de ces mêmes droits n'est pas également importante pour le bonheur commun; nous les avons placés ici suivant l'ordre dans lequel nous croyons qu'ils contribuent à ce bonheur, et nous ajouterons même que, dans une société très-nombreuse, il doit arriver presque nécessairement que le dernier de ces droits se trouve presque nul pour le plus grand nombre des habitants d'un pays.

Des républicains zélés l'ont regardé comme le premier de tous; et il est vrai sans doute que, dans une nation éclairée, dégagée de toute superstition, où il appartiendrait en réalité à tout citoyen qui pourrait ou voudrait l'exercer, la jouissance de ce droit assurerait celle de tous les autres. Mais il perd ses avantages les plus précieux, si l'ignorance, si les préjugés écartent ceux qui doivent l'exercer du sentier étroit que la règle immuable de la justice leur a tracé; et, relativement au bonheur public, une république qui aurait des lois tyranniques peut être fort au-dessous d'une monarchie.

En adoptant cet ordre, on sent que la violation très-fréquente ou très-forte d'un droit moins essen-

tiel peut nuire davantage au bonheur commun que
la violation légère ou très-rare d'un droit plus important; qu'ainsi, par exemple, une forme dans la
jurisprudence criminelle, qui exposerait les innocents à être condamnés par des juges ignorants ou
prévenus, peut faire plus de mal à un pays qu'une
loi qui condamnerait à mort pour un délit imaginaire
très-rare dans le lieu où cette peine est établie. Des
lois fiscales, des lois prohibitives peuvent, en atta-
quant l'exercice libre de la propriété, être plus nuisibles qu'un pouvoir d'emprisonner arbitrairement,
dont on ne ferait qu'un usage très-rare.

Ces principes sont simples; mais la manière d'évaluer les degrés du mal ou du bien que peuvent produire ces différentes lésions des droits naturels, ou
la destruction des abus contraires à ces droits, commence à devenir difficile. Il ne suffirait pas de connaître avec précision les effets de chaque loi injuste,
de chaque réforme utile, il faudrait encore une
mesure commune à laquelle on pût les comparer.

Quant à la seconde classe de moyens de bonheur,
il est aisé de voir qu'ils dépendent encore en très-
grande partie de l'exercice plus étendu et plus libre
des droits naturels, et ils se bornent ensuite d'abord
à la jouissance d'une paix durable et assurée avec
les puissances étrangères; puis à l'augmentation des
moyens de se procurer plus de jouissances avec un

travail égal, soit par celle des lumières et de l'industrie, soit par l'extension des relations avec les autres peuples, soit surtout par une plus grande égalité dans la distribution de ces moyens entre les membres de la société. En effet, comme la population se proportionne nécessairement à la quantité des subsistances, reproduites dans une année ordinaire, on voit aisément que jamais la masse des jouissances pour la pluralité des citoyens ne peut être très-grande, au moins d'une manière constante et durable ; et qu'ainsi c'est dans la distribution plus égale de ces jouissances que l'on doit chercher le bonheur public. C'est à maintenir ou à rétablir cette égalité entre les membres d'une nation, sans nuire au droit de propriété, sans gêner l'exercice légitime de la liberté, que doivent tendre toutes les lois civiles, toutes celles qui ont le commerce pour objet.

Il résulte de ces mêmes principes, que le bonheur d'un peuple, loin de s'accroître par le malheur ou l'affaiblissement de ses voisins, doit augmenter, au contraire, par la prospérité des autres peuples, puisqu'il en recevrait alors l'exemple des bonnes lois ou de la destruction des abus, de nouveaux moyens d'industrie, tous les avantages, enfin, qui naissent de la communication des lumières ; et il est sensible en même temps que la masse des jouissances communes et la facilité de les répartir avec plus d'égalité, est pour tous les peuples l'effet nécessaire des progrès de chacun d'eux.

La seule exception à cette loi générale, est le cas où un peuple égaré par une fausse politique fatigue ses voisins par son ambition, et cherche, soit par la guerre, soit par des monopoles, soit par des lois prohibitives de commerce, à leur rendre, à ses propres dépens, sa puissance dangereuse et sa prospérité inutile.

Tels sont les principes d'après lesquels je vais essayer de montrer quelle doit être l'influence de la révolution d'Amérique.

On ne trouvera, peut-être, à l'auteur de ces réflexions, d'autre mérite que celui de rêver plus en grand que l'abbé de Saint-Pierre, et il répondra comme lui : Je me consolerai sans peine d'avoir passé toute ma vie pour un rêveur, si je puis espérer qu'un siècle après moi, l'exécution d'une de mes idées puisse faire un peu de bien.

C'est même trop exiger. En cherchant à répandre quelques vérités isolées et stériles en elles-mêmes, on peut faciliter à la longue des combinaisons d'idées plus heureuses et plus fécondes. N'est-ce pas encore être utile que de contribuer à diriger l'attention des bons esprits sur une matière importante, à leur inspirer le désir d'en faire l'objet de leurs méditations ou de leurs recherches ? On n'aurait aucun droit à la gloire qu'ils pourraient mériter, mais on en aurait du moins au plaisir d'avoir été l'occasion de quelque bien ; et serait-ce payer trop cher ce plaisir que de l'acheter par un léger sacrifice d'amour-propre, par l'humiliation de s'être trompé de bonne foi, ou de n'avoir dit sur de grands objets que des vérités petites et communes ?

CHAPITRE PREMIER.

Influence de la révolution d'Amérique sur les opinions et la législation de l'Europe.

Le genre humain avait perdu ses titres, Montesquieu les a retrouvés et les lui a rendus (1). Mais il ne suffit pas qu'ils soient écrits dans les livres des philosophes et dans le cœur des hommes vertueux, il faut que l'homme ignorant ou faible puisse les lire dans l'exemple d'un grand peuple.

L'Amérique nous a donné cet exemple. L'acte qui a déclaré son indépendance est une exposition simple et sublime de ces droits si sacrés et si long-temps oubliés. Dans aucune nation, ils n'ont été ni si bien connus, ni conservés dans une intégrité si parfaite.

L'esclavage des nègres subsiste encore, à la vérité,

______

(1) Voltaire.

dans quelques-uns des États-Unis ; mais tous les hommes éclairés en sentent la honte, comme le danger, et cette tache ne souillera plus longtemps la pureté des lois américaines.

Ces sages républicains, encore attachés à quelques restes des préjugés anglais, n'ont pas senti assez que les lois prohibitives, les règlements de commerce, les impôts indirects étaient de véritables atteintes au droit de propriété, dont ces institutions restreignent le libre exercice, car on ne possède point ce dont on ne peut disposer. En établissant une tolérance plus étendue qu'aucune autre nation, ils ont consenti à quelques limitations exigées par le peuple, mais contraires, sinon à l'exercice de la liberté personnelle, du moins au droit qu'a chaque homme de n'être soumis à aucune privation pour avoir cru ce que sa raison lui ordonnait de croire. On pourrait, peut-être, encore trouver dans les lois de quelques États de faibles restes d'un fanatisme trop aigri par de longues persécutions, pour céder aux premiers efforts de la philosophie ; mais si on compare ces atteintes portées aux droits naturels des hommes à tout ce qu'un œil éclairé pourrait en découvrir dans les législations des peuples les plus sages, surtout dans celles de ces nations anciennes que l'on admire tant et que l'on connaît si peu, on sentira que notre opinion sur celles de l'Amérique n'est pas le fruit d'un enthousiasme exagéré, ni pour cette nation, ni pour notre siècle.

D'ailleurs, si on peut faire aux Américains des reproches fondés, ils n'ont pour objet que des erreurs

particulières ou d'anciens abus que les circonstances
n'ont pas permis de corriger. Il leur suffira d'être
conséquents pour tout réparer. Ils sont le seul peuple
chez lequel on ne trouve, ni des maximes du ma-
chiavélisme érigées en principes politiques, ni parmi
les chefs, l'opinion sincère ou feinte de l'impossibilité de perfectionner l'ordre social et de concilier la
prospérité publique avec la justice.

Le spectacle d'un grand peuple où les droits de
l'homme sont respectés, est utile à tous les autres,
malgré la différence des climats, des mœurs et des
constitutions. Il apprend que ces droits sont partout
les mêmes, et qu'hors un seul, auquel, pour l'intérêt de la tranquillité publique, le citoyen vertueux
doit savoir renoncer dans certaines constitutions,
il n'est point d'État où l'homme ne puisse jouir de
tous les autres dans leur entière étendue.

Il fait sentir l'influence que la jouissance de ces
droits a sur la prospérité commune, en montrant
que l'homme, qui n'a jamais craint d'outrages pour
sa personne, acquiert une âme plus élevée et plus
douce; que celui dont la propriété est toujours assurée, trouve la probité facile; que le citoyen qui ne
dépend que des lois a plus de patriotisme et de
courage.

Cet exemple, si utile à toutes les nations qui
peuvent le contempler, allait être perdu pour le genre
humain. Les grandes nations méprisent l'exemple
des petits peuples, et l'Angleterre qui, depuis un
siècle, en avait donné un si imposant, n'allait plus
servir qu'à accréditer par sa chute l'opinion si répan-

due, si dangereuse et si fausse, que les lois ne peuvent avoir sur les peuples qu'un empire passager, et que les corps politiques sont condamnés à se dissoudre après quelques instants d'une vie plus ou moins brillante. Si l'Amérique eût succombé sous les armes de l'Angleterre, le despotisme y aurait bientôt forgé les fers de la mère patrie, et les Anglais auraient éprouvé le sort de toutes les républiques qui ont cessé d'être libres, pour avoir voulu avoir des sujets au lieu de n'avoir que des citoyens.

Or, l'Angleterre eût perdu ses lois en perdant sa liberté. Il peut arriver sans doute que dans une monarchie paisible, un sage législateur respecte assez les droits des hommes pour faire envier au fier républicain le sort de ses heureux sujets. On sait que cette vérité, importante pour la tranquillité de ces constitutions, a été prouvée par des philosophes français, précisément dans le même temps où ils étaient accusés dans les journaux, dans les mandements et dans les réquisitoires, de prêcher la sédition. Mais la violence seule peut assujettir celui qui a joui de la liberté ; et pour que le citoyen consente à cesser de l'être, il faut lui ravir jusqu'à la dignité d'homme.

Par une conséquence nécessaire du respect qu'ont eu les lois de l'Amérique pour les droits naturels de l'humanité, tout homme, quels que soient sa religion, ses opinions, ses principes, est sûr d'y trouver un asile. En vain l'Angleterre offrait-elle le même avantage, du moins aux protestants. L'industrie de ses habitants ne laisse point de ressource à celle de l'étranger, sa richesse repousse le pauvre; il reste peu de place sur un sol où le commerce, les manufactures ont multiplié les hommes. Son climat ne convient même qu'aux peuples d'une petite partie de l'Europe. L'Amérique, au contraire, offre à l'industrie des espérances séduisantes; le pauvre y trouve une subsistance facile : une propriété assurée, suffisante à ses besoins, peut y devenir le prix de son travail. Un climat plus varié convient aux hommes de tous les pays.

Mais en même temps l'Amérique est séparée des peuples de l'Europe par une vaste étendue de mer. Il faut d'autres motifs pour engager à la traverser, qu'un simple désir d'augmenter son bien-être. L'opprimé seul peut avoir la volonté de franchir cet obstacle : ainsi l'Europe, sans avoir à craindre de grandes émigrations, trouve dans l'Amérique un frein utile pour les ministres qui seraient tentés de trop mal gouverner. L'oppression doit y devenir plus timide, lorsqu'elle saura qu'il reste un asile à celui qu'elle aurait marqué pour sa victime, et qu'il peut, à la fois, lui échapper et la punir en la forçant de se présenter avec lui au tribunal de l'opinion.

La liberté de la presse est établie en Amérique, et l'on y a regardé avec une juste raison le droit de dire et celui d'entendre les vérités qu'on croit utiles, comme un des droits les plus sacrés de l'humanité.

Dans un pays où le saule serait un arbre sacré, et où il serait défendu, sous peine de la vie, d'en rompre une branche pour sauver un homme qui se noie, dirait-on que la loi ne porte aucune atteinte ni à la liberté, ni à la sûreté des citoyens? Si l'absurdité des lois contre la liberté de la presse ne nous parait pas aussi palpable, c'est que malheureusement l'habitude a le pouvoir funeste de familiariser la faible raison humaine avec ce qui doit le plus la révolter.

Or, l'exemple seul de tout le bien que la liberté de la presse a fait et fera encore en Amérique, sera d'autant plus utile pour l'Europe, qu'il est plus propre que celui de l'Angleterre à rassurer contre les prétendus inconvénients de cette liberté. Déjà plus d'une fois on a vu l'Américain se soumettre tranquillement à des lois dont il avait attaqué avec chaleur, ou les principes ou les effets, et obéir avec respect aux dépositaires de la puissance publique, sans renoncer au droit de chercher à les éclairer et de dénoncer à la nation leurs fautes ou leurs erreurs. On a vu des discussions publiques détruire les préjugés, et préparer aux vues sages de ces législations naissantes l'appui de l'opinion générale.

On a vu cette liberté, loin de favoriser l'intrigue, dissiper des associations particulières, empêcher ceux qui étaient conduits par des vues personnelles de se former des partis, et on a pu en conclure que les déclamations et les libelles n'ont de danger, qu'autant que la sévérité des lois les oblige de circuler dans les ténèbres.

On y a vu, enfin, que l'opinion répandue facilement et promptement dans un pays immense, au moyen de l'impression, offrait au gouvernement, dans des circonstances difficiles, une arme souvent plus puissante que les lois. Nous n'en citerons qu'un exemple : la désertion s'était introduite dans une partie de la milice; les peines les plus sévères n'avaient pu l'arrêter, parce que l'espérance de l'impunité leur ôtait toute leur force. On proposa d'insérer le nom du coupable dans la gazette de son pays, et la crainte de cette punition fut plus efficace que celle de la mort. On sent que cette manière si noble et si généreuse de faire rentrer les citoyens dans le devoir, doit tout son succès au droit qu'aurait eu l'accusé de réclamer avec une égale publicité contre une inculpation injuste.

En Angleterre, l'usage d'éluder par des subtilités, souvent ridicules, les lois encore subsistantes contre la liberté de la presse, le scandale des libelles, la vénalité des écrivains politiques, la fausse chaleur d'un patriotisme qu'on ne sent pas, ont empêché de s'apercevoir que ce pays doit plus encore à la liberté de la presse, qu'à sa constitution, le maintien des lois et le respect qu'on y conserve pour la partie des droits de l'humanité que l'opinion y a consacrés.

Croit-on qu'en voyant la tolérance la plus étendue dont aucun peuple ait encore joui, loin d'exciter des troubles en Amérique, y faire fleurir la paix et la fraternité, les gouvernements des pays où l'intolérance règne encore continueront de la croire nécessaire au repos des États, et n'apprendront pas, enfin, qu'ils peuvent, sans danger, obéir à la voix de la justice et de l'humanité? Jadis le fanatisme osait se montrer à découvert, et demander, au nom de Dieu, le sang des hommes : la raison l'a forcé de se cacher; il a pris le masque de la politique, et c'est pour le bien de la paix, qu'il demande qu'on lui laisse encore les moyens de la troubler. Mais l'Amérique a prouvé qu'un pays peut être heureux, quoiqu'il n'y ait dans son sein ni persécuteurs, ni hypocrites, et les politiques qui auraient eu peine à le croire sur l'autorité des sages, le croiront, sans doute, sur celle de cet exemple.

En observant comment les Américains ont fondé leur repos et leur bonheur sur un petit nombre de maximes, qui semblent l'expression naïve de ce que le bon sens aurait pu dicter à tous les hommes, on cessera de vanter ces machines si compliquées, où la multitude des ressorts rend la marche violente, irrégulière et pénible; où tant de contre-poids, qui, dit-on, se font équilibre, se réunissent dans la réalité pour peser sur le peuple. Peut-être sentira-t-on le peu d'importance, ou plutôt le danger de ces subtilités politiques trop longtemps admirées, de ces systèmes où l'on veut forcer les lois, et par conséquent la vérité, la raison, la justice, leurs bases immuables, à changer suivant la température, à se plier à la forme des gouvernements, aux usages que le préjugé a consacrés, et même aux sottises adoptées par chaque peuple, comme s'il n'eût pas été plus humain, plus juste et plus noble, de chercher, dans une législation raisonnable, des moyens de l'en désabuser.

On verra qu'on peut avoir de braves guerriers, des soldats obéissants, des troupes disciplinées, sans recourir à la dureté des administrations militaires de plusieurs nations de l'Europe, où les subalternes sont jugés sur les mémoires secrets de leurs chefs, condamnés sans avoir été entendus, punis sans avoir pu se défendre, où c'est un nouveau crime de demander à prouver son innocence, et un crime bien plus grand encore d'imprimer qu'on n'est point coupable. Il faut cependant l'avouer, ce n'est pas à la corruption, à une injustice réfléchie, à une dureté tyrannique, qu'il faut attribuer ce système d'oppression secrète qui viole à la fois les droits des citoyens et ceux des nations : c'est encore moins à la nécessité, car il est, à la fois, aussi inutile, aussi dangereux pour la discipline, pour la sûreté de l'État, qu'il peut être injuste. Que faut-il donc en accuser ? Hélas ! c'est seulement cette ignorance invincible du droit naturel qui excuse du péché ; et l'exemple d'un peuple libre, mais soumis avec docilité aux lois militaires comme aux lois civiles, aura sans doute le pouvoir de nous en guérir.

Le spectacle de l'égalité qui règne dans les États-Unis, et qui en assure la paix et la prospérité, peut aussi être utile à l'Europe. Nous n'y croyons plus, à la vérité, que la nature ait divisé la race humaine en trois ou quatre ordres, comme la classe des Solipèdes, et qu'un de ces ordres y soit aussi condamné à travailler beaucoup et à peu manger. On nous a tant parlé des avantages du commerce et de la circulation, que le noble commence à regarder un banquier et un commerçant presque comme son égal, pourvu qu'il soit très-riche ; mais notre philosophie ne va pas plus loin, et nous imprimions encore, il n'y a pas longtemps, que le peuple est, dans certains pays, taillable et corvéable de sa nature.

Nous disions, il n'y a pas encore longtemps, que le sentiment de l'honneur ne peut exister dans toute sa force, que dans certains États, et qu'il fallait avilir la plus grande partie d'une nation, afin de donner au reste un peu plus d'orgueil.

Mais, voici ce qu'on pourra lire dans l'histoire de l'Amérique. Un jeune général français, chargé de défendre la Virginie contre une armée supérieure, voyant que les soldats qu'on avait tirés de leurs régiments pour lui former un corps de troupes l'abandonnaient, déclara, pour faire cesser cette espèce de désertion, que, voulant avoir avec lui des hommes choisis, il renverrait de l'armée tous ceux dont il soupçonnerait la valeur, la fidélité ou l'intelligence. Dès ce moment, aucun n'eut l'idée de se retirer. Un soldat qu'il voulait charger d'une commission particulière exigea de lui la promesse que, s'il venait à périr en l'exécutant, on mettrait dans la gazette de son pays, qu'il n'avait quitté le détachement que par ordre du général; un autre hors d'état de marcher à cause d'une blessure, loua un chariot à ses dépens pour suivre l'armée. Alors, on sera forcé de convenir que le sentiment de l'honneur est le même dans toutes les constitutions, qu'il agit avec une force égale sur les hommes de toutes les conditions, pourvu qu'aucune d'elles ne soit ni avilie par une opinion injuste, ni opprimée par de mauvaises lois.

Tels sont les biens que l'humanité entière doit attendre de l'exemple de l'Amérique, et nous serions

surpris qu'on regardât comme chimériques ces avantages, parce qu'ils n'ont pas une influence immédiate
et physique sur le sort des individus. Ce serait igno-
rer que le bonheur des hommes réunis en société
dépend presque uniquement des bonnes lois, et
que, s'ils doivent leur premier hommage au législateur qui réunit à la sagesse de les concevoir la volonté et le pouvoir de les prescrire, ceux qui, par
leur exemple ou par leurs leçons, indiquent à chaque
législateur les lois qu'il doit faire, deviennent après
lui les premiers bienfaiteurs des peuples.

CHAPITRE II.

**Des avantages de la révolution d'Amérique, relativement à la
conservation de la paix en Europe.**

L'abbé de Saint-Pierre avait osé croire que les
hommes seraient un jour assez raisonnables pour
que les nations consentissent, d'un commun accord,
à renoncer au droit barbare de la guerre, et à soumettre au jugement d'arbitres paisibles la discussion
de leurs prétentions, de leurs intérêts ou de leurs
griefs. Sans doute cette idée n'est pas chimérique;
il est si clairement prouvé que la guerre ne peut jamais être un bien pour la pluralité des individus
d'une nation! Et pourquoi les hommes qui se sont
accordés si longtemps pour se livrer à des erreurs
absurdes et funestes, ne s'accorderaient-ils pas un

jour pour adopter des vérités simples et salutaires?
Mais cette espérance est encore loin de se réaliser.

Peut-être l'abbé de Saint-Pierre aurait-il été plus
utile, si, au lieu de proposer aux souverains (monar-
ques, sénats ou peuples) de renoncer au droit de
faire la guerre, il leur eût proposé de conserver ce
droit, mais d'établir en même temps un tribunal
chargé de juger, au nom de toutes les nations, les
différends qui peuvent s'élever entre elles, sur la remise des criminels, sur l'exécution des lois de commerce, les saisies de vaisseaux étrangers, les violations de territoire, l'interprétation des traités, les
successions, etc. Les différents États se seraient réservé le droit d'exécuter les jugements de ce tribunal, ou d'en appeler à celui de la force. Les hommes
qui l'auraient composé auraient été chargés de rédiger un code de droit public, fondé uniquement
sur la raison et sur la justice, et que les nations con-
fédérées seraient convenues d'observer pendant la
paix. Ils en eussent formé un autre, destiné à contenir les règles qu'il serait de l'utilité générale d'observer en temps de guerre, soit entre les nations belli-
gérantes, soit entre elles et les puissances neutres.
Un tel tribunal pourrait étouffer des semences de
guerre, en établissant dans l'état de paix plus d'u-
nion entre les peuples, et détruire ces germes de
haine et cette humeur d'un peuple contre un autre,
qui dispose à la guerre et en fait saisir tous les prétextes. Souvent les ambitieux qui la conseillent, n'o-
seraient la proposer s'ils ne se flattaient de soulever
en leur faveur l'opinion populaire, s'ils n'étaient ap-

puyés du suffrage de ceux même dont ils prodiguent
le sang et la substance. Les guerres seraient devenues moins cruelles : en effet, nous sommes encore
bien loin d'avoir donné à la justice, à l'humanité,
tout ce qu'on peut leur accorder pendant la guerre,
sans nuire au succès. Les troupes réglées ont du
moins produit un grand bien, celui de rendre les
peuples étrangers à la guerre qu'on fait en leur nom,
et il n'y aucune raison pour que l'ennemi ne traite
pas les habitants de la frontière qu'il a conquise,
comme il traiterait ceux de la sienne s'il était obligé
de la défendre. Est-il si nécessaire au succès des
guerres maritimes de légitimer le vol et le brigandage? A-t-on pesé seulement avec quelque attention
les tristes avantages et les conséquences funestes de
cet usage des siècles et des nations barbares? Mais ne
nous égarons pas dans ces idées qui, toutes simples,
toutes naturelles qu'elles soient pour tout homme
doué d'un cœur juste et d'un esprit droit, étonne-
raient encore l'oreille des politiques.

Venons aux effets de la révolution d'Amérique, et
voyons si, quoiqu'elle ait coûté une guerre à l'humanité, elle n'aura pas été un bien, même à cet
égard.

Si l'Angleterre se fût réconciliée avec ses colonies,
le ministère britannique eût senti qu'une guerre
étrangère était le seul moyen d'en tirer des taxes, d'y
établir l'autorité militaire, d'y avoir un parti. Cette
guerre avec la maison de Bourbon eût entraîné la
perte d'une grande partie des îles que la France et
l'Espagne n'eussent pu soutenir contre l'Amérique

et l'Angleterre réunies. Je ne regarderais pas la perte des îles à sucre en elle-même comme un très-grand malheur pour la France. Le produit de ces îles, diminué des frais de culture, des dépenses d'administration et de défense, n'ajoute qu'une très-petite somme au produit total du territoire de la France, et ces possessions si difficiles à défendre, diminuent plutôt qu'elles n'augmentent la puissance nationale. Mais il n'en serait pas de même dans les cas où l'on pourrait craindre qu'une nation, peu éclairée sur les vrais intérêts de son propre commerce, ne permît à des négociants riches et avides d'exercer un monopole sur les étrangers ; monopole dont cette nation elle-même, et surtout les négociants peu riches, sentiraient aussi le poids. Dans cette hypothèse, l'intérêt de chaque nation consommatrice serait d'avoir un moyen de se procurer, au moins en partie, des denrées devenues nécessaires, sans dépendre du caprice des autres nations. C'est sous ce point de vue que la possession des colonies dans les Antilles est vraiment importante pour les nations européennes. Les principes généraux de l'économie politique sont prouvés d'une manière rigoureuse, ils ne sont sujets à aucune exception réelle. Si on ne peut les suivre dans la pratique, en étendre les conséquences à tous les cas particuliers, c'est uniquement parce qu'une grande partie des hommes se laissent guider par des préjugés contraires à ces principes ; ainsi, ces exceptions apparentes ne servent qu'à les conserver davantage. Dans la supposition que nous considérons, les conséquences de la perte

des îles à sucre eussent été funestes pour la France.
La marine française, détruite par une guerre malheureuse, eût laissé l'Angleterre maîtresse de la mer;
bientôt elle eût voulu envahir le commerce de
l'Inde, de l'Afrique, des deux parties de l'Amérique.

L'esprit de monopole qu'elle porte dans le commerce l'eût engagée à prendre, même aux dépens
de sa propre richesse, les mesures les plus ruineuses
aux autres peuples, les eût exposés à tout ce qu'une
politique mercantile peut imaginer de vexations et
d'outrages. Mais, avant que ce système de machiavé-
lisme eût atteint son but, avant que l'empire britannique se fût divisé, dans combien de guerres les nations de l'Europe n'auraient-elles pas été entraînées ?
Car ce système eût été inégalement, mais constamment suivi par des ministres intéressés à occuper
leur nation de conquêtes, soit pour se maintenir
dans leurs places, soit pour éviter les troubles inté-
rieurs ou la séparation des colonies, soit pour détruire sourdement la constitution et faire naître une
monarchie absolue. Peut-être, plus d'un siècle d'oppression et de guerres eût-il précédé l'époque où la
division de cet empire eût fait renaître la paix et la
liberté des mers. Ainsi, l'humanité peut pardonner
à la guerre d'Amérique, en songeant aux maux dont
cette guerre l'a préservée.

La même révolution doit rendre les guerres plus
rares en Europe.

En effet, on ne peut se le dissimuler, les Américains sont presque absolument les maîtres de faire
pencher la balance dans les mers de l'Amérique en

faveur de la puissance qu'ils favoriseront; ils ont, en même temps, plus de facilité que les nations européennes pour les conquérir et les garder. D'ailleurs, les habitants de ces îles, assez indifférents sur le nom de la puissance à laquelle ils appartiennent, parce qu'ils sont moins de véritables propriétaires attachés au sol de leur patrie que des entrepreneurs de manufactures, seraient disposés à s'unir à un peuple qui, dédaignant de commander à des sujets, ne veut avoir que des concitoyens, et pour qui conquérir ne peut être qu'admettre les vainqueurs à partager son indépendance et sa liberté. Sans doute il peut arriver que les colons anglais, français, espagnols, craignent l'arrivée des Américains dans leurs possessions, plus qu'ils ne la désirent, si les Américains proscrivent chez eux l'esclavage des noirs, et que les puissances européennes aient la barbarie et la mauvaise politique de le conserver. Mais alors les Américains n'en seraient que plus sûrs du succès, puisqu'ils auraient, en arrivant dans chaque île, des partisans nombreux, animés de tout le courage que peuvent donner la vengeance et l'espoir de la liberté.

Ainsi, du moment où les États-Unis auront réparé les maux au prix desquels ils ont acheté leur indépendance, aucune nation de l'Europe ne pourrait, sans imprudence, entreprendre une guerre dans des mers où elle serait exposée à tout perdre, si elle avait les États-Unis pour ennemis, et à se mettre dans leur dépendance, si elle les avait pour amis.

La possession des Antilles aurait été absolument précaire dans très-peu de temps, dès aujourd'hui peut-être, sans la révolution d'Amérique ; elle le deviendra sans doute, mais plus tard : et d'ailleurs les Anglais auraient sûrement regardé la conquête de ces îles comme très-importante, et il n'est pas vraisemblable que les Américains aient jamais la même idée ; ils sentent qu'il importe à leur liberté, à la conservation de leurs droits, de ne pas avoir de sujets ; ils ne peuvent désirer d'avoir loin d'eux des alliés faibles et difficiles à défendre ; et les Européens seuls, par une conduite imprudente, pourraient leur inspirer le désir de faire cette conquête. C'est ce qu'a senti le ministère de France, et s'il s'est empressé d'ouvrir ses colonies aux Américains, cette opération, juste en elle-même, nécessaire à la prospérité, presque à l'existence des colonies, a été en même temps dictée par une politique sage et prévoyante.

Les Américains serviront encore à maintenir la paix en Europe par l'influence de leur exemple. Dans l'Ancien Monde quelques philosophes éloquents, et surtout Voltaire, se sont élevés contre l'injustice, l'absurdité de la guerre ; mais à peine ont-ils pu y adoucir, à quelques égards, la fureur martiale. Cette foule immense d'hommes qui ne peuvent attendre de gloire et de fortune que par le massacre, ont insulté à leur zèle, et l'on répétait dans les livres, dans les camps, dans les cours, qu'il n'y avait plus ni patriotisme, ni vertu, depuis qu'une abominable philosophie avait voulu épargner le sang humain.

Mais, dans l'Amérique, ces mêmes opinions pacifiques sont celles d'un grand peuple, d'un peuple brave qui a su défendre ses foyers et briser ses fers. Toute

idée de guerre entreprise par ambition, par le désir
de la conquête, y est flétrie par le jugement tranquille
d'une nation humaine et paisible. Le langage de l'humanité et de la justice ne peut y être l'objet de la
risée, ni des courtisans guerriers d'un roi, ni des
chefs ambitieux d'une république. L'honneur de défendre la patrie y est le premier de tous, sans que
l'état militaire pèse avec orgueil sur les citoyens : et
que pourront opposer à cet exemple les préjugés
guerriers de l'Europe ?

CHAPITRE III.

Avantages de la révolution d'Amérique, relativement à la perfec-
tibilité de l'espèce humaine.

Nous avons déjà essayé de montrer combien
l'exemple de l'Amérique et les lumières qui doivent
naître de la liberté de discuter toutes les questions
importantes au bonheur des hommes, peuvent être
utiles à la destruction des préjugés qui règnent encore en Europe. Mais il est un autre genre d'utilité sur
lequel nous croyons devoir nous arrêter, bien que
très-convaincu qu'il paraîtra chimérique au plus
grand nombre de nos lecteurs.

L'Amérique offre un pays d'une vaste étendue, où
vivent plusieurs millions d'hommes que leur éducation a préservés des préjugés, et disposés à l'étude,
à la réflexion. Il n'y existe aucune distinction d'état,

aucun attrait d'ambition qui puisse éloigner ces hommes du désir, si naturel, de perfectionner leur esprit, de l'employer à des recherches utiles, d'ambitionner la gloire qui accompagne les grands travaux ou les découvertes, et rien n'y retient une partie de l'espèce humaine dans une abjection qui la dévoue à la stupidité, comme à la misère. Il y a donc lieu d'espérer que l'Amérique, d'ici à quelques générations, en produisant presque autant d'hommes occupés d'ajouter à la masse des connaissances que l'Europe entière, en doublera au moins les progrès, les rendra au moins deux fois plus rapides. Ces progrès embrasseront également les arts utiles et les sciences spéculatives.

Or, on doit mettre le bien qui en peut résulter pour l'humanité, au nombre des effets de la révolution. La dépendance de la mère patrie n'eût pas, sans doute, éteint le génie naturel des Américains, et M. Franklin en est la preuve. Mais elle eût presque toujours détourné ce génie vers d'autres objets; le désir d'être quelque chose en Angleterre eût étouffé tout autre sentiment dans l'âme d'un Américain né avec de l'activité et des talents, et il eût choisi les moyens les plus prompts et les plus sûrs d'y parvenir. Ceux qui n'auraient pu nourrir cette ambition seraient tombés dans le découragement et dans l'indolence.

Les États gouvernés par des princes qui règnent loin d'eux, les provinces des grands empires, trop éloignées de la capitale, nous offriraient des preuves frappantes de cette assertion, et nous les développerions ici, sans la crainte de paraître nous ériger en juges du génie, en appréciateurs des nations et des découvertes.

On sera peut-être supris de me voir placer ici quelques découvertes, quelques inventions et le progrès de nos connaissances à côté de ces grands objets, la conservation des droits de l'humanité, le maintien de la paix, et même avant les avantages qui peuvent résulter du commerce.

Mais, occupé à méditer depuis longtemps sur les moyens d'améliorer le sort de l'humanité, je n'ai pu me défendre de croire qu'il n'y en a réellement qu'un seul : c'est d'accélérer le progrès des lumières. Tout autre moyen n'a qu'un effet passager et borné. Quand même on avouerait que des erreurs, des fables, des législations combinées, non d'après la raison, mais d'après les préjugés locaux, ont fait le bonheur de quelques nations, on serait forcé d'avouer aussi que partout, ce bien trop vanté a disparu en peu de temps, pour faire place à des maux que la raison n'a pas encore pu guérir après plusieurs siècles. Que les hommes soient éclairés, et bientôt vous verrez le bien naître, sans effort, de la volonté commune.

CHAPITRE IV.

Du bien que la révolution d'Amérique peut faire par le commerce à l'Europe et à la France en particulier.

Nous n'avons presque considéré jusqu'ici que des

avantages qui, par leur nature, sont communs à toutes les nations. Celui du maintien de la paix a quelques degrés d'importance de plus pour les peuples qui, comme la France, l'Espagne, l'Angleterre, la Hollande, sont exposés à des guerres dans les îles de l'Amérique.

De même, la France tirera plus d'utilité qu'aucun des peuples de l'Europe, des idées saines des Américains sur les droits de la propriété et de la liberté naturelle, parce qu'avec un plus grand besoin de ces idées que la nation anglaise, elle est dans ce degré de lumières qui permet d'en profiter, et jouit d'une constitution où les réformes utiles ne trouveraient que peu d'obstacles à vaincre, et surtout en trouveraient beaucoup moins qu'en Angleterre.

Nous commencerons encore ici par examiner les avantages qui résulteront de la révolution d'Amérique, pour le commerce de toutes les nations; nous verrons ensuite si, à cet égard, la France doit avoir quelque supériorité. Mais avant de nous livrer à cet examen, il est bon de chercher quelle espèce d'utilité une nation peut trouver dans le commerce étranger.

Elle y trouve : 1° celle de se procurer les denrées nécessaires, ou presque nécessaires, qui lui manquent, de se les procurer à un meilleur prix ; enfin, d'avoir une plus grande assurance de ne pas en manquer. 2° Celle d'augmenter par le débit plus grand des denrées nationales, ou des objets manufacturés, l'intérêt qu'ont les cultivateurs à multiplier les productions, et en même temps d'augmenter l'industrie et l'activité des manufacturiers, qui ne peuvent s'accroître sans influer sur la quantité du produit net des terres, et par conséquent sur la richesse réelle.

Ces deux avantages, celui de l'importation plus avantageuse ou plus sûre des denrées, celui d'une exportation plus étendue, peuvent paraître se confondre, parce que l'un ne peut guère exister sans l'autre. Mais nous les distinguons, parce que le premier a pour objet direct l'augmentation du bien-être, et le second l'augmentation de la richesse. Il faut observer de plus, que la production ne peut augmenter dans un pays par le commerce d'exportation, sans qu'il ne résulte de cette surabondance de denrées un moindre danger d'en manquer.

On peut compter encore parmi les avantages du commerce étranger, ceux qu'une nation retire de son industrie, de son habileté dans le négoce. C'est ainsi qu'un peuple qui n'habiterait qu'un rocher et qui aurait quelques capitaux, pourrait vivre et même augmenter ces capitaux, en recevant chaque année, pour prix de son travail ou de ses spéculations de commerce, une portion du revenu territorial d'une autre nation.

Ce troisième avantage, le premier de tous pour un petit peuple livré uniquement au commerce et à l'industrie, est presque nul pour les grandes nations qui occupent un vaste territoire.

Le commerce se fait toujours par échange, et par échange de matières qui se renouvellent chaque année; autrement il ne pourrait être durable, puisque le peuple qui échangerait tous les ans contre une denrée dont il a besoin, une denrée qui ne se renouvelle pas, serait au bout d'un certain temps dans l'impossibilité de faire cet échange.

Mais la manière dont l'échange se fait n'est pas indifférente. 1° Supposons qu'un pays qui n'a pas de mines abondantes achète en argent des marchandises d'un autre, il est clair qu'il faut qu'il ait vendu à un troisième des marchandises pour de l'argent; ainsi, pour faire cet échange réel de marchandises contre marchandises, il a fallu payer deux fois le profit du commerçant; on ne le payerait qu'une fois si l'échange était immédiat, ou, en d'autres termes, le négociant qui gagne sur ce qu'il achète et sur ce qu'il vend peut se contenter d'un moindre profit. Voilà donc, pour la masse des citoyens, une épargne de frais inutiles. Il n'est donc pas indifférent de payer les mêmes denrées en marchandises ou en argent; et, toutes choses égales d'ailleurs, il est plus avantageux de les payer en marchandises.

2° Il est plus avantageux à un pays d'exporter les denrées dont la culture exige le plus d'avances, proportionnellement au produit net, et dont la production est plus irrégulière, plus exposée à des accidents ou à l'intempérie des saisons. Le commerce étranger est un moyen d'en assurer le débit dans les années d'abondance, et de rendre moins précaire l'existence des entrepreneurs de culture. Ainsi, par exemple, il est plus avantageux d'exporter du vin que du blé, des bois, etc.

3° Il est plus avantageux d'exporter des denrées brutes, parce que, pourvu que la liberté soit entière,

VIII.   3

la culture en obtient le même encouragement. Dans un cas on cultive pour acheter les denrées étrangères, dans l'autre, pour entretenir les ouvriers nationaux, et l'effet est le même si l'on ne décourage pas la culture par des lois prohibitives. Mais, dans le premier cas, la culture seule est encouragée ; dans le second, l'industrie l'est en même temps, et l'on y gagne l'avantage d'avoir à un prix égal des produits de manufacture plus parfaits.

Enfin il vaut mieux, et par la même raison, tirer des denrées non manufacturées que des produits de manufactures, mais toujours avec la même condition de la liberté entière. Cette condition est nécessaire, parce que sans elle il arrivera, ou qu'on vendra les denrées brutes à plus bas prix, ou qu'on achètera plus cher les produits des manufactures ; ce qui devient un mal, une perte réelle, et détruit même avec excès les avantages qu'on peut attendre de cette combinaison de commerce.

Après avoir établi ces principes, examinons les avantages pour l'Europe, et pour la France, d'un commerce immédiat et plus étendu avec l'Amérique.

D'abord toute extension d'un commerce libre est un bien : 1° En ce qu'il en résulte nécessairement d'un côté plus d'encouragement pour la culture, d'un autre plus de jouissances pour le même prix. 2° En ce qu'il en résulte naturellement, que chaque pays arrive plus promptement à ne cultiver, à ne fabriquer que ce qu'il peut cultiver ou fabriquer avec le plus d'avantage. L'accroissement des richesses et de bien-être qui peut résulter de l'établissement de cet ordre naturel est incalculable. Malheureusement, l'espèce de fureur avec laquelle toutes les nations veulent tout cultiver, tout fabriquer, non pour faire de simples essais, mais dans la vue de ne rien acheter au dehors, prouve combien l'on ignore même aujourd'hui cette utilité d'un commerce étendu et libre.

Indépendamment de cet avantage, les Américains occupant un terrain immense dont une partie n'est pas encore défrichée, ne peuvent être longtemps encore que des cultivateurs : dans un pays libre tout homme, quelle que soit son industrie, préférera nécessairement l'état de propriétaire à tout autre, tant qu'il pourra se flatter de pouvoir y atteindre sans trop sacrifier de son aisance. Ainsi, l'Amérique n'aura longtemps, en général, que des denrées brutes à apporter en Europe, et des denrées manufacturées à y demander. Elle aura peu d'argent à mettre dans le commerce, parce que la plus grande partie des capitaux sera consacrée à la dépense des défrichements, des établissements dans les parties reculées. Elle ne commercera donc avec l'Europe que par des échanges immédiats. Enfin, la seule denrée qu'elle tirera de l'Europe, et qu'elle en tirera longtemps encore, est le vin, une de celles dont l'exportation est la plus avantageuse.

La France paraît en même temps être la nation européenne pour laquelle le commerce avec l'Amérique est le plus important : 1° Parce qu'elle est obligée d'acheter dans le Nord, pour de l'argent, des huiles, des fers, des chanvres, des bois qu'elle se procurerait en Amérique en les échangeant pour des produits de ses manufactures. 2° Parce que dans les années de disette en blé, le blé et le riz de l'Amérique seraient une ressource importante pour ses provinces situées sur l'Océan, ou qui communiquent avec cette mer par des canaux et des rivières navigables. 3° Parce qu'elle peut établir avec l'Amérique un très-grand commerce en vins; et qu'ayant presque exclusivement ce commerce particulier, en même temps que relativement aux manufactures elle peut au moins soutenir la concurrence avec l'Angleterre, il doit naturellement arriver que ce commerce nécessaire lui fasse obtenir la préférence sur l'Angleterre pour tous les autres; et il n'est pas douteux qu'elle ne l'ait sur le reste des nations européennes, tant que l'industrie du Portugal et de l'Espagne n'aura point fait de progrès.

On a pu croire que l'Angleterre aurait au contraire la supériorité, et certainement, toutes choses égales d'ailleurs, la conformité de langage, de manière de vivre, de religion, jointe à l'habitude de se servir des produits de manufactures anglaises, pourrait avoir une grande influence. Mais il faut observer que cette influence n'exercerait tout son empire que dans le premier moment; or, dans ce premier moment, les restes d'une indignation trop bien fondée, les liaisons contractées pendant la guerre dernière, doivent nécessairement diminuer l'effet des motifs qui auraient pu déterminer les Américains à donner la préférence à l'Angleterre, et la France aura le temps d'employer les moyens qui dépendent d'elle, pour empêcher ces motifs de balancer ses avantages réels. Nos manufactures sauront bientôt se plier au goût et aux besoins des Américains, que nos commerçants apprendront à connaître et à prévenir.

La communication des deux langues peut être facilitée par l'établissement de colléges dans quelques-unes de nos villes, où les Américains feraient élever leurs enfants, où ils les enverraient même en grand nombre, si tout enseignement religieux en était exclu.

La religion ne doit pas être longtemps un obstacle : le dogme le plus cher aux Américains, celui auquel ils tiennent le plus, est le dogme de la tolérance, ou plutôt de la liberté religieuse ; car chez ce peuple, conduit plus qu'aucun autre par la raison seule, le mot de tolérance paraît presque un outrage à la nature humaine. Or, pourquoi désespérerait-on de voir la tolérance (qu'on me pardonne ici ce mot européen) s'établir bientôt dans notre patrie ? N'existe-t-elle pas aujourd'hui dans l'Ancien Monde depuis le Kamtschatka jusqu'à l'Islande, depuis la Laponie jusqu'à l'Apennin ? Les princes de la maison de Hugues Capet sont les seuls grands souverains qui ne l'aient pas encore appelée dans leurs États. Mais en France, la voix unanime de tous les hommes éclairés dans le clergé, dans la noblesse, dans la magistrature, dans le commerce, sollicite cette révolution avec force et sans relâche. Ces sollicitations seront-elles inutiles ? Ne doit-on pas espérer plutôt que le gouvernement cédera aux motifs de justice et d'utilité qu'on lui présente, et même que la tolérance s'établira en France, d'après un système plus régulier, plus conforme à la justice naturelle, et que nous réparerons par là le malheur et peut-être la honte d'avoir tardé si longtemps à suivre l'exemple des autres peuples?

On verra sans doute les avantages particuliers du commerce avec l'Amérique diminuer peu à peu. Il ne restera plus à l'Europe que ceux qui naissent d'un commerce actif, étendu, entre des nations industrieuses et riches. Mais ce changement sera l'ouvrage de plusieurs siècles, et alors les nouveaux progrès du genre humain ne laisseront rien à regretter aux nations éclairées des deux mondes.

Il est impossible qu'une nation de plus, ajoutée au petit nombre de celles qui font le commerce avec intelligence et avec activité, n'augmente entre elles cette concurrence dont l'effet naturel est de diminuer les frais de transport ; et c'est un bien pour toutes les nations qui n'ont d'autre intérêt réel que de se procurer, avec abondance et au plus bas prix possible, les denrées que le besoin ou l'habitude leur rendent nécessaires.

Enfin, il ne faut pas croire que le commerce de l'Amérique doive se borner aux objets qu'elle fournit maintenant à l'Europe. Combien cette contrée immense ne renferme-t-elle pas de substances à peine connues aujourd'hui de nos naturalistes, et même presque ignorées de ses habitants, dont bientôt le commerce nous fera connaître l'utilité? Quand bien même la conjecture que nous hasardons ici ne serait pas appuyée sur la connaissance de plusieurs productions, dont il est aisé de prédire qu'elles deviendront un jour des objets de commerce, cette espérance ne devrait pas être regardée comme chimérique; il serait absolument contre l'ordre constant de la nature que ce vaste continent n'offrît que des productions inutiles ou communes à l'Europe.

Des moralistes austères nous diront peut-être que cet avantage, qui se bornerait à nous donner de nouveaux besoins, doit être regardé comme un mal; mais nous répondrons qu'il nous donnera au contraire de nouvelles ressources pour satisfaire ceux auxquels la nature a voulu nous soumettre. Dans tous les pays, dans tous les temps où il existera une grande inégalité dans les fortunes, les hommes auront des besoins factices, et la contagion de l'exemple les fera éprouver à ceux même que la pauvreté empêche de les satisfaire. Ainsi, multiplier les moyens de pourvoir à ces besoins factices, et rendre ces moyens moins coûteux, c'est faire un bien réel, c'est rendre moins sensibles, moins dangereux pour la tranquillité commune, les effets de l'inégalité des fortunes; et si jamais l'influence lente, mais sûre, d'un bon système de législation peut détruire cette inégalité en Europe, les besoins factices qu'elle seule a fait naître, disparaîtront avec elle, ou plutôt il n'en restera que ce qu'il faut pour conserver à l'espèce humaine cette activité, cette industrie, cette curiosité nécessaires à ses progrès, et par conséquent à son bonheur.

Nous aurions désiré, sans doute, pouvoir compter au nombre des avantages qui naîtront de nos liaisons avec l'Amérique, celui de l'exemple d'une liberté entière et illimitée de commerce donné par une grande nation. Mais si, sur d'autres parties de la politique, ces nouvelles républiques ont montré une raison et des lumières supérieures à celles des nations les plus éclairées, il paraît qu'elles ont conservé sur ces deux objets importants et intimement liés entre eux, l'impôt et le commerce, quelques restes des préjugés de la nation anglaise. Elles semblent ne pas sentir assez que l'intérêt de l'Amérique est d'ouvrir à toutes les denrées, à toutes les nations, une entière liberté d'entrer ou de sortir, de vendre ou d'acheter sans exception comme sans privilége, soit que les nations européennes rendent au commerce sa liberté, soit qu'elles lui laissent ses chaînes ou qu'elles lui en donnent de nouvelles. Déjà égarés par ces vues mercantiles dont l'Europe leur donne l'exemple, quelques États ont gêné le commerce par des impôts indirects. Ils n'ont pas vu combien, dans un pays où les propriétaires de terre forment le grand nombre, où les propriétés sont plus également distribuées qu'en Europe, où l'impôt est très-faible, un impôt direct sur le produit des terres serait facile à établir et à lever. D'ailleurs, quel avantage ne trouveraient pas les citoyens égaux d'un État libre dans un système où chacun, voyant ce que doit lui coûter une taxe nouvelle, ne serait pas la dupe des raisonnements qui, sous de vains prétextes, tendraient à en faire établir d'inutiles.

Cet impôt ne peut décourager les défrichements, puisqu'il est aisé de fixer, à l'exemple de la France,

un terme, avant lequel les terrains nouvellement dé-
frichés n'y seraient pas assujettis. Le peu de numéraire des Américains n'est pas une objection, parce
que non-seulement en Amérique, où l'impôt est très-
faible, mais chez les nations les plus chargées de
subsides, le numéraire en métaux ou en billets nécessaire pour solder l'impôt, est une très-petite partie
de celui qui sert aux opérations de commerce et aux
usages de la vie.

Si on parcourt l'histoire de l'administration des
États-Unis depuis la déclaration de l'indépendance,
on ne trouvera point dans tous les États des constitutions également bien combinées. Il n'en est point
où l'on ne puisse observer quelques défauts; toutes
les lois établies depuis l'acte d'indépendance ne sont
pas également justes et sages, mais aucune partie de
la législation politique, de la législation criminelle,
n'offrira d'erreurs grossières, de principes oppresseurs
ou ruineux. Au contraire, dans les opérations de
finance et de commerce, presque tout annonce une
lutte constante entre les anciens préjugés de l'Europe
et les principes de justice et de liberté si chers à cette
nation respectable; et souvent les préjugés ont obtenu
la victoire.

Cependant, en convenant de ces défauts, l'amour
des Américains pour l'égalité, leur respect pour la
liberté, pour la propriété, la forme de leurs constitutions, empêcheront sans doute d'y établir jamais ni
ces prohibitions, ou absolues ou indirectement ordonnées par l'établissement de droits énormes, ni
ces priviléges exclusifs de commerce, ni ces mono-

poles de certaines denrées, ni ces visites si outrageantes, si contraires à tous les droits du citoyen, ni ces lois barbares contre la fraude, ni ces corporations exclusives de marchands ou d'ouvriers, ni enfin tout ce que l'esprit mercantile et la fureur de tout régler, pour tout opprimer, ont produit en Europe de vexations absurdes; et l'exemple de l'Amérique apprendra du moins à en voir l'inutilité et à en sentir l'injustice.

Je n'ai point parlé du commerce de la France avec l'Amérique relativement au tabac, parce que ce n'est point la France qui fait ce commerce, mais la compagnie qui en a le privilége, et dont les intérêts sont absolument étrangers à ceux de la nation, toutes les fois qu'ils n'y sont pas opposés. Avec quelque nation, de quelque manière que se fasse ce commerce, il est toujours également nuisible. Une compagnie n'achètera que d'une autre compagnie; et quand même on retrouverait encore, en achetant cette denrée des Américains, une partie de l'avantage qui résulte d'un commerce d'échange, comparé à un commerce en argent, les faux frais de toute espèce qu'entraîne un commerce de monopole, sont si supérieurs à cet avantage, qu'il deviendrait presque insensible.

CONCLUSION.

Telles avaient été mes réflexions sur l'influence de la révolution d'Amérique. Je ne crois pas en avoir exagéré l'importance, ni m'être laissé entraîner à l'enthousiasme qu'inspire le noble et touchant spectacle que ce nouveau peuple donne à l'univers.

SUPPLÉMENT.

Des nouvelles récentes des États-Unis nécessitent un supplément. On espère que cette addition ne déplaira pas à ceux qui sont curieux d'être instruits des affaires de ce pays, de manière à pouvoir former des conjectures probables sur l'avenir.

On parlera d'abord du soulèvement arrivé dans l'État de Massachusets.

L'Europe tire des gazettes anglaises ses nouvelles des États-Unis. Les Américains bien informés ont remarqué constamment qu'en prenant le contre-pied de ce que ces gazettes avancent à leur sujet, on aurait des détails aussi exacts que ceux qu'on pourrait se procurer de quiconque prendrait le soin le plus scrupuleux pour être véridique. On a beau vouloir déguiser sans cesse la vérité, il est impossible de ne pas la rencontrer quelquefois. C'est ce qu'ont éprouvé dernièrement les gazetiers anglais. Après avoir pendant plusieurs années consécutives entretenu l'Europe de soulèvements imaginaires, soi-disant arrivés dans cette partie de l'Amérique, ils en ont enfin annoncé un véritable; les détails seuls en sont inexacts. On a dit dans le quatrième chapitre de la dernière partie, qu'il y avait du mécontentement dans l'État de Massachusets, et l'on en a fait entrevoir plusieurs raisons, telles que l'impossibilité dans laquelle beaucoup de personnes se trouvaient de payer les impositions et leurs dettes particulières sans se ruiner. La quantité prodigieuse de

marchandises étrangères qui vinrent inonder ce pays,
aussitôt que la paix fut conclue, et les payements
sans nombre, faits aux créanciers anglais pour des
dettes antérieures à la guerre, l'épuisèrent d'argent
comptant. L'impossibilité de payer les impositions
ayant duré plusieurs années, les avait accumulées
plus ou moins suivant les circonstances, et les besoins publics forcèrent le gouvernement à les exiger
avec rigueur. Dans quelques comtés, où les contraintes du gouvernement et celles des créanciers
faisaient le plus de sensation, quelques gens mal
intentionnés, ou plutôt inspirés par le désespoir,
cherchèrent à profiter des circonstances à la faveur
du désordre. Ils avaient à leur tête un ancien sergent-
major de notre armée, nommé Shayes.

Leur première démarche fut de convoquer les
citoyens, dont les plus sensés et les plus sages se
tinrent chez eux. Dans ces assemblées, on convint
de faire fermer les tribunaux, de faire suspendre la
levée des impositions, de mettre en circulation du
papier-monnaie, et de changer en partie le gouvernement. Toutes ces propositions paraissaient populaires. L'inaction des tribunaux laissait les débiteurs
en paix. L'émission du papier offrait la perspective
de payer les dettes sans se gêner, et les changements
qu'on se proposait de faire dans le gouvernement
avaient pour objet d'en diminuer la dépense, qui,
d'ailleurs, est très-faible.

Comme ces hommes n'avaient aucun espoir de
gagner la pluralité des suffrages, et par là de pouvoir agir légalement, ils usèrent de violence. Ils mar-

chèrent en grand nombre, les armes à la main, et empêchèrent dans quelques comtés le cours des tribunaux, sans commettre aucun autre désordre. Le gouverneur convoqua sur-le-champ la cour générale (1). Il fut résolu de mettre sur pied un corps de quinze cents hommes, sous le commandement du général Lincoln, et de le renforcer du nombre de milices qui serait nécessaire pour dissiper l'émeute et rétablir le bon ordre.

Dans l'intervalle, le général Sheppard avait rassemblé environ huit cents hommes de milice, pour mettre à l'abri l'arsenal de Springfield. Shayes, accompagné de douze cents hommes, l'ayant sommé de se rendre, il lui répondit par une décharge d'artillerie qui tua quatre hommes, en blessa plusieurs et dispersa tout le reste. Ils se réunirent ensuite à quelque distance ; mais le général Lincoln, au moyen d'une marche extrêmement précipitée, termina l'affaire en un instant (2). Une haute colline l'empêcha de les surprendre ; cependant il fit cent cinquante prisonniers, et dispersa les autres entièrement sans verser une goutte de sang. Shayes échappa avec dix-sept des plus séditieux, et l'on croit qu'ils sont maintenant en Canada : les autres s'en retournèrent chez eux.

Le premier échec qu'ils rencontrèrent leur fut

(1) Le lecteur se rappellera que dans cet État on appelle *cour générale* l'assemblée du corps législatif.

(2) La nuit qui précéda cette action, il fit trente milles depuis huit heures du soir jusqu'à neuf heures du matin, quoique les chemins fussent couverts d'une grande épaisseur de neige.

donné par une compagnie de volontaires qui était partie de Boston à cheval, à toute bride ; elle prit trois des chefs, et les emmena en prison.

Quant aux fuyards, le gouvernement de Massachusets offrit une récompense à quiconque les arrêterait ; et les gouvernements de New-Hampshire et de Vermont (1), où l'on croyait qu'ils s'étaient réfugiés, firent la même chose.

Le tumulte apaisé, la cour générale établit une *commission* pour examiner l'affaire, et pardonner à ceux qu'elle en jugerait dignes, suivant l'équité.

Ces hommes ne s'étaient pas permis le plus léger attentat contre un seul individu. Comme la majeure partie était dans l'aveuglement, et n'avait point de mauvaises intentions, le petit nombre de malintentionnés n'eût pu se comporter différemment sans se démasquer, et faire échouer leur projet.

Suivant les dernières nouvelles, les commissaires avaient déjà pardonné à sept cent quatre-vingt-dix, et l'on ne regardait comme coupables qu'un petit nombre de chefs qui avaient été mis en prison dans leurs comtés respectifs, pour être examinés et jugés. On croit même que parmi ceux qui seront condamnés à mort, la cour générale accordera le pardon à plusieurs, et que l'on exécutera seulement trois ou quatre des plus coupables. On craindrait qu'un pardon général ne portât à regarder le fait comme de

(1) La conduite que l'État de Vermont a tenue en cette occasion, doit être confrontée avec ce que les gazetiers ont avancé à son sujet.

peu d'importance, ou à supposer de la faiblesse dans le gouvernement.

Le soulèvement de Massachusets a fourni matière, en Europe, à des déclamations contre les gouvernements populaires. Nous disons des déclamations, et non des raisonnements, puisque la réflexion aurait fait voir à ceux qui les ont composées, que ce soulèvement prouve la bonté des gouvernements populaires, sous quelque point de vue qu'on les envisage.

Depuis onze ans que les treize gouvernements américains subsistent, un seul a vu naître un soulèvement, et c'est celui dont je viens de parler. Supposons que la même chose arrivât successivement dans les autres États après un même espace de temps, il faudrait, pour qu'il en arrivât un dans chacun, un laps de cent quarante-trois années. Dans quels autres gouvernements les soulèvements ont-ils été aussi rares? Si l'on jette les yeux sur l'histoire des gouvernements asiatiques, on verra que le despotisme le plus terrible n'a pu les empêcher. Qu'on choisisse parmi les gouvernements despotiques, monarchiques et mixtes, trois des plus connus ; par exemple, ceux de Constantinople, de France et d'Angleterre; qu'on examine les soulèvements arrivés dans chacun d'eux, je ne dis pas dans l'espace de cent quarante-trois ans, mais seulement dans les onze dernières années ; qu'on les compare ensuite avec tout ce qui s'est passé d'événements de ce genre dans les États-Unis, on conviendra que, durant cette époque, il a régné chez nous, relativement aux autres nations, une tranquillité profonde. J'en ai dit

assez sur le nombre des soulèvements ; considérons-
en maintenant les causes, la marche et les effets.

Le soulèvement de Massachusets doit son origine
à une suite de circonstances malheureuses, accumulées depuis longtemps, dont la crise est devenue
insupportable par les levées d'argent considérables
auxquelles un changement subit de situation a donné
lieu. Cette crise passée, le cours naturel des révolu_
tions humaines fait espérer que la même catastrophe
n'arrivera plus.

Le mal occasionné par le soulèvement a consisté
dans la suspension momentanée de quelques tribunaux, et dans une rencontre où, comme on a déjà
dit, quatre des séditieux ont été tués et plusieurs
blessés, et il se terminera par le supplice de trois
ou quatre autres qui, suivant toute vraisemblance,
seront destinés à servir d'exemple. Qu'est-ce que tout
cela, en comparaison de ce qui se passe dans les
soulèvements d'Angleterre ? Quelle différence avec
les effets de la seule émeute de lord Gordon ! Cet
événement ne fut amené par aucun malheur, et
l'objet qu'on se proposait était seulement de forcer
le parlement à révoquer un acte de justice. Les
suites du soulèvement arrivé à Glasgow, il y a environ deux mois, dont on parle à peine, ont été beaucoup plus fâcheuses que celles du soulèvement arrivé dans l'État de Massachusets, dont on fait tant
de bruit en Europe, comme si tout y était en com-
bustion, puisqu'à Glasgow, outre que l'on compte
parmi les séditieux cinq morts et plusieurs blessés,
il y eut encore de blessés le premier magistrat de

la ville, avec d'autres qui étaient accourus pour apaiser le tumulte, et qu'enfin la fortune de beaucoup de particuliers en souffrit.

Ceux qui se soulevèrent dans Massachusets n'insultèrent aucun individu ; ils ne firent tort à personne, et ils payèrent partout le juste prix de ce qui leur était nécessaire. Mais, ce qui devrait frapper plus que tout le reste ceux qui voudraient que l'administration fît sentir tout le poids de son autorité, c'est la conduite que tinrent les habitants pour apaiser le tumulte. Dans quels autres gouvernements montrerait-on, pour parvenir à cette fin, un empressement aussi vif et aussi universel ? Où verrait-on des compagnies de volontaires s'armer, et courir à bride abattue à la défense du gouvernement ? Enfin, ce soulèvement, dont de prétendus politiques ont parlé d'une manière si ridicule, est peut-être une des preuves les plus convaincantes que, pour conserver le bon ordre dans une nation, il faut en laisser le soin à la nation même.

Il est temps actuellement de se convaincre qu'une nation où règne l'égalité des droits soutiendra son gouvernement, si elle le croit bon, le changera quand elle le croira mauvais, et le corrigera lorsqu'elle le trouvera défectueux ; que, pour cela, la pluralité n'a pas besoin d'user de violence, et que la violence du petit nombre sera naturellement impuissante ; que ce qu'on appelle *peuple*, en Europe, est une classe d'hommes qui n'existe point, ni ne peut exister dans nos gouvernements ; que les dissensions nationales ne peuvent jeter de profondes ra-

VIII.   4

cines dans un pays qui ne connaît point les distinctions odieuses et injustes; qu'une classe d'hommes,
étrangère aux droits de citoyen, doit être au moins
indifférente au système établi, si elle n'en est pas
ennemie; qu'enfin, l'unique moyen d'attacher le peuple à la conservation du bon ordre, est de faire con-
sister dans le bon ordre seul son bonheur et sa sûreté.

On a parlé, dans la seconde partie de cet ouvrage,
des progrès considérables qu'on remarquait dans
tous les États en faveur de la liberté de conscience,
comme aussi de ce qui restait à faire pour rendre
cette liberté parfaite. Depuis ce temps, l'assemblée
générale de Virginie ayant entrepris l'examen du
nouveau code, dont on a fait mention également,
elle a passé la loi qu'on y avait proposée, moyennant
quoi la liberté de conscience est établie maintenant
sur la meilleure base possible. Ce fut l'effet de la
remontrance du peuple, qu'on a insérée dans les
notes de la seconde partie à la lettre G (1): nouvel
exemple qui dépose contre ceux qu'épouvante si fort
l'influence du peuple en matière de gouvernement.

M. le comte de Mirabeau a dit avec raison, avant
que l'Europe connût l'établissement de cette loi :
« Vous parlez de tolérance ! et il n'est pas un pays
« sur la terre, je n'en excepte pas les nouvelles ré-
« publiques américaines, où il suffise à un homme
« de pratiquer les vertus sociales pour participer à
« tous les avantages de la société (2). »

(1) Cette indication se rapporte aux *Recherches historiques et
politiques sur les États-Unis,* par Mazzey.

(2) Lettre du comte de Mirabeau à *** sur MM. de Cagliostro
et Lavater. Berlin, 1786.

Maintenant, il faut excepter au moins la Virginie, puisque dans cet État la religion est distincte des devoirs et des droits de citoyen. Il est à désirer qu'on puisse bientôt comprendre dans la même exception toutes les républiques américaines.

La loi concernant le partage des successions vient aussi d'y être reçue. La partialité n'existe plus en faveur de la primogéniture ni en faveur du sexe. On sait qu'on a fait d'autres règlements utiles, dont les détails particuliers ne sont pas encore arrivés. Les mêmes réformes s'opèrent dans tous les autres États, plus ou moins, selon les circonstances ; et si l'Europe était informée exactement de ce qui s'y passe, elle verrait partout des améliorations progressives, et se persuaderait que les funestes prophéties des prétendus législateurs n'ont pas d'autre fondement que la manie de déclamer, à quelque prix que ce soit.

On a reçu dernièrement la consolante nouvelle que l'assemblée générale de la Caroline méridionale avait défendu l'entrée des esclaves durant l'espace de trois ans. Il paraît que les amis de la liberté universelle n'ont pas cru devoir insister sur une prohibition perpétuelle, dans la crainte de heurter d'une manière trop violente l'opinion contraire ; mais on espère que cette prohibition aura lieu avant l'expiration de la présente loi, et vraisemblablement la Caroline septentrionale et la Géorgie, les seuls États où l'introduction des esclaves soit toujours permise, ne tarderont pas aussi à faire de même.

Le traité de paix entre les États-Unis et la Grande-Bretagne n'a encore reçu d'aucun côté son entière exécution. L'Europe n'a pas été mieux instruite sur ce point que sur les autres. L'exposition fidèle des faits sera la manière la plus simple et la plus sûre de réfuter les faussetés qu'on a répandues.

Lorsque la paix a été conclue, il y avait à New-York environ quatre mille esclaves, dont le plus grand nombre appartenait aux habitants de Virginie. Avant que cette place fût évacuée par les troupes anglaises, les esclaves devaient être rendus conformément au traité de paix. La demande en ayant été faite au chevalier Carleton, commandant en chef, il répondit qu'il n'ignorait pas les conditions du traité, mais qu'il leur avait promis la liberté, et qu'il ne voulait pas manquer à sa parole. Il les emmena, et laissa au gouvernement de la Grande-Bretagne le soin d'en rembourser la valeur. C'est une réflexion douloureuse, que le premier tort de la Grande-Bretagne, relativement à l'inobservation du traité, ait sa source dans une action qui fait honneur à son commandant.

En temps de guerre, les fonctions des tribunaux furent suspendues dans plusieurs États d'Amérique, et tous défendirent, par une loi expresse, aux créanciers anglais, de diriger aucune poursuite contre leurs débiteurs. Un article du traité porte que toutes les défenses légales, relatives aux créanciers anglais, seront levées. L'assemblée générale de Virginie, au refus du général Carleton, les laissa subsister. Le congrès s'en plaignit, et l'assemblée fit alors la loi mentionnée dans le chapitre V, au moyen de laquelle les créanciers anglais pourraient répéter ce qui leur était dû en sept payements égaux d'année en année, avec les intérêts depuis la paix.

Cette loi veillait à l'avantage réciproque des débiteurs et des créanciers, puisque, parmi les débiteurs, beaucoup sont dans le cas de se ruiner, sans pouvoir satisfaire leurs créanciers, si on ne leur accorde pas différents termes. Le corps des créanciers en convint à Londres avec nos ministres auprès des cours de France et d'Angleterre ; mais le secrétaire d'État anglais, qui d'abord avait paru goûter la négociation, éluda tout raisonnement ultérieur à ce sujet.

Il convient d'observer que dans les parties occidentales du territoire qui, suivant le traité de paix, appartient aux États-Unis, les Anglais avaient quelques forts qu'ils gardent toujours, quoique d'après cet acte ils eussent dû les évacuer. Ces forts leur sont utiles pour commercer avec les Sauvages ; ils peuvent aussi par ce moyen les disposer plus facilement à seconder leurs desseins. Il n'est pas hors de vraisemblance que ce gouvernement est bien aise d'avoir un prétexte pour continuer à les retenir, et peut-être pour d'autres vues, qui ne peuvent rester longtemps cachées.

La Virginie n'avait pas le droit de conserver la loi qui fermait les tribunaux aux créanciers anglais, ni de substituer l'autre qui les autorise à répéter ce qui leur est dû, en sept payements. L'équité de la chose ne la justifie point. Le traité de paix porte que les tribunaux seront ouverts, et n'admet aucune condition. A la vérité, la première faute est venue de la part des Anglais, à l'occasion des esclaves qu'ils n'ont ni rendus, ni payés; mais la Virginie, au lieu de suivre cet exemple, aurait dû s'adresser au congrès, à qui seul appartient le droit de traiter et de décider de ce qui regarde la confédération. Si quelqu'un des États avait le droit de s'en mêler, on tomberait bientôt dans l'anarchie.

Le résultat des discussions entre le congrès et le gouvernement anglais se trouve dans la lettre de lord Carmarthen, secrétaire d'État du roi d'Angleterre, à M. Adams, ministre plénipotentiaire des États-Unis en cette cour. Lord Carmarthen fait entendre, dans cette lettre, que la Grande-Bretagne ne remplira point les conditions du traité, tant que nous ne les aurons pas remplies nous-mêmes; et il parle de circonstances dans lesquelles, selon lui, différents États s'en sont écartés. On publia à Philadelphie, le 22 septembre 1786, une apologie sur ce qui regarde l'État de Pensylvanie contre les assertions contenues dans cette lettre. On y dit que les créanciers anglais n'ont jamais trouvé, depuis la paix, les tribunaux fermés contre leurs débiteurs, et que les exceptions n'ont jamais porté que sur les dettes intérieures. On lit dans cette pièce l'observation suivante : *Les marchands anglais ont eu dans l'État de Pensylvanie, depuis la paix, toute liberté de faire saisir les terres, de même que les meubles de leurs débiteurs, tandis que dans la Grande-Bretagne les terres sont privilégiées.* L'apologie renvoie aux registres des tribunaux pour la preuve des procès qui ont eu lieu depuis la paix, et que l'on intente tous les jours à la poursuite des créanciers anglais.

Il y a plus : la loi spécifie par un surcroît de prévoyance une exception expresse *des dettes dues par les citoyens de cet État aux sujets de la Grande-Bretagne.*

Le congrès s'est occupé préférablement de ce qui nous importait le plus ; savoir : de l'exécution de la partie du traité de paix qui nous regarde, afin de couper racine à toute espèce de prétexte. On espère que le lecteur ne sera pas fâché de trouver ici tout entière la lettre adressée à ce sujet par le congrès au premier magistrat de chacun des treize États.

MONSIEUR,

« Notre secrétaire au département des affaires étrangères vous a fait passer copie d'une lettre qu'il a reçue de notre ministre à la cour de Londres, en date du 4 mars 1786, ainsi que des papiers renfermés dans le même paquet.

« Nous avons examiné mûrement et sans prévention les différents faits et articles allégués par la Grande-Bretagne, comme étant des infractions de la part des Américains au traité de paix, et nous voyons avec peine que quelques-uns des États paraissent n'avoir pas toujours donné l'attention qu'ils devaient à la foi publique, garantie par ce traité.

« Non-seulement les lois de la religion, de la morale et de l'honneur national, mais aussi les premiers principes d'une bonne police, exigent que l'on satisfasse exactement et franchement aux engagements contractés d'une manière libre et constitutionnelle.

« Notre constitution nationale nous ayant confié la conduite des affaires de la nation à l'égard des puissances étrangères, il est de notre devoir de veiller à ce que tous les avantages dont celles-ci doivent jouir dans notre territoire, par le droit des gens et suivant la foi des traités, leur soient conservés dans toute leur plénitude, comme il est aussi de notre devoir de prendre garde qu'on ne nuise aux intérêts essentiels et à la paix de toute la confédération, ou qu'on ne les mette en danger, par les atteintes à la foi publique auxquelles des membres de cette union, quelle qu'en soit la cause, peuvent inconsidérément se laisser entraîner.

« Qu'on se rappelle que les treize États, dont chacun est indépendant et souverain, ont établi une souveraineté générale, quoique limitée, dont, par une délégation expresse de pouvoir, ils nous ont revêtu pour les affaires générales et nationales, spécifiées dans la confédération : ils ne peuvent avoir séparément aucune part à cette souveraineté que par leurs représentants, non plus que concourir avec elle dans aucun des droits qui lui sont attachés. Car, l'article IX de la confédération porte très-expressément qu'à nous seuls appartiendra le droit de décider de la guerre et de la paix, de faire les traités et alliances, etc.

« Ainsi, lorsqu'un traité est conclu, ratifié et publié par nous d'une manière constitutionnelle, aussitôt il lie toute la nation et fait partie des lois du pays, sans l'intervention des corps législatifs de chaque État. L'obligation des traités est fondée sur ce

qu'ils sont des pactes entre les souverains respectifs
des nations contractantes, comme les lois ou règlements tirent leur force de ce qu'ils sont les actes
d'un corps législatif compétent pour les passer. Il
est clair, de là, que les traités doivent être reçus
implicitement et observés par tous les membres de
la nation ; car, si les corps législatifs de chaque État
ne sont point compétents pour faire de tels pactes
ou traités, ils ne le sont pas davantage pour prononcer de leur propre autorité sur l'esprit et le sens
qu'ils renferment. Quand il y a des doutes sur le
sens des lois particulières d'un État, il n'est point
extraordinaire, et même il convient que le corps législatif de cet État lève ces doutes par des actes in-
terprétatifs ou déclaratoires; mais le cas est bien différent en matière de traités : car, lorsqu'il s'élève des
doutes sur le sens d'un traité, bien loin que l'interprétation soit de la compétence du corps législatif
d'un État, les États-Unis assemblés en congrès n'ont
pas même le droit de la fixer. La raison en est sensible : comme le corps législatif qui passe une loi
constitutionnellement, a seul le droit de la revoir et
de la corriger, de même c'est aux souverains seuls,
qui ont été parties dans le traité, qu'appartient le droit
de le corriger ou de l'expliquer par des articles pos-
térieurs, et d'après un consentement réciproque.

« Dans les affaires d'individus à individus, tous
les doutes qui concernent le sens d'un traité, comme
tous ceux qui regardent le sens d'une loi, forment,
en pareil cas, des questions purement judiciaires,
et ces questions doivent être examinées et décidées

par les tribunaux qui ont la connaissance des affaires
où elles ont pris naissance, et qui sont obligés de
les juger suivant les règles et maximes établies par le
droit des gens pour l'interprétation des traités. Il
résulte nécessairement de ces principes, qu'aucun
État individuel n'a le droit de fixer par des actes
législatifs le sens dans lequel ses citoyens et tribunaux particuliers doivent entendre tel ou tel article
d'un traité.

« Il est évident que la doctrine contraire non-seulement irait contre les maximes reçues et les idées
relatives à ce sujet, mais encore ne serait pas moins
incommode dans la pratique qu'absurde dans la
théorie; car, en ce cas, le même article du même
traité pourrait légalement être entendu d'une manière
dans l'État de New-Hampshire, d'une autre dans l'É-
tat de New-York, et d'une autre encore en Géorgie.

« Combien de tels actes de législation seraient va-
lables et obligatoires, même dans les limites de l'É-
tat qui les aurait passés? C'est une question que nous
n'aurons jamais lieu de discuter, à ce que nous espérons : quoi qu'il en soit, il est certain que des actes
de cette espèce ne peuvent lier aucun des souverains
contractants, et conséquemment ne peuvent obliger
leurs nations respectives.

« Mais si les traités et chacun des articles qui les
composent obligent la nation entière (comme en effet cela doit être), si les États individuels n'ont aucun
droit d'accepter quelques articles et de rejeter les
autres, et si ces États ne peuvent évidemment se
permettre aucune interprétation ni décision sur le

sens et l'esprit de ces pactes nationaux, à plus forte raison ils ne peuvent arrêter, différer ou modifier leur effet et exécution.

« Quand on considère que les différents États assemblés en congrès, par le ministère de leurs représentants, ont le pouvoir de faire des traités, assurément, les traités faits de cette manière ne doivent point ensuite être exposés aux changements que le corps législatif de tel ou tel État peut juger à propos de faire, et cela, sans le consentement des autres parties contractantes; c'est-à-dire, dans la conjoncture présente, sans le consentement de tous les États-Unis, qui sont collectivement parties à ce traité d'une part, et Sa Majesté Britannique de l'autre. Si les corps législatifs pouvaient posséder et exercer un tel droit, bientôt la nation tomberait dans l'anarchie et la confusion, ainsi que dans des disputes, qui, selon toute vraisemblance, finiraient par des hostilités, et par la guerre avec les nations avec lesquelles nous aurions fait les traités. Il y aurait alors de fréquents exemples de traités exécutés entièrement dans un État, et seulement en partie, ou d'une manière différente, ou point du tout, dans un autre; l'histoire ne fournit aucun exemple de tels attentats portés à des traités par une nation sous la forme de loi.

« Les contrats entre les nations, comme ceux entre les individus, doivent être fidèlement exécutés, même quoique l'épée, dans le premier cas, et la loi dans le second, n'aient point usé de leurs forces. Les nations honnêtes, de même que les honnêtes gens, n'ont pas besoin pour faire ce qui est juste, qu'on les y contraigne ; et quoique l'impunité et la nécessité puissent quelquefois faire naître la tentation de plier les conventions à son intérêt particulier, cependant on ne le fait jamais qu'aux dépens de cette estime, de cette confiance et de ce crédit, qui sont infiniment préférables à tous les avantages momentanés qu'on peut retirer de tels expédients.

« Mais, quoique les nations contractantes ne puissent, comme les individus, se servir de la voie des tribunaux pour forcer à l'exécution des traités, cependant, il est toujours en leur pouvoir d'en appeler au ciel et aux armes, et souvent elles y sont disposées. Mais elles doivent prendre garde de ne jamais porter leur peuple à faire et soutenir de tels appels, à moins que la droiture et la régularité de leur conduite ne les autorisent à compter avec confiance sur la justice et sur la protection du ciel.

« En conséquence, nous croyons à propos de fixer les principes d'après lesquels nous avons, d'une voix unanime, porté la résolution suivante :

« *Il est* arrêté *que les corps législatifs des différents États n'ont le droit de passer aucun acte quelconque pour interpréter, expliquer, ou développer un traité national, ou aucune partie ou clause dudit traité, ni pour restreindre, limiter, ni en aucune manière empêcher, retarder ou arrêter son exécution ; car, une fois qu'il est fait, ratifié et publié constitutionnellement, dès cet instant, en vertu de la confédération, il fait partie des lois du pays, et non-seulement il est indépendant du pouvoir et de la volonté d'aucun*

*côrps législatif, mais même il engage et oblige cha-
cun d'eux.*

« Comme le traité de paix, sur tous les objets
qu'il règle, est une loi pour les États-Unis, laquelle
ne peut être altérée, ou changée, ni par tous ensemble,
ni par aucun d'eux, les actes des États établissant des
décisions relatives aux mêmes objets ne sont convenables sous aucune espèce de rapports. De tels
actes, néanmoins, existent; mais nous ne croyons
pas nécessaire d'entrer dans le détail de chacun
d'eux, ou d'en faire des sujets de discussion. Il nous
paraît suffisant d'observer et de soutenir que le traité
doit conserver toute sa force, et recevoir une libre
et entière exécution, et en conséquence, que tous les
obstacles qu'ont opposés des actes émanés des États
doivent être écartés. Notre intention est de ne rien
négliger pour prouver la justice et la droiture de nos
procédés envers la Grande-Bretagne, en apportant
un égal degré de délicatesse, de modération et de
fermeté, envers les États qui ont donné lieu à ces
reproches.

« D'après ces considérations, nous avons, en termes
généraux :

« *Arrêté*, que tous les actes ou partie d'iceux,
contraires au traité de paix, qui peuvent exister
maintenant dans aucun des États, doivent être sur-le-
champ révoqués, tant pour empêcher qu'on ne continue de les regarder comme des violations de ce traité,
que pour éviter la nécessité désagréable, à laquelle
autrement on serait réduit, d'élever et de discuter des
questions touchant leur validité.

« Quoique cette résolution n'ait pour objet à la rigueur que ceux des États qui ont passé les actes répréhensibles dont il s'agit, cependant, afin d'obvier pour l'avenir à toutes diputes et questions, ainsi que pour remédier à celles qui existent maintenant, nous croyons que le mieux est que chaque État, sans exception, passe une loi sur ce sujet : nous avons en conséquence,

« *Arrété* qu'il sera recommandé aux différents États de faire cette révocation, plutôt en faisant une mention pure et simple desdits actes, qu'en les détaillant, et pour cela, de passer un acte déclarant, en termes généraux, que tous ces actes et parties d'iceux, contraires au traité de paix entre les États-Unis et Sa Majesté Britannique, ou à aucun article d'icelui, seront révoqués, et que tous les tribunaux, dans toutes les causes et questions qui sont respectivement de leur compétence, décideront et jugeront, suivant l'esprit et le véritable sens dudit traité, nonobstant toutes choses à ce contraires qui pourraient se rencontrer dans ces actes ou partie d'iceux.

« De telles lois répondraient au but qu'on se propose, et se feraient aisément. Plus elles seraient uniformes dans tous les États, mieux cela conviendrait; elles pourraient s'exprimer chacune à peu près en ces termes :

« *D'autant que certaines lois, ou certains statuts faits et passés dans quelques-uns des États-Unis, sont regardés comme contraires au traité de paix conclu avec la Grande-Bretagne, et dénoncés comme tels, par laquelle raison non-seulement la bonne foi des États-*

Unis garantie par ce traité a été compromise, mais leurs intérêts essentiels singulièrement exposés; et d'autant que la justice due à la Grande-Bretagne, aussi bien que l'honneur et les intérêts des États-Unis demandent que ledit traité soit observé fidèlement, et que tous obstacles à son exécution, particulièrement ceux qui sont ou peuvent être regardés comme provenant des lois de cet État, soient absolument écartés; en conséquence, il est établi par l'autorité dudit État, *que tous actes du corps législatif de cet État ou partie d'iceux qui sont contraires au traité de paix entre les États-Unis et Sa Majesté Britannique, ou à aucun article d'icelui, seront, et même sont, par ces présentes, révoqués, et en outre, que tous les tribunaux de cet État seront requis de prendre soin, dans toutes les affaires de leur compétence qui auront trait audit pacte, de juger suivant son esprit et son véritable sens, nonobstant toutes choses à ce contraires qui pourraient se rencontrer dans lesdits actes ou partie d'iceux.*

« Une telle loi générale serait, à ce qu'il nous semble, préférable à celle qui rapporterait en détail les actes et clauses qu'on veut révoquer, parce qu'il pourrait arriver par hasard qu'on omettrait quelque chose dans l'énumération, ou bien parce qu'il s'élèverait peut-être des questions qui ne seraient pas décidées d'une manière satisfaisante, relativement à des actes particuliers ou clauses particulières, sur lesquelles on peut avoir des opinions contraires. En révoquant, en termes généraux, tous les actes et clauses contraires au traité, l'affaire sera renvoyée à ses juges naturels : savoir, à ceux du dé-

partement judiciaire, et les cours de la loi ne trouveront aucune difficulté à décider si tel acte particulier, ou telle clause particulière, est ou n'est pas
contraire au traité. De plus, quand on considère que
les juges sont, en général, des hommes respectables
et instruits, qui sentent, aussi bien qu'ils connaissent, les devoirs de leurs places et le prix d'une bonne
réputation, on ne doit nullement douter que leur
conduite et leur décision sur ces objets, de même que
sur tous les autres de leur ressort, ne soient dirigées
par la droiture et par la sagesse.

« Ayez pour agréable, Monsieur, de mettre sur-le-
champ cette lettre sous les yeux du corps législatif
de votre État : nous nous flattons que, comme nous,
il pensera que la franchise et la justice sont aussi nécessaires à la vraie politique qu'elles le sont à la
saine morale, et que le moyen le plus honorable de
nous débarrasser des inconvénients des méprises, est
de les corriger sincèrement. Il est temps que tous les
doutes concernant la foi publique soient levés, et
que toutes les contestations entre nous et la Grande-
Bretagne soient amiablement et définitivement terminées. Les États savent pourquoi Sa Majesté Britannique continue toujours d'occuper sur les frontières
des postes que par le traité elle était convenue d'é-
vacuer; et nous sommes dans la ferme confiance
qu'une observation scrupuleuse du traité de notre
part, sera suivie du réciproque de la part de la
Grande-Bretagne.

« Il est important que les différents corps législatifs
prennent, le plus tôt possible, ces objets en considé-

ration, et nous vous prions de vouloir bien nous faire passer une copie authentique des actes et résolutions du corps législatif de votre État, auxquels cette lettre pourra donner lieu.

« Par ordre du Congrès,

Signé : Arthur SAINT-CLAIR, président. »

Plusieurs États ont déjà porté la loi que le congrès recommande dans sa lettre, et vraisemblablement les autres suivront le même exemple, aussitôt que leurs corps législatifs seront assemblés. Cela fait, les vues de la Grande-Bretagne ne pourront demeurer longtemps dans l'ombre. Je veux à ce sujet risquer une prédiction, fondée sur la connaissance que je crois avoir de mes compatriotes. J'ose donc prédire qu'un orgueil insultant, qui peut quelquefois triompher de la patience d'autrui, ou de sa prudence excessive, sera absolument sans effet en Amérique, malgré l'état actuel de ses finances.

On a dit, dans le chapitre V de cette dernière partie, que les différents États allaient envoyer des députés à une *convention*, afin d'y délibérer sur les moyens de donner à la confédération le plus de consistance, de stabilité, d'activité et d'énergie possibles. La *convention* s'est tenue à Philadelphie ; elle a duré quatre mois, et a fini par proposer aux États le plan d'une nouvelle constitution fédérative, qu'on verra ci-dessous avec la lettre du président, par laquelle il l'a adresée au président du congrès.

VIII.   5

Parmi les différentes raisons qui ont empêché cette assemblée de se tenir plus tôt, la principale doit être attribuée à l'article XIII de la confédération, qui déclare *qu'il ne pourra être fait, dans la suite, aucun changement à aucun de ces articles, à moins que ce changement ne soit consenti dans un congrès des États-Unis, et confirmé ensuite par les puissances législatives de chacun des États.* Plusieurs États disaient donc que le congrès, ayant le droit de délibérer sur les réformes nécessaires, il était inutile de convoquer à ce sujet une *convention* particulière. Enfin, ils se sont accordés avec les autres à faire cette convocation, et en voici deux raisons qu'on ne peut qu'approuver : 1° Pour être membre d'une *convention*, on peut élire tout citoyen, quoiqu'il occupe un emploi dans la république; c'est de là que la Virginie a envoyé à la *convention* dont il s'agit M. Edmond Randolph, actuellement gouverneur, le docteur M. Clurg, membre du conseil d'État, M. James Madisson, membre du congrès, M. George Wythe et M. John Blair, juges du tribunal de chancellerie. Plusieurs qui se sont retirés tout à fait des emplois publics, ne refusent point de servir dans une affaire extraordinaire : aussi, le général Washington et M. George Mason ont-ils été tous les deux employés par le même État.

Lettre du président de la convention au président du congrès.

« MONSIEUR ,

« Nous avons l'honneur de soumettre à la considération des États-Unis assemblés en congrès, la constitution qui nous a paru la plus convenable.

« Les amis de notre pays ont toujours désiré que le pouvoir de faire la guerre et la paix, de conclure des traités, de lever des impôts, de régler le commerce, et les pouvoirs exécutif et judiciaire, autant qu'ils y ont rapport, fussent entièrement et effectivement placés dans le corps chargé du gouvernement de l'Union ; mais on a reconnu le danger de confier une charge aussi étendue à une seule assemblée d'hommes. De là la nécessité de donner à ce corps une autre organisation.

« Il est évidemment impraticable, dans le gouvernement fédératif des États-Unis, de conserver à chaque État tous les droits de souveraineté indépendante, et cependant de maintenir ses intérêts et sa sûreté. Les individus qui entrent dans une société doivent abandonner une portion de leur liberté pour conserver le reste. La grandeur du sacrifice doit dépendre autant de la situation et des circonstances, que de l'objet qu'on se propose d'obtenir. Il est toujours difficile de déterminer avec précision la ligne de démarcation entre les droits qu'il faut abandonner et ceux que l'on peut garder. Dans le moment présent, cette difficulté était encore augmentée par les différences qui existent entre les divers États, relativement à leur situation, leur étendue, leurs usages et leurs intérêts particuliers.

« Dans toutes nos délibérations à ce sujet, nous avons toujours eu en vue ce qui nous a paru le point le plus important pour tout patriote, c'est-à-dire la consolidation de notre union, qui peut seule assurer notre prospérité, notre sûreté, peut-être même notre existence comme nation. Cette considération, sérieusement et profondément inculquée dans notre esprit, a porté chacun des États qui composaient la *convention*, à insister sur tous les points de peu d'importance, avec beaucoup moins de rigueur qu'on aurait pu s'y attendre. Ce projet de constitution est le fruit, en un mot, de l'esprit de concorde, de déférence et d'indulgence mutuelles, que la singularité de notre situation politique rendait indispensable.

« Peut-être ne doit-on pas se flatter que ce projet reçoive l'entière approbation de chaque État; mais chacun d'eux se souviendra sans doute que, si ses intérêts avaient été uniquement consultés, on aurait pu négliger par là même ou blesser ceux des autres États. Nous espérons et croyons que ce projet est susceptible d'aussi peu d'exceptions, qu'on en pouvait raisonnablement attendre. Nous souhaitons ardemment qu'il puisse assurer une prospérité permanente à la patrie qui nous est si chère, et qu'il fixera sa liberté et son bonheur.

« Nous avons l'honneur d'être, etc.

Signé : George Washington, par l'ordre unanime de la *Convention.*

A son excellence le Président du Congrès. »

PROJET DE CONSTITUTION.

« Nous, le peuple des États-Unis, dans la vue de former une plus parfaite union, d'établir la justice, d'assurer la tranquillité domestique, de pourvoir à la défense commune, de faire le bien général, et de fixer notre liberté et celle de notre postérité, nous avons ordonné et établi cette constitution pour les États-Unis de l'Amérique.

ARTICLE PREMIER.

« *Section I*. Toute l'autorité législative accordée par la présente constitution sera confiée au congrès des États-Unis, qui sera composé d'un sénat et d'une chambre de représentants.

« *Section II*. La chambre des représentants sera composée de membres élus tous les deux ans par le peuple de chaque État, et les électeurs, dans chaque État, devront avoir les qualités requises pour les électeurs de la branche la plus nombreuse du corps législatif dudit État.

« Personne ne pourra être représentant, qu'il n'ait atteint l'âge de vingt-cinq ans, qu'il n'ait été sept ans citoyen des États-Unis, et qu'il ne soit, au moment de son élection, habitant de l'État pour lequel il sera élu.

« Le nombre des représentants, et la quotité des impôts directs, seront fixés, pour chacun des États qui pourront être compris dans cette union, selon le

nombre respectif de leurs habitants, qui sera déterminé en ajoutant au nombre des personnes libres
(y compris les engagés à un service pour un certain
nombre d'années, et en exceptant les Indiens non
taxés), trois cinquièmes des habitants de toutes les
autres classes (1). Ce dénombrement sera fait avant
le terme de trois ans, à compter de la première assemblée du congrès, ensuite tous les dix ans, et ce,
de la manière qui sera ordonnée par la loi. Il ne
pourra y avoir qu'un représentant pour trente mille
personnes; mais chaque État aura au moins un représentant; et, jusqu'à l'époque dudit dénombrement, l'État de *New-Hampshire* aura droit d'en
élire 3

Celui de *Massachusets.* 8

Celui de *Rhode-Island.* 1

Celui de *Connecticut* 5

Celui de *New-York* 6

Celui de *New-Jersey.* 4

Celui de *Pensylvanie* 8

Celui de *Delaware* 1

Celui de *Maryland.* 6

Celui de *Virginie.* 10

Celui de la *Caroline septentrionale.* 5

Celui de la *Caroline méridionale.* 5

Et celui de *Géorgie.* 3

« Lorsqu'il viendra à vaquer des places de repré-

_____

(1) On entend ici les esclaves ; l'horreur que les rédacteurs de
ce projet ont pour un état si contraire au droit naturel, les a em-
pêchés de faire usage même du mot. C'est ce qui se verra encore
plus bas dans le même acte.

sentants dans un État, le pouvoir exécutif de cet État donnera des lettres d'élection pour remplir les vacances.

« La chambre des représentants choisira un orateur et ses autres officiers, et aura seule le droit *d'impeachment* (1).

« *Section III.* Le sénat des États-Unis sera composé de deux sénateurs de chaque État, élus par le pouvoir législatif dudit État, pour six ans, et chaque sénateur aura une voix.

« Aussitôt qu'ils auront été assemblés en conséquence de la première élection, ils seront divisés, le plus exactement possible, entre trois classes. Les siéges des sénateurs de la première classe deviendront vacants au bout de la seconde année ; ceux de la seconde classe, au bout de la quatrième année, et ceux de la troisième classe, au bout de la sixième ; de sorte qu'un tiers pourra être élu tous les deux ans ; et s'il vient à vaquer des places de sénateurs, par résignation ou autrement, pendant les vacances du pouvoir législatif de chaque État, le pouvoir exécutif de cet État pourra nommer par *interim*, jusqu'à la prochaine assemblée du pouvoir législatif, qui alors remplira lesdites vacances.

« Personne ne sera sénateur qu'il n'ait atteint l'âge de trente ans, qu'il n'ait été neuf ans citoyen des États-Unis, et qu'il ne soit, au moment de son élection, habitant de l'État pour lequel il sera élu.

« Le vice-président des États-Unis présidera le

____

(1) On appelle *impeachment* l'accusation d'un crime d'État.

sénat, mais il n'y aura pas de voix, à moins que les suffrages n'y fussent divisés également.

« Le sénat élira ses autres officiers, ainsi qu'un président *pro tempore*, en l'absence du vice-président, ou lorsqu'il remplira l'office du président des États-Unis.

« Le sénat aura seul le pouvoir de juger tous les *impeachments*. Lorsqu'il s'assemblera à cet effet, les membres ne procéderont qu'après avoir prêté serment, ou fait leur *affirmation* (1). Si le président des États-Unis vient à être mis en jugement, le grand juge présidera.

« Nulle personne ne sera condamnée que d'après le vœu des deux tiers des membres présents.

« Le jugement dans le cas d'*impeachment* ne pourra au plus que déposséder l'accusé de son office, et le déclarer incapable de remplir aucun emploi honorifique, lucratif ou de confiance, sous l'autorité des États-Unis; mais l'accusé convaincu sera néanmoins sujet à être poursuivi, jugé, condamné et puni selon la loi.

« *Section IV*. Les temps, lieux et formes des élections des sénateurs ou représentants, seront prescrits dans chaque État par le pouvoir législatif d'icelui; mais le congrès pourra toujours, par une loi, changer ces règlements ou en faire de nouveaux, excepté qu'il ne pourra changer les lieux d'élection pour les sénateurs.

____

(1) Ce mot veut dire en anglais *déclaration pure et simple*. Il est particulier aux quakers, à qui leur religion défend le serment.

« Le congrès s'assemblera au moins une fois l'an, et la première séance de la session sera le premier lundi de décembre, à moins que par une loi ce corps ne fixe un autre jour.

« *Section V*. Chaque chambre sera juge des élections, de leurs procès-verbaux, et des qualités de ses propres membres ; et la majorité dans chacune d'icelles, fixera le *Quorum* (1), pour vaquer aux affaires ; mais un plus petit nombre pourra s'ajourner de jour en jour, et sera autorisé à forcer les membres absents d'assister aux séances, et ce sous telle forme et sous telle peine qu'il plaira à chaque chambre d'établir.

« Chaque chambre pourra déterminer les règles de ses procédures, punir ceux de ses membres qui seront coupables de conduite irrégulière, et même, avec la concurrence des deux tiers de ses membres, en expulser ceux qui l'auront mérité.

« Chaque chambre tiendra un journal de ses *transactions*, et le publiera de temps à autre, à l'exception des choses qui, selon son opinion, demanderont de rester secrètes ; et la spécification des suffrages des membres de chaque chambre sur toute motion quelconque pourra être portée sur le journal, à la réquisition d'un cinquième des membres présents.

« Aucune des chambres ne pourra, pendant la session du congrès, s'ajourner sans le consentement de l'autre, pour plus de trois jours, ni s'ajourner dans

____

(1) On entend par *Quorum* le nombre d'individus nécessaire pour agir.

un autre endroit que celui où siégeront les deux chambres.

« *Section VI*. Les sénateurs et les représentants recevront pour leurs services des émoluments qui seront fixés par la loi, et payés sur le trésor des États-Unis. Dans tous les cas, excepté ceux de trahison, félonie et perturbation de la paix publique, ils seront privilégiés et exempts de prise de corps, pendant le temps qu'ils assisteront à la session de leur chambre respective, ainsi que pour le temps qu'ils mettront à y aller et à en revenir; et ils ne pourront être comptables d'aucun discours ou débat dans aucun autre endroit, que dans celle des chambres où ils les auront tenus.

« Aucun sénateur ou représentant ne pourra, pendant le terme pour lequel il aura été élu, être nommé à aucun emploi civil sous l'autorité des États-Unis, qui ait été créé, ou dont les émoluments auraient été augmentés pendant ledit terme; et aucune personne tenant un emploi sous l'autorité des États-Unis ne pourra être membre d'aucune des chambres, tant qu'elle restera dans cet emploi.

« *Section VII*. Tous les bills de subsides devront avoir leur initiative dans la chambre des représentants; mais le sénat pourra proposer des changements, ou y concourir, de même que pour tout autre bill.

« Tout bill qui aura passé dans la chambre des représentants et dans le sénat, devra être présenté au président des États-Unis avant d'avoir force de loi. S'il l'approuve, il le signera; dans le cas contraire, il le renverra, avec ses objections, à la chambre dans laquelle ce bill aura pris naissance, et cette chambre enregistrera ces objections en entier sur son journal, et procédera à un second examen. Si, après ce second examen, les deux tiers de la chambre agréent le bill, il sera envoyé avec les objections à l'autre chambre, qui l'examinera aussi de nouveau ; et s'il est approuvé par les deux tiers de cette chambre, il aura alors force de loi. Mais dans tous les cas de cette espèce, les voix des deux chambres seront déterminées par oui et non, et les noms des membres qui auront voté pour et contre le bill seront enregistrés dans le journal de chaque chambre respectivement. Tout bill qui ne sera point renvoyé par le président dans le terme de dix jours, non compris les dimanches, après qu'on le lui aura fait passer, aura force de loi, de même que s'il l'avait signé, à moins que le congrès, par son ajournement, n'en prévienne le renvoi ; et dans ce cas, le bill n'aura point force de loi.

« Tout ordre, vote ou résolution, pour lequel la concurrence du sénat et de la chambre des représentants sera nécessaire, excepté cependant sur la question des ajournements, sera communiqué au président des États-Unis, et sera approuvé par lui avant de sortir son effet ; et dans le cas où ledit président ne l'approuverait pas, il faudra, pour l'exécuter, qu'il soit confirmé par le suffrage des deux tiers du sénat et de la chambre des représentants, dans les mêmes formes et limitations prescrites pour un bill.

« *Section VIII.* Le congrès aura le pouvoir d'impo-

ser et de percevoir toutes taxes, droits, impôts et
accises, pour payer les dettes, et pourvoir à la défense et au bien général des États-Unis ; mais lesdits
droits, impôts et accises, seront uniformes dans
toute l'étendue de la confédération ;

« D'emprunter de l'argent sur le crédit des États-
Unis ;

« De régler le commerce avec les nations étrangères, entre les différents États de l'Union, et avec
les nations sauvages ;

« D'établir une formule permanente de naturalisa-
tion, et des lois uniformes sur les faillites, dans toute
l'étendue des États-Unis ;

« De battre monnaie, de fixer la valeur d'icelle et
des monnaies étrangères, et de fixer l'étalon des
poids et mesures ;

« De pourvoir à ce que l'on punisse ceux qui con-
treferont les effets publics et la monnaie courante
des États-Unis ;

« D'établir des bureaux de postes et des grands
chemins ;

« D'encourager les progrès des sciences et des arts
utiles, en assurant pour un temps limité, aux auteurs
et inventeurs, le droit exclusif de disposer de leurs
écrits ou de leurs découvertes respectives ;

« De constituer des tribunaux inférieurs, sous la
juridiction du tribunal suprême ;

« De juger et de punir les pirateries et les félonies
commises en mer, et les offenses contre le droit des
gens ;

« De déclarer la guerre, d'accorder des lettres de

marque et de représailles, et d'établir des règlements pour les prises sur terre et sur mer;

« De lever et d'entretenir des armées; mais on ne pourra destiner une somme d'argent à cet usage pour plus de deux ans;

« De former et d'entretenir une marine;

« De faire des règlements pour le régime et l'administration des forces de terre et de mer;

« De faire assembler la milice, d'exécuter les lois de l'Union, d'éteindre les insurrections, et de repousser les invasions;

« De pourvoir à l'organisation, à l'armement et à la discipline de la milice, et à l'administration de la partie de ces milices qui sera employée au service des États-Unis; réservant aux États respectifs la nomination des officiers, et le pouvoir de dresser la milice à la discipline ordonnée par le congrès;

« D'exercer un droit de législation exclusif dans tous les cas possibles, sur tout district (n'excédant pas dix milles carrés) qui deviendra, par la cession de quelques États particuliers et le consentement du congrès, la résidence du gouvernement des États-Unis, et d'exercer la même autorité sur toutes les places achetées avec le consentement de la législature de l'État où elles seront situées, à l'effet d'y construire des forts, magasins, arsenaux, chantiers et autres édifices essentiels;

« Enfin, de porter toutes les lois qui seront nécessaires et propres à mettre à exécution les pouvoirs ci-dessus, et tous autres pouvoirs confiés par cette constitution au gouvernement des États-Unis, ou à aucun de ses départements ou bureaux.

« *Section IX.* L'émigration ou l'introduction de telles personnes (1) qu'aucun des États actuellement existants jugera à propos d'admettre, ne sera point prohibée par le congrès avant l'an 1808; mais il pourra être imposé sur une semblable importation une taxe ou impôt qui n'excédera point dix piastres par personne.

« Le privilége attaché aux lettres d'*habeas corpus* (2) ne sera point suspendu, excepté dans les cas de rébellion et d'invasion, où la sûreté publique le demandera.

« Il ne sera point passé de *bill d'attainder* (3), ni de loi *ex post facto.*

« Il ne sera point imposé de capitation ou autre impôt direct, qu'en proportion du cens ou dénombrement, qui doit être fait comme il a été dit ci-dessus.

« Il ne sera point établi de droits ou de taxes sur les articles exportés d'aucun des États de l'Union. Il ne sera donné de préférence, par aucun règlement

(1) Ceci se rapporte aux nègres d'Afrique.

(2) Ordre écrit qu'un homme mis en prison a droit d'exiger du magistrat, pour être mené devant lui, et lui faire examiner le sujet de sa détention, en sorte que si le magistrat ne le trouve pas suffisant, il est obligé de lui faire rendre la liberté, autrement il serait responsable des suites.

(3) Condamnation émanée de la puissance législatrice, en vertu d'un jugement qui, en Angleterre, est rendu par la chambre des pairs. En Amérique, le *bill d'attainder* ne pourrait avoir lieu sans ériger un tribunal extraordinaire pour juger le crime.

de commerce ou de finance, aux ports d'un État sur ceux d'un autre ; les vaisseaux en allant dans un État, ou en en revenant, ne seront point tenus de faire leur rapport, de prendre un congé, ni de payer aucun droit dans un autre.

« Il ne sera tiré d'argent du trésor qu'en conséquence des appropriations ordonnées par la loi, et il sera publié de temps à autre un état et un compte réguliers de recettes et dépenses des fonds publics.

« Il ne sera accordé aucun titre de noblesse par les États-Unis ; et aucune personne ayant un emploi de confiance ou d'honneur sous leur autorité ne pourra, sans le consentement du congrès, accepter aucun présent, émolument ou titre d'aucune espèce quelconque, d'aucun roi, prince ou État étranger.

« *Section X*. Aucun des États de l'Union ne pourra conclure aucun traité, alliance ou confédération, accorder des lettres de marque et de représailles, battre monnaie, créer des billets de crédit, créer d'autre signe numéraire pour le payement des dettes, que ceux en or et en argent, passer aucun *bill d'attainder*, aucune loi d'*ex post facto*, ou aucune loi portant atteinte aux obligations des contrats, ni accorder aucun titre de noblesse.

« Aucun État ne pourra, sans le consentement du congrès, établir aucun impôt ou droit sur les importations ou les exportations, excepté ceux qui seront absolument nécessaires pour exécuter ses lois d'inspection ; et le produit net de tous droits et impôts établis par aucun des États sur les importations et les exportations, devra être versé dans le trésor des États-Unis : enfin, toute loi semblable sera sujette à la révision et à la négative du congrès. Aucun État ne pourra, sans le consentement du congrès, établir aucun droit de tonnage, entretenir des troupes ou des vaisseaux de guerre en temps de paix, conclure aucune convention ou concordat avec un autre État ou avec une puissance étrangère, ou s'engager dans une guerre, à moins qu'il ne soit envahi, ou dans un danger imminent qui n'admette aucun délai.

ART. II.

« *Section I.* Le pouvoir exécutif sera confié au président des États-Unis de l'Amérique. Il conservera son emploi pendant le terme de quatre ans, ainsi que le vice-président, et ils seront tous deux élus de la manière suivante :

« Chaque État nommera, selon la forme prescrite par le pouvoir législatif dudit État, un nombre d'électeurs égal au nombre total de sénateurs et de représentants que l'État aura le droit d'avoir au congrès ; mais aucun sénateur, ni représentant, ni aucune personne ayant un emploi lucratif ou de confiance, sous l'autorité des États-Unis, ne pourra être nommé électeur.

« Les électeurs s'assembleront dans leur État respectif, et nommeront au scrutin deux personnes, l'une desquelles, au moins, devra n'être pas habitante de l'État d'où ils seront eux-mêmes, et ils feront une liste de toutes les personnes élues, et du nombre de voix que chacune aura, laquelle liste ils signeront, certifieront, et feront passer cachetée au président du sénat, à la résidence du gouvernement des États-Unis. Le président du sénat ouvrira, en présence du sénat et de la chambre des représentants, tous les certificats, et les voix seront alors comptées. La personne ayant le plus grand nombre de voix sera président, si ledit nombre forme la majorité du nombre total des électeurs nommés; et s'il y a plus d'une personne qui ait la majorité, et qui ait un égal nombre de voix, alors la chambre des représentants élira au scrutin l'une d'elles pour président; si personne n'a de majorité, ladite chambre élira également le président sur les cinq qui auront le plus grand nombre de voix. Mais en choisissant le président, les voix seront prises par États, chaque État n'ayant qu'une voix; le *Quorum* n'existera, qu'il n'y ait des membres, au moins des deux tiers des États, et il faudra la majorité de tous les États pour faire un choix. Dans tous les cas, la personne qui, après l'élection du président, aura le plus grand nombre de voix parmi les électeurs, sera nommée vice-président. Mais s'il en reste deux, ou davantage, qui aient un nombre de voix égal, le sénat choisira au scrutin, parmi elles, le vice-président.

« Le congrès déterminera l'époque où l'on choisira les électeurs, et le jour où ceux-ci donneront leur voix, lequel jour sera le même dans toute l'étendue des États-Unis.

« Personne, à moins d'être citoyen né, ou d'avoir été citoyen des États-Unis, au moment où la présente constitution aura été adoptée, ne pourra remplir

VIII.　　　　　　　　　　　　6

l'emploi de président : il faudra en outre avoir atteint l'âge de trente-cinq ans, et avoir résidé quatorze années dans les États-Unis.

« Dans le cas où le président serait destitué de son emploi, s'il venait à mourir, à résigner, ou s'il devenait incapable de remplir les devoirs dudit emploi, cet emploi appartiendra au vice-président, et le congrès pourra, par une loi, pourvoir au cas de cassation, mort, résignation ou incapacité de tous deux, en déclarant quel officier, à leur défaut, remplira l'emploi de président, et, en conséquence, cet officier l'exercera jusqu'à ce que ladite incapacité cesse, ou qu'un président soit élu.

« Le président recevra pour ses services, à des époques déterminées, des émoluments qui ne seront ni augmentés, ni diminués, pendant le terme de son exercice, et durant lequel il ne recevra aucuns autres émoluments des États-Unis, ni d'aucun d'eux en particulier.

« Avant d'entrer dans les fonctions de sa charge, il prêtera serment ou fera l'*affirmation* dans les termes suivants :

« Je jure (ou *j'affirme*) solennellement de remplir « fidèlement la charge de président des États-Unis, « et de maintenir, défendre et préserver leur consti- « tution le mieux qu'il me sera possible. »

« *Section II.* Le président sera commandant en chef de l'armée et de la marine des États-Unis, et de la milice des différents États, lorsqu'elle sera appelée au service des États-Unis; il pourra demander au principal officier, dans chacun des départements exécutifs, son opinion par écrit sur tout sujet quelconque relatif aux devoirs desdits emplois respectifs. Il aura le pouvoir d'accorder des surséances et des pardons pour les offenses commises envers les États-Unis, excepté dans les cas d'*impeachment*.

« Il aura le pouvoir de conclure des traités, d'après le conseil et avec le consentement du sénat, pourvu qu'il ait le suffrage des deux tiers des sénateurs présents. Il nommera, d'après le conseil, et avec le consentement du sénat, les ambassadeurs, les autres ministres publics et les consuls, les juges de la cour supérieure et tous les autres officiers des États-Unis, dont la nomination n'est point fixée par la présente constitution, et qui seront établis par la loi. Mais le congrès pourra, par une loi, confier la nomination de ces officiers subalternes, comme il le jugera à propos, soit au président seul, aux cours de justice, ou aux chefs de départements.

« Le président aura le pouvoir de remplir toutes les places qui viendront à vaquer pendant les vacances du sénat, en accordant des commissions qui expireront à la fin de la session suivante.

« *Section III*. Il rendra compte de temps en temps au congrès de l'état de l'Union, et lui recommandera de prendre les mesures qu'il croira utiles et nécessaires. Il pourra, dans les occasions extraordinaires, convoquer les deux chambres ou seulement l'une d'elles, et en cas de différend entre elles, relativement à l'époque de leur ajournement, il pourra les ajourner au terme qu'il jugera bon. Il recevra les ambassadeurs et autres ministres publics, veillera à ce que les lois soient fidèlement exécutées, et donnera des commissions à tous les officiers des États-Unis.

« *Section IV*. Le président, le vice-président, et tous les officiers civils des États-Unis seront destitués de leur emploi, dès le moment qu'on les poursuivra par *impeachment*, et qu'ils seront convaincus de trahison, de corruption, ou autres crimes capitaux.

ART. III.

« *Section I*. Le pouvoir judiciaire des États-Unis sera confié à une cour supérieure, et à autant de cours inférieures que le congrès voudra de temps à autre en ordonner et en établir. Les juges, tant de la cour supérieure que des cours inférieures, conserveront leurs emplois tant qu'ils n'auront point démérité, et recevront, pour leurs services, à des époques fixes, des appointements qui ne diminueront point tant qu'ils resteront en place.

« *Section II*. Le pouvoir judiciaire s'étendra à tous les cas de la loi et de l'équité qui pourront être liés à cette constitution, aux lois des États-Unis, aux traités conclus ou à ceux qui le seront par la suite sous leur autorité, à tous les cas qui concerneront les ambassadeurs, les autres ministres publics et les consuls, à tous les cas qui ressortiront de la juridiction maritime et de l'amirauté; à toutes les controverses auxquelles les États-Unis auront part, à toutes les controverses qui auront lieu entre deux ou plus d'États, entre un État et les citoyens d'un autre État, entre les citoyens de différents États, entre ceux du même État réclamant des terres accordées par différents États, et entre un État ou les citoyens d'icelui, et des États étrangers ou leurs sujets et citoyens.

« La cour supérieure exercera sa juridiction exclusive dans tous les cas qui concerneront les ambassadeurs, d'autres ministres publics ou consuls, et ceux dans lesquels un État sera intéressé. Dans tous les autres cas ci-dessus mentionnés, la cour supérieure exercera sa juridiction sur appel, tant pour le fait que pour la loi, sous telles exceptions et tels règlements que le congrès voudra établir.

« Les procédures criminelles, excepté les cas d'*impeachment*, se feront par *jurés*, et lesdites procédures seront instruites dans l'État où les crimes auront été commis; mais lorsqu'ils n'auront été commis dans aucun État particulier, la procédure sera instruite dans tel lieu ou lieux que le congrès aura désignés par une loi.

« *Section III*. La trahison envers les États-Unis ne consistera qu'à leur faire la guerre, ou à s'associer à leurs ennemis en leur donnant du secours. Personne ne sera convaincu de haute trahison, que sur le témoignage de deux personnes, ou par confession en cour à huis ouverts.

« Le congrès aura le pouvoir de déclarer la peine de la trahison; mais aucun *bill d'attainder* pour trahison n'emportera ni infamie, ni confiscation, que pour la vie de la personne condamnée.

ARTICLE IV.

« *Section I*. Il sera donné dans chaque État une entière foi et crédit aux actes publics, titres et procédures d'aucun autre État. Le congrès pourra, par des lois générales, prescrire la manière dans laquelle lesdits actes, titres et procédures seront légalisés, et les effets d'iceux.

« *Section II*. Les citoyens de chaque État auront droit à tous les priviléges et immunités des citoyens dans les différents États.

« Une personne accusée dans un État de trahison, de félonie ou d'autre crime, qui échappera à la justice et sera trouvée dans un autre État, sera délivrée à la demande du pouvoir exécutif de l'État d'où elle s'est enfuie, pour être transférée dans l'État qui devra prendre connaissance du crime.

« Toute personne qui, étant engagée en service ou travail dans un État, sous la sanction des lois, s'enfuira dans un autre, ne pourra être, par aucune loi ou règlement de ce dernier État, exemptée dudit service ou travail, mais sera délivrée à la demande de la partie à qui ledit service ou travail sera dû.

« *Section III*. Le congrès pourra admettre de nouveaux États dans l'Union; mais aucun nouvel État ne pourra être formé ou établi dans la juridiction d'un autre État, ni aucun État ne pourra être formé par la réunion de deux ou plus d'États, ou de parties d'États, sans le consentement des pouvoirs législatiis des États intéressés, aussi bien que du congrès.

« Le congrès aura le pouvoir de disposer du territoire ou autre propriété appartenant aux États-Unis, et de faire, relativement à iceux, tous les règlements et dispositions nécessaires; et rien dans cette constitution ne pourra être interprété de manière à porter préjudice aux droits des États-Unis ou d'aucun État en particulier.

« *Section IV*. Les États-Unis garantiront à chaque État de l'Union la forme de gouvernement républicain, et protégeront chacun d'eux contre toute invasion et toute violence domestique; mais, quant à celle-ci, pourvu que ce soit à la réquisition du pouvoir législatif ou du pouvoir exécutif, lorsque le pouvoir législatif ne pourra être convoqué.

ARTICLE V.

« Le congrès, toutes les fois que les deux tiers des deux chambres le jugeront nécessaire, proposera des changements à cette constitution, ou bien, à la réquisition des pouvoirs législatifs des deux tiers des divers États, convoquera une *convention* à l'effet de proposer des changements, et lesdits changements, dans l'un et l'autre cas, seront valides à tous égards et dans tous les points, comme faisant partie de la constitution, dès qu'ils seront ratifiés par les pouvoirs législatifs des trois quarts des différents États, ou par des *conventions* dans les trois quarts d'iceux, selon que l'une ou l'autre forme de ratification sera proposée par le congrès; bien entendu qu'aucun changement, fait avant l'année 1808, ne porte atteinte en aucune manière aux première et quatrième

clauses de la neuvième section du premier article,
et qu'aucun État ne puisse être, sans son propre
consentement, privé de son suffrage contingent dans
le sénat.

ARTICLE VI.

« Toutes dettes et tous engagements contractés
avant l'adoption de cette constitution, seront aussi
valides pour les États-Unis, en vertu de cette constitution, qu'en vertu de la confédération.

« Cette constitution, et les lois des États-Unis qui
seront portées en exécution d'icelle, et tous les traités
conclus ou à conclure sous l'autorité des États-Unis,
seront la loi suprême dans toute l'étendue de l'Union,
et les juges, dans chaque État, seront tenus d'y obéir,
nonobstant toutes choses à ce contraires dans la constitution ou les lois d'aucun État particulier.

« Les sénateurs et représentants ci-dessus mentionnés, et les membres des pouvoirs législatifs des
différents États, et tous les officiers des pouvoirs
exécutif et judiciaire, tant des États-Unis que des
différents États, seront tenus, sous serment ou *affirmation*, de maintenir cette constitution; mais aucune preuve de religion ne sera requise pour remplir aucun office ou emploi public sous l'autorité des
États-Unis.

ARTICLE VII.

« La ratification des *conventions* de neuf États sera
suffisante pour l'établissement de cette constitution,
parmi les États qui la ratifieront ainsi.

« Fait en *convention*, par le consentement unanime des États présents , le dix-septième jour de
septembre , l'an de J.-C. 1787, et de l'indépendance
des États-Unis de l'Amérique, le douzième : en témoignage de quoi nous avons signé nos noms.

« George Washington , président de la *Convention* ,
et député de Virginie. »

DÉPUTÉS :

New-Hampshire.	John Langdon. Nicolas Gilman.
Massachusets. . .	Nathaniel Gorham. Rufus King.
Connecticut. . . .	W. Samuel Johnson. Roger Sherman.
Pour New-York.	Alexander Hamilton.
New-Jersey.	William Livingston. David Brearly. William Paterson. Jonathan Dayton.
Pensylvanie. . . .	Benjamin Franklin. Thomas Mifflin. Robert Morris. George Clymer. Thomas Fitzsimons. Jared Ingersol. James Wilson. Gouverneur Morris.

DELAWARE......	George Read. Gunning Redford junior. John Dickinson. Richard Bassett. Jacob Broom.
MARYLAND......	James Mac-Henry. Daniel de Saint-Thomas Jenifer. Daniel Carroll.
VIRGINIE.......	John Blair. James Madisson junior.
CAROLINE SEPTEN- TRIONALE.....	William Blount. R. Dobbs, Spaight. Hugh Williamson.
CAROLINE MÉRI- DIONALE.....	John Rutledge. Charles Cotesworth Pinckney. Charles Pinckney. Pierce Butler.
GÉORGIE........	William Few. Abraham Baldwin.

« Attesté par moi William JACKSON, *secrétaire.*

« En *Convention*, 17 septembre 1787.

ÉTANT PRÉSENTS :

« Les États de *New-Hamsphire, Massachusets, Connecticut (M. Hamilton pour New-York), New-Jersey, Pensylvanie, Delaware, Maryland, Virginie, Caroline septentrionale, Caroline méridionale et Géorgie ;*

« Il a été arrêté :

« Que la constitution précédente soit mise sous les yeux des États-Unis assemblés en congrès, et que c'est l'opinion de cette *convention* qu'elle soit ensuite soumise à une *convention de délégués,* élus dans chaque État par le peuple d'icelui, à la recommandation du pouvoir législatif, pour en recevoir l'accession et la ratification ; et que chaque *convention* qui accédera à ladite constitution et la ratifiera, en donne avis aux États-Unis assemblés en congrès.

« Arrêté, que c'est l'opinion de cette *convention,* qu'aussitôt que les *conventions* de neuf États auront ratifié cette constitution, les États-Unis assemblés en congrès fixent le jour auquel les électeurs devront être nommés par les États qui auront ratifié ladite constitution, et celui auquel les électeurs devront s'assembler pour élire le président, et le lieu et endroit pour commencer les *transactions* ordonnées par cette constitution ; qu'après la fixation desdits jours, les électeurs soient nommés, et les sénateurs et représentants élus ; que les électeurs s'assemblent au jour fixé pour l'élection du président, et transmettent leurs nominations certifiées, signées, scellées et adressées, conformément à la teneur de cette constitution, au secrétaire des États-Unis assemblés en congrès ; que les sénateurs et représentants se rassemblent au lieu assigné ; que les sénateurs nomment un président du sénat, au seul effet de recevoir, ouvrir et compter les nominations pour la présidence ; et qu'après que le président sera élu, le congrès, avec ledit président, procède sans délai à l'exécution de cette constitution.

« Par ordre unanime de la *Convention*,

Signé : George Washington, *président*.

William Jackson, *secrétaire*. »

La *convention* n'a pas compté, et la lettre du président l'annonce clairement, que sa constitution fédérative aurait la pleine et entière approbation de chaque État. Je pense, au contraire, que chacun fera des objections utiles. Le sujet de mon ouvrage exige que je fasse connaître mon sentiment, et je tâcherai de le présenter avec le plus de brièveté possible.

La première constitution fédérative, intitulée *Acte de la confédération*, est conçue de manière que toute société d'hommes sensés et vertueux pourrait s'honorer de l'avoir mise au jour. Le peu de défauts qu'elle contient est l'effet d'une précaution louable; et, d'ailleurs, elle est facile à corriger. Il me semble qu'on aurait pu la conserver comme un monument respectable, comme la base fondamentale de notre union, en y joignant ce qui lui manque pour la porter au degré de perfection auquel il est possible d'atteindre. La constitution proposée la néglige absolument; en sorte que quiconque ne la connaît pas, pourrait s'en former une idée tout à fait opposée à la vérité.

Dans la première constitution, le pouvoir du congrès n'est ni assez étendu dans certains cas, ni assez exprimé dans d'autres.

La constitution qu'on propose lui fait excéder, en différentes circonstances, les bornes d'un gouvernement purement fédératif. La première concentre dans un seul corps les affaires législatives et exécutives ; celle-ci va jusqu'à diviser en plusieurs branches le seul corps législatif. Pour corriger et perfectionner, autant qu'il est possible, la première constitution, il suffirait de changer l'article VIII, comme le congrès le proposa le 18 avril 1783, de séparer les pouvoirs législatif et exécutif, et d'accorder au congrès le droit de lever des sommes d'argent, de régler le commerce, d'empêcher qu'aucun État de l'Union ne batte monnaie, ou ne donne une valeur égale à du papier, ou à toute autre espèce de monnaie fictive, et de statuer quelle sera la pluralité requise des États, en sorte que les absents ne puissent influer sur les délibérations.

Les corrections et additions nécessaires, pour rendre cette première constitution aussi parfaite qu'elle en était susceptible, se trouvent dans la seconde, mais avec plusieurs autres, auxquelles j'espère que mes concitoyens feront l'attention qu'elles méritent.

ARTICLE Ier. § 1er. *Toute l'autorité législative sera confiée au congrès des États-Unis, qui sera composé d'un sénat et d'une chambre de représentants.* Lors même qu'on admettrait l'utilité de la division du pouvoir législatif dans la constitution d'un seul État, il ne s'ensuivrait pas que la même chose dût avoir lieu dans une constitution fédérative. La lettre dont je viens de parler tâche de justifier cette complication, sur ce que, dit-elle, il n'est pas convenable de confier tant de pouvoir à un seul corps. Il serait aussi difficile de prouver que la complication du système formerait une digue suffisante, qu'il est aisé de démontrer que le pouvoir législatif nécessaire peut résider, sans aucun danger, dans une seule chambre. Cette crainte, qui peut séduire lorsqu'il s'agit d'un véritable corps législatif, ne peut sérieusement être alléguée ici, 1° parce que le pouvoir d'un congrès fédératif est de sa nature beaucoup plus limité que celui d'un corps législatif; ce qui rend le danger moins grand ; 2° parce que la réunion de toutes les parties de ce congrès est plus facile ; qu'il forme un corps bien plus séparé des citoyens ; ce qui rend le remède moins efficace.

Le lecteur découvrira sans peine, ici comme ailleurs, différentes raisons non exprimées ou simplement indiquées, dont la discussion allongerait trop ce supplément.

§ 2. *La chambre des représentants sera composée de membres élus par le peuple des différents États.*

Dans la plupart des États, le peuple, persuadé que la portion la plus nombreuse des habitants d'un État ne peut connaître assez bien quels sont les sujets les plus dignes de remplir certains emplois dans la république, en a prudemment abandonné le choix à ses représentants. Le même peuple ne s'imaginera pas, sans doute, pouvoir faire un meilleur choix, lorsqu'il s'agit de personnes qui doivent administrer les affaires de l'Union, et traiter avec les puissances étrangères. De plus, on ne conçoit pas pourquoi ce doit être au congrès de prescrire la manière d'élire. Chaque État doit remettre à la confédération ce pouvoir qui serait capable de nuire à ses alliés, s'il agissait séparément ; mais il est impossible que la manière d'élire dans un État puisse concerner aucun autre. Enfin, l'uniformité sur ce point serait absurde, puisque l'expérience prouve que, dans quelques États de médiocre étendue, le peuple est propre à faire certaines élections, que dans d'autres il se croit obligé de confier à des représentants. La loi de la confédération pourrait seulement exclure certaines conditions d'élection, telles que l'élection d'une famille à perpétuité, d'un député à vie, etc., puisqu'un État peut exiger d'un autre, sans nuire à son indépendance, de proscrire tout ce qui pourrait être contraire à la liberté commune.

§ 3. *Le sénat des États-Unis sera composé de deux sénateurs de chaque État, élus par le pouvoir législatif dudit État pour six ans, et chaque sénateur aura une voix.* Ici naissent plusieurs observations : 1° le terme de six ans est trop long, puisque c'est un fait constant que trois années d'absence suffisent pour aliéner en grande partie la confiance du peuple, inconvénient très-considérable dans nos gouvernements ; 2° il n'existe pas une seule raison plausible pour appuyer la différence entre l'élection des sénateurs et celle des représentants. Toutes complications de système, toutes distinctions sont mauvaises

de leur nature, et ne peuvent être justifiées que par
la nécessité. L'autre distinction entre le sénat et la
chambre des représentants, à l'égard de l'influence
des différents États, est une source de discorde. On
a déjà vu que le nombre des représentants doit être
proportionné au nombre d'habitants, et que chaque
représentant doit avoir une voix comme chaque sénateur. Examinons le motif sur lequel on fonde l'é-
galité dans un cas, et la différence dans l'autre.

Plusieurs sont d'avis que l'influence d'un État dans
les affaires de l'Union doit être en proportion des
contributions qu'on y paye; d'autres pensent qu'on
doit préférer l'égalité parfaite, sans égard à sa grandeur, non plus qu'à sa population. Jusqu'à présent,
tous les États ont eu chacun une voix, et la constitution qui vient d'être proposée suit le même principe relativement au sénat, en adoptant l'autre pour
la chambre des représentants. L'influence de la Virginie, comparée avec celle de Rhode-Island et de
Delaware, sera donc comme dix à un dans la
chambre des représentants, et sera parfaitement
égale dans le sénat; et, comme les résolutions de
l'un de ces corps doivent être soumises à l'approbation de l'autre, il n'est pas vraisemblable qu'un tel
expédient produise l'effet qu'on en espère : si les
États moins grands se croient lésés par une résolution des représentants, ils la rejetteront dans le
sénat.

On a tort de se flatter de pouvoir concilier des
principes opposés. De tels expédients serviront peut-
être quelquefois comme remèdes momentanés, ja-

mais ils ne formeront la base d'un édifice bien solide. Il faut donc se déterminer, soit pour un parti, soit pour l'autre. Les principes doivent être fixes et certains, et tout doit tendre à les soutenir. Il serait à désirer que les États fussent égaux, ou que l'inégalité fût légère; mais puisqu'il n'en est pas ainsi, du moins faut-il faire en sorte de diminuer les inconvénients, au lieu de les accroître. La question est certainement difficile à résoudre. La force des arguments qu'on fit valoir pour et contre dans le congrès, en 1777, laissa dans l'indécision les esprits sages et non prévenus. Le besoin de l'unanimité porta ces grands hommes à se réunir en faveur de l'égalité des voix, et la *convention* vient d'adopter cet expédient, dont je crains les conséquences. Quiconque trouverait la vraie solution, et la présenterait d'une manière claire et décisive, rendrait un grand service à l'Amérique, et peut-être même à l'Europe, où les progrès considérables de la philosophie donnent lieu d'espérer de voir un jour s'établir une confédération, qui pourrait diminuer infiniment les maux de l'humanité.

§ 6. *Les sénateurs et les représentants recevront pour leurs services des émoluments qui seront fixés par la loi, et payés sur le trésor des États-Unis.* Les lois de l'Union sont faites par le congrès. J'espère qu'on ne lui permettra jamais de fixer son propre salaire. Il en pourrait résulter un abus dangereux pour l'avenir, et trop de zèle produirait peut-être, quant à présent, l'effet contraire, c'est-à-dire, un trop grand désintéressement; deux extrêmes qu'on doit également éviter. Il peut aussi y avoir de l'inconvénient à laisser chaque État maître de ce payement; mais si l'on veut l'uniformité, il faut faire régler la valeur du salaire par une *convention*, et non par le congrès lui-même.

§ 9. *Le privilége attaché aux lettres d'*habeas corpus *ne sera point suspendu, excepté dans les cas de rébellion et d'invasion où la sûreté publique le demandera.* La déclaration des droits, dans tous les États, porte qu'on ne doit jamais suspendre ce privilége. Si l'on a jugé convenable d'en faire mention dans la constitution fédérative, on n'aurait dû en parler que pour démontrer de plus en plus combien la sûreté des citoyens est intéressée à ce qu'il soit toujours regardé comme sacré. Durant la révolution, il y eut une époque (c'était vers la fin de 1776), où l'instabilité des gouvernements et plusieurs autres circonstances en demandaient la suspension; mais elle ne fut point accordée, malgré l'état singulièrement critique où nous étions, et cela par des causes qui ne pourront plus exister. Il n'est jamais ni bien embarrassant, ni bien dangereux d'être obligé d'instruire régulièrement le procès d'un citoyen qu'on arrête, de lui donner des juges, et le moyen de se défendre aussitôt qu'il est arrêté.

Il ne sera point établi de droits ou de taxes sur les articles exportés d'aucun des États de l'Union. Il est juste que le congrès n'ait pas un tel pouvoir, mais il ne doit pas avoir le droit d'en défendre l'exercice à un État qui jugerait à propos de le faire, parce que le préjudice que causerait un tel règlement se-

rait à la charge de l'État seul dans lequel il existerait.
Par la même raison, il serait déplacé que l'Union
partageât le produit d'une telle imposition, comme
on le propose dans le § 10.

*Il ne sera tiré d'argent du trésor qu'en conséquence
des appropriations ordonnées par la loi, et il sera publié, de temps à autre, un état et un compte régulier
de recettes et dépenses des fonds publics.* Un temps
indéfini pour rendre compte peut produire les effets
les plus funestes. Il est nécessaire d'informer le
peuple de l'état des finances à des époques fixes et
sans un long intervalle. D'année en année l'intervalle
ne serait point trop court : il ne serait pas non plus
assez long pour qu'il fût impossible à la nation de
vérifier les faits, et de s'assurer de la bonne conduite
de ses administrateurs. Si l'on accorde au congrès la
liberté de rendre compte quand il lui plaira, comme
le marque l'expression vague *de temps à autre*, et
d'établir et de percevoir des impôts chaque fois qu'il
le jugera convenable, autant vaudrait lui accorder
un pouvoir illimité, puisque rien ne sera capable de
résister à qui pourra disposer des richesses des
États.

Quant à l'article II, qui regarde entièrement l'é-
lection, les fonctions, les émoluments, etc., du
président du congrès, il faut observer, 1° la manière
d'élire ce président, qui tend à faire préférer le sujet
qui fera le plus de bruit à celui qui aura le plus de
mérite; et l'on sait que le vrai mérite est en général
moins connu que le faux brillant et la charlatanerie; 2° le pouvoir qu'on lui accorde de commander

en personne les troupes de terre et de mer, tandis
qu'on devrait lui confier seulement le choix des
commandants, et lui défendre de commander en
personne; 3° le pouvoir exécutif qu'on attribue à
lui seul sans être assisté d'aucun conseil : chose
inouïe, dangereuse pour le bien public, et que n'am-
bitionnera jamais un président sage et judicieux,
puisque, devant répondre de ses opérations, il cour-
rait beaucoup de risques, si, dans les affaires difficiles et délicates, il était privé de la ressource d'un
conseil, dont l'opinion, devenue son garant, servirait
à justifier sa conduite; 4° la faculté de le continuer
tant qu'on voudrait : ce qui serait d'un fort mauvais
exemple, fût-il question du plus grand homme que
la nature puisse produire. Il vaudrait mieux renoncer à l'avantage d'avoir un tel prodige à la tête de la
confédération, que d'accoutumer le peuple à voir
toujours dans cette place le même individu. Un pas
de plus, bientôt on aurait un roi de Pologne, avec
le danger terrible de le voir se changer un jour en un
stathouder héréditaire.

Art. III, § 2. Le moyen qu'on propose pour décider les différends entre deux ou plusieurs États, est
capable de faire naître une cabale systématique, très-
funeste par ses effets, tandis que la méthode qui
existe déjà dans l'acte de la confédération est la
meilleure possible. (Voyez les notes de la deuxième
partie des *Recherches sur les États-Unis*, page 255.)
Quant au droit de juger les causes entre les citoyens de différents États, de même qu'entre un
citoyen de l'Union et un étranger, il faut le laisser

aux tribunaux de l'État, dans lequel il est le plus facile de vérifier les faits, et ne pas l'attribuer aux tribunaux de l'Union, comme on le propose dans ce paragraphe. Il paraît aussi, d'après le même endroit, que les jurés peuvent être exclus des causes civiles; négligence importante qu'il est essentiel de corriger.

On ne voit point la raison de cette proportion arithmétique, suivant laquelle on fixe l'âge pour remplir les différentes places (1). Cette précaution déplacée, injurieuse à la jeunesse, est diamétralement opposée à notre expérience. Combien ne pourrait-on pas compter de jeunes gens dont la conduite exemplaire dément ces soupçons! Je me contenterai de citer, parmi les anciens, Scipion l'Africain, qui, dès l'âge de vingt-deux ans, étonna le monde par sa vertu, sa sagesse et sa modération, aussi bien que par son courage et son habileté dans l'art de commander.

On a vu dernièrement, dans la chambre des communes de la Grande-Bretagne, un jeune homme de vingt-deux ans se montrer tout d'un coup supérieur à un père, dont la réputation a été trop brillante pour qu'il soit besoin de parler de ses talents, et on le voit maintenant conduire les affaires de ce royaume avec des applaudissements auxquels l'envie même a été forcée de céder.

La conduite d'un jeune héros qui, à dix-neuf ans au

(1) La constitution fédérative proposée exige vingt-cinq ans pour être représentant, trente pour être sénateur, et trente-cinq pour être président.

plus, a traversé l'Océan pour venir nous offrir son secours, dans les temps les plus critiques de la révolution, est bien suffisante pour nous faire rougir de notre répugnance à vouloir admettre les jeunes gens dans les emplois de la république.

Parmi les jeunes Américains que je connais, je pourrais en nommer un grand nombre qui justifient mon sentiment, si diverses considérations ne m'en empêchaient.

Les lois partiales, si elles ne donnent pas naissance aux préjugés, au moins les fortifient et les augmentent: partout où l'opinion rabaisse ou décourage la jeunesse, on ne doit point s'étonner qu'elle manque d'émulation, défaut qu'on attribue d'ordinaire à l'âge, avec la même injustice qui fait regarder comme des défauts naturels dans les femmes, les fruits d'une fausse éducation.

La prévention, favorable à l'âge avancé, ne porte que trop souvent à préférer, à des jeunes gens de beaucoup de mérite, des hommes médiocres, et même un assez grand nombre qui doivent le respect et l'estime qu'on leur témoigne, à un certain ton de gravité soutenu par un abord sévère.

Personne, en général, ne se sent enclin à préférer un jeune homme, à moins qu'il n'ait un mérite transcendant. Pourquoi donc faire sur cet objet une loi injuste qui peut nuire au bien public, et dont l'inutilité doit être avouée, même par ses plus zélés défenseurs? La crainte que les gens d'un âge mûr ont de la jeunesse doit provenir, ou de l'amour-propre qui souvent agit involontairement, ou d'une fausse idée qui leur fait prendre, pour l'effet d'une sagesse consommée, le refroidissement de ce courage et de cette grandeur d'âme qui honorent le genre humain, qui, toujours utiles à la république, sont quelquefois son unique appui, et qui ont coutume d'être l'apanage des jeunes gens. Si l'on voulait absolument prescrire des lois restrictives à l'âge, pour ce qui regarde les emplois publics, il serait moins mal d'exclure ceux dans lesquels la faiblesse inévitable du corps influe presque toujours sur l'âme.

A l'égard des années de domicile qu'on exige pour pouvoir être élu à certains emplois, je crois inutile de répéter ce que j'ai dit ailleurs, pour démontrer que de telles précautions doivent en grande partie leur naissance à des préjugés sucés avec le lait, qu'elles sont inutiles, injustes, et annoncent une petitesse d'esprit honteuse.

Le privilége d'absoudre les criminels condamnés pour certains délits, privilége qui se trouve accordé au président, dans le paragraphe second de l'art. II, ne peut manquer d'ouvrir une porte à l'abus du crédit et à l'intrigue. De même que le congrès ne devrait jamais juger de procès, le droit de faire grâce ne devrait pas être accordé à son président; il pourrait l'être tout au plus au congrès lui-même, et pour le seul cas de trahison faite à la confédération, ou pour les délits militaires. Au reste, le mieux serait de ne pas l'accorder du tout. Beccaria prouve clairement que cette espèce d'humanité si mal entendue, n'est autre chose qu'un asile ouvert à l'impunité, et conséquemment une source de délits.

ART. VII. *Neuf États suffiront pour établir entre eux la constitution proposée.* Il vaudrait mieux qu'on en exigeât les trois quarts, comme fait l'article V, pour les changements futurs; autrement on aurait beaucoup à craindre, si quatre des plus peuplés songeaient à faire schisme. La population de quatre États, tels que la Virginie, Massachusets, la Pensylvanie et New-York ou Maryland, comparée à celle des neuf autres, est comme trente-deux à trente-trois. En exceptant Massachusets et prenant les quatre autres, la proportion est comme trente à trente-cinq; mais par leur situation, ils renferment New-Jersey et Delaware, et séparent les sept qui restent, dont quatre sont au nord et trois au midi.

Je n'ai pas prétendu examiner scrupuleusement tout ce qui serait peut-être dans le cas de mériter une discussion : par exemple, si le pouvoir accordé au congrès n'est pas de nature à rendre presque nuls les gouvernements des États respectifs. Mais quelque importantes que me paraissent les observations ci-dessus, il s'en faut de beaucoup que je croie que la constitution fédérative proposée ait obtenu, sans de puissants motifs, la sanction de tant d'hommes remplis de zèle, de lumières et de sagesse. Il ne paraît pas vraisemblable qu'en quatre mois de discussion sur un seul sujet, leur attention ne se soit pas portée sur tout ce qui peut y avoir rapport, et ne l'ait pas approfondi. Celui qui n'a pas été de cette assemblée, n'est guère en état de juger des motifs qui ont pu déterminer chacun d'eux à donner à cet acte leur plein et entier consentement, quoiqu'il n'y en ait peut-être aucun qui l'ait cru exempt d'imperfections.

De loin il est difficile d'apercevoir les causes particulières qui s'opposent aux principes généraux. Le lecteur qui connaît les vrais principes de législation et de gouvernement, me blâmera de n'avoir fait aucune objection sur le pouvoir accordé au congrès de régler le commerce et de lever des sommes d'argent dans les États respectifs. Il n'est pas douteux que le commerce ne doive être parfaitement libre, et à l'abri de tout impôt. Il est certain également que le congrès devrait fixer la quantité des contributions, et en faire la demande, sans avoir d'autre droit que celui de contraindre au payement, d'après des formes régulières et déterminées d'avance par la loi. Mais les circonstances où nous nous trouvons demandent qu'il ait pendant quelque temps le droit de lever un impôt direct, et de mettre quelques taxes sur les marchandises étrangères. On devrait bien limiter ce temps; car les raisons qui obligent de s'écarter des principes généraux doivent avoir un terme, lorsqu'elles ne proviennent pas d'un besoin absolu, produit par la situation du pays : par exemple, un impôt direct sur les biens-fonds ne pourrait être le seul revenu du gouvernement dans l'État de Gênes, où la nature, au lieu de terres, ne présente pour ainsi dire que des rochers; ni dans l'État de Hollande, où, de tous les côtés, elle offre des masses d'eau.

Chez nous, tant que le vil prix des terres empêchera l'établissement des manufactures, ou du moins tant que les dettes étrangères, particulières et publiques ne seront pas éteintes, il sera convenable de joindre à l'impôt direct une modique taxe sur les marchandises étrangères, non-seulement pour augmenter le revenu public, mais encore pour obliger le consommateur à faire le moins d'usage possible de ces marchandises, puisque sans beaucoup d'économie à cet égard le produit de nos exportations ne peut suffire pour contre-balancer ce qu'elles coûtent, et payer la dette déjà existante; de là vient qu'il faut que nous fassions sortir de chez nous notre numéraire, ce qui nécessairement entraîne une perte dans le change et l'impossibilité de payer les impôts.

Notre situation exige donc que nous fassions quelques exceptions aux principes généraux. Mais il serait à propos que le préambule de chaque loi qui établirait l'exception, en exposât les motifs, afin de convaincre le peuple que c'est un mal nécessité par les circonstances, et de lui en faire apercevoir le terme, qu'il serait naturellement empressé d'accélérer.

La lettre du président de la *convention* au président du congrès insinue clairement que ces hommes sages et judicieux, en proposant aux États ce système de législation, ont cru leur offrir, non le plus parfait, mais le meilleur possible dans les circonstances actuelles. Le lecteur en verra la preuve d'une manière plus positive dans les réflexions qu'adressa le docteur Franklin à ses collègues, le dernier jour de la session. Lorsqu'il ne s'est plus agi que de signer le projet de constitution, tel fut à peu près le discours qu'il leur fit. Quiconque connaît son style, n'aura pas de peine à croire que ce discours, ou fut copié sur-le-champ

par abréviation, tandis qu'il le prononçait, ou qu'il
fut retenu de mémoire, peut-être mot pour mot, par
la personne qui l'a communiqué.

« Nous avons passé beaucoup de temps ensemble.
Nous avons discuté chaque objection qu'il était possible de prévoir. Avec tant d'intérêts, si différents et
si opposés, il était impossible que chacun obtînt
tout ce qu'il désirait. Nous nous sommes assemblés avec l'intention de faire des sacrifices mu-
tuels pour le bien général, et nous sommes enfin
venus à bout de nous concerter, et d'établir des bases.
On ne gagnerait rien à temporiser, et il est important d'adopter un plan. J'avoue que celui-ci ne cadre
pas en tout avec mon opinion ; mais je vis depuis
assez longtemps pour avoir appris par expérience que
nous ne devons pas trop compter sur nos propres
jugements. J'ai souvent reconnu que je m'étais trompé
dans les idées auxquelles je tenais le plus. Dans la
présente conjoncture, je me suis départi, après une
mûre réflexion, de plusieurs points, en faveur desquels je me croyais invariablement décidé. Cela me
rend moins opiniâtre pour le reste. Je puis m'être
trompé. Le principe général qui a présidé à nos délibérations fait maintenant ma règle. Je le répète :
il est certains articles auxquels je suis contraire, et
j'ai déjà fait connaître mes doutes, mais je déclare que,
hors de ces murs, personne ne m'en entendra parler ;
d'ailleurs je pense qu'au total, la constitution proposée est la meilleure qu'on pouvait former dans les
circonstances actuelles, et qu'elle doit sortir d'ici,
munie de la signature de chacun de nous, et recevoir

de nous tout l'appui que nous pouvons lui donner.
Je me flatte qu'aucuns ne refuseront de la signer (1).
S'ils refusaient, ils me rappelleraient l'histoire de
cette jeune Française qui, querellant sans cesse avec
tout le monde, et trouvant à redire à tout, observa
un jour à sa sœur qu'elle était étonnée de n'avoir
encore trouvé qu'elle seule qui n'eût jamais tort (2).

« La crainte d'accorder trop de pouvoir au congrès
a produit le défaut qui se rencontre dans la première
constitution fédérative, et vraisemblablement c'est le
tort qu'on en a ressenti qui aura fait passer les bornes
sur cet objet aux rédacteurs de la seconde. Ils ont
espéré sans doute que, quand il s'agirait de l'adopter
dans les assemblées législatives des États respectifs,
on reviendrait un peu sur ses pas, et qu'on rédui-

(1) Trois députés, deux de Virginie et un de New-York, qui
ne crurent pas convenable de signer, sortirent de l'assemblée
pour ne pas empêcher l'unanimité. Quant à l'État de Rhode-
Island, il n'y a pris aucune part, et je ne dirai rien des motifs
qu'on lui prête. En jetant un coup d'œil sur la carte de ce pays,
on se convaincra que cet État ne pourrait pas être d'un grand
poids de l'autre côté de la balance, et la règle des probabilités
porte à croire que la portion la plus saine de ses concitoyens
aura bientôt acquis la prépondérance, puisqu'il ne faut pas une
pénétration extraordinaire pour concevoir que son existence dépend de son union avec les républiques alliées; et qu'à défaut
de cette union, la protection d'une puissance étrangère ne pourrait empêcher sa ruine. On compte dans l'État de Rhode-Island
environ soixante mille habitants.

(2) La duchesse de la Ferté disait un jour à mademoiselle de
Launai, depuis madame de Stal : « En vérité, ma chère fille, je
ne vois que moi qui aie toujours raison. »

(Mémoires de madame de Stal.)

rait ce pouvoir au vrai point où la prudence exige qu'on le place. Eux-mêmes seront peut-être les premiers à proposer les modifications convenables.

« L'article le plus dangereux est le pouvoir accordé au président du congrès de commander les armées en personne, et plus encore la faculté de le continuer sans limitation. Si cette partie de la constitution n'était pas bientôt réformée, nos descendants pourraient avoir grand sujet de se plaindre de nous. La place de président deviendrait si considérable, qu'on aurait à craindre, parmi bien d'autres dangers, que quelques cours d'Europe ne jugeassent à propos de se mêler des élections, comme on le voit depuis longtemps en Pologne, au grand préjudice, et je pourrais même dire, au préjudice irréparable de ce pays si vaste et si fertile. Comme un objet de telle importance ne doit pas, ce me semble, avoir été l'effet de l'inattention, il sera bon de réfléchir aux motifs qui peuvent avoir conduit en cela ces grands hommes, et d'examiner si les mêmes motifs peuvent faire désirer qu'on remette les modifications sur cet objet à un temps postérieur.

« Le défaut de vigueur a produit une inaction très-préjudiciable. Pour y remédier comme on le doit, il faut une vigueur plus qu'ordinaire. Cette idée est conforme à l'expérience générale. Notre heureuse étoile nous conserve un homme dont la prudence et la vertu méritent toute notre confiance. Le général Washington est sain et robuste, et n'a pas plus de cinquante-cinq ans. Il sera difficile de trouver dans

les États-Unis une seule voix qui ne soit pour lui (1).
Il a manifesté, il est vrai, sa résolution de passer le
reste de ses jours dans la vie privée; mais la voix de
la patrie lui dira que, quand il en aurait fait le
serment à la face des autels, ce serment serait nul,
toutes les fois que le salut de son pays réclame-
rait ses services. Tous ceux qui le connaissent à
fond, loin d'en attendre un refus obstiné, pressen-
tiront avec plaisir le temps où ce vertueux citoyen
désirera qu'on élise une *convention*, pour mettre la
dernière main à la constitution fédérative, et réduire à de justes bornes l'élection et les devoirs de
cette place éminente, laquelle on lui permettra de
quitter, par la raison qu'en le continuant, on donnerait un exemple de la plus dangereuse conséquence. Il n'est pas besoin d'un esprit prophétique
pour prévoir cet événement : un discernement médiocre suffit, avec la connaissance de notre situation
actuelle, et du caractère de nos concitoyens.

« Parmi les divers motifs qui, dans les affaires
de l'Union, demandent actuellement une énergie
prompte et efficace, il ne faut pas perdre de vue les
dispositions apparentes de la Grande-Bretagne. Tous
les détails qui sortent de ce pays, relativement au
nôtre, ne tendent qu'à nous nuire dans l'Europe entière. Notre ministre en cette cour est traité, par le
gouvernement, avec une négligence affectée, et de
son côté, ce gouvernement n'a encore envoyé per-

____

(1) Les caractères de cette trempe, quoique très-rares, ne le
sont cependant pas extrêmement; mais personne n'est aussi universellement connu que le général Washington.

sonne auprès des États-Unis. On y entend parler, à des hommes chargés de places importantes, de notre prétendu désir de rentrer sous l'ancienne domination , et ils disent que, si nous en faisions la demande, elle serait rejetée ; tandis que les insinuations et les intrigues de beaucoup de sujets du roi de la Grande-Bretagne répandus dans les États-Unis, annoncent des vues diamétralement contraires. En Massachusets, l'opinion commune est que ces manœuvres n'ont pas peu contribué à produire le soulèvement dont on a parlé.

« Leurs démarches , par rapport aux Indiens et aux Barbaresques, semblent ne nous promettre rien de favorable. Il nous suffit de les voir garder des postes que, depuis quatre ans , ils doivent évacuer, pour que nous ne puissions nous reposer avec beaucoup de confiance sur leurs dispositions. Mais il ne serait pas étonnant qu'un changement dans la conduite des affaires relatives à la confédération, fût suivi d'un changement dans leur conduite envers nous , attendu la grande vénération qui règne en ce pays depuis quelque temps pour tout ce qui est *expédient.* »

L'Europe a vu tous les efforts qu'on a faits pour la prévenir contre nous au sujet de la dernière *convention.* Une des relations qu'on a débitées annonçait deux prétendus partis dans l'élection du président, parlait de leur extrême chaleur, et assurait que le général Washington l'avait emporté d'une seule voix sur le docteur Franklin. Rien de plus faux que ces détails. Il n'y eut pas l'ombre de rivalité : ce fut, au contraire, le docteur Franklin qui, le premier, proposa le général Washington ; lui-même l'accompagna, avec beaucoup d'autres, jusqu'à son siége, après que l'extrême modestie de notre héros n'eut pu résister davantage aux vives instances de ses collègues.

Les matières contenues dans cet ouvrage m'obligent d'informer le lecteur des dernières nouvelles d'Amérique, qui leur sont relatives.

Au mois de mai dernier, la dette intérieure de la confédération était diminuée de onze millions de piastres, au moyen des différents impôts que les États respectifs ont établis et permis d'acquitter en papiers nationaux. A la même époque, ou commença la vente des terres ; on en a déjà vendu pour cinq millions, en sorte que la dette intérieure est maintenant réduite à douze. Comme on reçoit ces papiers en payement, et que, dans les contrats particuliers, on les passe à perte, il y a lieu d'espérer que la dette intérieure sera, par ce moyen, bientôt éteinte. Alors, on pourra vendre les terres moins cher et argent comptant, et ces ventes pourront servir à solder la dette étrangère.

On vient d'apprendre que personne n'a subi le dernier supplice à l'occasion du soulèvement de Massachusets ; deux ou trois des plus coupables ont été conduits jusque sous le gibet, où, contre toute attente, on leur a lu leur pardon. La conduite du gouvernement a répandu une satisfaction générale, et le calme est parfaitement rétabli.

Suivant les dernières nouvelles, l'assemblée générale de New-York était sur le point de consentir à

l'indépendance de Vermont, et l'on croyait que celle
de la Caroline septentrionale ne tarderait pas beaucoup à faire de même, à l'égard de Frankland.
Quant à Kentucky, on disait que les habitants, dont
on évalue le nombre actuellement à près de soixante
mille, pensaient qu'il était encore trop tôt pour songer
à l'émancipation. En ce cas, ils resteront en tutelle
quelques années de plus, et les gazetiers ne manque-
ront pas, sans doute, de mettre cette circonstance
à profit, pour semer des bruits de confusion et
d'anarchie.

ESSAI

SUR

LA CONSTITUTION ET LES FONCTIONS

DES

ASSEMBLÉES PROVINCIALES.

1788.

ESSAI

SUR

LA CONSTITUTION ET LES FONCTIONS

DES

ASSEMBLÉES PROVINCIALES.

INTRODUCTION.

L'établissement des assemblées dans toutes les provinces qui n'avaient, ni d'anciens états, ni de nouvelles administrations provinciales, a été regardé, par tous les hommes éclairés, comme une époque qui devait avoir sur le sort de la nation une influence dont il est difficile d'apprécier l'étendue. Le bien qui doit en résulter pour la génération présente ne peut être révoqué en doute; mais celui qu'elles promettent aux générations futures dépend de la constitution que recevront ces assemblées, et du système qu'elles suivront dans l'exercice des fonctions qui leur seront confiées.

Suivant qu'elles seront constituées, elles peuvent être animées de l'esprit public ou d'un esprit aristocratique, devenir des corps isolés dans l'État, ou rester les représentants des citoyens.

La vérité des décisions d'une assemblée dépend de la forme suivant laquelle elles sont rendues, autant, peut-être, que des lumières de ceux qui la composent. C'est encore de cette forme que dépendent son activité et l'unité de ses opérations. Est-elle vicieuse, un corps animé des intentions les plus pures peut, par la lenteur et l'incohérence de ses opérations, devenir lui-même un obstacle plus grand à la destruction des abus, que la corruption et l'ignorance d'un administrateur. Enfin, si ce corps n'est pas guidé par des principes sûrs, ses erreurs peuvent être plus funestes à la nation qu'il représente, que l'abus du pouvoir dans les mains d'un agent unique.

Quel homme, ayant réfléchi sur les principes de la constitution des assemblées représentatives, et sur ceux de l'économie politique, voyant qu'il s'agit du bonheur de tout un peuple, et de ce bonheur pendant une longue suite de générations, sachant enfin qu'une seule erreur peut produire des maux qui, d'abord insensibles, ne commenceraient à frapper les regards que lorsqu'ils seraient sans remède, pourrait se permettre de garder un silence timide, et céder à la crainte d'offenser quelques préjugés? Quel citoyen ne s'empresserait de porter quelques pierres à un édifice élevé par un prince protecteur des droits de l'humanité, au milieu des bénédictions de tout son peuple? On me reprochera peut-être trop de précipitation; mais le terme après lequel une constitution, aujourd'hui provisoire, doit être rendue définitive, ne permet pas de longs délais. Si, pour s'établir d'une manière solide, le bien a besoin du temps; s'il ne peut qu'après une lutte pénible et sans relâche triompher des obstacles sans cesse renaissants que l'ignorance et l'intérêt lui opposent, il ne faut au contraire qu'un instant pour rendre indestructibles des abus qui ne manquent jamais de trouver, dans ces mêmes préjugés, dans ces mêmes intérêts, des alliés puissants et fidèles.

On pourra dire que c'est aux assemblées elles-mêmes qu'il appartient de présenter au prince leurs observations et leurs vues. Il suffira de répondre que tout homme a le droit de discuter publiquement des intérêts communs à tous les hommes; qu'il ne s'agit pas de savoir si les assemblées sont bien constituées pour elles-mêmes, mais seulement si elles sont bien constituées pour la nation; que tout corps consulté sur sa propre constitution tend, par une pente naturelle, à désirer, même de très-bonne foi, ce qui augmente son autorité et l'importance de ses membres; que créé aujourd'hui, il aura besoin demain de se défendre d'être guidé par cet esprit de corps qui naît à l'instant même où les hommes se réunissent entre eux, et contre lequel la sagesse humaine n'a encore pu trouver de préservatif. Une main bienfaisante a offert à un peuple reconnaissant le seul remède capable de guérir des maux dont on ne peut plus cacher l'étendue ni le danger; mais un remède mal préparé peut devenir un poison.

C'est ici le moment où chaque citoyen doit offrir à son pays le tribut de ses réflexions, soumettre ses pensées à ceux qu'un intérêt commun unit avec lui. Heureux, si, de ses erreurs mêmes, d'autres peuvent, en les réfutant, faire naître des vérités utiles! En déclarant ses premiers règlements provisoires, le gouvernement semble lui-même avoir invité tous les citoyens à les discuter et à publier le résultat de leurs observations; il a senti que, dans une nation où les simples citoyens ont été si longtemps écartés de toute fonction publique, où jamais la discussion des principes de l'administration n'a été libre, il fallait réunir toutes les lumières, écouter toutes ces voix auxquelles, pour la première fois, il est permis de se faire entendre.

Je n'ai rien négligé pour rendre facile la lecture de cet ouvrage; mais, malgré mes efforts, je sens qu'elle exigera nécessairement une attention soutenue, qu'elle arrêtera longtemps l'esprit sur des combinaisons arides, qui peuvent cependant paraître piquantes à quelques esprits, mais qui ne sont pour la plupart qu'ennuyeuses et pénibles.

J'ai évité, avec soin, tout ce qui aurait supposé des connaissances préliminaires; j'ai cherché à être clair. Peut-être croira-t-on que je me serais rendu plus intelligible en développant davantage mes idées : chaque partie en eût peut-être été plus facile à saisir; mais une attention plus faible, s'il faut la continuer plus longtemps, si elle est obligée de s'étendre sur un plus grand nombre d'idées, s'il faut que la mémoire conserve une longue suite de raisonnements même très-simples, devient réellement plus fatigante qu'une attention plus forte en elle-même, mais qu'on n'est pas obligé de porter sur un champ aussi étendu et de soutenir aussi longtemps.

La véritable clarté est entre ces deux extrêmes, et j'ignore si j'ai su ne point m'écarter de ce milieu; cette clarté de l'ensemble, qu'il ne faut pas confondre avec celle des détails, et qui en est absolument indépendante, est difficile à saisir. Il faut savoir se mettre à la place des esprits auxquels les idées qui nous sont les plus familières sont presque absolument étrangères.

J'oserai cependant me permettre une réflexion : quand on veut acquérir quelques connaissances sur

les sciences physiques, on sait qu'il faut s'assujettir à
la marche lente de l'instruction, se soumettre à étudier les éléments, à suivre les expériences ou les calculs; ce n'est qu'à ce prix qu'on peut espérer de
bien concevoir les résultats utiles ou piquants que
ces sciences présentent. Sur quel fondement croirait-
on que l'étude des sciences morales et politiques peut
être exempte de tout travail? Il serait malheureux,
sans doute, pour l'espèce humaine, que les études
nécessaires pour apprendre aux hommes à connaître leurs droits et à en jouir ne fussent pas à la
portée de tous les esprits; mais est-on en droit de
se plaindre, si la nature a voulu qu'il en coûtât,
pour acquérir ces connaissances, quelque peine, ou
du moins quelque attention?

Il s'est présenté un petit nombre de questions
dont l'examen exigeait des combinaisons un peu plus
compliquées, ou quelques calculs. J'ai cru alors devoir me borner à exposer dans le texte les principes
qui m'ont guidé, les résultats où ils m'ont conduit,
et en rassembler dans des notes les preuves et les
détails. Ces notes n'exigeront point, pour être en-
tendues, des connaissances dont la plupart des lecteurs soient privés, mais seulement elles demanderont plus d'attention, et plutôt une espèce d'étude
qu'une simple lecture.

Nous nous sommes imposé le devoir d'une extrême simplicité de style. Quand on raisonne sur des objets qui demandent une analyse exacte, une précision sévère, on risquerait de les défigurer, si l'on s'efforçait d'y répandre des agréments étrangers, ou un intérêt qui ne sortît pas du fond même du sujet. Locke et Smith n'ont cherché que la clarté. Ils ont voulu épargner à leurs lecteurs, non-seulement toute contention d'esprit trop grande, mais aussi cette fatigue d'une attention forte, toujours soutenue. Satisfaits d'avoir rempli ce but, ils ont cru ne devoir écrire que pour ceux qui cherchaient dans les livres une instruction réelle, et à qui le plaisir de connaître une vérité était une récompense suffisante du travail nécessaire pour en suivre les développements et les preuves.

Les moyens qu'on peut employer pour diminuer l'aridité d'une étude, où la vérité est le premier objet, ne peuvent être utiles que pour en inspirer le goût à la jeunesse, ou pour rendre populaires un petit nombre de vérités simples que le préjugé empêche de saisir. Il faut éviter de s'en servir, toutes les fois qu'on veut pénétrer plus avant. Loin d'être utiles, ils deviennent alors dangereux ; ils servent aussi bien l'erreur que la vérité ; ils apprennent à se payer de mots, de phrases, de maximes, dans un genre de sciences où la plus grande difficulté, peut-être, est l'imperfection ou le vague du langage, et le défaut d'idées précises; ils donnent à l'ignorance le droit de croire qu'elle sait ce dont elle ne comprend que les mots.

J'ai pensé que, vu le grand nombre de citoyens appelés aux divers ordres d'assemblées, et consultés sur les détails de leur constitution, je ne devais pas rejeter les choses élémentaires, sous prétexte qu'elles sont communes; j'ai cru qu'on me pardonnerait de répéter ce qui se trouve dans d'autres ouvrages, et d'épargner quelquefois la peine d'y recourir.

On trouvera, peut-être, que je n'ai point répondu à beaucoup d'objections qu'on a souvent opposées aux principes que j'adopte, mais il était impossible de répondre à toutes; il fallait faire un choix, et je me suis borné à discuter celles que des hommes éclairés peuvent encore se permettre. Il arrive trop souvent d'entendre, par cette expression *un homme éclairé*, un homme qui partage nos opinions; cependant elle a un sens moins arbitraire. Un homme éclairé est celui qui, abstraction faite des opinions qu'on lui conteste, est reconnu, même par ses adversaires, pour avoir sur une telle science des connaissances étendues et approfondies, pour en avoir étudié les principes et les méthodes. Les opinions qu'adoptent les hommes de cette classe, les objections appuyées de leur autorité, sont les seules qui méritent une discussion sérieuse, et on ne doit pas s'en dispenser, quelque futiles qu'elles puissent paraître en elles-mêmes.

Cet ouvrage sera divisé en deux parties : je traiterai, dans la première, de la constitution des assemblées provinciales; dans la seconde, des opérations que le peuple est en droit d'espérer de leur zèle.

PREMIÈRE PARTIE.

Les fonctions des assemblées d'administration, établies dans une province, sont: 1° la répartition des impôts sur les biens ou sur les personnes, la direction des travaux publics, la levée ou la distribution des fonds qui y sont employés, la formation des milices, la régie des biens qui appartiennent au public; en un mot, l'administration de tout ce qui est demandé à une province, exécuté à ses frais, destiné à son utilité, et possédé par elle; 2° la discussion de tous les plans qui tendent à rendre meilleur le sort des citoyens, ou à détruire les abus; le soin de reconnaître ces abus, d'en examiner les causes et les effets, de les dénoncer au souverain. Ces derniers soins, bien que secondaires, ne sont pas les moins importants dans un pays où des abus multipliés enchaînent la liberté, rendent la propriété précaire, menacent la sûreté, et où le gouvernement a prouvé par plus d'un exemple récent, qu'il n'avait besoin que de les bien connaître pour s'empresser de les détruire.

Une assemblée, uniquement chargée des intérêts des citoyens qui habitent une province, faisant ce qu'ils ne peuvent faire immédiatement pour eux-mêmes, doit être regardée comme destinée à les représenter. Ainsi, toutes les questions qu'on peut former sur la constitution de ces assemblées, se réduisent à ces quatre questions générales : Quels sont les citoyens d'une province? Par qui? Comment doivent-ils être représentés? Quelles sont précisément les fonctions dont l'intérêt public demande que ces représentants soient chargés?

Je traiterai, dans cette première partie,

1° Du droit de cité;

2° Des différents ordres d'assemblées;

3° Des conditions d'éligibilité;

4° De la composition des assemblées;

5° De la forme des élections;

6° De celle des délibérations;

7° De la constitution d'une assemblée nationale, vraiment représentative, c'est-à-dire, telle que le vœu qu'elle porterait au souverain, lorsqu'elle serait consultée par lui, pût être regardé avec une juste probabilité, comme le vœu général et réfléchi de la nation;

8° Des prérogatives qu'il serait utile d'accorder aux membres des différentes assemblées;

9° Des fonctions auxquelles il est utile d'appeler ces assemblées; c'est-à-dire, des fonctions qui, par la nature des choses, doivent être remplies d'une manière plus avantageuse pour les citoyens, si elles sont confiées à leurs représentants, que si le prince en chargeait, soit un seul homme, soit un corps d'officiers nommés par lui.

ARTICLE PREMIER.

Du droit de cité.

On entend par droit de cité, le droit que donne la nature à tout homme qui habite un pays, de contribuer à la formation des règles auxquelles tous les habitants de ce pays doivent s'assujettir pour le maintien des droits de chacun, et de celles auxquelles sont soumises les actions qu'ils doivent exercer en commun, pour assurer l'exécution de ces premières règles, et maintenir la sûreté et la tranquillité générale.

Ce droit, qui appartient à tous, reçoit dans le fait deux espèces de limitation: la première, quant aux objets sur lesquels il s'exerce; la seconde, quant aux personnes qui peuvent l'exercer. Si on en excepte les États-Unis d'Amérique et quelques petites républiques cachées dans les montagnes de la Suisse, on peut dire que dans le reste du globe, la généralité des citoyens n'exerce ce droit sur aucun objet, d'une manière indépendante, bien loin de l'exercer sur tous. Mais dans plusieurs pays elle l'exerce, à la vérité, d'une manière dépendante sur un nombre plus ou moins grand d'objets. Ainsi l'exercice du droit de cité est souvent soumis à des lois générales qu'on regarde comme irrévocables, ou pour la révocation desquelles on a négligé d'établir d'avance une forme légale. Ailleurs il est assujetti à la censure d'un sénat ou d'un chef revêtus d'un pouvoir négatif.

Quant au second genre de limitation, il existe partout : il n'est aucun pays où tous les individus de l'espèce humaine, sans exception, jouissent du droit de cité.

Mais parmi les conditions que l'on peut exiger pour l'exercice de ce droit, et qui en privent une partie des individus d'un pays, il en est que la nature, que la raison elles-mêmes ont prononcées, et que par conséquent on ne doit point regarder comme des atteintes portées par les institutions sociales, au droit fondamental dont ces institutions tirent elles-mêmes toute leur autorité ; et c'est de ces conditions qu'il s'agit dans cet article.

L'idée de n'accorder l'exercice du droit de cité qu'à ceux qui possèdent un revenu en propriété foncière, suffisant pour leur subsistance, et de donner seulement à ceux qui ont une propriété moindre le droit d'élire un représentant qui exerce en leur nom le même droit de cité, paraît mériter la préférence sur toutes celles qui ont été mises en usage, ou proposées jusqu'ici.

Puisqu'un pays est un territoire circonscrit par

des limites, on doit regarder les propriétaires comme étant seuls les véritables citoyens. En effet, les autres habitants n'existent sur le territoire qu'autant que les propriétaires leur ont cédé une habitation; ils ne peuvent donc avoir de droit que celui qu'ils ont reçu d'eux.

Les propriétaires d'un terrain quelconque ont intérêt à ce que tous ceux qui l'habitent ne soient assujettis qu'à des lois justes; et si le pouvoir de faire des lois leur était confié, ils ne pourraient en user légitimement qu'en se conformant au droit naturel. De quelque manière qu'on suppose établi le droit de cité, celui de faire des lois qui obligent les étrangers existant dans l'État est sujet à la même restriction; elle subsiste également dans tous les systèmes à l'égard de tous ceux qui sont exclus des fonctions de citoyens. Le droit de faire des lois n'est jamais, ne peut jamais être que celui de faire des lois justes; mais à qui doit-il appartenir? A ceux, sans doute, qui possèdent le terrain sur lequel ces lois sont exécutées. Ce n'est pas le droit d'opprimer arbitrairement ceux qui, en vertu des conventions formées avec eux, habitent le territoire; c'est celui de leur assurer sur le même territoire la jouissance des droits de l'homme, en se les assurant à soi-même; c'est celui de soumettre l'exercice du droit d'habitation, qu'ils tiennent des conventions faites avec les propriétaires, à des règles générales utiles au bien de tous. Il ne peut donc être question de donner à des hommes un pouvoir arbitraire sur d'autres hommes, mais seulement le pouvoir de former, d'après la raison, d'après la justice, des lois auxquelles d'autres hommes seront soumis ainsi qu'eux-mêmes.

Parmi les exclusions au droit de cité, il y en a qu'on peut regarder comme naturelles; par exemple, l'exclusion des mineurs, des moines, des domestiques, des hommes condamnés pour crime, de tous ceux qui peuvent être supposés n'avoir pas une volonté éclairée, ou une volonté propre, de ceux qu'on peut légitimement soupçonner d'une volonté corrompue. On doit placer aussi, dans le nombre des exclusions indiquées par la simple raison, celle des étrangers, des voyageurs, qui, n'ayant qu'un intérêt incertain, partiel, momentané, à la prospérité commune, n'en peuvent recevoir un véritable droit. Or, l'exclusion des hommes qui n'ont aucune propriété tient au même principe que celle de ces derniers; le motif est le même, quoique moins fort, et la justice n'est pas plus violée à l'égard des non-propriétaires, qu'elle ne l'est à l'égard des étrangers, des mineurs, etc., qui tous sont soumis à des lois qu'ils n'ont point faites.

On a dit quelquefois qu'en suivant ce principe, on sacrifiait le grand nombre de citoyens pauvres au petit nombre des riches : mais du moment où l'on accorde le droit de cité, même à la plus faible propriété, cette objection cesse. Les propriétaires grands ou petits sont très-nombreux, par rapport à la totalité des citoyens, et le deviendraient encore plus, si la propriété foncière joignait cette prérogative à ses autres avantages. Les seuls hommes qui en resteraient privés seraient alors, ou ceux qui voudraient bien l'être, ou ceux que leur pauvreté et leur manière de subsister forcent à la dépendance, qu'il est utile d'exclure, que cependant il serait difficile, et peut-être dangereux, d'exclure par un autre moyen.

J'aurais pu faire valoir cette réflexion, que les propriétaires sont les seuls citoyens vraiment intéressés à tout ce qui regarde l'impôt, que sur tout autre objet leurs intérêts se confondent avec ceux des autres habitants; mais j'avoue que ce principe qui fait regarder comme juste en général de soumettre une classe d'hommes au vœu d'une autre, par cela seul que leurs intérêts sont communs, me paraît moins vrai que subtil. Si par cet intérêt commun on entend un intérêt durable et réel, aucun homme, aucune classe d'hommes n'a un tel intérêt d'être injuste; et, d'après ce principe, l'on pourrait rendre les exclusions au droit de cité presque absolument arbitraires : s'agit-il d'un intérêt bien ou mal entendu, il n'existe aucune classe qui, dans ce sens, n'ait des intérêts opposés à ceux de chaque autre classe, et toute exclusion serait injuste. Il faut donc entendre un intérêt regardé comme réel dans l'opinion commune actuelle de tel peuple, et alors combien ce principe ne devient-il point vague et incertain ?

D'ailleurs s'il s'applique, avec succès, aux corps de représentants élus par les citoyens, il ne peut être applicable au droit de cité même. Un représentant est un homme choisi pour exercer une fonction publique à la place de ceux qu'il représente; il est convenable de le choisir parmi ceux dont l'intérêt personnel n'est pas opposé directement à l'intérêt qu'il est chargé de maintenir : il est prudent d'exiger de lui le moins de sacrifices qu'il est possible, pour être d'autant plus sûr qu'il s'écartera moins de ses devoirs. Le titre de citoyen au contraire est un titre commun à tous, qui, pour le maintien de la paix et de la tranquillité publique, doit seulement être assujetti à certaines conditions. L'un remplit une fonction à laquelle il est appelé, l'autre jouit d'un droit appartenant à ceux qui remplissent les conditions exigées par la loi ; et ces conditions ne doivent point être établies d'après la seule convenance ; il faut qu'elles dérivent de la nature de l'homme et des choses, et il me paraît qu'elles se réduisent à quatre : que le citoyen soit capable d'avoir une volonté raisonnable, libre, non corrompue, et qu'il ait un droit personnel sur une partie du territoire soumis à la loi. Cette dernière condition n'est pas injuste en elle-même, comme nous l'avons déjà dit ; elle dérive de la nature du droit même de propriété, dont la possession exclusive du territoire qui forme l'État est la suite nécessaire ; et c'est le seul moyen de séparer le citoyen de l'étranger par une distinction purement naturelle et sans aucun mélange d'arbitraire.

Des philosophes, dont je respecte le génie, ont paru regarder comme plus parfait un système où l'intérêt de chaque habitant du territoire déciderait uniquement du droit de cité.

Ainsi les propriétaires fonciers auraient seuls le droit de s'occuper des impôts directs sur les terres, des lois civiles relatives à la propriété foncière, enfin des lois de police particulièrement destinées à en

assurer la jouissance. S'il s'agissait d'impôts indirects, les seuls propriétaires s'occuperaient de la
quotité et de la répartition de ces impôts, parce qu'ils
sont payés réellement par eux seuls; mais les lois
fiscales nécessaires pour en assurer la levée, intéres-
sant la liberté de tous les habitants, tous seraient
appelés à les discuter. Il en serait de même du reste
des lois civiles ou de police, et des lois criminelles.

Ce système présente certainement l'avantage de
faire disparaître jusqu'à l'ombre de l'injustice; car
il y en aurait une d'une autre espèce, en admettant
la généralité des habitants à prononcer sur les objets
qui n'intéressent directement que les seuls propriétaires. Mais il résulte de ce qu'on vient d'établir ci-
dessus, 1° qu'en restreignant aux seuls propriétaires
le droit de cité, on ne commet pas une véritable
injustice; 2° que la complication qui naît de ce second
système peut être un plus grand mal que l'exclusion
donnée, dans l'opinion contraire, à un petit nombre
de citoyens; 3° que les conditions nécessairement
exigées pour avoir la qualité d'habitants, peuvent
entraîner des exclusions seulement un peu moins
nombreuses, mais plus arbitraires. Or une exclusion
fondée sur un motif naturel, une exclusion qui doit
frapper un moindre nombre de têtes, à mesure
qu'une administration plus éclairée, des lois civiles
mieux combinées, amèneront une plus grande division des propriétés, a bien moins d'inconvénients
que des exclusions arbitraires, qui dès lors peuvent
changer, et dont les limites peuvent s'étendre aussi
bien que se resserrer.

On propose de partager les citoyens propriétaires en deux classes : l'une de ceux qui peuvent tirer leur subsistance entière de leur propriété, l'autre de ceux qui ne peuvent en tirer qu'une partie.

Ceux à qui leur propriété foncière suffit précisément pour subsister, ont le plus grand intérêt possible à une administration éclairée et juste. En effet, une diminution dans leur revenu, causée par une administration vicieuse, non-seulement leur occasionne une perte réelle, mais peut les obliger à changer d'état, en les obligeant de recourir pour leur subsistance, à des moyens plus ou moins pénibles. Cet intérêt dans cette première classe diminue à mesure que le bien augmente, puisque alors les fautes de l'administration ne privent que d'un superflu, d'autant moins important qu'il en mérite plus le nom. Il diminue dans l'autre à mesure que la propriété diminue, parce que le revenu foncier devient alors une partie plus faible de ce qui est nécessaire pour la subsistance du propriétaire.

Cette première réflexion suffit pour réfuter l'opinion de ceux qui auraient voulu donner un nombre de voix proportionnel à la valeur de la propriété.

Mais il existe une autre raison pour qu'un homme ne doive jamais avoir plus d'une voix. Une délibération quelconque n'est autre chose qu'une déclaration, que telle proposition a paru vraie à la pluralité de ceux qui ont prononcé sur cette proposition. Élire un homme, par exemple, c'est déclarer qu'il a paru être capable, ou le plus capable de remplir une place. Ainsi accorder plusieurs voix à la même personne, c'est s'exposer à déclarer vraie une proposition qui n'aurait réellement en sa faveur que le vœu de la minorité, c'est-à-dire, à se conduire d'après la proposition la moins probable, puisque l'autorité, la confiance accordée à une assemblée, est fondée sur cette seule hypothèse, que l'opinion de la pluralité de ses membres est plus souvent conforme à la vérité qu'à l'erreur.

On ne doit pas regarder comme un avantage accordé à la richesse, cette division des citoyens en deux classes, en sorte que les uns exercent le droit de cité par eux-mêmes, les autres par leurs députés seulement. Tous les hommes ayant une propriété suffisante pour leur subsistance se trouvent dans la classe privilégiée, et le plus grand nombre d'entre eux ne peuvent être placés que dans celle des riches. Cette classe privilégiée renferme en même temps la plupart de ceux qui ont pu recevoir une éducation un peu soignée ; et on y trouverait bien peu de personnes qui n'en eussent reçu absolument aucune. Cette même distinction établit l'égalité entre les hommes d'une fortune médiocre, et les grands propriétaires, ou les gens riches, soit en argent, soit en papiers, et par conséquent l'égalité réelle est plus assurée que si on n'avait établi aucune distinction. On a proposé de faire dépendre le droit de suffrage personnel d'une certaine cote d'impositions réelles ou personnelles ; mais alors on exclurait autant ou plus d'habitants. D'ailleurs il paraît convenu de regarder comme vicieuse toute espèce d'impôt sur les personnes. Parmi les hommes auxquels on accorde quelques lumières, quelques-uns peut-être croient encore que les impôts sur les consommations peuvent être justes, mais tous sont d'accord pour rejeter les impôts personnels. Ainsi cette idée de faire dépendre l'exercice du droit de cité du montant de l'imposition, rentrerait bientôt dans celle de n'accorder ce droit qu'aux propriétaires, et à ceux dont les propriétés sont au-dessus d'une certaine valeur. On serait seulement obligé de changer cette condition, toutes les fois qu'il arriverait de grands changements dans le montant ou dans la forme des impositions; ce qui devient une complication inutile : au lieu qu'en énonçant en blé la valeur du revenu exigée pour donner droit de suffrage, cette fixation deviendrait invariable.

Si l'on ne considère que l'impôt, les propriétaires de maisons ne doivent être regardés que comme propriétaires du sol. La maison n'est que le capital dépensé pour la bâtir, et placé dans ce genre d'entreprise. Le loyer est l'intérêt de ce capital, plus celui de la valeur du fonds. La maison ne doit être imposée que comme les terrains non employés à la reproduction. Mais, dans le rapport sous lequel nous considérons ici les propriétaires, une maison doit être regardée comme une propriété, et comme une propriété d'un revenu égal à celui d'une terre qui aurait la même valeur que la maison. Dans le premier cas, la maison ne doit pas d'impôt, parce que l'impôt assis sur cette maison est payé, non par le propriétaire, mais par le surcroît d'intérêt que produisent alors les capitaux employés en maisons, c'est-à-dire par les locataires. Dans le second, la maison est une propriété réelle qui donne droit à une partie du territoire, et qui produit, relativement à l'intérêt social, le même effet qu'une propriété en terres de la même valeur.

D'ailleurs, en adoptant ce principe, la même loi peut s'étendre sur les propriétaires de terrains dans les villes, comme sur ceux des biens de campagne ; et cette unité est encore un avantage.

On pourrait, enfin, proposer une autre méthode de régler l'exercice du droit de cité ; ce serait de distribuer chaque territoire en un certain nombre de portions, d'attribuer à chacune d'elles une voix portée par un député qu'éliraient tous les possesseurs d'une propriété, petite ou grande, située dans ce canton. Cette méthode a une extrême simplicité, elle n'exige que de constater un fait sur lequel il ne peut y avoir de doute, l'existence d'une propriété dans tel canton. Si la même personne avait un canton entier, elle aurait une voix ; si elle en possédait deux, elle aurait encore une seule voix ; et les deux cantons ne donneraient qu'un seul député. Chacun pourrait voter pour l'élection de chaque canton où il aurait une propriété, mais ne pourrait être député que d'un seul. L'avantage accordé par là à cette classe de propriétaires est une conséquence du principe d'attacher le droit à la terre, et il n'en résulterait qu'une bien faible prépondérance. Cette distribution de cantons se ferait en même temps que le cadastre, par des lignes qui diviseraient le territoire en parties sensiblement égales en étendue ou en valeur.

Les cens en argent, les droits éventuels, ne seraient point regardés comme formant une partie de la propriété territoriale; les champarts et les dîmes ou rentes en nature pourraient l'être. A la vérité, il en résulterait l'inconvénient de donner une voix au décimateur et au seigneur, dans tous les cantons, et l'avantage de diminuer le nombre de possesseurs d'un canton entier, mais avec le défaut de laisser exclusivement aux seigneurs ou décimateurs la possibilité d'avoir ce privilége. On pourrait peut-être ne regarder comme propriétés que les rentes féodales en nature, et non les dîmes ecclésiastiques. Ces dîmes ne sont, en effet, qu'un véritable salaire payé en nature. La raison est d'accord sur ce point avec l'histoire ecclésiastique, comme avec les livres de Moïse.

Cette méthode aurait l'avantage de fixer d'une manière plus invariable le nombre des suffrages, et d'établir une grande égalité.

Ainsi, je serais porté à préférer cette manière de régler l'exercice du droit de cité, si celle que j'ai proposée la première n'avait pas en sa faveur des suffrages imposants et respectables.

Dans la première méthode, ces distinctions entre les cens en argent et les rentes en nature, entre les dîmes féodales et les dîmes ecclésiastiques, seraient moins importantes. Mais on peut demander plus généralement si les fonds possédés par des communautés quelconques, et les biens ecclésiastiques possédés par des individus ou par des corps, doivent être regardés comme de véritables propriétés. Il est clair que les premières sont des fonds affectés à une certaine destination d'utilité commune, que les autres sont de véritables appointements; et il ne l'est pas moins que cette manière de payer un travail, de récompenser des services, ou de subvenir à la dépense d'un établissement, est vicieuse par elle-même, et ne peut être excusée que par le défaut d'un système réglé d'administration, et le manque de confiance en la foi publique. Mais en même temps qu'on doit désirer que ces espèces de propriétés cessent d'exister, et qu'il n'en subsiste plus d'autres que la propriété individuelle, la seule qui soit fondée sur la nature, qui puisse exister indépendamment des institutions sociales, on peut demander comment, tant que ces propriétés subsisteront, il faut les considérer relativement au droit de cité.

Nous croyons qu'elles ne doivent pas conférer ce droit : s'il s'agit, en effet, de propriétés destinées à des usages publics, elles n'appartiennent à personne qu'à l'universalité des citoyens ; eux seuls ont à la fois intérêt et droit de veiller, soit à la conservation de ces biens, soit à leur emploi. S'agit-il de bénéfices ecclésiastiques, le titulaire est dans le même cas qu'un homme à qui l'on aurait assigné la jouissance d'un domaine public, au lieu d'une pension, d'un honoraire en argent, et le droit de cité ne doit pas être la conséquence d'une de ces manières de payer, plutôt que de l'autre ; il n'en résulte pas la possession du territoire, mais la jouissance d'un territoire appartenant au public.

Cependant il ne faudrait pas regarder comme un

grand inconvénient, d'accorder le droit de cité, soit au représentant d'un corps, d'un établissement qui jouirait d'une portion de territoire, soit à l'ecclésiastique qui aurait cette même jouissance comme titulaire d'un bénéfice, pourvu que les uns et les autres n'eussent ce droit que comme administrateurs actuels d'un domaine public, dont la propriété appartient à la nation seule. Leur intérêt, à la vérité, n'est pas sur tous les objets le même que celui des propriétaires, mais ils se confondent plus souvent qu'ils ne sont opposés. Cette opposition ne devient vraiment dangereuse qu'autant que les usufruitiers de ces biens en regarderaient la destination actuelle comme une propriété véritable, ou même comme une propriété privilégiée ; opinion qui mettrait obstacle à une disposition plus utile de ces mêmes biens.

Je sais que les idées que je viens d'exposer sur la nature de ces propriétés, sont encore peu répandues ; mais elles sont si simples, si conformes au bon sens, que, pour qu'elles soient adoptées, il suffit qu'elles aient été une fois énoncées avec franchise. Elles n'ont pas besoin de preuves, il faut seulement que l'on cesse d'en être effrayé.

Que l'on suive l'une ou l'autre des méthodes proposées, on trouve également deux manières de jouir du droit de cité, et deux classes de citoyens, les unes possédant un suffrage en entier, les autres nommant un député qui exerce en leur nom le droit de suffrage. Il serait juste d'établir que, dans le premier cas, une femme propriétaire pût nommer un représentant, et que, dans le second, elle concourût à la nomination du député.

Par ce moyen, les femmes ne seraient pas privées du droit de cité; privation contraire à la justice, quoique autorisée par une pratique presque générale. Les raisons pour lesquelles on croit devoir les écarter des fonctions publiques, raisons qu'il serait d'ailleurs aisé de détruire, ne peuvent être un motif de les dépouiller d'un droit dont l'exercice serait si simple, et que les hommes tiennent, non de leur sexe, mais de leur qualité d'êtres raisonnables et sensibles, qui leur est commune avec les femmes.

D'après le règlement provisoire donné aux assemblées provinciales, les femmes propriétaires d'une seigneurie ont été admises à jouir des mêmes droits que les seigneurs, en les faisant exercer par les représentants; mais celles qui n'ont qu'une propriété territoriale ne partagent point cet avantage; de manière qu'on fait dépendre le droit de cité pour elles, non de la qualité de propriétaires, mais de la nature de leurs propriétés; distinction qui paraîtrait absurde, si les antiques idées féodales n'avaient familiarisé avec elle.

Par les règlements donnés pour les assemblées provinciales, non-seulement les moines jouissent du droit de cité, mais ils peuvent être membres des assemblées. Cependant, peut-on dire qu'un moine ait une volonté propre? Ne l'a-t-il point abjurée en prononçant ses vœux? A-t-il une autre patrie que son ordre? On l'admet seulement, dira-t-on, comme représentant d'un corps qui est lui-même propriétaire ; mais, par cette raison, l'état de domesticité permettrait donc aussi de conserver le droit de cité, n'empêcherait pas de l'exercer. D'ailleurs, le titulaire d'un bénéfice a, comme tel, à la prospérité publique, le même intérêt que tout citoyen usufruitier. Un administrateur d'un hôpital l'a également, du moins pour l'établissement auquel il est attaché. Un ecclésiastique aura, de plus, l'intérêt politique du clergé, et c'est déjà un mal. Mais le moine, outre cet intérêt, a encore celui de son ordre ; intérêt d'autant plus grand, qu'il n'a d'existence que par cet ordre, et avec lui. Un ecclésiastique est un être isolé ; un moine est toujours un corps. On sait combien les réguliers ont troublé les universités qui les ont admis, quelles précautions elles ont été obligées de prendre contre eux ! On connaît celles que le gouvernement n'a pas cru pouvoir négliger dans l'institution des académies ! Les assemblées provinciales sont-elles moins importantes ? L'esprit qu'on a craint pour les sociétés savantes y serait-il moins dangereux ? Les connaissances nécessaires pour être dans les assemblées des membres vraiment utiles, sont étrangères à l'état des moines, à leur éducation. Jusqu'ici, il est sorti des cloîtres encore moins de bons livres de politique, que de bons livres de philosophie.

ARTICLE II.

Des différents ordres d'assemblées.

Après avoir déterminé à qui doit appartenir le
droit de cité, et qui sont les véritables citoyens, ou
plutôt ceux qui doivent en exercer les fonctions, il
faut examiner sous quelle forme il est convenable
qu'ils les exercent.

Les décisions d'une assemblée trop peu nombreuse
dépendent trop des intérêts personnels, des passions
particulières de ceux qui la composent. Celles d'une assemblée très-nombreuse sont livrées en quelque sorte
au hasard, lorsqu'elles ne sont pas dictées par quelques hommes doués du talent dangereux d'ébranler
l'imagination. Mais en établissant différents ordres
d'assemblées représentatives, on peut composer chacune d'un nombre de députés, tel qu'on doive en
espérer, avec quelque probabilité, des décisions conformes à la vérité et à la justice, sans donner cependant à un trop petit nombre d'hommes une trop grande
influence, et une tentation trop forte de se conduire
par des vues ambitieuses, sans trop éloigner les représentants de ceux dont ils défendent les intérêts, et
dont l'opinion doit être pour eux un censeur vigilant
et incorruptible. Cette forme de constitution est encore utile pour hâter l'expédition des affaires, pour
rendre plus simples les opérations de détail, pour
multiplier les coopérateurs, sans produire de confusion. Il faut donc, suivant l'étendue d'un État, éta-

blir des assemblées de différents ordres, en nombre plus ou moins grand.

Dans un pays tel que la France, même en ayant égard aux divisions inégales déjà existantes, et qu'on peut avoir des motifs de conserver, du moins pour un temps, trois ordres d'assemblées peuvent être suffi. sants, en n'y comprenant point, à la vérité, les petites assemblées, soit des cantons à chacun desquels on donnerait un suffrage, soit des propriétaires obligés de se réunir pour former le revenu auquel le même droit serait attribué.

Les premières divisions embrasseraient, soit une ville, soit plusieurs paroisses de campagne réunies. On propose de réunir un certain nombre de villages, principalement pour deux raisons : la première, pour que les communautés de campagne n'aient pas, à l'égard des communautés des villes, une infériorité trop marquée ; la seconde, afin que les communautés de campagne soient moins exposées à l'influence d'un seigneur. Les intérêts particuliers des paroisses ainsi réunies n'en seront que mieux défendus ; d'abord, dans les discussions qu'elles peuvent avoir avec leurs seigneurs, leurs décimateurs ou leurs curés, ensuite dans celles qui peuvent s'élever entre elles et les paroisses d'un autre arrondissement. En même temps celles qui peuvent avoir lieu entre les paroisses de la même communauté, seraient bientôt réglées par des transactions où l'assemblée municipale de la communauté agirait comme arbitre ; l'administration de leurs biens particuliers deviendrait, par la même raison, plus paisible et plus régulière.

Les secondes divisions embrasseraient un certain nombre de communautés; nous les appellerons districts.

Les troisièmes embrasseraient une province entière.

Les communautés ne contiendraient pas au-dessous de quatre ou cinq mille personnes, ni au-dessus de dix ou douze. On chercherait, autant qu'il serait possible, à conserver entre elles le plus d'égalité, quant à la population ou quant à la richesse, en évitant cependant de donner à une communauté une étendue qui rendît gênante une communication habituelle entre le chef-lieu et les villages qui la composent. Les très-grandes villes pourraient être divisées en communautés, et former seules un district. Les autres ne feraient qu'une seule communauté, quand bien même leur population serait fort au-dessus de douze mille habitants. Cette disposition devient juste, si on songe, 1° qu'en suivant l'une ou l'autre des deux manières proposées de régler l'exercice du droit de cité, les assemblées de communautés de ces villes pourraient n'être pas trop nombreuses; 2° qu'une partie des habitants des villes jouiraient encore du droit de cité comme propriétaires de biens de campagne; 3° que l'étendue d'une ville très-peuplée ne peut jamais rendre difficile une communication, même habituelle, entre ses habitants.

Chacune de ces divisions aurait deux espèces d'assemblées : des assemblées d'administration et des assemblées d'élection; c'est-à-dire, des assemblées dont les membres seraient uniquement chargés de faire certaines élections. Les assemblées d'administration

VIII.   10

seraient de deux sortes : les unes se formant à des époques fixes, plus nombreuses et bornées dans leur durée, seraient chargées de la décision des affaires : les autres, perpétuelles et moins nombreuses, doivent avoir pour fonction de suivre ou de surveiller l'exécution de ces décisions. On les a nommées commissions intermédiaires, et nous emploierons cette dénomination qui exprime assez bien ce qu'elles doivent être.

On pourrait regarder comme inutiles les assemblées d'élection, et trouver plus simple de charger chaque communauté d'élire un représentant pour l'assemblée d'administration du district, et cette assemblée du district d'élire son représentant pour l'assemblée générale : celle-ci élirait le député ou les députés de la province auprès du gouvernement ; les assemblées d'administration éliraient les membres des assemblées intermédiaires, et leurs propres officiers. Mais nous regardons ces assemblées d'élection, strictement bornées à cette fonction seule, comme une institution utile, nous osons presque dire nécessaire ; comme une des barrières les plus fortes contre la pente naturelle qui entraîne vers l'aristocratie tous les corps, même les plus populaires dans leur origine.

En effet, l'assemblée d'administration d'une province, celle d'un district, les commissions intermédiaires qui répondent à chacune d'elles, ne doivent avoir aucune autre dépendance que celle qui naît de la nature même de leurs fonctions. Si on y ajoute celle d'être formées les unes par les autres, on court

risque de voir de véritables corps aristocratiques suc-
céder à des assemblées de représentants ; ce serait
donc pour les communautés seules qu'on pourrait
regarder comme inutiles ces assemblées particulières
d'élection ; mais alors, on peut avoir un autre motif
de les établir : le peu de lumières de la plupart de
ceux qui jouissent du droit de cité, et à qui par
conséquent il vaut mieux confier le soin de choisir
des électeurs, c'est-à-dire, des hommes en qui on ne
doit chercher que du sens, de la probité et de bonnes
intentions, que celui d'élire leurs représentants, de
qui on doit exiger des qualités dont un moindre
nombre d'hommes peuvent être juges compétents.

Dans la constitution des assemblées provinciales,
nouvellement établies, on a institué dans les campagnes une assemblée pour chaque paroisse. On a senti
qu'il y aurait quelque inconvénient à n'y admettre
le seigneur et le curé, qu'autant qu'ils seraient élus
par leurs vassaux ; que s'il était avantageux de donner aux habitants de classes supérieures une sorte
de besoin de mériter les suffrages du peuple, c'était
ceux du peuple en général, plutôt que de la partie
du peuple avec laquelle ils peuvent avoir des intérêts
directs à démêler ; on a donc statué que le seigneur
et le curé seraient de droit membres de ces assemblées, et par là on a introduit une nouvelle inégalité
entre les citoyens. On a augmenté le pouvoir, déjà
trop grand, des seigneurs et des curés, et semé dans
ces petites assemblées un germe de divisions qui ne
peuvent être terminées que par l'entier asservissement du pauvre. Ce pouvoir des seigneurs et de

curés est encore augmenté par l'exclusion donnée indirectement aux gentilshommes propriétaires dans la paroisse, soit en exigeant d'eux la résidence dont cependant les seigneurs sont dispensés, soit en les humiliant par cette présidence perpétuelle qui suffirait pour les écarter.

Il a fallu de plus séparer l'assemblée générale, nouvellement instituée, où le seigneur et le curé sont membres nécessaires, de l'assemblée municipale ordinaire dont ils sont exclus. Cette précaution, que la justice naturelle exigeait, contribue à rendre la division beaucoup plus sensible; et l'on eût évité ces inconvénients, en formant les communautés de campagne de plusieurs paroisses.

Est-il avantageux d'exiger que chaque communauté, chaque district ait des représentants particuliers, puisqu'il suffit, pour ne pas blesser leur droit, que les communautés, les districts, aient une part égale à la nomination des représentants communs? Ne faudrait-il pas plutôt chercher à détruire qu'à favoriser l'idée que les communautés, les districts, ont des intérêts séparés ou contraires, et l'idée non moins dangereuse que les députés ou représentants doivent voter, non d'après la raison ou la justice, mais suivant l'intérêt de leurs commettants? On pourrait sans doute exiger que, dans certaines délibérations, chaque représentant portât, non son propre vœu, mais celui que ses commettants l'ont chargé de porter. Cette institution peut être utile, mais il ne le sera jamais que les représentants se croient obligés de porter le vœu présumé de leurs commettants, ou se parer de ce prétexte. Ils ne doivent dépendre de ceux qu'ils représentent, que pour recevoir d'eux, suivant la forme établie, la continuation de leurs pouvoirs. S'ils abusent de la confiance qui leur a été accordée, c'est par l'opinion seule qu'ils doivent être contenus ou punis. Ainsi, l'usage d'admettre un député par communauté ou par district, et de l'en regarder comme le représentant particulier, n'est avantageux, n'a même un objet réel, qu'autant que ces représentants seraient chargés de voter, dans certaines circonstances, d'après la décision de leurs communautés et de leurs districts ; ou bien que par la raison que le député particulier d'une communauté, d'un district, sont supposés avoir ou être obligés d'acquérir les connaissances de détail nécessaires pour éclairer l'assemblée. Il peut donc être utile de former la constitution de manière que l'on puisse, lorsqu'on le voudra, établir pour certaines classes d'objets, que l'on prendra, non les voix des représentants, mais l'opinion du corps général de leurs commettants, et alors il faudra que chaque district, ou même chaque communauté, ait un représentant particulier, suivant qu'on établira cette règle pour les assemblées de province seulement, ou qu'on l'étendra aux assemblées de district. Le second motif que nous venons d'alléguer suffirait même pour faire établir cette forme de représentation ; mais nous avons voulu prouver seulement que c'est par des raisons de convenance, et non par un motif de justice, qu'elle doit être préférée, qu'elle peut être l'ouvrage de la sagesse du législateur, mais non le droit naturel des citoyens.

Nous n'avons pas insisté sur l'inconvénient de trop restreindre les choix, en obligeant de prendre parmi les propriétaires d'une communauté ou d'un district, le représentant de cette commmnauté ou de ce district, parce que cette condition n'est pas une suite nécessaire de l'autre, et que l'on peut laisser à une communauté la liberté d'élire ses représentants parmi tous les propriétaires d'un district, et à un district, celle d'élire les siens parmi tous les propriétaires de la province. Cette question est étrangère à celle qui nous occupe; nous la discuterons dans la suite.

ARTICLE III.

Des conditions d'éligibilité.

La première question qui se présente, est maintenant de savoir quelles conditions on doit exiger des membres de ces différents ordres d'assemblées.

Deux principes de justice suffisent pour résoudre cette question. Toute condition ajoutée ici à celle qui constitue la qualité de citoyens, en exclut une partie de certaines places, introduit entre eux une nouvelle inégalité; elle ne peut donc être juste, tant qu'elle n'est pas déterminée par un motif évident d'utilité.

Toute condition de la même espèce limite l'exercice du droit de cité, en restreignant dans des bornes plus étroites la liberté des choix; elle est donc injuste envers la généralité des citoyens, si la nécessité n'en est pas fondée sur une raison évidente: la justice rigoureuse exigerait donc qu'on n'imposât aucune condition nouvelle. Mais, tant que la loi ne prescrit que celles qui auraient été prononcées par le simple bon sens, on ne peut pas la regarder comme contraire à aucun droit réel; alors ce n'est point proprement une gêne qu'on impose, ce sont des maximes convenues qui doivent servir de guide, et qu'on rappelle aux citoyens comme le vœu commun de leur raison et de leur patriotisme. Pour qu'une exclusion soit juste, il faut qu'on puisse la considérer sous ce point de vue.

Les conditions d'éligibilité peuvent tenir à la personne, à l'état, aux fonctions, à la fortune.

I. Les exclusions qui tiennent à la personne doivent être les mêmes que pour le droit de cité. (*Voyez* article premier.)

On pourrait y ajouter seulement la condition de savoir bien lire et bien écrire, si elle ne renfermait pas quelque chose de trop vague, et si les moyens de constater qu'elle a été remplie ne prêtaient trop au ridicule.

II. C'est ici le moment d'examiner si, dans les assemblées, il doit y avoir un certain nombre de places réservées à certains états. On sent qu'il ne peut être ici question que de distinctions héréditaires, d'espèces de divisions en castes, qui partagent en différents ordres les citoyens d'un même État, et non de celles qui naissent de différentes fonctions, ces fonctions fussent-elles même confiées à des corps permanents. Si vous regardez comme un ordre de citoyens le corps des ministres de la religion, pourquoi le corps des gens de loi n'en formerait-il pas un autre, celui des militaires un troisième? Pourquoi le peuple ne serait-il pas aussi divisé, d'après la différente nature de ses occupations? Dès lors vous retombez dans ces gouvernements bizarres, formés au milieu des siècles d'ignorance, où chaque profession a sa part distincte dans l'administration : divisions instituées, non en vertu d'un système réfléchi, mais créées par la nécessité de partager le pouvoir entre des corps qui s'en étaient déjà saisis.

S'il y avait une exception à faire, ce ne serait pas, sans doute, pour former un ordre particulier des hommes chargés d'une certaine fonction publique; car, à ce titre, ils ne sont autre chose que des officiers de la nation; et la manière dont elle paye les services qu'elle en reçoit ne peut leur donner le moindre prétexte de s'en regarder comme une partie distincte, et ayant des droits séparés des siens. Si l'État a consacré des terres pour être le salaire d'une espèce de service, les usufruitiers de ces terres pourront-ils donc fonder, sur cette forme, la prétention de former une classe à part? Ainsi, en Europe, dans les pays où il n'y a point de serfs, il ne peut exister que deux états, celui de noble et celui de roturier; et deux ordres, celui de la noblesse et celui du peuple.

Cela posé, si on examine la question en général, on sera conduit aux réflexions suivantes.

Toute distinction d'état, relativement à l'impôt,

est injuste et nuisible. Or, la loi qui affecterait un certain nombre de places aux privilégiés aurait pour motif principal, et surtout pour effet, d'introduire dans les assemblées des hommes qui se croiraient obligés, par état, à défendre ces priviléges. Ainsi ces distinctions sont injustes en elles-mêmes, et elles le sont encore dans ce sens, qu'elles obligent les citoyens à confier leurs intérêts à des hommes qui peuvent en avoir d'opposés à l'intérêt général. Si ces priviléges sont justes, ou, ce qui est synonyme, s'il est utile à tous les citoyens de les conserver à ceux qui en jouissent, pourquoi leur chercher d'autres défenseurs que les citoyens qu'on suppose également intéressés à les maintenir? Dira-t-on que ces priviléges sont justes, quoique nuisibles à la nation? qu'elle a pris avec ceux qui les possèdent un engagement éternel que jamais elle ne peut rompre? Sans examiner ici la question générale de la légitimité d'engagement irrévocable, prise par une nation, nous observerons seulement qu'il en résulterait ici, par une conséquence nécessaire, que la nation serait obligée de conserver constamment la même forme d'imposition, de peur de donner, en la changeant, quelque atteinte aux priviléges; supposition qui en elle-même est absurde.

Ces distinctions sont encore dangereuses, en ce qu'elles marquent d'une manière plus forte, et qu'elles cimentent une inégalité légale entre les citoyens. Cette inégalité, qui a d'abord été établie par le fait, peut, si elle a été maintenue depuis par une longue possession, mériter d'être traitée avec ménagement.

Mais il serait contraire au droit des citoyens, et à la saine politique, d'augmenter l'inégalité par de nouveaux priviléges, et de lui donner une nouvelle sanction.

On peut avoir pour but, en obligeant de choisir les membres d'une assemblée en nombre fixe dans différents états, ou d'empêcher les classes supérieures d'avoir toutes les places, ou d'empêcher qu'elles n'en soient exclues.

La première crainte est frivole, du moment où l'on établit des élections libres, sans tumulte, dont la forme soit sagement combinée. Qu'importe que les hommes des classes supérieures aient toutes les places, s'ils les ont par cette seule raison que les citoyens de toutes les classes les ont crus dignes de leur confiance?

La seconde crainte ne l'est pas moins : quand on se choisit un représentant, on veut un homme capable d'entendre nos intérêts et de les défendre ; et personne n'est assez stupide pour ne point savoir combien la naissance, la richesse, le crédit personnel d'un représentant, donnent de poids à ses opinions et à ses démarches.

Quelques personnes ont dit que les gens des classes supérieures refuseraient de siéger dans une assemblée où ils seraient confondus avec ceux des classes inférieures. Nous pourrions nous borner à répondre que des hommes capables d'avoir des idées aussi petites, aussi réellement ignobles, seraient bien peu dignes d'être appelés à veiller sur le bonheur de leurs concitoyens ; leur refus ne prouverait qu'une

seule chose : c'est qu'on a eu tort de les élire. Nous
ajouterons que ce préjugé ne serait ni général, ni
durable, et qu'il serait imprudent de sacrifier à une
vanité passagère la justice et les vues d'une bonne
politique, qui doit tendre à réunir les citoyens, et
non à les diviser. S'agit-il du cérémonial des séances,
il peut être le même, soit qu'un gentilhomme siége
comme député de son ordre, soit qu'il siége comme
représentant des citoyens.

Qu'on interroge l'histoire, on y apprendra à connaître la valeur de ces craintes. A Rome, les plé-
béiens obtiennent le pouvoir d'être élus pour les
magistratures curules, et le même peuple, qui avait
sollicité cette loi avec ardeur, continue, pendant
une longue suite d'années, à ne conférer ces magistratures qu'à des patriciens.

En Angleterre, les conditions nécessaires pour être
membre de la chambre des communes, en ouvrent
la porte au peuple, même des dernières classes. Cependant, depuis la révolution, les fils des pairs bri-
guent l'honneur d'y être admis, et l'on n'y a vu
appeler presque jamais que des hommes distingués
par leur naissance, leur fortune, leurs places ou leurs
talents.

Ce n'est point pour l'intérêt des classes supérieures,
c'est pour celui du peuple même, qu'il ne faut pas
accorder des places de droit à ce qu'on nomme la
bourgeoisie ou le tiers état, parce que jamais les intérêts du peuple ne sont défendus avec plus de noblesse, de modération, et moins de danger pour la
tranquillité publique, que lorsqu'ils ont été confiés

à des hommes d'une classe supérieure. L'histoire en fournit des preuves sans nombre.

Ce n'est point uniquement pour l'intérêt du peuple, mais pour celui même des classes supérieures, qu'il ne faut pas leur assurer la possession exclusive d'un certain nombre de places, parce que, dans la réalité, elles en obtiendront davantage ; parce qu'alors les hommes pris dans ces classes défendront avec plus de force l'intérêt commun de tous, beaucoup plus important pour eux-mêmes que l'intérêt particulier de leur classe. C'est, en un mot, pour le bien de tous, parce que c'est le seul moyen de parvenir, sans injustice, à ne composer les assemblées que des hommes à qui leur éducation et leur considération personnelle donnent le plus de moyens pour faire le bien.

A la vérité, cette liberté de choisir dans toutes les classes obligerait les hommes des ordres supérieurs à être populaires, empêcherait ceux d'un canton, d'un district, de former de petites confédérations contre le peuple, et ce n'est qu'un avantage de plus. S'il résultait, de ce besoin des suffrages du peuple, une véritable dépendance comme en Angleterre, où les places de représentants de la nation sont données immédiatement par des hommes qui ne peuvent en connaître ni les fonctions ni les devoirs, où l'importance de ces places oblige à les acheter par des bassesses, par des complaisances onéreuses, par des dépenses extravagantes, sans doute on aurait raison d'être blessé de cet asservissement, plus encore par patriotisme que par vanité. Mais il est aisé de voir qu'en établissant différents ordres d'assemblée, les places un peu importantes, si elles dépendent de l'estime, de l'opinion du peuple, ne dépendront jamais immédiatement de ses suffrages, encore moins de ses caprices. Le vice des élections anglaises est dans leur forme même, et non dans l'égalité légale établie entre tous les citoyens qui ne sont pas élevés à la pairie (1).

On a dit que la constitution de la monarchie française exigeait qu'il y eût dans les assemblées trois ordres séparés.

Mais, 1° l'ancienne constitution ne peut exiger qu'on donne une forme plutôt qu'une autre à des assemblées nouvellement créées. 2° C'est par l'avis de son conseil que Philippe le Bel établit la distinction des trois ordres. Pourquoi la même autorité ne pourrait-elle pas créer des assemblées où ces ordres seraient confondus? 3° L'ancienne constitution, ou ce qu'on appelle de ce nom, exigerait que ces ordres votassent séparément. On a rejeté cette forme; elle est si évidemment vicieuse, si universellement regardée comme telle par tous les esprits éclairés, qu'il serait inutile de s'arrêter à en faire voir les défauts. Ainsi, quand même on donnerait à chaque ordre un certain nombre de places dans les assemblées, on ne se conformerait pas encore à cette constitution an-

(1) Ce vice des élections en Angleterre est pour les villes et les comtés. Dans les bourgs, il en est un autre : les membres de la chambre des communes sont nommés, pour la plupart, par les *aldermen*; et les aldermen sont souvent à la nomination du seigneur du bourg.   (*Note des premiers éditeurs.*)

cienne. Dans l'ancienne constitution, les députés du tiers état n'étaient que ceux de quelques villes privilégiées qui tenaient ce privilége de la volonté du prince. On a senti que cela était absurde, et le peuple de toutes les villes et celui des campagnes ont été appelés à la jouissance des mêmes droits. On s'est donc permis, sur deux points importants, de s'écarter de la constitution ancienne, et c'est convenir qu'il appartient à la raison seule de fixer les limites auxquelles on doit s'arrêter. 4° Cette constitution qu'on réclame n'est elle-même que la dépravation d'une constitution plus simple; dépravation qui est la suite de la lente destruction du régime féodal, de la longue anarchie qui accompagna cette destruction, de l'ignorance où l'on était alors plongé. Pourquoi, dans un temps plus éclairé, la raison ne rétablirait-elle pas l'ancienne simplicité? Pourquoi ces amateurs si zélés des institutions antiques ne s'arrêteraient-ils jamais qu'à celles qui sont absurdes? Pourquoi ne réclameraient-ils pas l'ancienne constitution, où tous les Français libres jouissaient des mêmes droits? Est-elle vicieuse à leurs yeux depuis que tous les habitants du territoire de la France sont devenus libres et Français? (*Voyez* Tacite et les Capitulaires de Charlemagne.)

Des trois ordres qu'on veut distinguer dans les assemblées, il faut d'abord retrancher le clergé. Les prêtres ne peuvent être, dans aucun pays, que des hommes étrangers à l'ordre social, comme en Virginie, où aucune espèce de religion ne jouit d'aucun privilége public, où chacun choisit son culte à son gré, et en paye librement le ministre; ou bien des hommes chargés par la nation des fonctions religieuses et payés par elle. En France, c'est sous ce dernier point de vue qu'ils doivent être considérés; et nous avons vu qu'ils ne pouvaient alors être regardés comme formant une classe à part. Si on parcourt l'histoire des différents peuples de l'Europe, on verra dans quel temps les membres du clergé ont commencé à faire partie de la constitution, ou à devenir un ordre séparé, et on trouvera que les abus de la puissance ecclésiastique, ses usurpations sur la puissance civile, la superstition des princes ou des peuples, en ont été partout la première, ou plutôt l'unique cause.

La noblesse n'a, en France, d'autre distinction légale que l'exemption de quelques impôts, et nous avons vu encore que ce n'est pas un motif légitime de la séparer, dans les assemblées provinciales, de la classe qui ne possède point ces priviléges.

Mais l'examen détaillé de ce que sont, en France, ces mêmes priviléges, suffirait pour montrer qu'ils ne peuvent motiver une distinction dans les assemblées provinciales.

Ils sont de deux sortes : les uns sont personnels. Telle est l'exemption de milice, celle de logement des gens de guerre, etc. Ces exemptions sont accordées à l'état; elles sont partagées par tous ceux qui, sans appartenir aux ordres privilégiés, occupent des places honorables; ce sont des égards qu'il paraît juste de conserver à des citoyens distingués, en gémissant de ne pouvoir les étendre sur tous les autres.

Il n'est pas à craindre qu'on veuille détruire ces privilèges.

Les autres sont pécuniaires. Quelques-uns sont communs à la noblesse et au clergé, comme l'exemption du droit de gros, faisant partie de droits d'aides, et celle de la taille. Ces impositions ont été accordées pour les dépenses de la guerre; et dans un temps où la noblesse, faisant à ses frais le service féodal, et où le roi, ne payant qu'un petit nombre de capitaines qui levaient des compagnies, il était juste d'exempter la noblesse de ces taxes. Le clergé, comme possesseur de fiefs, devait partager cette exemption, puisqu'il payait des hommes pour le remplacer dans le même service. On l'en exempta aussi comme possesseur de dîmes, parce que les dîmes pouvaient être alors regardées comme une espèce d'aumône, comme le salaire des ministres du culte public.

Aujourd'hui que la noblesse est dispensée du service féodal, que le clergé ne le paye plus, que les dîmes sont devenues un véritable revenu indépendant de tout service religieux, les motifs qui légitimeraient ces privilèges ne subsistent plus, et en même temps la manière d'imposer la taille, l'établissement de nouveaux droits d'aides, ont rendu la valeur des exemptions presque nulle pour la plus grande partie de ceux qui en jouissent. La noblesse n'a donc, relativement à ces privilèges, qu'un intérêt très-faible, et le motif de les défendre, en le supposant légitime, n'est assez fort, ni pour déterminer à lui donner des places particulières dans les assemblées provinciales, ni pour lui faire désirer d'en obtenir.

L'exemption particulière au clergé est celle des vingtièmes et de la capitation, qu'il remplace en très-petite partie par des dons gratuits; privilége que le clergé obtint pendant la guerre de la succession, dans un moment où ce don gratuit, avancé pour cinq années, donnait pour le moment une somme supérieure à celle que ces impôts auraient rapportée dans la même année. Depuis, le clergé a continué de suivre le même usage : les sommes qu'il a fournies sont au-dessous de la partie de la capitation qu'il eût dû supporter. Ainsi on peut dire sans exagération, qu'il a joui, sur les vingtièmes, d'une exemption presque absolue. Ce n'est pas tout : c'est par des emprunts successifs qu'il a payé ces dons gratuits; déjà les intérêts de ces emprunts montent environ au double de la somme annuelle qu'il verse dans le trésor royal. Par ce moyen, les possesseurs actuels, déjà surchargés par leurs devanciers, cherchent continuellement à diminuer ce poids et à le rejeter sur leurs successeurs; il en résulte que la nation tire très-peu de cette imposition sur le clergé, qu'il paye déjà beaucoup, en comparaison de ce qui entre dans le trésor public, et qu'en laissant subsister ce régime, il finirait par être dans l'impossibilité de payer. Mais il en résulte aussi qu'il serait injuste de ne point augmenter ses impositions, parce qu'il s'est imposé lui-même une charge plus grande par une administration vicieuse. Ce n'est pas au peuple, sans doute, à payer les fautes des chefs du clergé. Ajoutons encore que le clergé s'impose lui-même, suivant des règles particulières qu'il s'est formées, et concluons

VIII.   11

que, s'il veut conserver ces derniers priviléges, il a si peu d'intérêts communs avec ceux des citoyens, et tant d'intérêts contraires, que, loin de lui réserver des places dans les assemblées, la justice exigerait que ses membres n'y pussent entrer qu'à raison de leurs propriétés personnelles; si, au contraire, il veut renoncer à ses priviléges particuliers et à ses formes, il y a, sans doute, moins d'inconvénients à l'admettre dans les assemblées, mais en même temps il ne reste plus aucune raison qui puisse motiver une distinction entre lui et le reste des citoyens.

On doit distinguer soigneusement la prérogative légale de la noblesse, des avantages qu'elle tient de l'opinion. Dans tous les pays, les descendants des hommes illustres, les possesseurs héréditaires de certaines places, ceux dont les ancêtres se sont toujours maintenus dans les grandes dignités, ont joui d'une considération attachée à leur naissance, et cette considération leur donnant plus de facilité pour obtenir les places même qui ne leur sont pas exclusivement réservées, les mettant à portée de s'illustrer par des actions plus importantes, doit se maintenir d'elle-même.

Ces avantages de la noblesse ne doivent pas être regardés comme un mal en politique : il en résulte une classe d'hommes dont l'éducation doit être plus soignée, et tendre plus particulièrement à rendre les individus qui la composent plus dignes des postes élevés auxquels ils aspirent : ils reçoivent, de cette éducation, des principes plus nobles, un sentiment de dignité qui n'est pas l'élévation de l'âme, mais qui en tient lieu quelquefois ; il en résulte pour eux une considération personnelle, une sorte de grandeur indépendante des places qu'ils peuvent occuper ; ils sont une espèce d'intermédiaire entre les hommes puissants et les simples citoyens ; ils maintiennent plutôt l'égalité qu'ils ne la détruisent. A mesure que les hommes feront des progrès vers la raison, que la véritable dignité de l'homme sera plus connue, que l'on sentira davantage le prix de l'instruction, des lumières, de la vertu, réduites à elles-mêmes, on cessera d'avoir besoin qu'une classe distinguée oppose à l'abus du pouvoir son honneur ou son orgueil. Peut-être alors cette distinction d'état deviendrait-elle nuisible, et c'est pour cette raison qu'il faut la fonder, non sur des prérogatives légales, mais sur l'opinion, parce que cette opinion perdra naturellement de sa force et de son influence, par les mêmes causes qui rendront les distinctions fondées sur elle, inutiles ou dangereuses. Ainsi, relativement à cette opinion qui accorde aux nobles une considération, souvent une confiance étrangère à leurs qualités personnelles, tout ce que doit faire une sage législation, c'est de ne pas borner le nombre des membres de la noblesse qui doivent entrer dans les assemblées.

D'ailleurs, si on en fixait le nombre, et qu'on exclût les nobles des autres places, il en résulterait nécessairement un grand inconvénient, surtout en France. Ces députés étant choisis parmi la première noblesse, et le tiers état étant nécessairement composé d'hommes d'une considération très-inférieure, puisque tous ceux qui font partie de cet ordre s'empressent d'en sortir, et en ont des moyens multipliés, il y aurait entre les membres une différence très-marquée, qui mettrait toute l'autorité entre les mains d'un très-petit nombre de nobles. Dans une délibé-ration, on compte les voix, mais on les pèse dans la discussion qui précède : chaque votant a le même droit, mais l'autorité n'est pas la même ; et dans toute assemblée dont les membres sont inégaux, l'extrême supériorité du nombre de ceux qui sont inférieurs en crédit personnel peut seule leur donner une prépondérance réelle.

La noblesse elle-même trouverait son avantage à ce que le nombre des places qu'elle peut occuper ne fût pas fixé, puisqu'elle serait assurée d'en obtenir un plus grand nombre par un suffrage libre, et dès lors plus flatteur. D'ailleurs, la noblesse ancienne ou illustrée, la véritable noblesse, ne peut que gagner à la diminution des distinctions légales qui, en la séparant de la roture avec laquelle elle ne peut être confondue, la rapprochent de la noblesse nouvelle, et multiplient ce qu'il y a de commun entre elles. Rendre la noblesse incommunicable , en lui laissant toutes ses prérogatives, en y ajoutant celle d'avoir des places particulières dans les nouvelles assem-blées, c'est détruire toute émulation entre les ci-toyens, c'est introduire dans l'État un pouvoir dan-gereux pour le prince comme pour le peuple. Accorder à la noblesse des distinctions légales, sans la rendre incommunicable, c'est confondre la no-blesse d'origine avec la noblesse acquise, c'est ravir, en partie, à la première ses avantages naturels, ceux qu'elle tient de l'opinion ; c'est créer dans l'État une aristocratie réellement fondée sur la richesse ; c'est partager les citoyens en deux classes, dont l'une serait toujours pauvre et méprisée, puisque tout homme qui aurait de l'argent ou de la considération cesserait ou voudrait cesser d'en faire partie.

Je ne sais quel sentiment intérieur fait que tel homme est plus flatté d'une place pour laquelle il est choisi, parce qu'il est noble, parce qu'il est seigneur de terre, parce qu'il a fait telle preuve, que d'une place pour laquelle il serait choisi parce qu'il est lui-même. Mais ce sentiment ne peut venir que d'un défaut d'estime pour ceux par qui on est choisi ; autrement, plus il y aurait de concurrents, plus on aurait lieu d'être flatté du choix. Or ce sentiment qui serait ici le mépris du choix libre des citoyens, le mépris pour la nation, pour les hommes qui ne sont qu'hommes, mérite-t-il d'être encouragé avec les vils préjugés qui lui donnent naissance ? Dira-t-on que l'on tient à la vanité d'être éligible, quand l'éligibilité tient à des titres honorables, qu'on jouit avec plaisir d'un choix qui constate que vous êtes gentilhomme, que vous êtes seigneur de paroisse ? Mais alors il faut avouer que cette jouissance ne peut être vive que pour ceux en qui ces qualités sont nouvelles, douteuses ou obscures, que pour ceux qui sentent qu'autrement ils n'auraient pas été élus.

Dans les règlements actuels, non-seulement on a fait un ordre particulier du clergé à qui on attribue un nombre de places fixes de même qu'à la noblesse, mais on a exigé, pour condition d'éligibilité dans l'ordre de la noblesse, la seigneurie d'une paroisse.

Un seigneur de paroisse est le seigneur du fief sur lequel l'église paroissiale est située. Cette circonstance purement fortuite n'indique, ni supériorité féodale, ni supériorité de revenu dans la paroisse, ni supériorité de naissance ou de dignité dans le possesseur. Cet article du règlement introduit donc dans la noblesse une distinction nouvelle, la partage en deux ordres, prive du droit de citoyen plus de la moitié de cet ordre. Quel en est le motif? D'abord la vanité : *elle n'a pas osé* proposer d'exiger des preuves comme celles qu'on demande pour la cour, ni porter le ridicule jusqu'à prétendre qu'un généalogiste devînt l'arbitre des droits des citoyens, et cependant elle voulait une distinction. D'ailleurs, il fallait que la noblesse puissante, c'est-à-dire, riche, eût une grande prépondérance; et cette disposition en fournissait le moyen. En effet, on a établi que le seigneur d'une paroisse pourrait donner une procuration à un autre gentilhomme, que dès lors celui-ci deviendrait éligible comme membre de la noblesse : ainsi le seigneur de plusieurs paroisses a la facilité de se multiplier, de s'assurer, pour lui ou ses chargés de procuration, la perpétuité dans l'assemblée de la province; et le règlement, en empêchant le seigneur et son fondé de procuration de siéger ensemble, ne remédie que bien peu à cet inconvénient : un seigneur de paroisse acquiert le privilége de rendre à une partie de la noblesse les droits dont elle a été privée par le règlement. On voit se rétablir cette clientèle de la noblesse pauvre, jadis si funeste au repos de l'État, et dont la destruction a demandé plus d'un siècle. En même temps on introduit dans les assemblées des hommes qui ne doivent le droit d'y assister qu'à un acte de dépendance; et toute dépendance devrait être un motif d'exclusion.

Ce n'est pas tout : il était évident qu'en obligeant de remplir, par des hommes du tiers état, les places réservées à cet ordre, on affaiblissait cette portion des assemblées, on faisait passer tout le crédit réel aux deux premiers ordres qui deviendraient, quoique seulement égaux en nombre, les maîtres des délibérations.

Le gouvernement était trop éclairé pour ne pas sentir le danger de cette disposition. Qu'est-il arrivé ? On a proposé de rendre éligibles pour les assemblées paroissiales les gentilshommes propriétaires et non seigneurs, et ces gentilshommes pourront alors être élus membres du tiers état; mais ce ne sera plus par un motif de générosité, par l'effet d'une élévation d'âme qui les rendait supérieurs aux petites distinctions; ce serait parce qu'ils ne pourraient prétendre à d'autres places, ce serait après avoir reconnu, par leur consentement, la présidence paroissiale des seigneurs, après s'être reconnus volontairement d'un ordre de noblesse inférieur à l'ordre des seigneurs de paroisses nouvellement introduit.

Voilà, sans doute, de bien faibles défenseurs du peuple, et de bien impuissantes barrières opposées à la prépondérance des ordres privilégiés.

Ainsi des dispositions qui, au premier coup d'œil, paraissent indifférentes, renferment un système d'aristocratie très-dangereux, dont ceux qui l'ont proposé n'ont pas vraisemblablement senti eux-mêmes toute l'étendue. Heureusement le gouvernement a eu la sagesse de déclarer que ces règlements n'étaient que provisoires, de donner par là, à ceux des citoyens dont ils blessaient les intérêts ou les droits, le temps et la facilité de réclamer. C'est surtout des citoyens dispersés qu'il doit attendre de justes observations sur les articles qui, comme ceux dont je parle ici, renferment des distinctions ou des exclusions; car en général les corps, quels qu'ils soient, aiment ces exclusions, ces distinctions qui flattent la vanité de ceux qu'elles n'atteignent pas, et augmentent leurs espérances, en diminuant le nombre de ceux parmi lesquels on peut choisir.

En supposant que l'on veuille absolument conserver les distinctions d'ordres, on peut demander quelles conditions on devrait exiger des membres de la noblesse. Nous avons vu que celle du seigneur de paroisse ne pouvait être admise sans de véritables inconvénients, qu'elle était purement arbitraire. Y substituera-t-on celle de posséder un certain revenu en terres dans la province? Cette condition n'aurait pas les mêmes conséquences, mais elle en aurait une qui me paraît suffire pour ne pas l'admettre. Un des plus grands avantages d'une noblesse, dans l'état actuel des sociétés européennes, est de donner à un grand nombre de citoyens une considération indépendante du crédit et de la richesse, d'établir une sorte d'égalité entre des hommes que leur fortune, leur influence dans les affaires, place à de grandes distances; et l'on détruirait cet avantage, si une fois on établissait une distinction constitution- nelle entre la noblesse pauvre et la noblesse riche. Tout gentilhomme propriétaire devrait donc être également admis dans les assemblées. Mais que doit- on entendre par un gentilhomme? Ce mot ne peut avoir que deux sens : il peut signifier, ou un homme jouissant des priviléges de la noblesse et les trans- mettant à ses enfants, ou un homme faisant partie de ce qu'on appelle la noblesse de race. Comme le seul motif spécieux d'établir dans les assemblées des places destinées exclusivement à la noblesse et au clergé, est la différence que mettent entre ces ordres et le peuple, leurs priviléges en matière d'impôts, il est clair que c'est la première définition qu'il fau- drait admettre; la seconde aurait plusieurs incon- vénients. Il n'y a que deux moyens de décider si un homme est ou non de la noblesse de race, la déci- sion d'un généalogiste, le jugement de commissaires nobles de la province. Le premier moyen serait absurde. Nous avons déjà observé qu'on ne peut donner à un généalogiste le pouvoir de prononcer sur les droits qui tiendraient à la constitution na- tionale, à l'état des citoyens. D'ailleurs, on sait ce que valent ces décisions. Le second moyen aurait l'inconvénient de donner des armes à l'esprit aristo- cratique, et de répandre dans les assemblées des semences de division.

Au reste, on n'a point tenté d'établir cette dis- tinction; mais dans le règlement du Berry, on a exigé cent ans de noblesse et quatre générations;

condition absolument arbitraire, et qui, par cela seul, devrait être abrogée. D'ailleurs, elle offense tout ce qu'elle exclut, c'est-à-dire un grand nombre de propriétaires riches, qui doivent naturellement être mécontents de se voir reléguer dans le tiers état, tandis que leurs égaux qui ont quelques années de noblesse, ou une génération de plus, prennent place à côté des plus grands seigneurs, et peuvent les précéder. Enfin, toutes ces distinctions d'un degré de noblesse de plus ou de moins, doivent plutôt blesser la vanité de la noblesse de race que la flatter, puisque c'est confondre avec elle toutes les familles nouvelles, à mesure qu'elles acquièrent le nombre d'années ou de générations qu'on exige. Observons que le même règlement qui a exclu du droit d'être élus membres nobles de l'assemblée provinciale, les gentilshommes qui ne sont pas seigneurs de paroisse, n'a exigé aucune condition des ecclésiastiques. Un curé, le titulaire d'un bénéfice simple, sont considérés comme étant d'un ordre supérieur à un gentilhomme, au fils d'un pair, même au cadet de la maison de France, s'il avait le malheur de ne pas joindre à la dignité de prince du sang, celle de seigneur de clocher.

Mais pourquoi chercher à flatter la vanité, quand il ne faudrait qu'exciter l'esprit public? Les nobles, les ecclésiastiques ne sont, dans les assemblées provinciales, que les représentants des citoyens, n'y siégent qu'à ce titre, et ce titre est assez beau pour qu'ils ne soient pas jaloux de se parer d'un autre, quel qu'il puisse être.

III. Il peut être utile de déclarer les places dans les assemblées incompatibles avec certaines fonctions publiques, et par deux motifs différents : premièrement, lorsque la résidence qu'exigent ces fonctions ou leur nature les rendent vraiment incompatibles avec celle de représentant des citoyens. Par exemple, il ne faut pas que la séance à une assemblée provinciale ou de canton enlève un curé à sa paroisse, un militaire à son corps, un magistrat à son tribunal ; et il faut encore moins leur accorder des permissions extraordinaires pour se livrer à ces nouvelles fonctions, parce qu'il ne faut pas que des assemblées, dont le but est l'utilité commune, commencent par donner aux différentes classes de la nation l'exemple du mépris pour leurs devoirs ordinaires ; mépris qui est un des défauts, sinon particuliers aux Français, du moins un de ceux qu'ils portent plus loin que les autres.

On n'a point eu égard à cette considération dans les règlements actuels, par la crainte ou de blesser ceux qu'on aurait exclus, ou plutôt par celle de manquer de sujets, surtout dans les premières années. Mais, en supposant cette seconde crainte bien fondée, ce que je suis très-éloigné de croire, elle n'a pour objet que les deux premiers ordres : c'est donc parce qu'on a voulu établir une égalité de représentants entre des classes très-inégales en nombre, que l'on a été conduit à donner l'entrée des assemblées à des hommes que leurs fonctions habituelles devaient retenir dans une autre résidence.

On ne doit pas, sans doute, multiplier ces exclusions, et il convient de les borner aux fonctions qui exigent une résidence ou importante, ou véritablement obligatoire. Par exemple, on a pu admettre dans les assemblées les évêques, qu'elles éloigneraient cependant de leurs diocèses, parce que la résidence n'est prescrite que par les lois ecclésiastiques; mais on peut s'étonner d'y voir admettre les curés, parce que l'obligation de résider, fondée sur la nécessité de la confession, est une conséquence des dogmes mêmes de la religion qu'ils enseignent, et parce que, pour les naissances, les mariages et les morts, ils exercent des fonctions publiques et journalières.

De même, il ne faut pas que les hommes qui ont un emploi de finance, qui occupent une place dans l'administration, qui exercent une partie de l'autorité militaire ou civile dans la province, soient membres des assemblées. On sent que ces fonctions sont incompatibles par elles-mêmes. Deux places dans les différents ordres d'assemblées le sont encore plus. C'est donner une prépondérance à celui qui les réunit, et toute prépondérance, hors celle du talent, des lumières et de la probité, est un véritable mal. Les règlements actuels ont déclaré compatibles une place dans l'assemblée de province, et une place dans celle du district. Quel a pu être le motif de cette disposition? Sans doute la seule difficulté de trouver des sujets dans l'ordre de la noblesse. Mais cette difficulté est l'ouvrage du règlement même qui a exclu tous ceux de cet ordre qui n'étaient pas seigneurs de paroisses. Il est rare que, dans la formation d'un plan de constitution, une disposition vicieuse reste isolée, qu'elle n'aggrave le mal qui en résulte immédiatement par celui qui doit naître des autres dispositions vicieuses qu'elle rend nécessaires.

Le second motif pourrait être l'opinion que l'esprit de certaines professions serait opposé à celui qui doit guider les membres des assemblées provinciales. C'est ainsi qu'en Amérique les États-Unis ont exclu du corps législatif, par une loi fondamentale, les ministres de la religion; que, dans la république de Bâle, les membres de l'Université sont exclus de certaines places, etc. Je crois que l'on ne doit jamais avoir égard à ce motif : l'esprit qui doit animer toute assemblée représentative est uniquement l'esprit public, et jamais l'on ne doit présumer qu'aucune profession puisse en inspirer un qui y soit opposé. Supposer ou avouer l'existence d'un tel esprit, c'est le faire naître, s'il ne l'est pas encore; ou s'il existe déjà, c'est lui donner plus d'activité et de force; c'est créer ou maintenir un corps dans un corps. Le meilleur moyen d'empêcher cet esprit d'avoir quelque influence et de le détruire, est de paraître ne pas même le soupçonner. Il est presque aussi dangereux d'exclure certaines professions, que de leur donner des places exclusivement réservées.

Existe-t-il réellement un corps en qui cet esprit particulier, que l'on craint, se soit manifesté? Ce n'est pas à en exclure les membres des assemblées provinciales qu'il faut songer, c'est à le réformer, ou à le détruire.

On a proposé d'exiger que les membres d'une assemblée provinciale eussent été membres d'une assemblée de district, ceux-ci d'une assemblée municipale ; mais l'avantage apparent de cette disposition expose à un grand danger, à celui de réunir ces assemblées en une espèce de corps, d'y faire naître un esprit particulier, étranger, et dès lors souvent opposé à l'esprit public. C'est par une foule de petites lois de ce genre, dictées par de petites vues, qu'on a fini par introduire dans la plupart des constitutions ce levain aristocratique qui les a corrompues.

IV. Doit-on exiger une fortune plus grande pour être membre d'une assemblée provinciale, que pour l'être d'une assemblée de district ou de communauté ? Non, sans doute. Les hommes ne sont que trop portés à désirer la richesse ; elle est par elle-même une source de jouissance, il ne faut pas qu'elle puisse devenir un moyen d'illustration. Le seul motif raisonnable d'exiger un revenu plus grand pour certaines places, est le désir de borner les choix entre les hommes de qui l'éducation qu'ils ont reçue permet d'attendre des lumières. En effet, l'éducation seule, comme l'a très-bien observé Rousseau, peut établir une distinction réelle entre la noblesse et le peuple, entre le riche et le pauvre ; mais les hommes chargés d'élire ont trop d'intérêt à ne nommer que des représentants capables de soutenir leurs intérêts, ou à s'honorer par leur choix, pour que cette précaution ne soit point superflue. Nous avons dit qu'en accordant le droit de cité dans toute son étendue, aux seuls propriétaires d'un bien suffisant pour leur subsistance, on avait l'avantage de ne l'accorder qu'à ceux qui avaient reçu quelque éducation ; mais il s'agissait d'un droit accordé par la loi, et il s'agit ici d'une fonction donnée à la pluralité des suffrages. Un certain degré de fortune peut bien répondre d'une éducation un peu soignée, mais elle ne répond pas d'une bonne éducation, d'une éducation propre à donner de véritables lumières, d'une éducation supérieure à celle de ceux qui ont un peu moins de fortune.

On a dit encore qu'un homme qui possède une fortune moins bornée est plus à l'abri de la corruption. Cette maxime est trop fausse pour mériter même qu'on s'en indigne. Oui, sans doute, un homme riche est le plus souvent à l'abri des petites tentations, mais il dédaigne les emplois où l'on n'est exposé qu'à celles-là ; et s'il les recherche, c'est pour s'élever à des places plus importantes. On ne corrompt point un honnête homme pauvre, et un fripon riche n'est pas à l'abri de la séduction. Le sentiment intérieur qui constitue la probité peut se trouver également dans le cœur du pauvre comme dans celui du riche. Les hommes réduits à l'extrême misère, ceux que des accidents ont privés de leur fortune, ceux, enfin, qui ont été les artisans de la leur, sont, relativement à la fortune, les seules classes d'hommes en qui la probité doive être plus rare.

C'est donc entre tous les hommes jouissant du droit de cité, soit par eux-mêmes, soit comme représentants de leurs cantons ou des propriétaires réunis pour former une voix, qu'il faudrait choisir les membres des assemblées, en ayant égard à l'in-compatibilité de certaines fonctions, seule condition négative qui doive être ajoutée à celles qui sont nécessaires pour exercer le droit de cité. En effet, quand même on ne regarderait point comme absolument décisives les raisons que nous avons données pour rejeter toute autre condition, il suffit que ces raisons aient quelque poids, et que la nécessité d'exiger ces conditions ne soit pas rigoureusement prouvée ; car dès qu'il reste le moindre doute sur la nécessité d'une exclusion, d'une limitation au droit de choisir, elle ne peut plus être légitime.

Le député à l'assemblée d'une communauté serait propriétaire dans cette communauté. Le député de cette communauté, élu par elle pour l'assemblée, soit d'administration, soit d'élection du district, serait propriétaire dans le district seulement ; mais on pourrait établir que le député d'un district à l'assemblée d'administration ou d'élection de la province, fût propriétaire dans le district. Moins on impose de conditions pour le choix d'un représentant, plus le droit naturel des commettants est respecté : cependant la raison semble exiger que les représentants d'une communauté, chargés d'en administrer les affaires particulières, appartiennent à cette communauté. Il est difficile de supposer que d'autres veuillent s'en mêler sans un intérêt secret qu'il ne faut pas favoriser ; mais il suffit que celui qui la représente dans l'assemblée de district possède une propriété dans ce district : elle en sera plus sûre de pouvoir choisir des hommes vraiment capables de remplir ces places plus importantes. Son choix ne pourra plus être forcé, en quelque sorte, par le petit nombre de sujets raisonnablement éligibles qu'elle peut renfermer; et si une communauté croit ne pouvoir être bien représentée que par un de ses membres, elle est toujours libre d'y borner son choix. Ainsi, pour ces places, la raison et l'intérêt de s'assurer des meilleurs choix demandent ce degré de liberté. En même temps on peut exiger, sans inconvénient, que le représentant d'un district à une des assemblées de la province, y soit propriétaire, du moins si ces districts sont d'une étendue assez considérable pour que cette exclusion donnée aux propriétaires d'un district étranger ne soit point en quelque sorte une limitation réelle, et qu'on puisse en même temps regarder ces propriétaires comme ne pouvant presque jamais être assez bien connus de ceux qui doivent être chargés du choix. Mais, quelque raison que l'on puisse avoir pour établir des règles de ce genre, il ne faut jamais perdre de vue qu'on peut être injuste en mettant des restrictions à la liberté d'élire; qu'on ne le serait jamais en la laissant dans toute son étendue; qu'enfin, le mal qui peut résulter de cette liberté est douteux, et ne doit pas être imputé à celui qui l'a respectée, tandis que le mal qui naîtrait de la contrainte serait toujours son ouvrage.

———•———

ARTICLE IV.

Composition des assemblées.

Voici le plan qui nous a paru le plus simple : nous indiquerons, en l'exposant, les motifs des différentes dispositions, lorsqu'ils ne seront pas de nature à frapper au premier coup d'œil.

Chaque assemblée sera composée de deux espèces de membres, de députés et d'officiers.

On fixera, pour les députés, un nombre divisible par trois, afin qu'indépendamment des vacances causées par la mort ou par la retraite de quelques membres, un tiers se renouvelle chaque année, et que chacun garde sa place trois ans. Dans les remplacements pour mort ou pour démission, le député nouvellement élu, substitué seulement aux droits de celui auquel il succède, sera réélu ou exclu aux mêmes époques, et à la même pluralité.

Lorsqu'il sera question de remplacer le tiers des députés, on votera d'abord par oui ou par non, pour chacun d'eux, s'il convient de les conserver, et tous ceux qui réuniront les trois quarts des voix seront conservés pour trois autres années.

Lorsque dans ce tiers il y en aura qui, ayant été conservés, auront exercé pendant six ans, on délibérera de la même manière ; mais ils ne seront conservés pour trois ans de plus, que lorsqu'ils auront les sept huitièmes des voix. Il en sera de même pour ceux qui auront exercé neuf ans, ou un plus long temps. Ainsi, supposons vingt-cinq électeurs, il faudra dix-neuf voix pour être continué au delà de trois ans, vingt-deux pour être continué au delà de six; le refus de quatre voix suffira pour empêcher la perpétuité : on aurait donc tort de la craindre, et une continuation contraire au vœu général ne pourrait être mise au rang des événements possibles.

Nous avons dit trois ans, et non quatre ans, parce qu'il y a plus de nombres divisibles par trois que par quatre; que trois années d'un service non payé, exigées d'un citoyen, sont un sacrifice suffisant; que c'est un terme assez long pour une confiance irrévocablement donnée; qu'enfin, la forme de réélection que nous proposons remédie aux inconvénients des changements trop prompts.

Cette forme, qui est très-simple en elle-même, nous paraît préférable à un règlement qui établirait un certain intervalle pour être réélu. Ce dernier moyen d'empêcher la perpétuité a l'inconvénient de priver les assemblées de membres qui pourraient leur être utiles, quelquefois presque nécessaires. Des projets importants seraient abandonnés par la retraite de l'homme qui les aurait proposés, qui seul pourrait les suivre, et qui, en ayant eu la première gloire, ne laisserait à ses successeurs que le soin de travailler pour son amour-propre. D'ailleurs, le retour périodique des membres qui auraient une certaine prépondérance pourrait amener dans les assemblées le retour périodique des mêmes principes, des mêmes opinions. On verrait se reproduire ce qui arrive dans le gouvernement de quelques nations, où les ministres sont fréquemment chassés par des intrigues, et tirés alternativement de partis opposés. Cette même forme a encore un avantage, celui d'offrir au peuple un moyen de donner une marque de considération à ceux qui, par la manière dont ils auront répondu à son choix, auraient mérité sa reconnaissance et son estime. Si la pluralité que nous proposons ici paraît trop faible, on peut en exiger une plus forte : c'est d'après la nature des fonctions d'une place, d'après l'autorité qu'elle donne, qu'il faut en général fixer cette pluralité. Le point essentiel est de ne point gêner, par une exclusion absolue, la liberté de continuer les mêmes députés, et de ne pas rendre cette continuation rigoureusement impossible.

L'assemblée générale de chaque communauté choisirait des électeurs chargés de nommer les députés et les officiers qui doivent y former l'assemblée municipale, d'élire celui qui la préside, et le choix se renouvellerait chaque année. Le président pourrait être continué jusqu'à trois ans à la simple pluralité, jusqu'à six à la pluralité des trois quarts ; au delà de six, à celle des sept huitièmes, et l'on suivrait partout les mêmes règles pour la réélection des présidents ; mais les autres officiers seraient élus comme les députés. Cette même assemblée élirait aussi, 1° son député à l'assemblée d'élection pour le district ; 2° son député à l'assemblée du district, s'il y en avait un pour chaque communauté. (*Voyez* article second.)

C'est à cette fonction, c'est-à-dire, à choisir des électeurs, que se borne l'exercice immédiat du droit de cité. Dans tout le reste, les citoyens n'agissent que par leurs représentants. L'assemblée générale d'une communauté est la seule qui puisse être nombreuse, si l'on attache un suffrage à chaque canton du territoire, comme on l'a proposé (article premier). Alors il est facile de borner ce nombre, de manière que cette assemblée ne soit pas tumultueuse, et puisse former ses choix d'après une méthode qui ne trompe point sur le véritable vœu de la pluralité. Si on préfère, au contraire, d'accorder un suffrage à chaque propriétaire d'un fonds de terre suffisant pour vivre, et aux députés des petits propriétaires, il est possible que dans un grand nombre de communautés, le nombre des députés soit beaucoup trop grand. Alors il faudrait diviser les communautés en autant de cantons qu'on voudrait avoir d'électeurs ; et dans chaque canton, les propriétaires ayant droit de suffrages par eux-mêmes, ou comme représentants, choisiraient un député à l'assemblée d'élection.

L'assemblée d'élection du district élirait, 1º les membres de l'assemblée d'administration de ce même district, s'ils n'étaient pas attachés à chaque communauté ; 2º dans tous les cas, le président et les officiers de cette assemblée ; 3º les membres et le président de la commission intermédiaire, pour le district ; 4º son député à l'assemblée d'élection de la province ; 5º le député ou les députés du district à l'assemblée provinciale, si chaque district a les siens en particulier.

L'assemblée d'élection de la province élirait, 1º les membres de l'assemblée provinciale, s'ils n'étaient pas affectés à chaque district ; 2º dans tous les cas, le président et les officiers de cette assemblée ; 3º les députés et le président de la commission intermédiaire de la province; 4° son député ou ses députés auprès du gouvernement. Ces derniers députés pourront être continués, mais suivant les mêmes conditions que les présidents; il en sera de même des députés aux assemblées d'élection, c'est-à-dire, que chaque année ils auront besoin d'une confirmation nouvelle.

Dans aucun de ces choix, les électeurs ne pourraient voter en faveur d'un des membres de la même assemblée d'élection; on en voit aisément les raisons. Non-seulement alors les choix se trouveraient naturellement bornés à eux seuls, et ces assemblées deviendraient une espèce de corps intermédiaire, destiné à recruter tous les autres. On reproduirait entre toutes les assemblées cette unité de corps qu'on a cherché, et qu'il était important de chercher à éviter. Mais de plus, ou il faudrait rendre ces assemblées d'élection très-nombreuses, ce qui serait abandonner un des principaux avantages qu'elles peuvent avoir; ou si le nombre des électeurs était petit, les choix ne seraient qu'une affaire, tantôt d'arrangement, tantôt de cabale et de parti.

Je sens qu'on peut faire ici une objection très-plausible. En excluant les électeurs eux-mêmes, vous excluez, dira-t-on, les hommes les plus dignes d'être élus, et des hommes déjà déclarés dignes de la confiance du peuple. J'avoue que cette objection serait sans réponse, si l'on devait exiger des électeurs et des membres des assemblées d'administration, un même service et des talents égaux; si le mérite né-

cessaire pour exercer les fonctions de représentant
ne pouvait avoir pour juges que des hommes qui
réuniraient au même mérite, la possibilité de remplir
ces places. Mais il n'en est pas ainsi : des citoyens que
la résidence attachée à leurs fonctions, leur âge, leur
santé, leurs occupations, leur goût éloigneraient des
assemblées d'administration, peuvent être d'excellents
juges du mérite de ceux qui doivent être choisis
pour les remplir. On pourrait y joindre bientôt ceux
qui, après avoir rempli ces places avec honneur,
auraient refusé de les occuper plus longtemps, ou
n'auraient pas réuni le nombre de suffrages nécessaire pour s'y perpétuer ; les qualités même qu'exige
l'un ou l'autre emploi ne doivent pas se confondre.
Il est absolument indifférent qu'un homme chargé de
la seule fonction d'élire, ait de l'activité, de la facilité ou de l'ardeur pour le travail, le talent de la
discussion, celui d'écrire ou de parler ; il suffit qu'il
puisse reconnaître ces qualités dans les autres, et les
apprécier. Il ne lui faut aussi qu'une sorte de courage, et le courage de quelques instants. Tout homme
honnête, ami du bien public, exempt des préjugés
vulgaires, ayant cette connaissance de l'homme que
donne l'expérience, remplira avec honneur, avec
discernement, les fonctions d'électeur, et on en
pourra trouver un nombre suffisant parmi ceux qui ne
pourraient ou ne voudraient pas être membres d'une
assemblée d'administration, ou que même on aurait
tort d'y appeler.

Les officiers de l'assemblée municipale seraient un
syndic et un greffier ; ceux des autres assemblées

d'administration , deux syndics et un greffier ; et les officiers d'une assemblée rempliraient les mêmes fonctions auprès de la commission intermédiaire qui y correspond.

On voit que ces différentes dispositions ont pour objet , 1º de ne laisser à aucune assemblée la nomination, ni de son président, ni de ses officiers ; 2º de ne donner à aucune assemblée d'administration la nomination des membres, soit d'une autre assemblée d'administration, soit d'une commission intermédiaire.

Par ce moyen, toujours indépendantes les unes des autres dans le choix de leurs membres, toujours assujetties, par leur composition, au vœu d'une assemblée réduite à la seule fonction d'élire, elles ne seront exposées ni à contracter l'esprit de corps, implacable ennemi de l'esprit public, ni à se partager en partis, ni à être agitées par des cabales et conduites par l'intrigue. On a voulu également que les commissions intermédiaires ne fussent point formées des membres de l'assemblée d'administration ; que cette commission eût un autre président, de peur que le crédit qui naît d'une activité toujours subsistante, ne pût la soustraire à la dépendance de l'assemblée, et même finir par l'en rendre presque entièrement maîtresse. C'est en même temps pour empêcher que la place de président ou de député auprès du gouvernement n'altérât trop l'égalité dans l'assemblée provinciale, qu'on a séparé ces deux places, et rendu ceux qui obtiennent la dernière étrangers à cette assemblée. C'est encore pour conserver cette

égalité que nous n'accordons pas de voix délibérative
aux syndics, parce que l'influence que leur donne
la nature de leurs fonctions aurait donné à leurs
voix une trop grande prépondérance. Sans doute la
crainte de cette prépondérance ferait naître une opposition qui la balancerait : mais pourquoi produire
un mal pour y opposer un remède qui lui-même ne
peut être regardé que comme un autre mal?

Nous avons voulu conserver la plus grande égalité
entre les membres, pour qu'ils n'eussent d'autres
maîtres que la loi et la raison. Nous avons voulu
que les assemblées ne pussent avoir aucun intérêt particulier, afin qu'elles fussent plus constamment, plus
exclusivement occupées de l'intérêt public. Ce système de constitution dépend, pour ainsi dire, d'un
point unique. Il suffit que la nomination des députés
aux assemblées d'élection et d'administration des
districts ne dégénère pas en une vaine formalité, et
que par conséquent les élections faites par les communautés soient assujetties à des formes régulières
qui garantissent que ces élections seront réelles. Ainsi
c'est du peuple lui-même, c'est des intéressés que dépend le maintien d'une représentation libre et juste,
et c'est contre la négligence des propriétaires, contre
la séduction dont on peut les rendre victimes, que
la loi doit prendre des précautions; mais on ne doit
les chercher que dans la forme des élections, objet
important qui nous reste encore à discuter.

Les assemblées d'administration de districts sont
celles qu'on doit regarder comme formées des vrais
représentants des citoyens, dont les membres de

l'assemblée provinciale sont plutôt les officiers. Ces représentants sont en beaucoup plus grand nombre, sont placés plus immédiatement sous les yeux de leurs commettants, sont liés par une plus grande conformité d'intérêt; leur vanité ou leur ambition s'exerce sur un trop petit théâtre, pour avoir jamais une activité dangereuse. Contenus à la fois par les regards de leurs commettants, de ceux dont la voix peut les porter à des places plus importantes, et par l'impossibilité d'agir seuls sans le vœu des assemblées des autres districts, il est presque impossible qu'ils aspirent à devenir les maîtres. En un mot, ce sont les premières assemblées qui représentent véritablement un corps de citoyens assez nombreux pour que les intérêts généraux de l'humanité, de la nation, fassent disparaître devant eux tout intérêt particulier ou local.

C'est sous ce point de vue qu'il faut considérer les assemblées de districts, et c'est peut-être une raison pour qu'en soumettant les assemblées provinciales à ne voter dans certaines occasions que d'après le vœu des districts, on n'impose point la même loi à leurs assemblées, ou du moins pour qu'on l'impose seulement dans un nombre de circonstances moindre. (*Voyez* ci-dessous, art. VI.)

On dira peut-être que ces formes démocratiques sont dangereuses dans une monarchie; et il faut avouer que si elles ont en leur faveur l'autorité du marquis d'Argenson, celle de Montesquieu leur est contraire. C'est une remarque assez générale, que les mêmes ouvrages qui, dans leur nouveauté, ont excité avec plus de force les clameurs des préjugés, deviennent souvent, dans les générations suivantes, l'arsenal où les préjugés vont chercher leurs armes. C'est le sort de Montesquieu, et ce fut celui de Descartes; tous deux ingénieux, hardis, doués d'une imagination brillante, d'une sagacité profonde, systématiques par goût et par la difficulté de trouver dans le temps où ils ont vécu, des bases suffisantes pour élever des théories solides; tous deux séduisant les lecteurs par leur style comme par leurs idées; mêlant enfin à leurs erreurs de nombreuses vérités, ou nouvelles, ou éclaircies, et toujours embellies par eux. S'ils ont détruit les obstacles qui s'opposaient au progrès des lumières, ils en ont créé de nouveaux; mais la reconnaissance de la postérité doit rester la même, parce qu'ils ont appris à vaincre ces obstacles qu'eux-mêmes ont fait naître, en donnant l'exemple de tout soumettre à l'examen de la raison.

Montesquieu regarde les distinctions, les compagnies, les institutions aristocratiques, comme utiles dans un État monarchique, parce qu'elles opposent aux ministres une force qui les empêche d'opprimer la nation, et parce qu'en même temps elles mettent le gouvernement plus à l'abri des insurrections populaires. Mais si on songe que ces distinctions, ces corporations, qui ne peuvent exister qu'à grands frais, sont pour le peuple un impôt énorme et perpétuel; qu'elles tendent à augmenter, à éterniser l'inégalité des fortunes, et avec elle le luxe, le mépris des vertus privées, la corruption des mœurs; si on n'oublie pas que ces corps ont aussi des prérogatives à soutenir contre la nation; qu'ils cherchent plus à la dominer qu'à la défendre, on ne pourra disconvenir que ses intérêts seront soutenus avec moins d'inconvénients, de dangers, et d'une manière plus sûre, par des assemblées de représentants élus par elle, ne pouvant avoir une existence indépendante d'elle, et dont on rejetterait d'autant plus difficilement les réclamations, qu'on ne pourrait les supposer dictées par un esprit de domination ou de cabale. Si, d'un autre côté, on considère que des assemblées formées suivant le plan que nous avons tracé, sont très-divisées et composées chacune d'un petit nombre de membres; qu'elles n'ont point de chefs perpétuels; que leurs membres ne peuvent être animés d'un désir actif d'augmenter une autorité qui passera bientôt en d'autres mains, dans laquelle on ne peut se conserver que par le suffrage tranquille des citoyens, et des citoyens dispersés; qu'aucun de ces membres en particulier ne peut espérer de se rendre dangereux en cherchant à exciter des troubles, et qu'en même temps ces assemblées donnent au peuple un moyen légal de faire entendre ses réclamations par un organe pur et tranquille, on ne pourra disconvenir qu'elles seront un garant de la tranquillité publique plus sûr que des corps intermédiaires, perpétuels, et occupés de leur propre intérêt.

Voilà sans doute ce qu'aurait reconnu Montesquieu, s'il avait pu réfléchir davantage sur la nature et les effets des constitutions vraiment représentatives, s'il n'avait pas été plus souvent occupé de trouver des raisons à ce qui est, que de chercher ce qui devrait

être, et de voir comment des abus contre-balançaient
d'autres abus, que d'examiner les moyens de les en-
velopper tous dans la même destruction; d'imaginer
enfin des combinaisons de lois propres à chaque
espèce de constitution, à chaque climat, à chaque
caractère national, que de rechercher les principes
d'après lesquels on peut trouver des lois justes et
raisonnables qui conviennent à tous les hommes.

Dans aucun des pays où la nation n'exerce point
par elle-même le pouvoir législatif, où l'autorité publique réside dans un petit nombre de chefs, cette
autorité n'est pas réellement absolue, n'est pas réellement tout entière entre les mains qui paraissent
la réunir. Partout une force d'opinion arrête cette
autorité, ou la dirige. Dans les pays non civilisés,
les préjugés populaires, les usages antiques forment
cette barrière. A Constantinople, le divan peut,
sans opposition, porter aux derniers excès les violences particulières; mais un changement dans les
lois, la réforme d'un abus, excèdent les limites de
son pouvoir. Dans les pays plus civilisés, l'opinion
des hommes distingués par leur naissance, leurs
places, leur fortune ou leurs lumières, a la même
force de résistance; la populace de la capitale n'y est
pas tout, quoique malheureusement elle y soit encore
quelque chose. S'il est des limites au delà desquelles
il devient impossible de blesser cette opinion, il est
encore vrai qu'elle entraîne même involontairement
ceux qui gouvernent. Le désir d'être loués, la crainte
de ne trouver autour de soi que des visages mécontents ou couverts du masque de la bassesse, l'em-

portent souvent sur leur jugement particulier, ou même sur leurs passions.

Or cette opinion générale, formée au hasard, non-seulement est toujours vague, changeante, prête à s'égarer, mais il est souvent difficile de la recueillir; tantôt on peut prendre pour le vœu de la nation, le cri de l'intérêt de quelques classes qui ont malheureusement le privilége exclusif de se faire entendre, et pour les bénédictions ou les gémissements du peuple, les clameurs d'une populace séduite ou corrompue. Ainsi, des institutions qui permettent à la véritable opinion publique, au véritable vœu des citoyens, de se former et d'être connus, n'ont besoin d'aucune autorité pour être utiles; il suffit qu'elles puissent servir d'interprète et de guide à cette force qui existe dans toutes les constitutions, et qui influe si puissamment sur le bien ou le mal qu'elles peuvent produire.

Si dans les assemblées il n'y a de places exclusivement réservées à aucun ordre, il paraît naturel de laisser aussi absolument libre le choix des officiers, et même du président. Cependant, si l'attachement à d'anciennes chimères était encore assez grand pour rendre insupportable l'idée d'un roturier présidant une assemblée où il se trouve des ecclésiastiques et des nobles, il y aurait un moyen facile, et sans inconvénient, de condescendre à ce préjugé, si peu digne pourtant d'être respecté. Le président n'étant pas choisi parmi les membres de l'assemblée, on pourrait exiger qu'il fût pris dans l'un des deux ordres privilégiés. Une telle disposition, isolée ainsi de toutes les autres, ne peut avoir aucun danger, et on la changerait d'un mot, aussitôt que l'opinion, au lieu de la prescrire, la condamnerait (1).

Dans la forme actuelle, la province élit quatre personnes, deux de chacun des ordres privilégiés, entre lesquels le roi fait nommer le président. Mais par l'effet d'un sentiment naturel, l'assemblée chargée de cette présentation doit désirer de voir son vœu confirmé : d'où il résultera, 1° que tout président qui ne sera pas celui qu'elle a choisi le premier, y sera regardé d'une manière défavorable, et d'autant plus défavorable, que l'usage ordinaire sera nécessairement de le préférer; 2° que pour éviter ce désagrément, elle emploiera le moyen si connu des *hommes de paille*, ce qui forcerait le gouvernement à céder ou à faire de mauvais choix ; 3° qu'il y aura non-seulement des brigues dans l'assemblée pour se faire préférer, mais ensuite des brigues à la cour pour se faire choisir, et une division plus grande entre les membres de l'assemblée.

On dira peut-être que ce droit de choisir réservé par le roi, n'est que celui de s'opposer à de mauvais choix faits par l'assemblée, et qu'on en usera très-rarement; mais l'expérience a prouvé que, dans les corps où l'on a établi ce même principe, le minis-

(1) On ne peut regarder cette disposition comme sans danger. Les modes suivant lesquels on accorde la parole, on maintient l'ordre, on pose les questions, dépendent beaucoup du président, et ont sur les délibérations la plus grande influence; ainsi il n'aurait pas été indifférent que le président n'eût pu être pris que dans un des deux ordres privilégiés. (*Note des premiers éditeurs.*)

tère n'a pu en faire usage, sans y exciter une animosité souvent durable, nuisible à l'intérêt public, et surtout à celui qui avait été l'objet de la préférence. Sans doute, si on laisse le choix libre à l'assemblée, elle pourra faire un choix désagréable au gouvernement, et qui, par cette raison seule, serait presque toujours un mauvais choix; mais je crois qu'en comparant cet inconvénient avec ceux de la forme établie, ils doivent encore l'emporter. Au reste, si l'on borne les fonctions du président à ce qu'elles doivent être, s'il n'est que le chef passif des assemblées, s'il n'a que sa voix pour la nomination des comités chargés des différentes affaires, alors il importera peu au gouvernement d'influer sur la nomination. Or, le gouvernement est intéressé à diminuer l'influence des présidents, dont la réunion, s'ils ajoutaient à leur crédit personnel un crédit prépondérant dans les assemblées, formerait, entre le gouvernement et le peuple, une puissance intermédiaire, nuisible à l'autorité du prince, comme à la liberté et au bonheur de la nation.

Dans le règlement donné pour les assemblées provinciales, on établit une assemblée d'élection pour choisir les députés de l'assemblée du district; mais on peut observer que cette assemblée est beaucoup trop nombreuse, puisqu'elle est formée de cinq électeurs pour chaque paroisse : de plus, les seigneurs et les curés ont chacun un cinquième des voix, et ce nombre de suffrages, joint à la prépondérance que leur donne nécessairement leur état, les rendra maîtres des élections. Voilà donc encore un germe d'aristocratie qui s'est glissé dans la disposition du règlement le plus populaire; et il serait à désirer que, si l'on conservait la même forme, il n'y eût par paroisse qu'un électeur, au lieu de cinq; qu'il fût lui-même élu chaque année par l'assemblée municipale, et confirmé les années suivantes, s'il continue de paraître mériter la confiance, à la pluralité des deux tiers ou des trois quarts des voix. Il serait inutile que ce député fût de la paroisse même, et il suffirait qu'il fût propriétaire dans l'étendue de l'arrondissement.

ARTICLE V.

De la forme des élections.

La forme la plus commune des élections consiste à faire nommer par chaque électeur, celui des sujets éligibles qui lui paraît mériter la préférence; et l'on regarde comme ayant le vœu de la pluralité, et par conséquent comme élu, celui qui a réuni le plus de suffrages : mais s'il y a plus de deux candidats, et qu'en même temps aucun n'ait plus de la moitié des voix, cette méthode peut induire en erreur.

En effet, qu'entend-on par être élu? N'est-ce pas être jugé préférable à ses concurrents? Pourquoi fait-on dépendre ce jugement de l'opinion de la pluralité? C'est parce qu'on regarde comme plus probable une proposition déclarée vraie par quinze personnes, par exemple, que sa contradictoire déclarée vraie par dix seulement. Ainsi, celui qui obtient véritablement le vœu de la pluralité dans une élection, doit être celui dont la supériorité sur ses concurrents est la plus probable, et conséquemment celui qui a été jugé par la pluralité supérieur à chacun des autres. Or il est possible, s'il y a seulement trois candidats, qu'un d'entre eux ait plus de voix qu'aucun des deux autres; et que cependant l'un de ces derniers, celui même qui a eu le moins de voix, soit réellement regardé par la pluralité comme supérieur à chacun de ses concurrents.

Cette assertion paraît paradoxale; mais on sentira qu'elle peut être vraie, si on fait réflexion que celui qui vote en faveur d'un des candidats, prononce bien qu'il le croit supérieur à chacun des autres, mais ne prononce point son opinion sur leur mérite respectif, que dès lors son jugement est incomplet, et qu'ainsi, pour connaître le véritable vœu, il est nécessaire de compléter ce jugement. Supposons donc qu'il y ait trois candidats et vingt-cinq électeurs, par exemple; que le premier des candidats ait dix voix, le second huit, et le troisième sept; il est clair que ceux qui ont donné leur voix au premier, n'ont pas prononcé entre le second et le troisième; et s'ils avaient prononcé, ils auraient pu préférer le troisième au second. De même, ceux qui ont donné leur voix au second, n'ont point prononcé entre le premier et le troisième, et ils auraient pu se réunir en faveur de celui-ci. Enfin, ceux qui ont voté en faveur du dernier, n'ont point prononcé entre le second et le premier, et ils auraient pu tous accorder la préférence au second. Imaginons toutes ces hypothèses réalisées. Quinze voix contre dix auront jugé le troisième préférable au premier ; dix-sept voix contre huit, le troisième préférable au second ; et quinze contre dix, le second préférable au premier : c'est donc le troisième qui aurait été décidé préférable aux deux autres par la pluralité, si le vœu avait été complet ; ce même vœu aurait encore préféré le second au premier : cependant celui-ci avait le plus de voix, et le troisième en avait le moins. On voit donc par cet exemple, comment, dans la méthode ordinaire d'élire, le jugement des électeurs n'est pas complet, et comment, par cette raison, le résultat d'une élection faite sous cette forme peut exprimer un vœu réellement contraire à celui de la pluralité.

On a deviné cet inconvénient par une sorte d'instinct, longtemps avant qu'on en eût prouvé la réalité. Peut-être a-t-on senti qu'il était ridicule, surtout lorsque le nombre des candidats est un peu grand, de regarder la réunion d'un petit nombre de voix en faveur de l'un d'eux, comme pouvant exprimer le vœu général : sans doute il se réunit encore moins en faveur d'un autre ; mais il paraît en même temps se réunir dans un autre sens contre celui auquel on donne la préférence, puisque plus de la moitié, plus des trois quarts des électeurs n'ont pas voté pour lui, et l'ont déclaré inférieur à quelqu'un de ses concurrents. Ainsi on a cherché à éviter ce dernier inconvénient, qui devait frapper tous les bons esprits, et l'on a établi ou proposé différentes méthodes d'y remédier.

Dans plusieurs pays on a exigé que, pour être élu, l'on réunît plus de la moitié, même, dans certains cas, les deux tiers des suffrages : si personne n'a cette pluralité, l'élection recommence, jusqu'à ce qu'enfin l'un des candidats ait obtenu la pluralité exigée.

Cette forme suppose que les électeurs changent leur suffrage; et comme il n'est pas vraisemblable qu'ils aient aussi changé d'avis, il en résulte qu'elle les oblige à voter contre leur véritable opinion.

D'ailleurs elle entraîne des longueurs telles, que l'on a été obligé d'employer différents moyens pour forcer les électeurs à se réunir. Ici on les tient renfermés sans manger; là on les emprisonne dans des logements incommodes et malsains; ailleurs on les prive, à une certaine époque, de leur droit d'élection, pour le transférer à d'autres; et il serait sans doute difficile d'imaginer que de telles institutions fussent des moyens bien sûrs d'obtenir des suffrages dictés par la raison et par la conscience.

On voit enfin que cette forme livre les élections à la brigue, à toutes les espèces de corruption.

Aussi ne donne-t-elle en aucune manière le véritable vœu des électeurs. Elle n'apprend qu'une seule chose : c'est que celui en faveur de qui elle prononce n'est pas odieux à la moitié ou au tiers de ceux à qui le choix est confié. Elle ne prouve pas que les électeurs préfèrent celui qui est choisi, mais seulement qu'ils le souffrent. Ce n'est pas un droit d'élection qu'ils exercent, mais plutôt un droit d'exclusion dont ils jouissent; car le choix ainsi limité par la résistance de la moitié, du tiers, à recevoir tel ou tel candidat, est ensuite en quelque sorte livré au hasard.

Une autre méthode consiste à compliquer les formes d'élection, soit en faisant confirmer le premier choix par un second qui est remis à un autre corps, soit en faisant proposer un nombre limité de candidats par les premiers électeurs, et en confiant au second le droit de choisir entre ces candidats présentés. On voit qu'on peut varier à l'infini ces combinaisons ; mais aucune de ces formes ne peut remplir le but qu'on se propose, celui d'avoir le vœu véritable des électeurs, d'obtenir sur le mérite des concurrents un jugement qu'on puisse regarder comme dicté par leur raison.

L'examen des deux autres méthodes, dont l'une est la seule qui puisse conduire au véritable résultat, nous obligerait de nous livrer à une discussion trop étendue pour ne pas fatiguer l'attention. (*Voyez* la note première.)

D'ailleurs, cette méthode, que je crois la seule exacte, peut paraître trop compliquée : elle entraînerait dans la pratique des longueurs qui pourraient rebuter; et, au lieu de proposer de l'employer pour la première fois, et d'en faire en quelque sorte l'essai pour des élections aussi importantes que celles des membres d'assemblées provinciales, j'ai préféré d'en indiquer une fort simple, dont le résultat n'est pas, à la vérité, de faire connaître le plus digne, mais de ne faire tomber le choix que sur un homme jugé, par la plus grande pluralité, capable de remplir la place qu'on lui confie. C'est précisément ce qu'on doit chercher pour les places auxquelles on suppose qu'un grand nombre de concurrents puissent prétendre. En effet, un très-grand nombre de concurrents que l'on peut regarder comme éligibles, suppose nécessairement une place que plusieurs hommes peuvent bien remplir, une place qui n'exige pas des talents vraiment distingués, et dès lors une place pour laquelle il vaut mieux s'assurer davantage d'un sujet vraiment capable de l'exercer, que de chercher avec plus d'incertitudes celui qui sera jugé devoir le mieux la remplir.

Dans la méthode que nous proposons, chaque électeur formerait une liste des vingt concurrents qu'il croit les plus dignes de la place.

Si un seul d'entre eux se trouvait dans plus de la moitié des listes, il serait élu.

S'il s'en trouvait plusieurs, on choisirait celui qui se trouverait dans un plus grand nombre.

S'ils y étaient en même nombre, on préférerait celui qui se trouverait le plus de fois dans les dix-neuf premières, dans les dix-huit premières, et ainsi de suite ; et dans le cas d'égalité parfaite, on tirerait au sort : par ce moyen, on choisirait celui qui a été jugé par le plus grand nombre digne de la place, et parmi ceux qui le seraient par un nombre égal, celui que la pluralité aurait placé de préférence dans une liste moins nombreuse. Une égale pluralité le déclarerait digne de la place, et une pluralité plus grande le croirait du nombre de ceux qui en sont dignes, en se bornant à une liste plus resserrée.

Cette méthode, qui est très-simple, a plusieurs

avantages. 1° Chacun peut placer dans chaque liste ses amis, ceux qu'il favorise, et cependant il lui reste encore bien des noms à n'inscrire que d'après la justice. Des motifs particuliers détermineraient bien plutôt à donner une voix unique, qu'ils n'influeront sur une suite de vingt suffrages, et il sera difficile qu'un homme de mérite supérieur soit écarté, faute d'avoir un parti. 2° Une cabale moindre de la moitié des suffrages n'aura aucun moyen de faire élire un sujet regardé comme indigne par les autres, qui, sans être obligés de se réunir pour un choix, de sacrifier leur opinion, pourront parvenir sûrement à l'écarter.

Je conviens que, dans toute votation où l'on donne à la fois plusieurs suffrages, on peut, pour favoriser celui auquel on s'intéresse, remplir le reste de la liste de ce qu'on appelle des *hommes de paille ;* car il existe une expression consacrée pour désigner cette petite fourberie.

Mais ce danger ne doit pas être ici fort à craindre ; on ne l'emploie que pour ôter un ou plusieurs concurrents redoutables à l'homme dont on désire le succès. Il faut donc que tous les électeurs, ou du moins un grand nombre d'électeurs, soient assez animés de l'esprit de cabale pour faire cette manœuvre. Il faut qu'ils soient partagés entre les concurrents, dont aucun n'ait plus de la moitié des suffrages. Il faut, de plus, qu'ils portent leur zèle pour leur protégé, jusqu'à ne vouloir qu'aucun autre homme lui soit préféré. Ce ne sont donc pas des partis personnels qui seraient véritablement à craindre : on ne doit pas supposer qu'ils aient ce degré d'activité pour des places qui ne sont point de la plus haute importance, qu'une grande partie de ceux auxquels on peut les confier ne regardent point comme un objet d'ambition ou un moyen de fortune : seulement on pourrait craindre une division en partis, où l'on voulût faire élire, non un tel homme, mais un homme de son parti. Alors, en effet, le parti le plus nombreux aurait nécessairement l'avantage, si les autres ne se réunissaient pas contre lui.

Mais d'abord cette réunion est plus facile à espérer, puisqu'il n'est pas nécessaire de sacrifier son opinion pour exclure ceux qui sont portés par le parti dont on redoute l'influence ; et d'ailleurs, de tels partis sont peu à craindre, si les électeurs sont des hommes bien choisis, chargés uniquement de cette fonction, et ne pouvant être nommés à aucune autre.

Des assemblées d'électeurs, telles que je les propose, ne pourraient être tumultueuses ; elles pourraient remplir toutes leurs fonctions en un seul jour, et se séparer ensuite ; ce qui rend les brigues presque impossibles, et l'intrigue presque sans force.

On pourrait même faire plus, et supprimer totalement ces assemblées.

Supposons, en effet, qu'à un jour indiqué chaque électeur soit tenu de remettre, cacheté et signé, son avis, par lequel il déclare s'il rejette ou conserve les membres dont le temps est expiré, le nombre des places à remplir sera bientôt décidé ; qu'ensuite, au jour indiqué, il envoie de même la liste de vingt

noms, s'il n'y a qu'une place à remplir ; de vingt
et un, s'il y en a deux ; de vingt-deux, s'il y en a
trois, et ainsi de suite ; on trouvera facilement,
d'après ces listes, celui ou ceux qui, ayant été nommés dans un plus grand nombre, seront censés avoir
été jugés dignes de ces places à une pluralité plus
grande.

Quand même les électeurs tiendraient une assemblée, je préférerais ce moyen à celui d'une votation
nouvelle pour chaque place. En effet, il est très-important, dans les élections, de ne prendre les voix
qu'une fois, pour éviter, autant qu'il est possible,
les changements d'avis. Ils peuvent avoir quelquefois pour motif des lumières nouvelles, être le résultat d'un examen plus approfondi ; mais, le plus
souvent, on peut les attribuer à des motifs moins
purs : ils encouragent les cabales, ils fournissent à
l'intrigue des moyens de tâter, pour ainsi dire, les
opinions, et d'assurer sa marche.

Ces listes seraient adressées au greffier de l'assemblée du district ou de la province, qui, avec le président de la commission intermédiaire, et quatre
citoyens tirés au sort parmi ceux qui résident dans
le chef-lieu, vérifieraient l'élection. Les listes dépo-
sées ensuite dans un paquet cacheté, y seraient conservées pour être vérifiées contradictoirement, si deux
ou même un seul des électeurs réclamaient contre
la vérification des suffrages, après que le choix aurait
été rendu public ; mais on fixerait un terme après
lequel, s'il n'y avait pas eu de réclamation, le paquet
serait brûlé en présence des vérificateurs. Si on pré-

férait de tenir pour les élections de très-courtes assemblées, alors trois ou cinq des électeurs, tirés au sort, feraient la vérification du scrutin.

Mais je crois la première méthode préférable : elle évite toute espèce de dépense ; elle écarte bien plus sûrement des élections la brigue ou l'intrigue qui agiraient plus difficilement sur des hommes dispersés, et qui exigeraient des moyens trop au-dessus de l'importance de leur objet. D'ailleurs, les électeurs porteront bien plus religieusement le vœu de leur conscience, si, écrivant chez eux la liste de leurs choix, ils ne peuvent ni se la communiquer réciproquement avant de la donner sans beaucoup d'embarras, ni exercer les uns sur les autres ces influences soudaines, si honorables pour l'éloquence, si dangereuses pour la raison.

La méthode précédente n'est pas nouvelle, du moins quant à l'idée de prendre le vœu des électeurs dispersés : elle est établie en Italie pour une association formée nouvellement entre des savants dispersés dans les différents États qui composent cette partie de l'Europe, et elle vient d'être proposée par la convention de Philadelphie, pour l'élection du président du congrès.

Le nombre de vingt n'a été fixé ici que pour donner un exemple. On déterminera celui des noms à inscrire sur les listes, pour les différentes élections, d'après l'opinion que l'on pourra se former du nombre de sujets très-dignes de la place, qui doivent naturellement se trouver parmi les concurrents. On évitera de le faire trop petit, pour être plus

sûr qu'un des concurrents aura plus que la moitié
des voix, et pour que la partialité des votants ait de
quoi se satisfaire sans nuire à la bonté de l'élection.
On évitera de le faire trop grand, pour que les électeurs, en cédant même aux animosités particulières
qui les porteraient à rejeter quelques hommes de
mérite, puissent encore ne présenter dans leur liste
que des sujets capables.

Il est absolument possible qu'aucun des concurrents ne se trouve sur plus de la moitié des listes.
Cette circonstance doit se présenter rarement, si l'on
a fixé, d'après les principes qui viennent d'être exposés, le nombre des noms à inscrire dans chaque
liste; mais enfin elle peut se présenter, et doit, par
conséquent, être prévue. Alors il faudra rendre ou
renvoyer à chaque électeur sa liste, pour y ajouter
un nombre fixé de noms, comme le tiers ou le quart
de ce que la première liste en contenait, et ainsi de
suite, jusqu'à ce qu'on ait obtenu la pluralité en faveur d'un des candidats.

Nous avons proposé de décider au sort, dans le
cas d'égalité parfaite, et ensuite d'avoir égard à
l'ordre des noms dans les listes, lorsqu'il n'y aurait
d'égal que le nombre de fois qu'un nom est répété.

On pourrait proposer, dans ces deux cas, ou d'avoir
recours à la méthode proposée dans la note, qui
devient très-praticable lorsque le nombre des concurrents est fort petit, et il doit l'être nécessairement ici, ou bien d'ajouter des noms à chaque liste,
comme nous venons de le dire.

Dans l'un ou l'autre cas, il faudrait également

rendre ou renvoyer ces listes à chaque électeur, pour qu'il écrivît son nouveau vœu, et cela dans l'intention de s'assurer qu'il ne contiendrait rien de contraire au premier. Tout homme qui aura été à portée d'observer comment se font la plupart des choix par élection, sentira l'importance de cette condition, et les autres l'apercevront aisément avec un peu de réflexion. Mais ce moyen d'un recours à une nouvelle votation ne peut être bon que pour des cas qui se présentent très-rarement; ainsi nous serions d'avis de l'adopter seulement dans celui d'égalité parfaite, et pour éviter de tirer au sort. En effet, quand l'égalité n'est que dans le nombre de fois qu'un nom a été placé dans la liste, puisqu'on est sûr d'avoir un de ceux qui ont été jugés être des vingt plus capables à la plus grande pluralité, et que celui qu'on préfère a été jugé être du nombre des dix-neuf, des dix-huit, etc., plus capables à une plus grande pluralité qu'aucun autre, il paraît qu'on peut lui accorder la préférence ; qu'elle est même en quelque sorte une suite des principes d'après lesquels cette forme d'élection a été combinée.

Nous avons fixé les conditions légales d'éligibilité, mais il en est une autre, le consentement de celui qui est élu ou continué. Doit-il précéder ou suivre le vœu des électeurs? Nous croyons qu'il doit le précéder. En effet, ce refus d'accepter, ou prolongerait les assemblées d'élection, ou multiplierait les demandes de suffrages qu'on serait obligé de faire aux électeurs dispersés. Les suffrages même seraient gênés par l'incertitude de l'acceptation : en affectant de

dire qu'un tel citoyen refuserait, on pourrait empêcher ceux qui l'auraient nommé de le placer sur leur
liste; au lieu qu'il n'y a aucun inconvénient à demander que l'engagement d'accepter précède l'élection. Il est difficile de regarder cette déclaration
comme annonçant une prétention, ou de se croire
humilié de n'être pas élu après l'avoir faite. Si cependant on peut craindre cette faiblesse dans un pays
où l'on porte à l'extrême la sensibilité à l'opinion,
surtout dans les choses qui peuvent intéresser la vanité, on peut prendre des moyens de la mettre à
couvert, en établissant, par exemple, que, pour être
éligible, il faudrait être présenté par trois ou par
quatre électeurs, dont un répondrait de l'acceptation ; alors la vanité ne serait pas plus compromise
que par les démarches particulières qu'on se permet
pour solliciter une place, puisque aucun acte public
ne ferait connaître si l'on a désiré d'être proposé,
ou si l'on n'a fait que se rendre au vœu des électeurs.
Cette forme aurait l'avantage de rendre les élections
plus sûres, en diminuant le nombre des candidats,
et par conséquent celui des voix perdues, sans gêner
cependant la liberté des choix, puisqu'un homme qui
n'a pas été jugé digne d'être présenté par quatre ou
trois électeurs, n'aurait certainement pas été élu. Pour
parvenir à ce but, l'assemblée municipale de chaque
communauté ferait imprimer chaque année, au temps
des élections, la liste de tous les sujets légalement
éligibles, après l'avoir communiquée à l'assemblée
générale de la même communauté; et c'est d'après
ces listes que les électeurs formeraient leur vœu.

Ce que nous venons de dire jusqu'ici, ne doit s'entendre que des élections dont sont chargés les députés choisis pour cette fonction. L'élection de ces premiers députés doit se faire par l'assemblée générale d'une communauté. Il n'y a, vu la proximité, aucun inconvénient, aucun embarras qui puisse empêcher de la convoquer réellement; les membres qui forment cette assemblée pourront être choisis pour électeurs. On y lira la liste des citoyens éligibles, formée par l'assemblée municipale; et, après qu'elle aura été approuvée, on la relira seulement, afin de distinguer ceux qui consentent ou non à être nommés électeurs; et on choisira, par la méthode indiquée ci-dessus, entre tous ceux qui consentent.

Nous avons proposé une méthode d'élire par scrutin, et nous allons proposer encore d'employer le scrutin pour toutes les espèces de délibérations. Plusieurs philosophes se sont élevés contre ce moyen; ils y ont vu de la dissimulation, de la faiblesse. Un homme vertueux, disent-ils, ne cherche à cacher, ni ses opinions, ni son choix. On n'a point peur d'avouer ce qu'on pense, si l'on n'a que des intentions droites et pures. Celui qui craint de dire une vérité utile à la patrie, n'aura pas le courage de s'exposer en agissant pour elle. Mais ceux qui ont ainsi flétri cette forme de délibération ignoraient, sans doute, que les bonnes lois sont celles qui ne supposent dans les hommes que des lumières médiocres et une probité commune; que toute législation qui exige de grands talents ou des vertus héroïques, est dangereuse, et ne peut être longtemps utile.

Le scrutin que nous proposons paraît moins secret
que le scrutin ordinaire; mais le secret du scrutin
n'en est véritablement un dans aucune élection : aussi,
le motif qui nous détermine en faveur de cette méthode n'est pas d'assurer à chaque votant le secret
de sa voix; il en existe plusieurs autres. D'abord, dans
tout pays où l'usage de l'écriture est connu, il est
absurde, pour peu que les votants soient nombreux,
ou les affaires importantes, de ne pas exiger des avis
écrits, excepté le seul cas où l'objet de la délibération est très-simple, où il ne peut y avoir à répondre
que oui ou non, et où, en même temps, l'on exige de
l'unanimité. En effet, n'eût-on que oui ou non à répondre, du moment où, se contentant de la pluralité, on est obligé de compter les voix, il est clair que,
faire ranger d'un côté de la chambre tous ceux qui
sont d'un avis, ou de les faire passer entre deux piques,
ou leur faire donner des fèves blanches ou noires,
comme on le pratique dans certains pays, sont des
moyens aussi longs et moins sûrs que des billets sur
lesquels on écrit le oui ou le non.

De plus, toutes les fois que les avis ne se réduisent
point à un oui ou à un non, on ne peut espérer de
les obtenir d'une manière précise, et d'être à l'abri
de l'erreur, si on n'exige point qu'ils soient écrits.
Le scrutin a un second avantage : l'avis qu'il porte,
toujours donné froidement en silence, est moins
sujet à l'influence des autres votants; il n'est pas
prononcé en présence de ceux qu'il peut blesser; ils
apprennent plus tard, et d'une manière moins certaine, ce dont ils croient avoir à se plaindre :

c'est donc pour assurer la précision dans les avis, l'exactitude dans la manière de les compter, et pour ménager la faiblesse humaine, sans compromettre la vérité, qu'il faut préférer cette méthode.

Lorsqu'il ne s'agit que de faire des élections, nous avons proposé de supprimer même les assemblées, parce que les discussions publiques sur les personnes sont plus dangereuses qu'utiles, qu'elles peuvent faire naître des divisions, et qu'étant impossible de prolonger les assemblées jusqu'après la vérification des faits allégués contre les concurrents, ou de les y admettre pour s'y défendre, ces discussions favoriseraient la calomnie plus que la vérité, et l'impudence plus que le mérite.

Notre opinion sur le scrutin est celle de l'auteur des *Recherches historiques et politiques sur les États-Unis de l'Amérique septentrionale*, d'un des hommes qui ont défendu la cause de la liberté et des droits du genre humain, avec le plus de zèle, de lumières et de sagesse; et s'il croit qu'il faut adopter cette méthode dans un pays où tous les hommes sont égaux, où ceux qui exercent l'autorité ne se disent, et même ne se croient que les officiers du peuple, où le citoyen le plus obscur et le plus pauvre ne peut avoir rien à craindre du citoyen le plus riche et le plus considéré, combien cette autorité ne doit-elle pas avoir de force, lorsqu'il s'agit d'un pays où il existe des citoyens puissants, des castes accréditées, des pouvoirs qui n'émanent pas immédiatement de la nation, et un souverain distingué par elle?

On ne doit pas exiger, pour la validité d'une élection, que tous les électeurs aient donné ou envoyé leurs voix ; mais il est indispensable de fixer un nombre dont le concours soit nécessaire pour rendre l'élection valide. Cette règle doit être générale pour toute espèce de délibération ; elle est établie en France pour les jugements, et dans États d'Amérique pour tous les actes des différentes assemblées qui font partie de la constitution. Comme parmi les électeurs, pour chaque district, il y en a de chaque communauté, il faudrait que chacune en eût au moins deux, et qu'on exigeât à la fois, par exemple, et le concours des trois quarts des électeurs, et celui d'électeurs des cinq sixièmes des communautés. On établirait la même règle pour les électeurs de la province.

Quant aux élections faites par les électeurs de chaque communauté, alors on ne peut imposer qu'une de ces conditions ; mais au lieu du concours de trois quarts des électeurs, il serait bon d'exiger une proportion plus forte.

Il ne faut pas oublier que tout ce qu'on exige ici des électeurs, c'est de donner simplement la liste des candidats qu'ils jugent les plus dignes, et qu'il est difficile d'imaginer qu'aucune raison de santé, aucune occupation extraordinaire puissent jamais faire tomber le nombre des électeurs au-dessous du nombre exigé. Quel intérêt, quel motif pourrait porter des hommes nouvellement élus ou confirmés, à refuser de remplir l'unique fonction dont ils soient chargés, et qu'ils viennent d'accepter librement ? Ainsi, dans le cas où le nombre exigé ne serait pas rempli, en obligeant alors les communautés, les districts à nommer d'autres électeurs à la place de ceux qui auraient manqué à leur devoir, on ne s'exposerait pas réellement à compliquer les opérations nécessaires pour former les différentes assemblées; on se préparerait seulement un remède pour des circonstances extraordinaires, et une espèce de peine infligée, par l'opinion, aux électeurs qui négligeraient de remplir leurs fonctions.

Enfin, dans les élections faites par l'assemblée générale de chaque communauté, il suffirait d'exiger la présence des deux tiers, ou seulment de plus de la moitié des votants. Ceux-ci doivent être regardés en général comme chargés plutôt d'exercer un droit que de remplir une fonction; ils votent moins pour autrui que pour eux-mêmes : ainsi la loi peut, avec moins d'inconvénient, s'en rapporter davantage à leur intérêt propre. Comme ils sont d'ailleurs en plus grand nombre, que tous ne sont pas des hommes choisis, puisqu'il existe des citoyens ayant une voix de droit, les circonstances qui peuvent autoriser leur absence doivent se présenter plus souvent.

Dans le cas où le nombre des votants serait dans une de ces assemblées au-dessous de la limite fixée, une nouvelle assemblée serait indiquée à huitaine. Les petites associations de propriétaires, ou les cantons particuliers, dont le représentant aurait manqué, seraient autorisés à en choisir un autre. Mais quelque petit que fût le nombre des votants à cette nouvelle assemblée, elle serait légitime, puisque alors les citoyens qui habitent dans le lieu même, à qui on a donné les moyens d'être représentés plus régulièrement, ou d'assister eux-mêmes à l'assemblée, n'en ayant point fait usage, on peut, sans injustice, supposer qu'ils consentent à laisser leurs intérêts entre les mains du petit nombre qui forme l'assemblée.

ARTICLE VI.

De la forme des délibérations.

Quiconque a été témoin des délibérations d'un corps un peu nombreux, a dû observer qu'il arrivait très-souvent que l'avis adopté n'était pas réellement l'avis du plus grand nombre, et que par conséquent la forme des délibérations est une des principales causes de l'erreur, de la faiblesse, de l'incohérence des décisions prises à la pluralité des voix.

Dans beaucoup d'assemblées, l'objet de la délibération n'est indiqué qu'en général; il peut se former autant d'avis que de têtes, ou du moins que de gens qui peuvent ou qui veulent se faire chefs d'opinion. Peu à peu, à force de disputer, les avis se réduisent à un plus petit nombre; et à la longue, chacun se réunissant volontairement, ou étant obligé de se réunir, d'après la règle établie, à un des deux avis dominants, l'un de ces avis finit par avoir la pluralité. On permet même, presque toujours, dans ces sortes de délibérations, de voter, en disant : *Je suis*

14.

de l'avis de monsieur un tel ; je suis de l'avis de la proposition qui a été faite ; ce qui dispense de comprendre ou même de savoir l'avis dont on est. On sent que de telles formes de délibérations ne méritent même pas que l'on s'arrête à en faire sentir les inconvénients.

Mais, après avoir examiné les différentes formes de délibérations qu'on peut employer, on trouvera qu'il n'existe qu'un seul moyen d'obtenir, sur un objet soumis à la décision d'une assemblée, le véritable vœu de la pluralité, ou, ce qui revient au même, la décision dont la vérité est la plus probable. Cette méthode consiste à réduire à des propositions simples, sur lesquelles on ne puisse voter que par oui et par non, tous les avis qui peuvent être formés sur l'objet soumis à une délibération. Si ces propositions sont isolées entre elles, c'est-à-dire si on peut, sans se contredire, prononcer à volonté oui ou non sur chacune, on prendra successivement le vœu de la pluralité sur chaque proposition, et la suite de celles qui l'ont obtenue formera la décision. Si ces propositions sont liées entre elles, c'est-à-dire si, en supposant arbitrairement qu'on ait répondu arbitrairement oui ou non à chaque proposition, et qu'on en forme une suite, il se trouve des combinaisons qui renferment des contradictions, alors on prendra la méthode proposée pour les élections dans la note première.

L'objet d'une délibération peut être composé et de propositions isolées, et de plusieurs de ces systèmes formés de propositions liées, mais isolés entre eux, et l'on obtiendra de même, en délibérant successivement sur chaque proposition et sur chaque système, la suite des propositions qui doit renfermer le vœu de la pluralité.

Un comité serait chargé de former le tableau de toutes ces propositions, de tous ces systèmes sur lesquels les membres de l'assemblée n'auraient plus qu'à prononcer leur opinion par oui ou par non. (*Voyez* la note deuxième.)

Cette méthode de présenter à une assemblée un tableau de propositions sur lesquelles chaque votant n'ait plus à prononcer que par oui ou par non, n'exclut en aucune manière la discussion raisonnée des objets sur lesquels il faut prononcer ; et c'est seulement après cette discussion de toutes les opinions et de tous les motifs sur lesquels ces opinions peuvent être appuyées, que la question doit être soumise au comité chargé de l'analyser, et de réduire toutes les solutions qu'on peut y donner à une suite de propositions simples. Par ce moyen, l'on concilie la liberté de la discussion dans les délibérations, à la méthode et à la précision dans la forme des décisions.

Si l'on voulait employer pour toutes les décisions le moyen que nous proposons, la lenteur qu'entraînerait cette forme pourrait ôter aux assemblées l'activité qu'on doit au contraire chercher à leur donner. Mais il est facile de remédier à cet inconvénient, en établissant que, toutes les fois qu'un, deux, trois des votants, suivant que l'assemblée est plus ou moins nombreuse, désireront la formation d'un comité de cette espèce, on sera tenu de leur accorder leur demande.

On peut, de plus, établir qu'elle sera toujours employée, non pour les affaires importantes (expression vague), mais pour les affaires d'une certaine nature, comme, par exemple, ici dans les questions relatives à la constitution, et dans celles où il serait question d'adopter un changement dans la forme des impôts, etc.

Dans la nomination des commissaires choisis pour cette rédaction, comme dans celle des membres des commissions qu'il faudrait établir, l'assemblée suivrait la forme indiquée dans l'article précédent; car pour l'utilité de ceux qui sont intéressés au succès du travail dont ces commissaires sont chargés, l'on doit chercher plutôt à y faire entrer des hommes sûrement capables de remplir ces fonctions, que les hommes les plus capables de les remplir.

Cette méthode paraîtra peut-être, au premier coup d'œil, devoir entraîner des lenteurs insupportables, même en la restreignant aux seules affaires sur lesquelles toute autre méthode exposerait à des erreurs dangereuses; mais l'usage rendrait bientôt ces analyses d'opinions très-faciles. Combien n'existe-t-il pas d'autres opérations qui nous effrayeraient par leur complication et leur longueur, si l'habitude ne nous avait familiarisés avec elles? D'ailleurs, si l'on songe à tout le temps que l'on perd, dans les délibérations, à ne pas s'entendre, on trouvera que peut-être cette méthode même serait pour les questions difficiles et compliquées un moyen d'abréger les décisions, autant qu'un moyen de les rendre plus sûres, c'est-à-dire plus conformes à la véritable opinion de la pluralité.

Nous avons dit dans l'article IV qu'il pouvait être avantageux de fixer le nombre des députés, de manière que chaque district fût représenté dans l'assemblée provinciale, afin de pouvoir établir que, dans certains cas, les députés seraient chargés de porter, non leur vœu, mais celui de tout leur district.

Toutes les fois que les délibérations ont pour objet de déterminer les moyens les plus simples, les mieux combinés, d'exécuter une opération, de vérifier des faits ou des calculs, d'en déduire des conséquences, de décider entre des projets, de répartir un impôt, c'est à la raison, c'est à la justice personnelle des membres qu'il faut s'en rapporter. S'agit-il de traiter des objets qui intéressent directement les droits de leurs commettants, c'est le vœu des assemblées de districts qu'il faut prendre, et que leurs députés doivent porter à l'assemblée générale, pour en déduire un résultat qui exprime le vœu commun.

La pluralité exigée pour arrêter une décision ne doit pas être toujours la même. S'agit-il d'établir une règle de laquelle il résulte quelque inégalité entre les citoyens, quelque restriction mise à l'exercice de leur liberté ou de leur propriété, alors il faut avoir une probabilité très-grande que cette règle ne soit pas une violation réelle de ces mêmes droits. Elle ne doit donc être établie que d'après une pluralité très-forte. Je proposerais, par exemple, alors d'exiger une pluralité des trois quarts dans les membres des districts, et des trois quarts des districts, on aurait par là, non-seulement une très-grande probabilité de se conformer au vœu commun, mais en même temps on adopterait une décision qui aurait la pluralité d'un huitième au moins, puisque la proposition serait adoptée au moins par les neuf seizièmes de toutes les voix, et rejetée seulement par les sept seizièmes.

Si, au contraire, il s'agissait de rendre plus de liberté aux actions des citoyens, à l'exercice du droit de propriété, d'établir entre eux plus d'égalité, alors la simple pluralité devrait suffire.

Elle serait encore suffisante dans toutes les circonstances où, par le genre de la question, la décision ne pourrait pas être remise à un autre temps.

Un règlement déterminerait les différentes pluralités qu'il convient d'exiger, d'après la nature même des objets à discuter. Ce règlement serait un de ceux qui demanderaient le plus de soin ; il pourrait fournir des armes contre la trop grande précipitation et l'incohérence des décisions, contre les passions passagères qui pourraient égarer les assemblées, contre l'esprit de cabale ou d'intrigue qui s'y voudrait introduire, contre les vues aristocratiques qui s'y seraient glissées. On en tirerait encore cet avantage, de n'avoir point à craindre des délibérations propres à répandre le trouble, à exciter des divisions sur les objets qui pourraient en faire naître, parce qu'on exigerait alors une pluralité telle, que la décision qui l'obtiendrait ne pût être que la véritable expression d'un vœu général formé de sang-froid et avec maturité. Dès lors on n'aurait plus à craindre d'étendre sur un trop grand nombre d'objets les fonctions des assemblées provinciales, on pourrait profiter de leurs lumières sur tous, sans être effrayé par le danger d'y faire naître une chaleur indiscrète. L'activité qui leur est nécessaire ne serait point ralentie ; la lenteur des formes n'y renverrait pas la réforme des abus à des temps trop reculés, puisque tout ce qui demande une décision prompte se ferait à la simple pluralité.

On ne peut exiger qu'une assemblée chargée d'affaires importantes soit obligée d'examiner toutes celles qui lui sont proposées. Elle serait placée entre deux écueils : la perte d'un temps précieux, vainement employé à discuter des questions inutiles, et le danger des décisions prises sans examen. D'un autre côté, il peut y avoir de l'inconvénient à rejeter tout ce qui n'a pas été jugé par la pluralité digne d'être mis en délibération, et ce doit être encore ici l'objet d'un règlement fait précisément en sens contraire. Ainsi, par exemple, si l'on exige une très-grande pluralité pour établir une loi qui paraisse restreindre l'exercice d'un des droits de l'humanité, on établira, au contraire, que, s'il s'agit de faire cesser une violation de ces mêmes droits, le vœu d'un petit nombre de membres d'une assemblée de district suffira pour obliger ce district à demander en son nom, à l'assemblée, l'examen de la question proposée ; et l'assemblée provinciale ne pourrait refuser de s'en occuper, dès qu'un seul district aurait chargé ses représentants de le demander. Il est sans doute inutile d'observer combien il y aurait de danger à donner, soit au président, soit aux officiers de l'assemblée, le droit exclusif de proposer les objets de délibération. Ce droit ferait de ces officiers un corps séparé, contre lequel l'assemblée elle-même n'aurait plus que le droit négatif.

Il reste encore un point important à régler : c'est de fixer le nombre des membres nécessaire pour former une délibération : ce nombre doit être déterminé, de manière qu'une cabale, composée d'un petit nombre de députés, ne puisse faire manquer les délibérations par une absence affectée ; que les absences causées par les maladies, les affaires de quelques membres, ne puissent suspendre le service, excepté dans des circonstances extraordinaires ; et par conséquent il ne faut pas que ce nombre nécessaire diffère trop peu du nombre de l'assemblée complète ; mais on doit éviter aussi qu'un trop petit nombre puisse former des délibérations légitimes, parce qu'une cabale pourrait profiter des circonstances qui ont écarté une partie des autres membres, pour faire passer des décisions conformes à ses vues. C'est entre ces deux extrêmes qu'il faut tâcher de trouver le point qu'il convient de fixer. Mais cette fixation est nécessaire à établir par une loi ; autrement, si l'assemblée est de vingt-quatre membres, par exemple, il n'y a aucun motif légal de regarder comme bonne une délibération prise dans une assemblée, à laquelle vingt-trois membres ont assisté, ou de regarder comme nulle une délibération à laquelle trois ou quatre seulement auraient pris part.

On pourrait peut-être employer un moyen très-simple de remplir cet objet : ce serait d'exiger qu'à l'exception du petit nombre de délibérations qui ne peuvent souffrir aucun délai, on exigeât pour les autres la même pluralité que si l'assemblée était complète; qu'ainsi, par exemple, si l'assemblée était de vingt-quatre personnes, les délibérations où l'on exige les deux tiers fussent formées par l'avis de seize votants; celles où l'on exige les trois quarts par l'avis de dix-huit; ou bien on pourrait regarder comme constantes ces pluralités proportionnelles; exiger, par exemple , lorsque l'assemblée complète serait de vingt-quatre membres, une pluralité de huit ou de douze, quel que fût le nombre des membres présents. On fixerait ensuite, pour les décisions qui ne doivent point souffrir de retard, le nombre de membres qui pourraient former une délibération; par exemple, la moitié du complet, pourvu qu'il y eût des membres des deux tiers des districts au moins.

Mais surtout on aurait soin, dans tous ces règlements, de classer les affaires, d'après leur nature, d'une manière à n'exiger presque jamais aucune interprétation ; et on établirait que, dans le cas de discussion sur le sens d'une de ces règles, l'opposition d'un sixième seulement suffirait pour que la décision, même provisoire sur cette interprétation, ne pût être faite par l'assemblée, mais par celui de qui le règlement est émané, et que jamais l'assemblée, même unanime, ne pût interpréter une disposition douteuse, sinon pour une seule fois. Lorsqu'une assemblée n'aurait pas le nombre exigé par la loi, on en indiquerait une seconde, après laquelle, si ce nombre n'était pas rempli, les places de ceux qui auraient été absents seraient regardées comme vacantes, et ceux qui les remplissaient ne pourraient être conservés que par une nouvelle continuation, comme s'ils avaient achevé leur temps. On conserverait, par ce moyen, aux citoyens une autorité suffisante sur leurs représentants, et semblable à celle que, dans l'article précédent, on a proposé de leur donner sur les électeurs choisis par eux.

On regardera peut-être comme minutieuses ces différences exigées pour différentes classes d'affaires, soit dans la pluralité, soit dans le nombre des députés présents à chaque délibération. Je crois, au contraire, qu'un usage éclairé de ces moyens qui paraissent si petits en eux-mêmes, est le seul préservatif assuré de tous les inconvénients qui peuvent naître de la lenteur des décisions ou de leur trop grande précipitation; de leur incohérence ou des systèmes dangereux qu'un esprit contraire à l'esprit public pourrait introduire. C'est un secret presque sûr de rendre réellement les différents corps dont on assujettit les délibérations à des règles de cette espèce, puissants pour faire le bien, impuissants pour faire le mal, et en même temps on a l'avantage de ne porter aucune atteinte à l'égalité, de ne confier à aucun corps séparé de celui des représentants, ni aucun pouvoir, ni même aucune fonction : ces règles enfin ne sont qu'une simple application de ces principes incontestables, que plus les suites d'une décision peuvent être importantes, plus on doit exiger

que la décision soit probable; que pour avoir droit
de soumettre le petit nombre à la volonté du plus
grand, lorsqu'il n'est pas très-vraisemblable qu'elle
soit conforme à la raison, il faut du moins être assuré que le nombre de ceux qui ont une volonté
contraire est très-petit, par rapport à celui des autres;
qu'il faut ne point agir, lorsqu'on n'a point une assurance suffisante de pouvoir agir d'après la raison;
que la nécessité peut seule donner le droit de se
contenter d'une probabilité très-faible. Ce moyen
n'est guère applicable, à la vérité, qu'à des assemblées peu nombreuses, et c'est une raison de plus
en faveur de l'établissement de plusieurs ordres
d'assemblées.

ARTICLE VII.

*Utilité de la constitution proposée pour la formation
d'une assemblée nationale.*

Dans un pays où il n'existe point d'assemblée nationale qui se réunisse à des époques régulières, et
dont la forme ait été, ou fixée par une assemblée
générale de la nation, ou réglée par une convention
de représentants, que la volonté commune des citoyens ait revêtus de ce pouvoir, ou enfin adoptée
par un consentement tacite, mais légitimement présumé; si des circonstances importantes nécessitent
la convocation d'une de ces assemblées, et que
l'étendue de l'État rende impossible la réunion de

tous les citoyens en un seul corps, on doit regarder comme légitime et vraiment nationale toute assemblée convoquée par le chef de l'État, pourvu que la généralité des citoyens y soit représentée d'une manière égale et libre.

Si même il existait une assemblée nationale qu'on pût regarder comme vraiment constitutionnelle, c'est-à-dire, dont la forme eût reçu cette sanction publique ou tacite de la nation, qui peut seule lui mériter ce titre; si cette constitution paraissait vicieuse, s'il fallait la changer, la réformer, ou du moins opposer aux raisons qui lui auraient fait perdre la confiance d'une partie des citoyens, l'autorité d'une sanction nouvelle, une assemblée de représentants, convoquée pour décider sur ce changement, en aurait légitimement le pouvoir, pourvu que les membres en eussent été élus avec l'intention expresse de les charger de cette fonction, et que les droits d'aucun citoyen n'eussent été blessés par aucune inégalité, soit dans la manière d'élire leurs représentants, soit dans la forme de la représentation.

Nous avons placé ici au rang des assemblées vraiment constitutionnelles, celles dont la forme, établie par l'usage, n'a été sanctionnée que par un consentement tacite, légitimement présumé. Mais qu'est-ce qui constitue la légitimité de cette présomption ? Il me semble qu'on peut la faire dépendre de ces deux conditions réunies : 1º que ces assemblées soient assez fréquentes pour que, dans l'espace d'une génération, elles se présentent plus d'une fois, afin que chaque citoyen ait pu juger, par sa propre ob-

servation, des vices ou des avantages de leur constitution; 2° que les réclamations publiques aient été
libres, et qu'elles ne soient pas très-nombreuses.
Ces deux conditions ont-elles lieu en même temps,
il est très-probable que cette même constitution
aurait obtenu la sanction expresse de la généralité
des citoyens, s'ils avaient pu exprimer leur vœu;
mais l'une ou l'autre de ces conditions manque-
t-elle, il est clair qu'il n'existe plus aucune probabilité de ce consentement. Or, pour établir un véritable droit, il en faut une très-forte, et de la nature
de celles que, dans la conduite habituelle de la
vie, on confond avec la certitude.

La forme de la première assemblée représentative,
qui aurait établi une constitution, n'a pu avoir elle-
même une sanction nationale, antérieure à son existence. Ainsi, dans le cas où cette assemblée représentative n'aurait pas fixé la forme d'une convention
destinée, comme elle-même, à régler la constitution, une autre assemblée aura nécessairement la
même autorité qu'avait la première; et comme elle
ne pourrait tirer la légitimité de sa forme d'aucune
sanction nationale, c'est à la raison seule à juger si
la représentation est réelle, si elle est assez égale
pour que les droits d'aucun citoyen n'aient été blessés.
Jusqu'ici quelques-uns des États-Unis d'Amérique
sont les seuls peuples qui aient senti l'utilité d'établir d'avance la forme des conventions spécialement
destinées à corriger les défauts de la constitution,
et à soumettre ces changements, ou même une constitution nouvelle, à l'examen de représentants de la

nation, choisis par elle pour remplir cette fonction.

Si on n'adoptait pas le principe que nous venons d'exposer, il faudrait admettre que toute constitution, une fois établie, ne peut jamais changer légitement, ce qui serait renoncer à toutes les lumières que l'on peut attendre de l'expérience, s'exposer à souffrir à perpétuité de tous les inconvénients que le temps peut amener, et condamner la suite entière des générations à être les victimes des fautes dans lesquelles l'ignorance a pu entraîner leurs prédécesseurs, et que le malheur des circonstances a pu les forcer de commettre, ou bien il faudrait prétendre que les assemblées formées par une première constitution ont seules le droit de la changer et de se réformer elles-mêmes; principe aussi contraire aux droits naturels des hommes que dangereux dans ses conséquences, puisque c'est à la fois donner à des représentants une autorité absolue sur ceux qu'ils représentent, et rendre un corps juge de sa propre cause.

Les principes que nous venons d'exposer sont également vrais, quels que soient les droits ou les fonctions d'une assemblée nationale; il suffit que son objet soit de représenter la nation, d'agir pour elle, de stipuler en son nom.

Pour qu'une représentation soit légitime en elle-même, il faut d'abord que tout citoyen soit appelé à choisir ses représentants librement, et sous une forme régulière. Si les seuls propriétaires sont citoyens (*voyez* article Ier), il faut que tout propriétaire ait sa voix, et que les exclusions nécessaires à établir rela-

tivement à l'âge, à l'état, au défaut de raison, etc.,
soient précises et fondées sur des raisons évidentes ;
il faut de plus, que la forme d'élection ne produise
pas entre la valeur de la voix des citoyens, une différence assez grande pour qu'il en puisse naître entre eux une inégalité réelle et durable, comme il
arriverait, si la propriété de certaines terres donnait
un droit particulier de représentation, si le même
privilége était accordé à certaines races, si enfin un
petit nombre de citoyens avait autant de représentants qu'un très-grand nombre.

Mais quant à cette dernière condition, qui en elle-
même est vague et indéterminée, il faut chercher
un principe d'après lequel on puisse marquer la limite où commence la véritable inégalité, puisqu'une
égalité absolue exposerait à des difficultés de détail
qui produiraient un mal réel, et n'auraient pour objet
qu'un bien chimérique. Je crois qu'on pourrait adopter
le principe suivant : Il n'y a point d'inégalité contraire
au droit des citoyens, pourvu, 1° que l'avis des représentants d'un nombre de citoyens, trop petit pour
que son intérêt se confonde avec l'intérêt général,
ne puisse avoir ni la pluralité, ni un poids qui rende
dangereuse l'influence de ces représentants, ou de
ceux qu'ils représentent ; 2° pourvu qu'un certain
corps de citoyens, comme une communauté, n'ait
pas autant de représentants qu'un corps de citoyens
d'un ordre supérieur, comme un district, une province. De ces deux conditions, la première a pour
objet d'éviter une inégalité dangereuse au salut public ; la seconde, d'en éviter une qui blesserait le

VIII.   15

droit des individus, à un partage égal des mêmes avantages. Ces conditions paraissent suffire. En effet, que vingt mille et cent mille citoyens aient un même nombre de représentants, l'influence de chacun, dans l'élection de ces représentants, sera toujours très-petite; leurs intérêts communs également défendus, et les intérêts particuliers de la plus petite division sont des intérêts trop généraux pour devoir être sacrifiés à ceux de la plus grande.

Au delà de ces bornes, on doit tendre à l'égalité; mais on peut sacrifier le désir d'en approcher de plus près à l'inconvénient de détruire certaines bornes naturelles qu'on doit respecter, et le danger de laisser subsister, du moins pour un temps, quelques inégalités, même assez grandes, à celui de changer trop brusquement des divisions que le temps a consacrées, ou que certains rapports politiques peuvent justifier.

Il n'existe pas en France d'assemblées nationales, dont l'ordre, la composition ou les fonctions puissent être supposés avoir été réglés par la nation. La forme des états généraux, tels qu'ils ont existé dans les derniers siècles, n'était point celle des anciennes assemblées de la nation, connues sous le nom de champ de mars, de mai, ou de parlements; encore moins celle des assemblées générales, antérieures à l'invasion des Gaules, à la dispersion de la nation victorieuse sur une terre conquise, habitée par un autre peuple; ce n'est pas même celle des premiers états généraux dont Philippe le Bel avait réglé la composition, de l'avis seul de son conseil. Depuis ces premières assemblées de la nation entière, jusqu'à celles qui sont composées de trois ordres, on les voit subir successivement toutes les variations que devaient amener les changements dans l'étendue du territoire, dans la religion, dans les mœurs, le mélange de différentes nations sous un même chef, etc.; et jamais on ne trouve une constitution fixe, proposée à la nation, acceptée par elle, ou même seulement munie de la sanction d'une de ces assemblées. Les assemblées des états généraux n'ont jamais été ni indiquées à des époques réglées, ni vraiment habituelles. Si quelques-unes ont essayé d'établir ce retour périodique, leur vœu est resté sans exécution, et l'on ne peut, après plus de cent soixante ans d'interruption, regarder cette forme d'assemblée nationale comme consacrée même par le vœu tacite des citoyens qui n'ont eu ni la possibilité de la juger d'après l'expérience, ni l'occasion de l'examiner, ni la liberté d'en faire sentir les inconvénients ou les avantages.

La forme la plus légitime, comme la plus avantageuse pour la prospérité publique, serait donc, pour une nouvelle assemblée, non la forme ancienne, mais toute forme régulière où la représentation serait égale et libre. Or, la constitution dont nous avons tracé le plan rend très-facile la formation d'une assemblée qui ait ces avantages, puisque les citoyens d'une communauté choisissent les électeurs pour cette communauté, ceux-ci, les électeurs du district, ces derniers ceux de la province. On peut regarder les hommes choisis par les électeurs de la province, comme les véritables représentants des citoyens, qui, au moyen de ces nominations successives, seraient les premiers et les véritables auteurs de l'élection. Cette représentation, quoiqu'elle ne soit pas immédiate, n'en est ni moins réelle, ni moins légitime; c'est de l'universalité des citoyens qu'émane, sous une forme régulière, le vœu qui déclare les représentants; c'est comme mandataires des citoyens, comme chargés par eux de choisir leurs représentants, que ces électeurs remplissent cette fonction, qu'ils ont droit de donner un suffrage, de former un vœu.

L'inégalité de la représentation ne sortirait pas des bornes qu'il paraît utile et juste de prescrire, si on prenait un égal nombre de députés de chaque généralité pour les pays d'assemblées provinciales, et de chaque province de pays d'états, où l'assemblée des états serait chargée d'élire les députés, tant qu'elle conserverait son ancienne forme.

D'abord, dans les provinces où les nouvelles assemblées seraient établies, l'égalité entre les citoyens ne serait pas blessée; il n'existerait qu'une seule différence, celle du suffrage de droit, et du suffrage comme représentant d'une certaine société de propriétaires. Or, cette distinction n'est pas de nature à détruire l'égalité de la représentation. (*Voy.* article Ier.) Nous ajouterons seulement ici qu'elle sera encore moins blessée, si l'on suit la méthode de la division par cantons, qui, pourvu que cette opération fût bien exécutée, rendrait le droit de suffrage personnel extrêmement rare. La différence entre la population des diverses provinces n'est pas assez grande pour qu'en leur donnant un nombre égal de représentants, on puisse reprocher de manquer à une des deux conditions qui nous ont paru nécessaires pour l'égalité de la représentation.

En proposant de donner aux états des provinces où il en existe, le droit de choisir les députés à l'assemblée nationale, nous ne nous écartons pas réellement de nos principes. Ces états ont été périodiques. On peut dire que le consentement tacite du peuple de la province ne peut être légitimement présumé, puisque les réclamations n'auraient pas été libres. On peut ajouter que la formation d'assemblées successives d'électeurs eût conduit à une représentation légitime. Mais on peut répondre, que peut-être l'inconvénient de confier le choix des députés aux états n'est pas assez grand pour risquer de blesser des opinions encore trop répandues; que si les réclamations n'ont pas été libres, l'opinion publique, dans chaque province, paraît s'être expliquée assez hautement en faveur des anciennes institutions. D'ailleurs, les états ne nommeraient qu'un nombre de députés égal à celui des autres provinces, qu'on fixerait à quatre pour qu'il pût s'accorder avec les divisions établies dans les assemblées d'états. Leurs députés, quoique choisis dans des ordres différents, siégeraient comme ceux des autres provinces, et il n'en résulterait pas une division d'ordres dans l'assemblée, mais seulement une représentation plus imparfaite de la province, même quand on se trompe, en supposant que l'opinion générale était en faveur de la forme établie. Il y a une grande différence entre une disposition vicieuse qu'on tolère, en attendant que l'opinion publique permette de la changer, et une disposition vicieuse qu'on introduit, ou à laquelle on donne une extension plus grande, entre un abus qu'on autorise par une sanction nouvelle, et un abus qu'on laisse subsister, en ouvrant à ceux qui en souffrent la route qu'ils peuvent suivre pour en obtenir la réforme.

La division des assemblées nationales en trois ordres, a pour origine l'introduction des représentants de la nation vaincue dans les assemblées de la nation conquérante, et les prérogatives que le clergé s'était arrogées dans un temps où l'ignorance du peuple regardait comme appartenant à Dieu tout ce qui appartenait aux prêtres, où la juridiction cléricale envahissait de toutes parts l'autorité séculière, où, pour se soustraire au pouvoir de leur patrie, les ecclésiastiques s'étaient soumis à une tyrannie étrangère. Ils cherchaient à courber la tête des rois sous un sceptre qui les opprimait eux-mêmes, mais que, dans le secret de son ambition, chacun de leurs chefs se flattait de porter à son tour ; tandis que l'ecclésiastique le plus obscur était vain d'y pouvoir prétendre, lors même qu'il ne se faisait pas illusion sur l'impossibilité d'y atteindre. Peut-être y a-t-il eu de la sagesse alors à les appeler dans les assemblées nationales, pour empêcher que d'étrangers ils ne devinssent ennemis, et à former du clergé un ordre séparé, de peur qu'ils ne s'emparassent des droits de tous les autres : il est du moins certain que le pouvoir ecclésiastique a été moins grand en France qu'en Angleterre, et qu'il y a fait moins de mal.

Les intérêts de ces ordres n'étaient pas les mêmes, et la séparation occasionnée par cette opposition d'intérêts n'était propre qu'à l'augmenter encore. On finit par croire que des ordres de citoyens pouvaient avoir de véritables droits, différents de ceux d'un autre ordre de citoyens. De là l'usage scandaleux de voir des hommes citoyens d'un même État, au lieu d'exprimer devant le prince un vœu commun, annoncer des prétentions séparées, former des demandes quelquefois contradictoires, s'unir lorsqu'il s'agissait de former des cabales contre les ministres, se séparer lorsqu'il fallait défendre les droits des citoyens ou les intérêts publics.

Heureusement on a reconnu, enfin, que tous les hommes avaient les mêmes droits ; que tout privilége est injuste, à moins qu'il ne soit utile à ceux qui n'en jouissent pas : et puisqu'il s'agit maintenant de discuter les véritables intérêts de la nation, les principes de l'administration, les bases sur lesquelles une raison éclairée peut établir l'édifice des lois, tous ont évidemment un droit égal, ou de prononcer, ou d'être entendus sur leurs intérêts communs. Comment d'ailleurs regarder comme essentielle une division en trois ordres, puisqu'une des premières questions à discuter dans une assemblée nationale, est de savoir si ces divisions d'ordres doivent être conservées, et que la raison la plus simple prescrit de ne pas choisir pour la décision d'une question, une forme d'après laquelle le fond est décidé d'avance? On ne peut faire la même objection contre une forme où aucune distinction ne serait établie, parce qu'il n'est besoin d'aucune autorité pour laisser les hommes dans leur égalité naturelle, et qu'au contraire il en faut une pour établir entre eux une inégalité qui n'est légitime qu'autant qu'elle est nécessaire au bien-être des individus placés par elle au dernier rang, et consentie par eux-mêmes.

La division en ordres ou siégeant dans une même chambre, ou formant des chambres séparées, serait même plus abusive dans une assemblée nationale, que dans des assemblées provinciales ou de districts. Les fonctions dont elles sont chargées ont été remplies par des officiers publics, et le seraient alors par un corps bien ou mal organisé relativement à son objet. Ces fonctions sont du nombre de celles qu'il est utile, sans doute, de confier aux représentants des citoyens, mais qui, par leur nature, ne l'exigent pas en vertu d'une justice rigoureuse. Il n'en est pas ainsi d'une assemblée nationale ; elle est nécessairement représentative. L'égalité entre des ordres peu nombreux, et la masse presque entière de la nation, la nécessité de leur consentement pour voter la destruction des abus qui résultent de leurs prérogatives ou de leurs prétentions, leur prépondérance, s'ils se réunissent, sont autant d'atteintes au droit naturel des citoyens. Le vœu séparé de chaque ordre demandant pour lui-même dans ses cahiers, n'est pas le vœu général de la nation, même lorsqu'ils sont d'accord, puisqu'il exprime alors, non ce qui est regardé comme le bien général des citoyens, mais seulement ce que les partis entre lesquels on les a divisés se réunissent à demander; réunion qui peut être l'ouvrage de la politique autant que celui de la conviction. Les traités d'alliance entre les nations amies, les traités de paix entre des nations rivales ressemblent-ils aux lois que ces peuples auraient adoptées pour leur bonheur commun, s'ils avaient voulu se réunir et ne plus former qu'un peuple?

Dans les anciens états généraux, la représentation n'était pas régulière. D'abord, on n'y trouve point de députés, non-seulement des provinces dont les seigneurs étaient de véritables souverains, mais même des grandes terres dont les possesseurs avaient conservé une certaine indépendance, et ne reconnaissaient pas les jugements des baillis royaux. Mais ces souverains, ces seigneurs assistaient aux états en personne; les grands officiers y siégeaient aussi, parce qu'ils étaient alors regardés comme appartenant à l'État plutôt qu'au roi.

Au reste, ce droit de séance personnelle était plutôt un reste des anciens usages qu'une usurpation. La noblesse ne siégeait par députés qu'autant que la personne de son seigneur, qui aurait été son représentant de droit, ou plutôt celui du fief, se confondait avec la personne du roi. Les députés des villes, ceux des bailliages, ceux des corps ecclésiastiques, qui devinrent les représentants des trois ordres, ne parvinrent que peu à peu à former le véritable corps des états.

Mais aujourd'hui qu'il s'agit, non de se concerter avec des chefs puissants, non de désarmer une résistance dangereuse, mais de connaître le vœu de la nation, de la consulter sur ses besoins, il ne faut admettre dans le corps qui la représente que des hommes qu'aucun autre intérêt ne peut animer, et auxquels elle a cru pouvoir confier les siens; en un mot, que des représentants des citoyens choisis par eux-mêmes.

La division par bailliages avait un autre inconvénient, celui de rendre les assemblées trop nombreuses. Or, du moment où une assemblée est très-nombreuse, on éprouve une impossibilité presque physique d'en assujettir les délibérations à une forme paisible; la discussion des objets y étant beaucoup plus longue, exige, pour être suivie, une attention plus forte et plus soutenue; les inconvénients qui naissent des interruptions, des malentendus, augmentent dans une bien plus grande proportion que le nombre des députés. D'ailleurs, pour peu que la méthode d'élire donne une juste espérance d'obtenir de bons choix, moins ils sont nombreux, moins on a lieu de craindre d'avoir un nombre, même proportionnel, de malintentionnés, d'esclaves des préjugés, de ces hommes sans lumières et sans volonté, dont l'opinion est dictée par celui qui s'empare le premier de leur âme et de leur imagination. Enfin, l'expérience a prouvé que c'est dans les assemblées qui ne sont ni trop, ni trop peu nombreuses, qu'on peut réunir de l'activité et de la modération, qu'on doit le moins craindre les résolutions violentes, les partis extrêmes. Il suffit que le nombre des députés soit tel, qu'on ait une juste espérance de trouver parmi eux la plupart des hommes que leurs talents et leur renommée paraissent appeler à cette fonction, et qu'il y ait assez de membres pour la bien remplir sans un travail forcé. Il suffit, enfin, que l'assemblée soit assez nombreuse, pour qu'un seul homme ne puisse y avoir une influence dangereuse, que la réunion de quelques hommes n'y forme pas un parti, et qu'en exigeant, dans certaines circonstances, une grande pluralité, on n'ait pas à craindre de manquer trop souvent d'obtenir une décision.

Si un corps est trop peu nombreux, il est nécessairement faible, parce que, dans les occasions où il faudrait du courage, chacun doit craindre de se compromettre personnellement; mais un corps trop nombreux a l'inconvénient d'avoir une force indépendante de celle qu'il doit à sa qualité d'assemblée représentative, une force fondée sur le crédit particulier de ses membres, et résultant de leur seule réunion. Or, il peut abuser de cette force; il peut en tirer une sorte d'indépendance. Il existe donc un milieu qu'il est toujours important, et quelquefois difficile de saisir.

D'ailleurs, il n'est qu'un seul motif raisonnable d'avoir un corps très-nombreux: c'est qu'une grande nation ne peut être vraiment représentée par un petit nombre d'individus, qui, n'ayant abjuré ni leurs intérêts personnels, ni leurs passions individuelles, agiraient trop pour eux-mêmes, ou trop peu pour leurs commettants, si leur nombre n'arrêtait pas l'influence de ces intérêts, de ces passions, par leur opposition réciproque, surtout si une sorte d'inspection, exercée sur eux par leurs commettants, ne leur imposait pas un frein utile. Or, cette inspection ne peut être censée s'exercer, au moins d'une manière immédiate, lorsque les représentants sont au nom d'une province entière, et surtout lorsque c'est hors de la province qu'ils exercent leurs fonctions; mais du moment où l'on établit différents ordres d'assemblées, cet inconvénient disparaît, chaque portion de citoyens a ses représentants qui veillent pour elle sur ceux qui représentent à la fois un certain nombre de ces portions, et le vœu de leurs commettants, légalement exprimé par les délibérations de ces assemblées, est une barrière qui empêche les passions privées, les intérêts particuliers d'exercer leur empire dans une assemblée plus générale.

Ainsi, en demandant quatre députés par province, en exigeant à chaque délibération la présence des deux tiers des députés, et qu'il y en ait des cinq sixièmes des provinces, on formerait une assemblée assez nombreuse, sans l'être trop; on laisserait aux provinces de pays d'états la facilité de nommer des députés de chaque ordre et un syndic, et par conséquent de ne pas trop s'écarter de leurs anciens usages.

On pourrait se flatter alors de mettre dans les délibérations de la tranquillité, de l'ordre, de la maturité, d'obtenir des décisions promptes, précises, d'accord entre elles, données en connaissance de cause, exprimant le véritable vœu, et le vœu réfléchi de la pluralité.

On aurait aussi une espérance fondée d'avoir une assemblée composée de membres dont la probité et les lumières pussent mériter la confiance publique, c'est-à-dire, une espérance fondée que les électeurs voudraient en choisir de tels, et pourraient les connaître. En effet, ces électeurs, choisis par ceux des districts, qui eux-mêmes l'ont été par les communautés, ne peuvent être que des hommes désignés par l'opinion générale des citoyens instruits; ils n'ont aucun intérêt de corps qui les porte à choisir mal, puisqu'ils ne forment pas de corps, et que, réduits à la seule fonction d'élire, le succès de leur choix est pour eux le seul moyen d'acquérir de la considération et de l'estime.

Il faudrait se garder de les obliger à choisir parmi les membres des assemblées provinciales, ou les chefs des assemblées de districts; mais en restant libre, leur choix sera cependant guidé d'après la réputation que les citoyens distingués de la province auront acquise par leur conduite dans ces assemblées; il ne sera plus livré au hasard, comme il le serait encore aujourd'hui, à l'époque où les assemblées viennent de naître, quand même, par un heureux hasard, les hommes les plus éclairés de chaque province seraient chargés d'en élire les représentants. Le choix des membres des assemblées provinciales serait aussi livré au hasard, s'il n'existait pas des assemblées de districts. Mais plus un choix embrasse d'étendue, plus la difficulté augmente, et par le nombre de ceux entre lesquels on doit choisir, sans avoir de mesure qui puisse servir à les juger,

et par la rareté plus grande de la réunion des qualités qu'exige une place plus importante.

Si c'est d'après leur conduite dans les assemblées
provinciales que les électeurs doivent juger ceux qui
seront les plus dignes d'être choisis, pourquoi ne
pas obliger les électeurs à y borner leur choix, ou
du moins n'en étendre la liberté qu'aux membres
des assemblées de districts? Nous répondrons que
c'est pour borner la liberté, et non pour la laisser
entière, qu'il faut avoir des motifs évidents et graves;
principe qu'on me reprochera de répéter, mais sur
lequel il est permis d'insister, puisqu'il paraît avoir
fait peu d'impression jusqu'ici, non-seulement sur la
plupart des législateurs, mais même sur les écrivains
politiques, toujours moins timides et moins ennemis de la liberté, parce qu'ils n'ont ni une place
qu'ils craignent de perdre, ni une autorité qu'ils
aient intérêt d'étendre.

Mais existe-t-il des motifs assez évidents, assez
graves, pour gêner la liberté des électeurs, et par
conséquent, celle des citoyens qu'ils représentent?
Si vous craignez que ces électeurs ne choisissent
mal, parce qu'ils ne sont pas obligés de choisir entre
les membres de l'assemblée provinciale, pourquoi
croyez-vous que ces membres, élus par les mêmes
hommes, auront été mieux choisis? Pourquoi supposer que, sans de justes raisons, les électeurs pré-
féreront un autre citoyen à ceux qui ont déjà reçu
d'eux-mêmes un témoignage de leur confiance? Pourquoi exclure du choix des hommes que des circonstances particulières ont pu écarter des assemblées,

et qui, sans ces obstacles, auraient été appelés avant ceux qui les composent?

Enfin, n'est-il pas possible que, malgré des précautions portées jusqu'au scrupule, une assemblée qui se réunit chaque année, et que la nature de ses fonctions ne permet pas de renouveler en entier à chaque session, ne finisse par contracter un esprit contraire à l'intérêt général, ou protéger des abus dangereux? Pourquoi donc, par cette obligation de choisir entre ses membres, se priver du moyen de détruire cet esprit, de réformer ces abus, en donnant pour censeur, aux assemblées provinciales, une assemblée nationale qui ne participe point à leur esprit, qui n'ait point d'intérêt à défendre les mêmes abus? Le changement d'opinion, de principes, que les électeurs peuvent introduire dans les assemblées provinciales, par la manière d'en choisir les membres, serait un moyen sûr, parce que, ce renouvellement de membres étant partiel, les nouveaux élus auraient, avant de pouvoir former la pluralité, le temps de contracter auprès des anciens membres les principes que l'on voudrait détruire.

Si l'on ne regarde point la constitution proposée dans cet ouvrage, comme méritant d'être adoptée, et que la forme actuelle, à la vérité corrigée de ses inconvénients les plus palpables, paraisse devoir être conservée, on peut en tirer encore un moyen de former une assemblée nationale; c'est de faire élire les quatre représentants de chaque province, par un certain nombre d'électeurs choisis dans chaque arrondissement. (*Voyez* les divers règlements.)

Pourvu qu'aucun ordre n'élise des électeurs particuliers, qu'ils ne siégent qu'ensemble, que les électeurs ne se réunissent pas pour donner leur vœu,
mais le forment chacun chez eux pour l'envoyer
ensuite, et que l'on suive la méthode d'élection proposée ci-dessus (*voyez* article V), alors on aura les
inconvénients attachés à la division des ordres; la
représentation sera moins égale, moins légitime; l'in-
térét général des citoyens, leurs droits même seront
encore un peu sacrifiés aux préjugés, mais on conservera l'avantage de pouvoir compter sur de bons
choix.

C'est principalement pour une assemblée nationale qu'il est important d'adopter cette méthode
d'élire. En effet, le nombre des sujets éligibles est
très-grand. Dans une élection faite sous la forme
ordinaire, si on la suppose sans brigue, si les électeurs n'ont pas concerté leur vœu, la pluralité sera
déterminée par un très-petit nombre de voix; le
choix pourra tomber sur un homme qui n'en aura
réuni que cinq ou six, et qui peut-être aurait eu
plutôt l'exclusion que le vœu des autres. Admet-on
que les électeurs discuteront entre eux l'élection,
chercheront à former un vœu commun, ce serait
livrer l'élection à la cabale, à la brigue, à toutes les
influences du crédit, de l'esprit de parti, des préjugés particuliers ou généraux; d'ailleurs, la province est divisée en districts. Si chaque électeur
ne nomme qu'un sujet, il le prendra, autant qu'il
sera possible, dans son district, où il connaît mieux
les individus, où il a plus de relations avec eux,

sans parler du petit amour-propre qu'il peut attacher à ce que le député de la province lui appartienne de plus près. Les relations des propriétaires d'un même district sont aujourd'hui très-faibles, et se bornent à celles du voisinage ; mais les nouvelles institutions doivent les multiplier, les resserrer ; et dans une loi aussi solennelle que celle qui réglerait l'élection des membres d'une assemblée nationale, il serait imprudent de ne songer qu'au moment, de ne pas prévoir ce que le changement dans les esprits peut produire d'inconvénients ou d'avantages, parce qu'il serait dangereux d'être obligé de revenir trop souvent à changer la forme des élections. D'ailleurs, dans la plupart des provinces, un petit nombre de grands seigneurs et d'ecclésiastiques très-riches y seront regardés comme des chefs. Si on suit la méthode d'élire ordinaire, c'est entre eux que le choix sera limité. Un électeur ira-t-il perdre sa voix, risquer de se faire des ennemis puissants, pour le seul plaisir de marquer inutilement son vœu en faveur d'un homme vertueux, d'un homme éclairé, sans titre, sans parti ? Supposons, au contraire, que l'on suive la méthode que nous avons proposée ; alors aucune brigue n'influera dans l'élection ; celles qui se formeraient n'auraient ni force ni activité. Chaque électeur préférait les habitants de son district, donnerait sa voix à ceux des hommes puissants qu'il craindrait de blesser ; mais il lui en resterait encore à ne donner que suivant sa conscience, à distribuer entre ceux dont la réputation plus étendue embrasserait la province entière ; et c'est précisément sur cette classe

VIII.   16

d'hommes que l'estime publique réunirait le plus
de voix, tandis que les motifs particuliers les diviseraient entre les autres.

Cette méthode sera plus avantageuse encore si
on élit à la fois quatre députés, sans distinction, que
si on est obligé de faire trois élections; une pour
chaque ordre, dans la dernière desquelles on élirait
à la fois les deux députés pour la classe non privilégiée.

Pour que chaque arrondissement pût concourir à
la nomination de ses électeurs particuliers, il faudrait,
au lieu de cinq députés par paroisse, comme l'indique le règlement, faire choisir par chacune un seul
électeur, et tous ces électeurs enverraient leurs listes
pour le choix des électeurs de l'arrondissement. Ce
changement est nécessaire, si l'on ne veut pas trop
multiplier le nombre des voix, si l'on ne veut d'ailleurs
s'exposer à donner aux seigneurs, aux curés, électeurs perpétuels, ayant par cette raison plus de
moyens pour se réunir, plus d'intérêt de corps qui
leur en inspirent le désir, une prépondérance qui
les rendrait maîtres des élections.

Il est impossible que, soit par la mort, soit par
la retraite de quelques membres, les élections pour
les assemblées de district ne deviennent bientôt nécessaires; il serait donc utile, pour ce seul objet,
même d'avoir déjà un électeur pour chaque paroisse,
toujours prêt à remplir ses fonctions au moment où
il faudrait les exercer.

En prenant cette précaution utile en elle-même,
et indépendante de toute annonce d'une convocation

prochaine d'assemblée nationale, on pourrait en tout
temps achever, dans l'espace de deux mois, pour
toutes les provinces qui ont des assemblées provinciales, l'élection des membres de l'assemblée nationale, sous une forme régulière, qui n'exposerait à
aucune sorte de brigue. La précipitation, loin d'être
alors un mal, ne serait qu'un moyen de plus d'éviter
l'influence de l'intrigue. Il ne faut en effet ici, dans
chaque province, que deux élections, au lieu d'une
que demanderait la constitution qui a été développée
dans les articles précédents.

Mais cette même constitution, prise dans toute son
étendue, offre d'autres avantages relativement aux
élections. Veut-on confier à la nation le choix d'une
commission quelconque, chargée par exemple de la
réforme des lois, de l'établissement d'une jurisprudence uniforme, objet sur lequel une assemblée nationale peut énoncer un vœu, fixer des principes,
mais qu'elle ne peut suivre dans toute son étendue,
alors les électeurs de chaque province nommeraient
un petit nombre de représentants, et ces représentants formeraient un nouvel ordre d'électeurs qui,
chacun au nom de sa province, et tous au nom de
la nation, choisiraient les membres de la commission
qu'on voudrait établir.

Si l'on veut une pareille commission pour une
seule province, les électeurs de cette province en
éliront immédiatement les membres.

Supposons enfin qu'il y ait une place importante,
dans l'élection de laquelle on craigne avec fondement l'influence de brigues puissantes, animées par

de grands intérêts ; supposons que l'utilité commune
exige que cette place soit à vie, ce qui est le cas pour
lequel il est le plus difficile de fixer une forme d'é-
lection qui conduise à une nomination prompte et
paisible, on en trouve encore ici le moyen. Si c'est
une place dans la province, les électeurs de la province, si c'est une place nationale, les électeurs
choisis par eux, formeraient d'avance chaque année,
pour cette place, une élection secrète dont les billets,
ouverts au moment où la place devient vacante, dé-
clareront un choix. Si on se rappelle les détails déve-
loppés dans l'article V, on verra qu'aucune brigue
ne peut influer alors, puisque les électeurs eux-mêmes,
réélus chaque année à des époques fixes et voisines
du moment où ils doivent exercer leur fonction, ne
sont connus d'une manière certaine que dans ce moment, et que leur pouvoir émane chaque année de
la généralité du peuple, par une suite d'élections plus
ou moins longue, suivant qu'ils agissent comme représentants d'une communauté, d'un district, d'une
province, de la nation entière. Dans ce cas particulier, cette forme d'élection donne encore d'une manière suffisante le vœu de la pluralité, quand bien
même un certain nombre de ceux qui seraient élus
les premiers, ou n'existeraient plus, ou refuseraient
d'accepter.

Mais il est inutile d'entrer ici dans des détails plus
étendus sur cet objet. Il serait facile, pour chaque
genre d'élection, en conservant toujours les mêmes
formes, en suivant les mêmes principes, de trouver
les moyens pour résoudre les difficultés qui pour-

raient se présenter. Revenons à la formation d'une assemblée nationale.

Il est difficile que dans l'intervalle qui séparerait une assemblée d'une autre, on n'ait pas besoin de commissaires chargés d'exécuter quelques-unes des délibérations de l'assemblée, ou d'en suivre l'effet ; mais on peut également remplir le même but, soit en établissant une commission nationale intermédiaire, sur le modèle des commissions intermédiaires des provinces et des districts, soit en formant un certain nombre de commissions particulières. Le premier parti paraît avoir l'inconvénient de créer un corps qui, vu le petit nombre de ses membres et l'importance de ses fonctions, aurait un pouvoir alarmant pour la tranquillité publique, imprimerait à la constitution une tendance vers l'aristocratie. Le second aurait un autre inconvénient ; celui de la difficulté de classer ces commissions de manière que leurs fonctions fussent précises, et que, sans en augmenter le nombre, ni leur attribuer de nouveaux pouvoirs, on pût distribuer entre elles tous les objets qu'il peut être nécessaire de leur confier ; mais en même temps il est aisé de voir que si l'on fait élire les membres d'une commission intermédiaire, unique, par des électeurs nommés dans chaque province, comme nous venons de l'expliquer ; si les membres, si les syndics et le greffier de cette commission ne peuvent être pris parmi les membres de l'assemblée nationale ; si, au lieu de donner un président à cette commission, on en fait exercer successivement les fonctions par tous les membres, suivant l'ordre de leur âge, alors on verra que le pouvoir d'une pareille commission ne peut plus inspirer de crainte.

On peut également, par une division prise dans la nature même des objets, distribuer les différentes commissions, de manière à ne laisser aucun doute sur les limites de leurs fonctions; alors elles seraient élues par l'assemblée nationale, mais avec la condition de ne pouvoir nommer aucun de ses membres. Nous ne prononçons pas entre ces deux partis, dont l'un est plus favorable à l'union, l'autre à l'activité des opérations; dont le premier paraît mieux convenir, si les intervalles entre les assemblées nationales sont longs, et l'autre si ces intervalles sont plus courts; dont enfin le premier donne aux citoyens, pour veiller sur leurs intérêts, un corps plus uni, plus accrédité, mais plus facile à s'égarer ou à se laisser séduire; et l'autre des corps plus isolés, plus faibles, mais plus vigilants, agissant avec plus de sûreté et de modération, et moins exposés à la tentation d'abuser de leur crédit, puisqu'ils ont chacun une importance moins grande.

Une assemblée nationale doit avoir des syndics, des greffiers; ils pourraient être élus, ou par l'assemblée même, pourvu qu'elle ne choisît aucun de ses membres; ou par des électeurs de chaque province, sous la forme que nous avons indiquée pour les places qui ne sont pas en nombre égal à celui des provinces, ou multiple de ce nombre, et attachées à chacune: cette seconde méthode paraît mériter la préférence. Les électeurs, il est vrai, donneront sans doute leurs voix de préférence à leurs compatriotes;

mais les voix de ce genre se contre-balanceront, ne pourront former la pluralité : c'est donc sur les hommes connus au-delà de leur province que le choix se fixera, et on aura de plus l'avantage qu'il tombera moins aisément sur ceux qui ne sont connus que dans la capitale. Sans doute c'est dans la capitale seule que les réputations reçoivent leur véritable sceau ; mais celles qui n'en passent point l'enceinte, celles qui s'y forment sans le concours des nations étrangères, sont plus brillantes, mais aussi plus suspectes que des réputations de province. Si celles-ci sont souvent accordées à des talents médiocres, les autres sont plus souvent encore le prix de la charlatanerie.

Un seul président serait un personnage trop important, s'il avait des fonctions réelles et étendues ; et ridicule, s'il n'en avait que de parade : on pourrait donc établir que l'on choisît trois, ou plutôt cinq personnes qui, réunies entre elles, feraient les fonctions de présidents, et n'auraient qu'une seule voix commune ; elles seraient élues comme les autres officiers : alors l'influence du président, ainsi partagée, ne serait plus à craindre ; cette place ne mettrait plus un homme à une trop grande distance des membres ordinaires ; les passions, les intéréts personnels auraient moins de pouvoir ; la crainte de se compromettre individuellement aurait moins de force ; la vanité même y gagnerait ; on n'aime point à être présidé par son égal, et un homme vain croirait souvent l'être par un inférieur, au lieu qu'il peut, sans trop souffrir, céder à une espèce de corps, et se consoler par la supériorité qu'il croirait avoir sur chacun des membres qui le composent.

On prévoit, sans doute, que nous ne proposerons pas d'exiger, pour les membres d'une assemblée nationale, de nouvelles conditions, qu'il suffira d'être citoyen pour être éligible. L'on peut supposer que le vœu des électeurs d'une province ne se réunira point pour placer au nombre des quatre députés de la province, un citoyen obscur, qui n'aurait point un mérite extraordinaire. Toute précaution serait inutile, et sans autre objet que d'écarter le plus digne s'il avait le malheur de manquer de deux qualités absolument étrangères au mérite personnel, la naissance et la fortune. Les conditions relatives à la résidence sont les seules qui puissent varier, suivant le lieu et la durée des assemblées, comme celles qui regardent l'incompatibilité peuvent aussi varier suivant la nature des fonctions attribuées aux différentes assemblées. En général, toutes les fois qu'une place donne à un individu, relativement aux objets traités dans une assemblée, ou une dépendance personnelle, ou un intérêt autre que celui qu'il a comme propriétaire, comme citoyen, cette place doit être regardée comme incompatible avec celle de député : de même toutes les fois que la résidence à une assemblée empêchera de remplir aussi bien les fonctions d'une autre place, alors il faut encore les déclarer incompatibles; mais l'exclusion étant la privation d'un droit, on ne doit la prononcer que dans le cas où il est évident qu'elle est juste.

Pour éviter d'élire des personnes qui refuseraient,

ce qui oblige à recommencer l'élection, on peut suivre la méthode que nous avons proposée, c'est-à-dire, borner le choix à ceux qui seraient présentés par quatre électeurs, et de l'acceptation desquels un d'eux répondrait; il n'en résulterait d'autre complication que l'envoi d'une première liste de la part de chaque électeur; et en établissant de courts intervalles, le retardement ne serait pas assez long pour qu'on eût à craindre l'effet des brigues.

Tout homme qui consentirait à être élu, pourrait envoyer directement la déclaration de son consentement; on pourrait aussi se contenter de la caution d'acceptation donnée par un des membres de l'assemblée provinciale. Chaque électeur serait tenu de proposer, comme dignes de la place, un nombre de concurrents, supérieur d'un nombre fixé d'unités, à celui qu'il est obligé par la loi de placer dans sa liste pour les élections; mais il en présenterait, s'il voulait, un nombre plus grand.

Ainsi, pour être éligible, pour être placé parmi ceux auxquels on peut donner sa voix, il faudrait avoir déclaré, ou au corps chargé de vérifier l'élection, ou à un des électeurs, qu'on accepte la place, et de plus être présenté par quatre électeurs.

Il est possible que, malgré ces précautions, on ne parvienne pas encore à un nombre de sujets éligibles, supérieur à celui que chaque électeur doit mettre sur sa liste d'élection, puisque ceux qui ont pu consentir à accepter la place peuvent être en moindre nombre. On établirait donc que le nombre de ceux que chacun des électeurs écrirait sur sa liste serait toujours au-dessous des deux tiers du nombre des sujets éligibles, mais égal au moins à celui des places vacantes, plus un certain nombre donné; en sorte que les électeurs, suivant les circonstances, écriraient sur leurs listes un nombre de noms égal à celui qui est fixé par la loi, plus le nombre des places vacantes; ou bien, si ce nombre est plus des deux tiers du nombre total des sujets éligibles, un nombre immédiatement au-dessous de ces deux tiers; et enfin, si ce nombre est trop petit, un nombre égal à celui des places à remplir, plus un certain nombre donné. Si enfin, malgré toutes ces précautions, le nombre total de ceux qui ont consenti n'était pas supérieur de ce nombre donné d'unités, à celui des places, on recommencerait l'élection; mais il faudrait que les électeurs eux-mêmes eussent été, ou confirmés, ou remplacés. Il y aurait alors pour eux une espèce de honte à n'avoir pas pris des précautions suffisantes pour connaître les sujets capables et disposés à remplir la place, et la crainte de s'y exposer suffirait pour qu'il n'arrivât presque jamais d'être obligé de recourir à une nouvelle élection.

Il est inutile d'insister sur l'esprit de ces différentes dispositions; on voit qu'elles tendent à donner, autant qu'il est possible, la certitude d'une élection prompte et digne d'inspirer de la confiance, et, sans gêner la liberté des électeurs, à les empêcher de se servir des formes mêmes de la loi pour abuser de leur pouvoir. Aussi nous sommes entrés ici dans ces détails, non par la crainte que jamais, même en exigeant les deux conditions ci-dessus, on manquât d'avoir un nombre assez grand de sujets pour rendre inutiles ces dernières précautions (surtout si le nombre de noms à inscrire dans les listes a été déterminé d'après les principes que nous avons établis), mais parce que les règlemens doivent embrasser les combinaisons même les moins probables. Nous avons voulu montrer en même temps que l'on peut, par des règles assez simples, et purement techniques, suppléer à des difficultés que lèverait aisément sans doute une assemblée des électeurs, même très-courte, parce qu'une telle élection serait exposée, malgré sa brièveté, à l'influence de la brigue et de la corruption.

Ces mêmes détails, qui doivent s'appliquer également aux assemblées de districts et de provinces, étaient nécessaires ici, parce que, plus l'élection est importante, plus il est essentiel qu'elle puisse être formée promptement et à une époque fixe, plus aussi il est indispensable d'insister sur les moyens de lever toutes les difficultés qui peuvent en empêcher le succès. L'importance de l'objet les fera pardonner plus aisément; on sera moins frappé de leur petitesse apparente; peut-être le sera-t-on de leur complication. Mais qu'on me pardonne une réflexion. Les combinaisons nécessaires pour entendre ce que nous avons dit dans les articles précédents, pour embrasser l'ensemble de règlemens rédigés d'après ces principes, sont moins compliquées que les combinaisons de la plupart des jeux que les hommes les plus médiocres de la société apprennent très-promptement à saisir assez bien pour être en état de défendre leur argent. Est-ce trop exiger, que de demander, pour les objets les plus importants au bonheur public, une attention égale, et un même degré d'intérêt?

Les principes que nous avons exposés dans l'article VI, relativement aux différentes pluralités, à la distinction des objets de délibération pour lesquels il faut compter les voix personnelles des députés, et de ceux pour lesquels ils ne doivent porter que le vœu de leurs commettants, peuvent s'appliquer également ici. Ces principes sont déduits de la nature même des questions soumises à l'examen, et du droit qu'exercent les députés, en prononçant sur ces questions; d'où il résulte qu'en considérant sous ce point de vue une assemblée nationale, aucun de ces règlements n'est arbitraire; aucun n'a besoin d'une sanction nationale, expresse, quoiqu'il renferme une disposition nouvelle, parce qu'il n'en faut point pour que les représentants légitimes d'une nation votent sur ses intérêts, ou les discutent sous une forme avouée par la raison. Il suffit que l'on ait laissé la liberté d'en relever publiquement les défauts; il suffit que les citoyens sachent l'étendue des pouvoirs qu'ils confèrent aux électeurs nommés par eux, et des fonctions que ces électeurs confient aux représentants qu'ils choisissent.

On voit enfin qu'en suivant ce même plan, on évite tout ce qui pourrait faire apercevoir quelque danger dans la convocation d'une assemblée nationale, comme la crainte que le trop grand nombre de députés ne la rendît tumultueuse, n'empêchât d'y prendre des délibérations précises, n'y multipliât ces arrêtés vagues, qui expriment un désir plutôt qu'une opinion, et gênent plus qu'ils n'éclairent ceux qui voudraient en faire la règle de leur conduite ; arrêtés dont les anciens cahiers de nos états renferment tant d'exemples. On aurait pu craindre encore que les prétentions des différents ordres n'en troublassent l'harmonie ; crainte d'autant mieux fondée, que la facilité avec laquelle ces anciennes prétentions ont cédé à cette expression consolante, *sans tirer à conséquence*, est une preuve de plus qu'elles se réveilleront dans une assemblée nationale, où ce palliatif ne pourra plus être employé. Une forme ancienne établie par l'usage seul, aurait autorisé à chercher aussi dans l'usage les limites des droits et des fonctions de l'assemblée. Or, si l'on veut chercher ces détails de nos usages antiques, dans les recherches de nos érudits, on y trouvera des opinions incohérentes entre elles, des systèmes qui se contredisent, et qui sont également fondés sur les faits ou sur les actes. Ce sont d'anciennes ruines d'après lesquelles chacun peut, à son gré, imaginer le plan d'un palais ou d'un temple, mais où il est bien difficile de retrouver la trace des antiques fondements tant de fois bouleversés, et de rétablir l'édifice qu'ils ont réellement porté ; alors les esprits s'aigriraient dans d'interminables disputes, où les prétentions appuyées sur des textes, et non sur des raisons, réfutées par d'autres textes également authentiques, laisseraient l'opinion publique s'égarer au gré des passions du sophiste le plus adroit.

Ainsi une nouvelle forme vraiment représentative, plus légitime en elle-même, est encore celle où la tranquillité publique sera plus assurée, le succès des opérations utiles, combinées par le gouvernement, plus prompt et plus certain, celle qui est la plus conforme aux véritables intérêts du gouvernement comme à ceux de la nation ; intérêts que, dans l'âme des vrais patriotes, celui d'une classe particulière ne peut balancer.

Un écrivain célèbre pour avoir souvent défendu avec chaleur les intérêts de la liberté, a prétendu, avec raison, qu'il ne fallait pas charger les membres des assemblées provinciales de choisir les représentants de la province dans l'assemblée de la nation, et il préférerait de les faire élire par les sénéchaussées, suivant l'ancien usage. En convenant de la vérité de son principe, je crois que le moyen proposé dans cet article a le même avantage d'empêcher l'esprit aristocratique de s'introduire dans l'assemblée nationale, et aurait de plus celui de ne pas créer dans un même État deux espèces de divisions. Les assemblées doivent être indépendantes, quant à leur formation, mais il semble qu'elles doivent aussi faire partie d'un même système. Le même auteur voudrait encore augmenter le nombre des sénéchaussées, et dès lors celui des députés, afin, dit-il, qu'une grande province ne pût se croire en quelque sorte dans la dépendance d'une autre grande province qui peut avoir quelques intérêts contraires. Il est vrai que plus les divisions sont multipliées, moins le suffrage de chacune d'elles a d'autorité. Si, par exemple, on suivait le système qu'il propose, chacun de ces suffrages en particulier pourrait à peine avoir quelque poids. Mais d'abord ces intérêts opposés de province à province sont rarement réels; ils sont l'ouvrage des faux principes sur l'administration des impôts, sur la législation du commerce, et surtout de l'ancienne habitude de prendre pour l'intérêt d'une province celui de sa capitale ou des grandes villes qu'elle renferme, parce que, dans la forme ancienne de l'administration, ces villes seules pouvaient être consultées. De plus, le nombre des provinces est déjà trop grand pour que l'intérêt d'une seule puisse faire un poids dans la balance. En donnant à chacune un nombre égal de députés, on donne à celles qui sont les moins riches, les moins étendues, une sorte d'égalité avec les autres. En adoptant la division par sénéchaussées, chaque province peut avoir plus ou moins de députés, et les grandes provinces seront celles qui, en général, en auront le plus. Les députés de ces sénéchaussées, tirés la plupart des assemblées provinciales ou de districts, ayant avec ces assemblées des relations nécessaires, formeront une espèce de corps qui, sans avoir ce nom de représentants de la province, se croira obligé d'en soutenir les prétentions. Leur réunion ne sera pas si constante que celle de députés en titre, mais ils seront plus nombreux, si la province est grande; ce qui serait un inconvénient, dans le cas où elle aurait des droits à discuter avec une province plus petite; enfin, la dépendance réciproque où se trouverait une province de toutes les autres, peut sans doute blesser des États indépendants qui se réunissent pour leur défense mutuelle ; mais elle ne peut paraître, ni humiliante, ni pénible à des provinces accoutumées depuis longtemps à recevoir des lois d'un même souverain, à être régies par des administrateurs que le même conseil a choisis.

Il sera difficile, dit-on, de ne pas adopter, dans une première convocation, des formes auxquelles on puisse donner du moins l'autorité de quelques anciens exemples, ne fût-ce que pour opposer aux prétentions exagérées une égide qu'elles sont obligées de respecter, puisqu'elles-mêmes n'en ont point d'autre contre les armes de la raison. Ce serait donc entre ces formes qui ont changé tant de fois, qu'il faudrait choisir, et, de plus, on serait obligé de laisser à cette première assemblée le pouvoir de s'occuper elle-même de corriger, pour l'avenir, ce que ces anciennes formes ont de défectueux, dans l'espérance qu'elle commencerait par renoncer pour jamais à cette fonction, car elle ne pourrait vouloir le conserver sans détruire la liberté commune, et blesser les droits des citoyens.

Je sais combien l'antiquité peut donner de poids même à des usages établis dans des siècles dont cependant les exemples devraient être peu imposants, si on songe à l'extravagance des opinions qui y dominaient, à l'ignorance profonde de toutes les sciences, comme de tous les droits et de tous les devoirs, où ils étaient plongés, aux crimes, aux malheurs, aux folies qui en ont souillé ou déshonoré l'histoire. Je sais qu'il faudrait pouvoir opposer à ces usages la force de l'opinion publique, et je ne me flatte pas de l'entraîner; il n'y a même pas de modestie à le penser. Les hommes de génie, qui ont eu la gloire d'avoir dissipé des erreurs nuisibles, n'ont fait qu'en ébranler les fondements, et il a fallu que la main lente du temps achevât de détruire l'édifice et d'en disperser les ruines. Cependant on a vu quelquefois le zèle et les efforts réunis de plusieurs hommes suppléer au temps, et faire en peu d'années ce que la raison seule n'eût produit que dans l'espace d'un siècle. Pourquoi désespérer d'un pareil succès pour une cause où l'enthousiasme de la multitude s'unit au zèle des citoyens éclairés? Qu'on laisse seulement la liberté de discuter ces importantes questions; d'occuper les esprits ici des détails de la forme et même du cérémonial de nos assemblées nationales; là de leurs opérations, du bien ou du mal qu'elles ont pu faire: qu'on laisse les uns rechercher sous quelle forme se faisaient les élections; quand et comment se sont introduits tant de changements dans la composition des états généraux, dans la manière d'y traiter ou d'y décider les affaires; les autres s'occuper moins de ce qui s'est fait que de ce qu'il serait bon de faire; que l'érudition, que la raison puissent avec une égale liberté employer toutes leurs ressources, se servir de toutes leurs armes, alors on verra bientôt la vérité triompher, et les fantômes auxquels les ténèbres de l'antiquité donnaient un corps, disparaître avec elles. Ainsi l'on vit autrefois ces idoles adorées du peuple, tant qu'elles étaient restées cachées dans l'obscurité majestueuse des temples, devenir l'objet de ses dédains, dès que, les contemplant au grand jour, il a pu observer sans voile les ressorts cachés qui les faisaient mouvoir.

La force qu'il serait peut-être impossible d'obtenir aujourd'hui de l'opinion publique viendra s'offrir d'elle-même, avant le temps fixé pour la convocation d'une nouvelle assemblée nationale, si l'on veut bien donner à la vérité l'appui qu'une discussion libre ne manque jamais de lui prêter ; c'est par les heureux effets de cette discussion qu'on a vu, il y a peu d'années, les citoyens de l'Amérique, forcés, en rompant leurs liens avec l'Angleterre, de briser en un jour tous les ressorts de leur gouvernement, s'en créer de nouveaux au milieu des troubles de la guerre, et étonner, par la sagesse de leurs lois, les nations les plus éclairées de l'ancien hémisphère.

———◦◦◦———

ARTICLE VIII.

*Prérogatives des députés des assemblées provin-
ciales et de districts.*

Tout homme chargé de fonctions publiques doit obtenir les prérogatives nécessaires pour qu'il puisse remplir ses fonctions, et les remplir avec sûreté. De telles prérogatives ne sont point des priviléges ; ce ne sont point des atteintes à l'égalité absolue que tous les citoyens doivent avoir relativement à l'exécution des lois ; ce sont les conséquences nécessaires de l'établissement d'une puissance publique, de l'existence d'une administration régulière.

Il est impossible de faire aucun bien général sans faire un mal particulier, imaginaire ou réel. Rend-on aux hommes quelque portion de leur liberté naturelle, restreinte par des règlements de police ou par des lois prohibitives, ceux qui étaient chargés de l'exécution de ces lois perdent d'abord une partie de leur autorité ; et, de plus, ces lois vexatoires étaient, pour quelques individus, l'objet d'un profit réel qu'on leur enlève. Établit-on une répartition plus juste dans les impôts, on fait éprouver une perte à ceux en faveur de qui l'ancienne répartition commettait des injustices. Parle-t-on de réformer les lois, ou seulement d'en soumettre le système à un examen nouveau (examen qu'il serait utile de renouveler, même pour les lois les plus sages, à des époques déterminées, si l'on veut que la législation profite et du progrès des lumières et des leçons de l'expérience), on risque de déplaire à ceux qui sont chargés de les exécuter ; car de bonnes lois ne donnent à leurs ministres ni autorité ni crédit. La suppression d'une dépense inutile est celle d'une partie de la fortune des citoyens qui en profitaient. La destruction d'un privilége enlève des avantages à ceux qui l'avaient obtenu. Or, ce mal particulier est presque toujours direct ; il attaque un nombre plus petit d'individus : il est donc plus sensible à ceux qui l'éprouvent, que le bien général ne l'est au reste des citoyens. D'ailleurs, il est dans la nature de l'homme de sentir le mal plus vivement que le bien. Tout ami de l'ordre, tout défenseur de la liberté ou de l'intérêt commun, est donc assuré d'avoir des ennemis, et, si l'on en excepte quelques moments d'enthousiasme, de n'avoir que des partisans froids, ou du moins paisibles. Il est donc juste d'accorder aux membres des assemblées certains priviléges qui les mettent à l'abri de la haine et de la vengeance.

Nous allons exposer les priviléges que nous croyons suffisants, et qui cependant ne peuvent ni troubler l'ordre public, ni blesser les droits des autres citoyens.

1° Il serait bon de mettre les membres des assemblées provinciales ou de districts à l'abri de toute poursuite civile, personnelle, pendant tout le temps que dureront ces assemblées, pourvu qu'ils y soient présents. Ce privilége ne peut avoir aucun effet dangereux pour leurs créanciers, parce que la durée de ces assemblées n'est pas très-longue, et que l'on n'étendrait pas le privilége jusqu'à exclure les actes purement conservatoires. L'objet de ce règlement est moins de donner aux députés qui jouiraient de cette prérogative, la liberté de s'occuper des affaires publiques, que d'ôter à ceux qui auraient envie d'écarter un député dont ils craindraient le courage ou l'éloquence, la facilité de le forcer à quitter l'assemblée par des poursuites auxquelles, de quelque état qu'il soit, quelque ordre qu'il ait dans sa fortune, la chicane trouverait toujours des prétextes. C'est dans cet esprit surtout que devrait être rédigé le règlement qui accorderait cette prérogative.

2° On déclarerait que les membres des assemblées ne pourraient être poursuivis ni arrêtés pour aucun crime, pendant leur tenue, à moins que, sur le vu du titre de l'accusation et des premières informations, la pluralité des deux tiers de l'assemblée ne consentît à la poursuite.

Une franchise, même absolue, n'aurait aucun danger ; elle n'a lieu que pour le temps de l'assemblée, et pour le lieu même où elle se tient : il serait difficile qu'un coupable pût s'échapper, et que les preuves pussent périr.

Cependant, pour que, dans des crimes très-graves, qui seraient sûrement fort rares, on évitât le scandale que causerait cette espèce de franchise, même passagère, pour que la présence d'un homme, ou coupable, ou justement soupçonné, n'offensât point l'assemblée, pour ôter même jusqu'à l'ombre du prétexte de crier à l'impunité, on pourrait adopter le tempérament proposé, puisque, avec ce changement, le privilége paraît suffire encore à la sûreté des députés.

Nous ne cherchons point ici à supposer dans la nature humaine une malignité recherchée ; nous n'allons pas chercher au loin de ces combinaisons d'une noirceur réfléchie, qui peuvent être cachées dans le chaos des possibilités.

Mais une assemblée populaire, instituée pour veiller au bien de tous, et qui ne doit être animée d'aucun autre esprit que du désir du bonheur commun, inspire nécessairement un sentiment de crainte à quiconque exerce dans l'État une autorité secondaire, distincte de celle du souverain. Il est donc important de porter jusqu'au scrupule le soin de mettre ceux des membres des assemblées qui se signaleraient par leur zèle pour les réformes, à l'abri de toute vengeance exercée par ces pouvoirs intermédiaires. En quelques mains, d'ailleurs, que le pouvoir judiciaire soit remis, si les représentants du peuple peuvent en être frappés au moment même où ils exercent leurs fonctions, les ministres de ce pouvoir exerceraient sur eux une autorité qui répugne également et à l'intérêt commun et à la nature de leurs fonctions respectives. Cette raison, à la vérité, perdrait toute sa force, si les juges, élus eux-mêmes par les citoyens, pouvaient être aussi regardés comme leurs représentants.

On peut faire ici une objection. En exigeant une pluralité des deux tiers de l'assemblée, pour livrer un de ses membres à la justice, on risque, dira-t-on, d'assurer l'impunité, parce que la pitié, l'orgueil, la politique, peut-être, l'emporteront sur la justice, dans l'âme des membres de ces assemblées ; parce que cette formalité nécessaire donnera aux accusés le temps de s'échapper. Examinons cette objection, et observons d'abord qu'en supposant qu'il se commette en France, dans une année, vingt-quatre crimes par des hommes de la classe de ceux qui composeront les assemblées ; supposons deux mois de temps pour l'espace pendant lequel les coupables pourraient profiter du privilége, nous avons quatre crimes par an (mais certainement les hommes de la classe où l'on choisit les membres de l'assemblée, ca-

pables de commettre des crimes, ne seront pas, en
général, ceux qu'on s'empressera d'élire ainsi); en
supposant qu'on en élise un sur quarante, en supposant, de plus, que les membres actuels des assemblées soient le cinquième de ceux sur lesquels le
choix peut s'arrêter ; voilà donc quatre crimes par
an à distribuer dans le rapport de deux cents à un ,
c'est-à-dire un crime en cinquante ans. On peut donc
compter que ce privilége s'exercera à peu près une
fois tous les cinquante ans ; car aucune des suppositions que nous avons faites ne peut paraître forcée.
Ainsi ce ne serait pas le privilége en lui-même qui
amènerait une impunité dangereuse ; ce serait l'abus
que ceux qui l'auraient obtenu pourraient en faire,
s'ils se sentaient entraînés à quelque crime. Or, ce
privilége leur donne seulement l'espérance d'échapper, ou pendant l'assemblée, ou même jusqu'au moment où elle consent à les livrer ; et il est difficile
d'imaginer qu'un homme calcule les intérêts de sa
sûreté avec assez de précision pour faire entrer dans
la balance un si faible avantage, vu surtout que cette
sauvegarde, bornée à la ville où se tient l'assemblée,
où l'accusé a une existence publique, laisse un espoir
bien faible de se cacher ou de s'enfuir.

Quant à la crainte que l'assemblée ne refusât de
consentir à ce qu'un de ses membres fût arrêté, je
ne crois pas qu'elle doive faire une grande impression. Il ne suffit pas de refuser, il faut encore se résoudre à siéger à côté d'un homme prévenu d'un
crime, à partager, en quelque sorte, sa honte pour
prix de la protection qu'on lui accorde. On ne refu-

serait, en général, que s'il s'élevait des doutes sur la réalité du crime imputé, sur l'impartialité des juges, sur les motifs secrets qui peuvent animer leurs poursuites.

Nous proposerons, en troisième lieu, de déclarer qu'aucun des membres des assemblées ne pourrait être poursuivi ni pour aucun discours tenu dans ces assemblées, ni pour aucun mémoire qu'il y aurait lu, sinon en vertu de lettres patentes.

Le droit d'énoncer hautement ses opinions appartient, par la nature, à quiconque a reçu d'elle la faculté de penser et de parler, et ce droit appartient plus essentiellement encore aux représentants des citoyens, puisqu'il est alors non-seulement le droit d'un homme en particulier, mais le droit commun de tous. La raison n'admet qu'une seule limite à l'exercice de ce droit; c'est lorsqu'en l'exerçant on blesse le droit d'un autre. Ainsi, une liberté entière, absolue, excepté dans le cas d'une injure personnelle, ne serait que rigoureusement juste.

Cependant on a cru pouvoir proposer de mettre à cette liberté une restriction qui, par sa forme solennelle, ne pourrait être appliquée que dans des circonstances extraordinaires.

Si un tel privilége n'est point accordé aux assemblées provinciales et de districts, il n'est guère possible d'espérer qu'elles deviennent réellement utiles. Tout homme qui sera tenté de s'opposer avec force à quelques abus, sera exposé à tous les désagréments d'une action personnelle. Il aura tantôt attaqué la religion ou l'autorité, insulté la magistrature, calom-

nié le clergé ou la finance; au moyen d'interpréta-
tions adroites, rien de ce qu'il aura dit ne sera innocent, chaque parole pourra devenir la matière d'une
accusation. L'autorité souveraine elle-même, si elle
ne les a pas mis à couvert sous l'égide de la loi,
ne pourra sauver ceux qui se seraient exposés, en
défendant ses intérêts, qui souvent sont ceux du
peuple.

Ces raisons auraient bien plus de force dans un
pays où certains corps prétendraient au droit absurde d'être juges dans leurs propres causes, de venger leurs propres injures. Sans le privilége que nous
réclamons, un respect servile pour leurs moindres
prétentions deviendrait un devoir de prudence:
parler de leur réforme, contester leurs priviléges, serait un crime dont eux-mêmes poursuivraient la
vengeance. Le peuple aurait des représentants qui
n'oseraient exposer ses droits, s'élever contre les injustices sous lesquelles il gémit, demander compte,
soit de ses propriétés envahies par la finance ou par
la chicane, soit du sang innocent versé au nom des
lois justes dont on pourrait abuser, des lois injustes
dont on voudrait éterniser l'oppression.

L'exception qui regarde les libelles est nécessaire,
puisqu'il serait possible qu'un des membres des assemblées provinciales se permît contre un individu
des inculpations injustes. Mais il faut distinguer
d'abord la nature de ces inculpations personnelles.
Si elles ont pour objet la conduite dans une fonction publique, quelle qu'elle soit, il paraît juste de
laisser subsister ce privilége, même pour ce genre

d'inculpations personnelles; d'abord, parce qu'il est utile de pouvoir porter de telles inculpations, qu'elles seraient présentées à un corps qui n'exerce pas de juridiction, que le particulier attaqué ne le serait qu'au tribunal de l'opinion, et que la liberté de s'y défendre lui serait conservée; ensuite, parce que toute vexation, tout désordre ayant un ou plusieurs individus pour acteurs, si les réclamations élevées contre ces vexations et ces désordres pouvaient, sous ce prétexte, devenir l'objet d'un procès, il n'y en aurait presque aucune qu'on pût élever sans danger : si, au contraire, ces inculpations tombent sur les actions d'un individu comme particulier, elles ne doivent pas être comprises dans le privilége, et il faut qu'elles puissent donner lieu à une action d'injure, comme si elles avaient été faites par un homme privé. Cette restriction ne tombe point sur la partie de la prérogative qui peut être utile, parce que ce n'est pas le soin de veiller sur les délits privés qui est confié aux assemblées, et que la distinction entre les inculpations portées contre l'homme public, et celles qui seraient portées contre l'homme privé, est assez sensible pour que le citoyen zélé qui croirait devoir s'en permettre devant l'assemblée, fût à l'abri de toute chicane.

Enfin, il reste un dernier privilége personnel qu'il serait utile d'accorder aux députés : c'est celui de pouvoir, sans aucune censure, sur leur signature, mais sur elle seule, imprimer des mémoires ou des ouvrages sur les objets d'administration ou de législation. Ce droit est celui de tous les citoyens; et en permettre l'exercice à leurs représentants, ce n'est que le leur rendre en partie.

Ce privilége n'est pas compris dans celui dont nous avons parlé ci-dessus, et qui ne s'étend qu'aux discours tenus et aux mémoires lus dans les assemblées, et il est nécessaire pour deux raisons principales. La première est celle de l'instruction publique, qui serait incomplète, si on la bornait à la lecture des procès-verbaux des assemblées. La seconde est l'utilité de pouvoir défendre, devant le public, les opinions rejetées par les assemblées, et traiter les questions qu'elles auraient refusé d'examiner, ou qu'il ne serait pas encore temps de leur soumettre; par ce moyen, l'opinion générale exercerait sur les assemblées mêmes une censure, d'autant plus puissante, que cette même opinion décide du choix de ceux qui y seront admis dans la suite; ce serait encore un excellent préservatif contre l'introduction de l'esprit aristocratique, et un des moyens les plus sûrs d'en arrêter les progrès, et d'en préparer la destruction absolue.

Enfin, il en résulterait l'épargne d'un temps considérable pour les assemblées où il ne serait plus nécessaire de lire les mémoires trop longs, ou seulement destinés à préparer les objets.

Les priviléges que nous croyons utile d'accorder aux membres des assemblées se bornent donc à quatre. Les deux premiers ne sont nécessaires que vu l'imperfection des lois criminelles ou civiles, et la foule des abus dont la destruction sera pendant longtemps, peut-être, une des principales fonctions

de ces assemblées; à mesure que les lois se perfec-
tionneront et que les abus deviendront moins nom.
breux, moins funestes, moins protégés, ces priviléges
pourront devenir inutiles, et alors il serait sage de
les supprimer. Quand les lois sont justes, et forment
un système heureusement combiné, plus leur exécution est générale et rigoureuse, plus les droits
des citoyens sont assurés; mais, pour prouver que
les lois sont défectueuses, il suffit qu'il existe des
circonstances où il soit utile de dispenser certains
individus de la loi commune.

Les deux autres prérogatives sont une simple res-
titution, en faveur des seuls représentants des citoyens, des droits naturels qui appartenaient à tous,
et dont ils ont été privés par des motifs dont il ne
s'agit point ici d'examiner la légitimité ni l'importance.

ARTICLE IX.

Fonctions des assemblées provinciales.

La première fonction attribuée aux assemblées
provinciales, est la répartition des impôts directs,
réels ou personnels.

Mais il faut y ajouter, 1° la recherche des moyens
de convertir les impôts indirects en impôts directs,
et l'exécution de ces moyens, lorsqu'ils auraient été
adoptés par le prince; 2° l'examen des effets de ces
mêmes impôts sur la liberté des citoyens, l'agricul-

ture, le commerce, l'industrie, et de l'inégalité de répartition qui en résulte pour les particuliers, les districts et la province elle-même, comparée aux autres.

En effet, les impôts directs ne sont qu'une partie des charges publiques, et il est même impossible de les répartir avec exactitude, avec une véritable justice, sans avoir égard à l'influence des autres impôts.

La conversion de plusieurs a déjà été annoncée, promise même, et il n'est pas possible de réfléchir sur la manière inégale dont ils sont perçus, sans s'apercevoir que cette conversion ne peut guère s'exécuter que par le concours des assemblées provinciales, qui peuvent seules éclairer sur les effets qu'elle doit produire, et sur les moyens d'empêcher qu'une opération utile en elle-même n'introduise une inégalité plus grande que celle qu'elle devrait détruire.

La seconde fonction attribuée aux assemblées est l'administration des travaux publics de la province.

Une troisième fonction devrait être l'administration générale de tous les biens appartenant à l'État, dans lesquels on comprend ici les biens des communautés, les domaines royaux, les revenus des hôpitaux, des colléges, des fabriques, des corporations, enfin les biens ecclésiastiques.

Comme ce qu'on désire le plus est que l'administration de ces biens soit pure, que l'emploi en soit utile, il paraît qu'elle ne peut être mieux confiée qu'à des hommes choisis par les citoyens intéressés à cette administration, pris dans toutes les parties de la province où ces biens sont situés et employés à des usages publics, et n'ayant enfin aucun autre intérêt, dans des places où ils restent peu d'années, que celui d'y mériter l'estime de leurs commettants, en répondant dignement à leur choix.

Une quatrième fonction doit être l'inspection de tous les établissements publics, soit pour le soulagement des pauvres, soit pour l'éducation et la distribution des fonds destinés à l'encouragement des talents utiles. Nous ne parlons point d'encouragements pour l'agriculture, pour l'industrie, pour le commerce; le seul véritable encouragement de l'agriculture, de l'industrie et du commerce, est la destruction de toutes les gênes, l'abrogation de toutes les lois prohibitives, une administration d'impôts qui cesse de mettre à leurs progrès des obstacles invincibles, enfin une manière d'administrer qui ne leur enlève point des capitaux que, dans l'ordre naturel, l'intérêt particulier de ceux qui les ont amassés destinerait à ces emplois.

En cinquième lieu, le soin des milices nationales.

Sixièmement, une surveillance sur l'administration de la justice et de la police.

Septièmement enfin, les moyens d'acquitter la dette publique.

A ces fonctions directes, elles doivent joindre le soin, non moins essentiel, d'examiner ce qui, dans toutes les parties de l'administration ou de la législation, a produit des abus nuisibles à la province, au district, dont les intérêts leur sont confiés.

Tel est l'ensemble des fonctions auxquelles nous

croyons qu'il est utile d'appeler les assemblées provinciales, sans les faire sortir des limites dans lesquelles leur institution les a renfermées, c'est-à-dire,
en les bornant à exécuter, à régler ce qui, d'après
les lois du prince, leur serait confié comme exigeant
des connaissances locales, des intentions droites,
un intérêt commun avec l'intérêt général, et une
discussion vraiment publique, sans exiger cependant des combinaisons très-étendues, ou une grande
activité.

Nous traiterons, dans la partie suivante, des principes d'après lesquels il nous paraît que les assemblées doivent remplir ces différentes fonctions. Nous
distinguerons, relativement à chaque fonction, ce
qui doit appartenir à l'assemblée de district, de
province, et même ce qui doit être réservé à l'assemblée nationale. Nous distinguerons également
les fonctions des assemblées représentatives, et celles
des commissions intermédiaires.

Il faudrait que, dans les règlements, ces fonctions fussent clairement fixées, qu'on distinguât
pour chacune ce que les assemblées doivent exécuter,
en laissant à ce qu'elles pourraient proposer une étendue illimitée.

ARTICLE X.

Conclusion.

Nous n'avons cherché, dans ces réflexions sur la
constitution des assemblées provinciales, d'autres

principes que ceux qui nous ont paru indiqués par
la raison, et fondés sur la nature et sur les droits de
l'humanité. Dans un siècle où une lumière certaine
commence à se répandre sur tous les objets importants pour le bonheur public, les vues secrètes de
la politique sont trop facilement démasquées pour
conduire au but qu'on se serait proposé, en les
adoptant, et elles doivent être rejetées, non-seulement comme mauvaises ou injustes, mais comme
inutiles.

Nous avons supposé que cette constitution devait
être uniforme pour toutes les provinces, parce qu'il
nous a été impossible d'imaginer un motif réel d'é-
tablir quelque différence entre elles. Il n'en est aucune en France, ni dans les distinctions personnelles, ni dans la nature des propriétés, ni dans la
forme des impôts, ni dans la législation, qui puisse
fournir le plus léger prétexte d'y établir des formes
d'assemblées diversement combinées. Ceux qu'on
pourrait chercher dans les différences du sol, du
climat, des mœurs, des opinions, de l'esprit des habitants, seraient encore plus frivoles. En général, la
même forme d'administration municipale doit convenir, si elle est bonne, à toutes les constitutions,
à toutes les habitudes de vivre, à tous les climats.
Il ne peut exister de différence que dans l'étendue
convenable à chaque administration, dans les différents ordres d'assemblées que peut exiger la grandeur
d'un État, dans la saison des assemblées; mais ces légères différences n'altèrent pas l'uniformité réelle.
Si on les considère par rapport à des États séparés,

et s'il s'agit des provinces d'un même empire, il vaut mieux les sacrifier à l'avantage de conserver l'unité, ou plutôt les concilier avec cet avantage.

Nous n'avons point parlé de la manière dont les communautés, les districts, les provinces même, doivent être formés : cependant il se présente ici plusieurs réflexions. C'est un avantage réel que chaque communauté n'ait qu'une étendue telle, que dans l'espace d'un jour les citoyens les plus éloignés du centre puissent se rendre dans le chef-lieu, y traiter d'affaires pendant plusieurs heures, et retourner chez eux : ainsi trois lieues de distance paraissent en devoir former les limites ; une demi-journée, ou une petite journée de distance, devrait être le plus grand rayon d'un district ; enfin une grande journée devrait être celui d'une province, en le prenant du chef-lieu de district le plus éloigné.

Mais il faut observer en même temps qu'on doit avoir égard, pour ces différentes divisions, à la géographie physique, pour ne réunir entre elles que les parties dont la communication est facile, et auxquelles une ressemblance dans le climat et dans le sol donne une culture, des habitudes, des usages communs : voilà ce que prescrit la nature. Le respect pour ce qui est établi, respect qui doit disparaître devant la justice, mais auquel on peut quelquefois sacrifier des convenances raisonnables en elles-mêmes, peut exiger, pour les premiers temps, des dispositions sur lesquelles on se permettrait de revenir dans la suite. Ainsi, comme il existe des divisions d'élections, de diocèses, etc., dans presque toute la France,

VIII.   18

on a eu raison de suivre ces divisions pour celles des districts, comme celles des généralités pour les provinces. Dans la suite on doit chercher à faire disparaître la trop grande inégalité des provinces ou des districts, leur forme trop irrégulière ou trop allongée, leurs enclavements réciproques, mais en cherchant d'abord à concilier ces changements avec les convenances locales relatives aux coutumes, à certains usages féodaux, et la forme des impôts, jusqu'au moment où l'uniformité pourra être rétablie.

Ceux qui ne regarderaient l'uniformité dans la constitution des assemblées, dans la législation, dans la forme des impositions, dans les mesures, etc., que comme une sorte de perfection métaphysique qui séduit dans le cabinet, et ne vaut pas dans la pratique les obstacles qu'il faut vaincre pour l'établir, n'annonceraient pas des vues bien profondes.

En diminuant l'étendue des connaissances locales nécessaires pour connaître les détails de l'administration d'un grand empire, on est sûr d'augmenter le nombre des hommes capables de remplir ces places.

En diminuant ce que tout citoyen est obligé de savoir pour connaître ses intérêts ou ses droits, pour avoir une idée suffisante des moyens de les défendre, et des règles que la société dont il fait partie lui a imposées, on rapproche les hommes de la véritable égalité sociale que, sans cette connaissance, les lois les plus populaires n'établiraient jamais que dans la spéculation, et l'on augmente le nombre du peuple citoyen en diminuant celui de la populace.

Cette même uniformité, en rendant plus faciles

les changements de domicile, les spéculations un peu éloignées, donne nécessairement au commerce et à l'agriculture même plus d'activité.

Les citoyens moins ignorants sont moins exposés à être dupes de mille petites fraudes, de mille petites vexations.

Enfin cette uniformité, relativement au sujet qui nous occupe, est le seul moyen d'ôter aux citoyens de tous les ordres, tout intérêt de dépendre d'une assemblée plutôt que d'une autre, d'être membre d'une telle administration plutôt que de telle autre: ce serait donc un moyen de diminuer le patriotisme particulier pour augmenter le patriotisme général, et de rendre l'esprit public plus commun, plus énergique, en lui donnant plus d'étendue.

Nous n'avons rien dit des appointements à donner aux membres ou aux officiers des assemblées. Tout service continu doit avoir un salaire dans un État bien réglé, et ce salaire doit être tel que le service ne soit pas onéreux, que toutes les places puissent être occupées par les hommes qui n'ont qu'une fortune médiocre, suffisante pour leur subsistance; mais il faut en même temps qu'aucun emploi ne puisse enrichir; il faut, en un mot, que la dépense d'une place ne soit jamais, pour un homme raisonnable, une raison de la refuser, ni les appointements un motif de la désirer.

Les seuls membres des commissions intermédiaires doivent donc être payés, et l'être faiblement; mais on ne doit pas souffrir qu'aucun puisse refuser les appointements fixés par ses commettants. Si la fortune lui permet de s'en passer, qu'il en fasse un usage utile, et qu'il regarde alors comme une récompense, le moyen qu'on lui donne de faire plus de bien. Le refus pourrait avoir pour principe l'orgueil et la charlatanerie, autant qu'une vraie générosité. Il établirait, en faveur des riches, une distinction honorable, ce qui est toujours un mal; il ferait naître un petit motif de les préférer, ce qui en serait un autre. Servir sans être payé n'est pas toujours une preuve de désintéressement. A Rome, les consuls n'avaient pas d'appointements, et rien ne fit plus d'honneur à Aurélien, depuis empereur, que la nécessité où il se trouva d'en demander; elle prouvait qu'il avait été désintéressé dans les places inférieures, et qu'il était résolu à continuer de l'être.

On a joint des cérémonies religieuses à la plupart des assemblées provinciales. Rien ne paraît plus indifférent au premier coup d'œil; mais tout homme qui a suivi les détails de l'histoire, sait combien ces choses, indifférentes en apparence, ont souvent influé sur le sort des descendants de ceux qui en avaient à peine remarqué l'existence, et c'est surtout dans l'histoire ecclésiastique qu'on en trouvera les exemples les plus frappants.

On ne peut joindre une cérémonie religieuse aux séances des assemblées provinciales, sans établir une distinction marquée entre ceux qui sont de la religion dominante et ceux qui n'en sont pas; distinction que la loi n'a pas établie, et qu'elle ne devait pas établir : premier inconvénient.

Parmi les cérémonies religieuses, on compte les

sermons, et c'est accorder à un ordre particulier le privilége exclusif de parler aux citoyens assemblés, de présenter à leurs applaudissements, de dénoncer à leur animadversion la conduite de l'assemblée, suivant qu'elle aura paru favorable ou contraire aux prétentions ou aux intérêts de cet ordre : et c'est un second inconvénient.

Enfin, il en est un troisième, le plus grand de tous ; celui d'unir entre elles deux choses absolument étrangères l'une à l'autre, d'attacher en quelque sorte la légalité d'actes purement civils, d'opérations purement temporelles, à des cérémonies religieuses, dont le défaut leur ôterait, aux yeux du peuple, une partie de leur autorité.

Ainsi, la nécessité d'obtenir ces actes, et la crainte d'un refus, gênent la puissance séculière, ou la soumettent au joug du clergé, tandis que, d'un autre côté, le peuple, frappé de ces cérémonies, peut les regarder comme suffisantes pour conférer une véritable sanction aux actes qui en sont accompagnés, ce qui donne au clergé l'autorité dangereuse de légitimer des usurpations.

L'objet de cet ouvrage ne nous permet pas d'entrer ici dans le détail des faits sans nombre qui prouvent combien ces craintes sont loin d'être frivoles ; mais ceux qui connaissent l'histoire se les rappelleront aisément.

Telles sont les réflexions qui se sont présentées à moi sur la constitution des assemblées provinciales. On a pu s'apercevoir, en les lisant, que je m'y suis plus occupé d'examiner les droits ou l'intérêt général des citoyens, que de concilier les intérêts réels ou imaginaires, et les prétentions d'aucune classe particulière ; mais malheureusement la plupart des hommes sont plus attachés aux prérogatives qui les distinguent qu'aux droits qu'ils partagent avec tous, même quand ces droits sont importants et ces prérogatives frivoles.

Je ne me flatte point d'avoir trouvé ce qui serait le mieux, ni même d'avoir toujours rencontré ce qui serait bien ; mais j'ai cherché la vérité de bonne foi ; et, quoique animé d'un zèle sincère pour l'avantage de mon pays, j'ai tâché de raisonner avec la même impartialité et le même sang-froid que s'il s'agissait des intérêts d'un peuple placé à deux mille lieues de moi.

SECONDE PARTIE.

DES FONCTIONS DES ASSEMBLÉES PROVINCIALES.

Nous suivrons ici l'ordre que nous avons tracé dans l'article huitième de la première partie.

ARTICLE PREMIER.

Des Impôts.

On peut définir l'impôt, une contribution payée

par les membres de la société pour subvenir aux dépenses publiques.

Quel que soit le pouvoir auquel appartienne l'autorité de fixer la masse de l'impôt et de régler la manière de le lever, l'impôt cesse d'être légitime, s'il excède les sommes nécessaires pour la défense de l'État, pour le maintien de la tranquillité et de la sûreté des citoyens, pour les travaux et les établissements réellement utiles à la prospérité commune. Il cesse d'être juste toutes les fois qu'il n'est pas réparti avec égalité, c'est-à-dire suivant une proportion conforme à la justice, et réglée par une loi générale, toutes les fois, enfin, que la forme sous laquelle il se perçoit entraîne la violation de quelques droits naturels de l'homme.

De la première de ces conditions, résulte l'injustice rigoureuse de tout impôt qui, par sa nature, entraîne des frais de perception inutiles, puisqu'un tel impôt se trouve, par cette seule raison, au-dessus de ce qu'exigent les besoins réels, et que cet excédant est employé d'une manière dont il ne revient aucune utilité à ceux qui le payent.

Nous regardons comme légitimes les impôts destinés à des travaux, à des établissements utiles; mais cette opinion a besoin de développement. Il est clair que tout impôt nécessaire à la défense commune, ou au maintien des droits de chacun, n'a besoin que d'avoir la sanction de la puissance publique pour être légitime. Le devoir de se soumettre à cette puissance, dans tout ce qui est nécessaire à l'existence, à la conservation de la société et des droits de ses membres, est une suite nécessaire de l'état social, et le prix des avantages que chaque citoyen retire de l'association. Mais il semble que, dans les principes d'une justice rigoureuse, un impôt qui n'a pour objet que l'utilité devrait, pour être légitime, obtenir le consentement de tous les individus assujettis à le payer : cependant ce principe général parait susceptible de quelque restriction. Si une dépense quelconque est évidemment utile à tous, s'il est prouvé qu'ils en retireront un avantage supérieur à la charge qu'elle leur occasionne ; si en même temps il est impossible ou très-difficile d'empêcher ceux qui n'auraient pas voulu contribuer à cette dépense de profiter des avantages qui en résulteraient, alors on peut regarder comme légitime l'obligation d'y contribuer, même indépendamment de l'unanimité du consentement ; ce ne serait point alors en vertu d'une règle de justice naturelle, mais en supposant que tous les citoyens consentent, dans cette circonstance, à laisser la puissance publique juge de l'utilité de la dépense, se soumettent volontairement au vœu de la pluralité, et renoncent au droit de refuser d'après leur raison particulière, parce que l'exercice de ce droit serait nuisible à eux-mêmes comme aux autres. Deux conditions sont donc essentielles à la légitimité de la partie des impôts destinés à des dépenses utiles : il faut à la fois et que l'utilité de ces dépenses soit prouvée, et qu'on ne puisse les faire uniquement aux frais de ceux qui y consentent volontairement, sans que les autres en partagent le profit (1).

(1) Ces réflexions semblent s'appliquer seulement à un État

L'impôt étant une subvention annuelle, ne peut être établi d'une manière durable que sur un fonds qui se renouvelle chaque année, et par conséquent sur le produit net du territoire. Le reste du produit étant consommé par le cultivateur, ou servant à payer l'intérêt des avances de culture, on sent que toute soustraction de cette partie pour une année diminuerait le fonds sur lequel l'impôt se perçoit. L'impôt ne serait donc alors qu'un sacrifice passager qu'on pourrait faire dans une circonstance extraordinaire, qui altérerait les sources de la prospérité publique, et deviendrait plus difficile à mesure qu'il se renouvellerait plus souvent; mais on ne pourrait le regarder comme une contribution durable, destinée à la dépense annuellement nécessaire au maintien paisible de la société.

L'impôt n'est, d'ailleurs, réellement payé que par le produit net des terres. En effet, toutes les sommes

nouveau : il est pour les États anciens un motif d'après lequel une contrée qui ne participe d'aucune manière à un établissement à former dans une autre, doit cependant contribuer aux dépenses qu'entraînera sa création. Ainsi le département de la Seine devrait contribuer à un canal ou à une grande route, ou à un autre établissement que l'on voudrait faire dans le département de la Creuse, parce que le département de la Creuse a contribué et contribue pour les établissements qui enrichissent le département de la Seine, et que celui-ci a peu ou pas contribué aux faibles établissements qui existent dans l'autre. Le principe qui, dans ces circonstances, doit régler les gouvernements, est celui de la compensation; et c'est l'un de ceux dont l'application est le plus difficile à faire, grâces aux gouvernements qui, avant d'agir, ont toujours oublié de consulter les principes dont Condorcet parle dans son ouvrage.   (*Note des premiers Éditeurs.*)

annuellement disponibles ne viennent que de trois sources de ce produit net ou revenu des propriétaires comme tels, du salaire d'une peine, d'un travail quelconque, et de l'intérêt de capitaux employés (1). Supposons donc qu'on lève un tribut sur les salaires, il est clair que celui qui les a gagnés n'en conservera, n'en emploiera réellement pour lui qu'une partie. Mais deux choses contribuent à fixer le salaire; le besoin qu'en ont ceux qui le payent, et celui qu'en ont ceux qui le reçoivent : or, du moment où l'impôt levé sur les salaires cesserait, le salarié, en exigeant moins, aurait encore une somme égale à employer pour lui; il pourrait, sans changer d'état, baisser le prix de ses salaires, et dès lors la concurrence produira cet effet : 1° parce que celui qui a besoin du travail d'un autre saura qu'il peut être donné à meilleur prix; 2° parce que celui qui a besoin de travailler pour vivre se contentera d'un prix réellement équivalent à celui dont il se contentait. En même temps, comme une partie de l'impôt répandue dans le pays même est aussi employée à payer les salaires, il est clair que, si on remet l'impôt avancé par le salarié, ou qu'on le lève directement sur les terres, la somme à employer en salaires sera réellement diminuée; nouvelle cause pour que les salaires soient moins forts. L'impôt n'est donc pas réellement payé par les salariés; il se distribue

(1) C'est l'une des vérités que Smith a le mieux établies dans ses *Recherches sur les causes de la richesse des nations*. Ceux qui douteraient de la vérité de ce résultat, peuvent en trouver les preuves dans cet ouvrage. (*Note des premiers Éditeurs.*)

entre les propriétaires de terres et les propriétaires de capitaux (1).

Supposons ensuite qu'on prenne un impôt sur les intérêts des capitaux employés, il n'en résulte autre chose, sinon que cet intérêt est moindre qu'il ne le serait si, le taux d'intérêt restant le même, l'impôt n'existait pas. Dans chaque genre de placement, l'intérêt est fixé par le besoin qu'a le possesseur de l'argent de placer ses capitaux, et le besoin que d'autres ont de faire de cet argent un certain emploi. Si donc l'impôt cesse, le capitaliste, en demandant un intérêt moindre, recevra un intérêt égal pour lui ; son état ne changera pas : il peut donc, sans rien perdre, baisser cet intérêt.

(1) On paraît supposer que celui qui fait travailler a autant besoin de faire travailler, que celui qui travaille a besoin de son salaire ; or, c'est supposer ce qui n'est pas ordinairement, ce qui peut-être n'est jamais. Si l'on en excepte le moment de la récolte, celui qui fait travailler peut attendre au moins quelques jours, et celui qui travaille peut rarement attendre. Alors le premier fait la loi au second ; dans ce cas, l'impôt est encore payé par le propriétaire, puisque le salarié ayant moins, consomme moins, et que dès lors la concurrence est moins forte parmi les consommateurs. Le haut prix de la main-d'œuvre au moment de la récolte confirme cette observation au lieu de la renverser ; en effet, qui n'a pas été témoin que, dans ces circonstances, les ouvriers préféraient un salaire moins fort à un salaire plus fort offert par un autre, parce que le premier leur donnait l'espérance d'être employé à d'autres époques, tandis que l'autre ne la leur donnait pas ?

Il me semble que l'on a beaucoup trop oublié que les ouvriers ne mangeaient pour la plupart que ce qu'il fallait pour ne pas mourir de faim.   (*Note des premiers Éditeurs.*)

Si l'impôt une fois ôté, la baisse des intérêts compense exactement l'impôt, on peut dire que le capitaliste ne le payait pas; si, au contraire, il ne baisse pas à proportion, il faudra en conclure que l'impôt portait en partie sur le capitaliste, mais en même temps que, tenant à la fois l'intérêt trop haut pour les débiteurs et trop bas pour les capitalistes, il était injuste et nuisible à l'activité du commerce. D'ailleurs l'impôt reporté sur les terres en fera baisser l'intérêt; celui des capitaux placés doit donc baisser par cette raison, puisque c'est sur l'intérêt de l'argent placé en terres que se règlent tous les autres intérêts (1). Enfin, la prospérité publique, suite d'une administration d'impôt plus simple, tend encore à faire baisser le taux de l'intérêt; il baissera donc assez pour que le capitaliste retire à peu près le même revenu du même capital, avant et après la conversion de l'impôt.

Ainsi l'on peut dire, en général, qu'il est indifférent au salarié et au capitaliste de payer l'impôt, ou de ne le pas payer eux-mêmes, de le payer d'une manière ou d'une autre : c'est donc sur le seul produit net du territoire que l'impôt est levé.

Le cultivateur emploie aussi des salariés, non-seulement pour les travaux de la culture, mais pour sa propre dépense. Si les impôts indirects tiennent

(1) L'intérêt de l'argent placé en terres est toujours plus faible; mais il est compensé par l'avantage d'être propriétaire, par celui de ne pas craindre les banqueroutes, et par celui enfin de pouvoir offrir un gage certain toutes les fois que l'on pourra avoir besoin d'emprunter.   (*Note des premiers Éditeurs.*)

l'intérêt de l'argent au-dessus du taux qu'ils auraient, il doit arriver ou que le cultivateur vende moins certaines productions, ou qu'il en achète d'autres plus cher. Il exige aussi, par la même raison, un intérêt plus haut de ses avances ; ainsi la partie des impôts indirects qui est avancée par le capitaliste et le salarié, paraissent devoir se distribuer proportionnellement au produit brut plutôt qu'au produit net. Ils sont, à cet égard, dans le même cas que la dîme. Si je dois la dixième partie de ce qui est recueilli sur mon champ, mon fermier me rendra de moins la valeur de cette dixième partie ; ainsi cette dîme est réellement levée tout entière sur ce produit net. Mais si l'on considère deux terres de différent rapport, ce ne sera point à leur produit net, mais à leur produit brut, que l'impôt sera proportionnel.

L'illustre Smith, dans son *Traité sur la richesse des nations*, montre, avec beaucoup de sagacité, comment tous les impôts sont payés en dernière analyse, ou par le produit net des terres, ou par l'intérêt des capitaux, et il paraît croire en même temps que l'intérêt des capitaux resterait le même, si la forme des impôts était changée, puisque cet intérêt se règle sur la quantité des capitaux, comparée à celle des demandes, qui est indépendante de la forme des impositions. Mais on peut répondre que le capitaliste qui, par l'effet des impôts indirects, n'obtient pour prix de son fonds qu'une valeur plus petite d'un dixième, par exemple, que celle qu'il aurait obtenue en recevant la même somme d'argent s'il n'y avait pas d'impôts, est précisément dans le même cas qu'un capitaliste qui recevrait le même intérêt, et en payerait un dixième ; dans ce cas, lorsque l'emprunteur payerait dix, le prêteur ne recevrait que neuf. Or, si l'on supprimait ce dixième, si le prêteur recevait tout ce qu'il en coûte à celui qui emprunte, peut-on dire que la somme des capitaux, que celle des demandes restant les mêmes, le marché devrait se faire aux mêmes conditions ? N'est-il pas évident qu'on a changé un des éléments qui entrent dans la fixation du taux de l'intérêt ? Le capitaliste se trouve dans le même cas qu'un vendeur de terre qui, par l'effet d'un droit féodal, ne la vend point ce que l'acheteur la paye. Si ce droit était ôté, le prix ne serait pas le même ; et il est prouvé par le fait, que des terres assujetties à un droit ne se vendent ni le même prix que d'autres terres qui n'y sont point assujetties, ni quelquefois un prix exactement moindre de la valeur du droit. Pourquoi les changements dans les conditions qui influent dans le prix des terres n'influeraient-ils pas également dans le taux de l'intérêt ? Concluons donc, même d'après les principes de Smith, que l'impôt est payé par le seul produit net des terres.

Si on examine ensuite les diverses sortes d'impôts, on voit qu'ils portent d'une manière médiate ou immédiate sur ces trois sortes de revenus : le produit des terres, les salaires, l'intérêt des capitaux.

On peut réduire les impôts indirects à quatre espèces. Les impôts sur les terres ; et il est évident que ceux-ci sont payés par les terres. Les impôts sur les facultés, comme en France, quelques parties de la taille, la capitation ; et il est évident encore qu'elles portent sur le revenu, quelle qu'en soit l'origine ; et nous venons de voir que c'est alors sur le seul produit net des terres que l'impôt est payé réellement. Enfin les impôts sur les consommations ; mais, ou ils sont imposés de manière qu'ils augmentent, pour le consommateur, le prix qu'aurait la denrée s'ils n'existaient pas, et ils sont alors précisément des impôts levés sur la dépense de chaque individu, et par conséquent sur les facultés ; ou bien ils sont imposés de manière qu'ils ne changent point le prix des denrées, et alors il est clair qu'ils sont payés par le propriétaire du territoire qui les a produits, mais, à la vérité, proportionnellement au produit brut de la terre. S'ils produisent à la fois l'un et l'autre effet, le résultat est toujours le même, parce qu'une partie est réellement levée sur les facultés, et une autre sur la terre.

On peut aussi lever certains impôts sur les conventions, sur les transmissions de propriétés, sur les successions, etc. Or, ces impôts sont encore payés par la terre sur le produit net, même lorsqu'ils le sont éventuellement et à proportion de la valeur des capitaux, puisqu'ils peuvent être encore représentés par un impôt annuel. Payer deux mille livres de droits pour une terre, ou payer une rente qui équivale à ces deux mille livres, c'est en soi la même chose. Si ces droits tombent sur les acquisitions, qu'ils diminuent le prix pour le vendeur, et l'augmentent en même temps pour l'acheteur, alors l'impôt doit être regardé comme ayant porté antérieurement sur le premier pour sa part, et postérieurement sur le second pour la sienne.

Il ne présente ici que quatre exceptions :

1° Les salaires fixes payés par le gouvernement;

2° Les intérêts fixes aussi payés par lui;

3° Les rentes non remboursables;

4° Les impôts payés par les étrangers.

Mais il est clair qu'on ne changerait rien à l'état des personnes payées par le gouvernement, si, en ôtant l'impôt, on diminuait leur salaire de la partie de l'impôt levée sur ce salaire. On ne peut donc pas dire qu'elles payent l'impôt, mais seulement qu'on leur a donné réellement moins que la somme à laquelle leur salaire paraissait être porté, et qu'ainsi on ne leur ôte rien, si, en supprimant l'impôt, on diminue à proportion leurs appointements.

Il n'est pas moins évident qu'en ôtant l'impôt payé par les créanciers de l'État, on ne fait qu'augmenter le taux de l'intérêt auquel on a emprunté d'eux : on changerait donc leur état en mieux. Supposons, par exemple, que les intérêts qu'on leur paye montent à un dixième du produit net actuel, que la portion des impôts qui porte sur eux soit équivalente à un dixième du produit net, il est clair qu'ils payent un dixième de l'impôt et un dixième de leur revenu. Si on les en affranchissait, il en résulterait pour eux un intérêt plus fort, puisque chaque année ils auraient à leur disposition une somme plus grande d'un dixième. D'un autre côté, si cet impôt n'avait pas existé, ils auraient consenti à prêter à un intérêt moindre : on ne peut donc pas dire qu'en réalité l'impôt soit payé par eux ; mais, en même temps, il est très-vrai qu'un changement dans la forme de l'impôt peut changer réellement leur état, et augmenter leur revenu aux dépens de celui des propriétaires. Il n'y aurait que deux moyens de rétablir l'équilibre. Le premier serait de les imposer proportionnellement ; mais ce moyen serait injuste relativement aux étrangers possesseurs de cette espèce de propriété, puisqu'ils ne payent pas l'impôt, et que la condition d'y être assujettis n'est pas entrée pour eux dans le calcul de leur placement. D'ailleurs, cette retenue change réellement les conditions de l'emprunt, puisque, dans le cas d'un impôt indirect levé sur les intérêts, le créancier payait plus ou moins d'impôt, suivant l'intention qu'il avait eue en plaçant dans cet emprunt, soit pour se former un revenu, soit pour augmenter ses capitaux. Cette intention est ce qui l'a déterminé à préférer cette forme de placement, et par conséquent tout ce qui dérange cette spéculation doit être considéré comme une véritable lésion. Le second moyen est le remboursement pour ceux qui ne voudraient pas consentir à la réduction.

Cette offre de remboursement ne pourrait être regardée comme injuste, dès qu'elle aurait pour motif des opérations justes en elles-mêmes. La nécessité oblige de regarder comme légitime dans les dispositions relatives aux emprunts publics tout remboursement calculé sur le taux même de l'emprunt. Les tontines seules pourraient faire une exception, et je ne crois pas qu'elle doive s'étendre sur les rentes viagères, ni même sur les rentes avec accroissements progressifs, lorsque l'on propose l'alternative de la réduction ou du remboursement. La raison en est simple ; c'est qu'au moyen de cette alternative on ne change point votre état, si vous continuez de préférer le même genre de placement. L'exception pour les tontines ordinaires est fondée seulement sur ce que, par la nature de cet emprunt, le sort de chaque tontinier est lié à celui des autres, et qu'ainsi ce serait à la classe entière, et non aux individus, qu'il faudrait proposer l'alternative. On pourrait cependant conserver la justice, en substituant à la tontine réelle (pour ceux qui préféreraient ces formes de placement avec la réduction) une tontine artificielle, c'est-à-dire, une tontine où les accroissements, au lieu de suivre les progrès de la mortalité physique, suivraient ceux d'une mortalité moyenne calculée d'après les tables, et en offrant le remboursement aux autres.

La troisième espèce de revenu qui paraît pouvoir faire une exception, est formée des rentes non remboursables ; mais ces rentes nécessairement constituées sont assujetties à tous les impôts directs ; et comme elles sont presque toujours hypothéquées sur des terres, et qu'elles représentent une partie de la propriété, il est de la justice la plus rigoureuse qu'elles continuent à être traitées de la même manière.

Quant aux impôts payés par les étrangers, soit comme voyageurs, soit par l'effet du commerce, c'est sur le produit net de leur territoire qu'il est levé; et par conséquent, en détruisant ces impôts, on fait une perte réelle ; mais elle ne peut être que très-petite, et elle serait plus que compensée par les avantages qui résulteraient de la forme d'imposition qui la ferait supporter. (*Voyez* ci-dessous l'article des douanes.)

On peut donc dire, en général, que l'impôt est payé réellement par le seul produit net des terres.

En examinant la manière dont les impôts indirects, toujours payés par le produit net, se distribuent sur les différentes propriétés, on a pu distinguer que cet effet avait lieu de deux manières. 1° L'impôt indirect peut être avancé par le propriétaire ; alors, s'il est supprimé, le propriétaire jouira d'un revenu plus grand, puisqu'avec le même revenu il peut se procurer un plus grand nombre de jouissances, et des jouissances égales avec un revenu moindre. 2° L'impôt indirect peut être payé par une propriété, par cela seul que l'existence de cet impôt diminue la valeur du produit net ; alors, si l'impôt n'existait pas, le produit net serait plus grand ; le fermier d'une propriété pourrait en donner un revenu plus considérable. Ainsi, tant que le bail durerait, la destruction de cette partie de l'impôt ne serait utile qu'à lui seul, et on pourrait, sans injustice, le charger de la payer. Dans les terres qui ne sont pas affermées, mais dont le propriétaire et le cultivateur partagent les fruits et les avances, le premier doit être considéré à la fois, et comme jouissant du produit net, et comme partageant avec le métayer l'entreprise de culture, et comme propriétaire, et comme associé dans la ferme.

Nous avons observé que l'impôt, pour être juste, devrait être réparti avec égalité ; et par conséquent il faut qu'il soit proportionnel au produit net, puisque les avantages qui résultent des établissements payés avec l'impôt sont la jouissance plus assurée et l'amélioration de ce même produit, avantages qu'on peut aussi regarder comme y étant proportionnels. Il n'est pas juste que les citoyens plus riches contribuent suivant un rapport plus grand, que ceux dont les propriétés sont plus considérables doivent payer dans une proportion plus forte, parce que la propriété est un avantage indépendant de tout travail, pour la conservation duquel il est juste de ne contribuer que proportionnellement à ce qu'il vaut. (*Voyez* la partie première, article Ier.)

Il n'y a donc d'impôts vraiment justes, que ceux qui seraient combinés de manière à être réellement répartis suivant cette loi ; en sorte que, s'ils étaient levés indirectement sur le produit net des terres, il faudrait que, dans le dernier résultat, ils le fussent suivant cette proportion ; que le propriétaire d'un mauvais terrain qui rapporte 100 cent livres, après avoir exigé beaucoup de frais de culture, payât précisément autant que le propriétaire d'un bon terrain de la même valeur, qui coûterait moins à exploiter, c'est-à-dire, que les fermiers de l'un et de l'autre portassent une partie égale de l'impôt indirect.

Or, c'est ce qu'il est presque impossible d'espérer, parce que les impôts indirects, étant levés en très-

grande partie sur les consommations, sont proportionnels à ces consommations; ainsi une terre paye à
proportion de ce qui est consommé par les cultivateurs et par ceux qui les salarient. Cette partie de
l'impôt approche donc beaucoup plus d'être proportionnelle aux frais de culture, tandis que celle qui est
payée par le propriétaire, comme consommateur,
l'est au produit net, et la totalité par conséquent au
produit brut.

Si l'on cherche à déterminer de quelle manière
un impôt direct, substitué à un impôt indirect,
doit être réparti pour devenir proportionnel au produit net, on doit distinguer ce produit en produit
net actuel et en produit net réel. Le produit net
actuel est ce que touche actuellement le propriétaire;
le produit net réel est ce qu'il toucherait, s'il n'y avait
pas d'impôt indirect.

Dans le cas où il s'agirait de répartir un impôt direct, actuellement existant, proportionnellement au
produit net, c'est le produit net actuel que l'on entend; d'où il résulte que cette répartition n'est vraiment juste que dans le cas où les impôts indirects
qui pèsent sur les propriétés sont combinés de manière à être proportionnels au produit net réel : autrement ce ne serait point proportionnellement à ce
que possède le propriétaire, mais plutôt à ce qui lui
reste, que l'impôt serait proportionnel. On regarde
ces deux genres d'impôts comme étrangers l'un à
à l'autre, comme s'ils étaient imposés en vertu de
droits différents; et de même que l'on n'a point égard
à l'inégalité de la charge que l'impôt ecclésiastique,

appelé *dîme*, fait porter aux différentes propriétés, on n'a point égard à l'inégalité de celle que produisent les impôts indirects.

Si, au contraire, il s'agit d'une refonte générale de la forme des impôts, c'est alors le produit net réel qu'il faut considérer; c'est à ce produit qu'il faut rendre l'impôt proportionnel. Supposons qu'un propriétaire reçoive de son fermier 10,000 livres; que ce revenu paye réellement, par les différents droits qui l'affectent, un impôt de 1,000 livres; que le fermier paye de son côté 2,000 livres d'impositions indirectes, le produit réel sera 12,000 livres, et c'est à ce produit qu'il faudra proportionner l'impôt total. Supposons ensuite une autre propriété valant également 10,000 livres; que l'impôt payé par le propriétaire soit encore 1,000 livres, mais que l'impôt payé par le fermier ne soit que 1,000 livres, le produit net réel sera 11,000 livres; et c'est proportionnellement à ce produit qu'il faudra répartir l'impôt. Les deux propriétés ne paraissaient égales, que parce qu'on avait injustement établi sur elles un impôt inégal, avancé par les fermiers, mais payé réellement par les propriétaires, puisque le véritable effet de cet impôt était de baisser pour l'un le revenu de 2,000 livres, et de 1,000 livres seulement pour l'autre. C'est donc l'impôt seul qui avait produit cette inégalité; elle était une injustice, et c'est à la réparer, et non à la consacrer, que l'on doit s'attacher dans une répartition nouvelle.

Nous avons dit ensuite qu'un impôt était encore injuste, lorsqu'il entraînait la violation d'un des droits de l'humanité.

Ainsi, des impôts qui ne peuvent être levés sans qu'il en résulte, soit des gênes pour la liberté de la culture ou du commerce, soit des outrages contre la tranquillité des citoyens ou leur liberté personnelle, soit même des peines contre des délits uniquement créés par la loi fiscale, de tels impôts sont essentiellement injustes.

Un impôt est injuste, lorsqu'il peut être éludé avec facilité, en totalité ou en partie, par quelques-uns de ceux qui doivent le payer; car alors ceux qui ne l'éludent pas, ou qui ne peuvent l'éluder, payent plus qu'ils ne devraient payer; il est immoral, puisqu'il inspire le désir de violer la loi, et que du désir de violer une loi à la violation de cette loi et de toutes les autres, le passage n'est ni long ni difficile.

S'il n'existait aucun autre moyen d'obliger les particuliers à une dépense utile à eux-mêmes comme à leurs concitoyens, ces impôts pourraient être justes, puisque cette contribution est une dette légitime à laquelle on ne peut se soustraire par la violence ou par la fraude, sans une sorte de crime; mais il est bien prouvé qu'il existe des moyens qui n'entraînent la violation d'aucun des droits naturels de l'homme; par exemple, l'établissement d'un impôt direct. Si l'exercice de ces droits, légitime en lui-même, devient nuisible à la société, en diminuant le revenu public, fixé d'après les besoins réels, et en surchargeant dès lors ceux qui n'ont pas l'adresse d'échapper aux impôts, c'est uniquement parce que la puissance publique a établi volontairement une manière vicieuse de les lever ; ainsi, la nécessité de restreindre l'exercice des droits naturels est l'ouvrage de la loi seule, et dès lors l'atteinte qu'elle porte à ces droits est une véritable injustice.

Après avoir exposé, en peu de mots, la nature de l'impôt, ce qui en constitue la légitimité et la justice; avoir montré par qui il est réellement payé, il nous reste ici à faire voir quels sont les effets physiques des impôts. J'entends, par leurs effets physiques, leur influence sur la richesse commune de la nation et sur le bien-être des citoyens.

Je suppose un seul impôt mis directement sur les terres, et proportionnel à leur produit net, et je demande quel mal peut résulter d'un tel impôt. On voit que, tant qu'il ne nuit point à la reproduction, il n'en fait aucun ; la somme levée est distribuée dans l'État par le gouvernement, la propriété n'a fait que changer de mains ; et c'est seulement du mauvais usage qu'en font ceux qui le possèdent, qu'il peut résulter du mal. Si l'impôt excède les besoins réels de l'État, il est illégitime, mais il n'appauvrit point la nation.

Ainsi l'impôt direct, tant qu'il est renfermé dans cette limite, ne peut nuire que de deux manières :

1° S'il est employé à des dépenses étrangères. C'est ainsi que de longues guerres au dehors peuvent appauvrir un État, par une diminution réelle de la somme librement employée à payer le salaire du travail et de l'industrie; c'est ainsi que les taxes de la cour de Rome avaient autrefois ruiné plus d'une nation : elles étaient alors nuisibles. Aujourd'hui elles ne sont plus que ridicules; car cet emploi d'une partie de la richesse publique ne fait un mal réel que dans le cas où la somme exportée n'est pas très-petite, par rapport à la somme totale des richesses.

2° L'impôt devient encore nuisible, lorsque le gouvernement en fait un emploi mal ordonné ; comme, par exemple, s'il résultait de la distribution du revenu public, que le montant de l'impôt servît à payer des artistes frivoles ou corrupteurs, plutôt qu'à construire des chemins et des canaux, qu'à encourager des arts utiles. Si on eût laissé aux citoyens ce que cet emploi leur enlève, une partie de ces sommes eût été employée pour l'amélioration de leurs propriétés.

Cependant l'impôt direct commence à devenir nuisible en lui-même, s'il est assez fort pour rendre presque nulle la valeur de la propriété. Alors elle ne serait plus que le droit perpétuel de cultiver une terre dont le produit net appartiendrait à l'État; et par conséquent, toute avance, toute spéculation qui tendrait à augmenter, ou seulement à maintenir le produit net cesserait, puisqu'il n'y aurait plus un intérêt suffisant pour s'exposer aux embarras ou aux risques inséparables de toute entreprise, et la richesse nationale serait attaquée dans sa source. Le mal produit par l'impôt direct commence donc dès l'instant où cet impôt empêche d'étendre la culture sur la plus mauvaise terre ; mais ce mal n'est sensible que lorsqu'il influe sur la culture des terres vraiment productives, quoique mauvaises. Jusque-là il peut être balancé par l'utilité de l'emploi qu'on fait de l'impôt ; ainsi, l'on peut dire que jusqu'ici, dans aucune nation, les impôts n'ont approché de ce point où un impôt direct diminuerait la reproduction, et qu'ils ont nui à la richesse publique plus par leur mauvaise répartition que par leur masse.

De tous les impôts, l'impôt direct proportionnel au produit net est donc celui que physiquement on peut porter le plus haut, puisqu'il ne commence à nuire que lorsqu'il est assez fort pour empêcher les avances nécessaires au maintien ou à l'amélioration de la culture ; mais c'est en même temps celui dont l'extension forcée offrirait plus d'oppositions morales à vaincre. Cette observation peut nous montrer en quoi consiste précisément le paralogisme des écrivains qui ont avancé gravement qu'il était impossible de porter un impôt unique et direct, au point de le rendre égal à la somme des impositions que payent actuellement l'Angleterre et la France. Entendent-ils que, si cet impôt avait été le seul admissible; si tout autre avait été proscrit par l'opinion générale (événement que le progrès des lumières ne peut manquer d'amener), il eût été impossible de porter les impositions à ce degré, ils disent une grande vérité, mais ils allèguent une des raisons les plus fortes en faveur de l'impôt direct. S'ils veulent dire, au contraire, qu'il est impossible de faire supporter aux terres, sous cette seule forme, les impôts qu'elles supportent sous des formes multipliées, ils tombent dans une erreur grossière, en supposant qu'une masse de propriétés qui porte au delà de l'impôt le fardeau énorme des frais de perception, qui souffre les diminutions de produit causées par les vexations, par les gênes, suites nécessaires des impôts indirects multipliés, ne peut porter cette même masse d'impositions, débarrassée de ces gênes et de ces entraves, diminuée de ces faux frais et de ces pertes. Suivant cette étrange assertion, on ne pourra payer une somme répartie proportionnellement au produit net, au revenu de chaque propriétaire, tandis qu'on pouvait payer une somme égale, mais inégalement répartie, qui prenait à un propriétaire le dixième, à l'autre, le quart de son revenu, comme si cette inégalité ruineuse n'était pas une des premières causes qui rendent difficile l'acquittement des impôts. La forme compliquée des impôts indirects était autrefois, sans doute, un moyen de cacher à une nation une partie du fardeau dont elle était accablée. Mais, quoique sur cet objet les lumières ne soient encore ni assez répandues, ni assez distinctes, on aurait tort aujourd'hui de croire en imposer par ce même moyen. Nous venons même de voir cette obscurité produire un effet contraire, et faire exagérer le rapport de l'impôt au produit des terres, au lieu d'en cacher la grandeur (1).

(1) L'exemple de l'Angleterre ne prouve rien en faveur de la doctrine des impôts indirects. Sans doute elle paye plus d'impôts que le produit de ses terres ne lui permettrait d'en payer directement. Mais ce surplus est payé par les peuples auxquels elle vend le produit de ses manufactures, et dont elle exploite le commerce avec ses vaisseaux. Si les manufactures et le commerce de ces peuples est dans un état progressif de prospérité, il est évident que cette portion du revenu de l'Angleterre qui est payée par l'étranger, diminuera à peu près dans la même proportion que la prospérité des autres peuples accroîtra. Il lui restera ce-

Supposons maintenant un impôt proportionnel au produit brut, comme la dîme ecclésiastique, comme la gabelle, etc., il pèsera davantage sur les terres employées à des cultures où le rapport du produit net au produit brut est plus faible sur les terres moins bonnes, employées à une même culture, qui, en général, rendent moins pour des avances égales; enfin, comme à mesure que l'on perfectionne les méthodes de cultiver, que l'on augmente les avances, l'augmentation du produit brut qui en résulte est en moindre proportion avec ces avances, un impôt proportionnel à ce produit n'a pas besoin d'être très-fort pour arrêter toute amélioration, toute nouvelle avance : d'où il résulte que ce vice, dans la répartition de l'impôt, nuit à la reproduction de trois manières différentes : 1° en mettant dans l'impossibilité de consacrer chaque terrain à la culture naturellement la plus avantageuse; 2° en augmentant le nombre des terres incultes ou presque incultes, puisqu'il fait tomber dans cette classe toutes celles qui sont assez mauvaises pour que l'impôt proportionnel au produit brut absorbe le produit net en entier, ou presque en entier; 3° enfin, en arrêtant dans des bornes plus étroites l'amélioration

pendant la même dette; elle aura besoin d'une force navale, égale ou même supérieure à celle qu'elle avait précédemment, pour étouffer ou faire taire les haines qu'elle a accumulées contre elle. Une catastrophe terrible sera donc la suite plus ou moins rapprochée de son système d'impôts, de ce système que l'on cite pour modèle. Malheur à l'homme d'État qui n'a point d'avenir dans la pensée! (*Note des premiers Éditeurs.*)

des terres, et l'emploi de nouveaux capitaux dans les entreprises de culture.

L'impôt levé indirectement fait encore un autre mal, parce qu'étant avancé par ceux qui ne le payent pas réellement, il n'arrive pas toujours qu'il leur soit rendu à tous assez tôt pour que cette avance ne leur cause pas un préjudice réel. Ici le mal dépend moins de la grandeur réelle de l'impôt que de sa forme vicieuse. Il pourrait n'être qu'une partie du produit net, assez petite pour ne produire aucun effet sensible, s'il était levé directement, et cependant être très-onéreux par ce seul vice dans la forme : telle est la gabelle, tels sont en général les impôts sur la consommation du pauvre. Supposez que, dans un pays comme la France, on demande pour tout impôt cinquante francs de capitation à tout paysan, depuis vingt-cinq ans jusqu'à soixante ; on lèverait un impôt très-faible, quant à la somme qu'il produirait, et cet impôt plongerait le peuple dans la misère.

Nous avons déjà observé que les frais de perception inutiles rendaient un impôt injuste ; nous ajouterons ici qu'ils peuvent le rendre onéreux, puisque, ajoutés ainsi à la somme que payent les citoyens, ces frais peuvent la porter au point où la quantité de l'impôt le rend vraiment nuisible, même lorsque la partie qui forme le revenu public est encore éloignée de ce terme.

Enfin, l'impôt peut être levé de manière qu'il ne devienne productif qu'en troublant la tranquillité des citoyens, en exposant leur sûreté, qu'en multipliant les exacteurs, les satellites d'impôts, les gênes, les vexations et les supplices, et ce serait un mal encore indépendant de la valeur réelle de l'impôt; mal d'autant plus grand, qu'il unit la corruption à la ruine, et détruit l'esprit public, comme la richesse nationale.

Nous allons maintenant traiter,

1° Des impôts directs réels, c'est-à-dire des impôts proportionnels au produit net des terres ;

2° Des impôts indirects.

I.

Des impôts directs réels.

Un impôt territorial levé proportionnellement au produit net peut être assis de trois manières :

1° En fixant la masse totale de l'imposition, en la distribuant entre les provinces, entre les districts, entre les communautés, proportionnellement à la somme du produit net des biens situés sur le territoire, et enfin, entre les particuliers de chaque communauté, proportionnellement à la valeur de chacune de leurs propriétés.

Telle était la subvention territoriale proposée par le gouvernement, par l'édit du mois de juillet 1787.

2° En demandant à chaque propriétaire une partie déterminée du produit net de chacune de ses possessions, le vingtième, par exemple. Telle est l'imposition connue en France sous le nom de dixième ou de vingtième, depuis le commencement de ce siècle.

3° En levant une certaine portion déterminée du

produit des récoltes, de la même manière que les dîmes, mais en établissant différents rapports, suivant la nature des productions, le degré de fertilité des terres, etc. Telle était la subvention proposée à l'assemblée des notables.

Chacune de ces formes d'imposition a des partisans; mais, pour être en état de choisir entre elles, il faut examiner les deux questions suivantes : Un impôt dont la somme est fixe, est-il préférable à un impôt dont la somme est proportionnelle au produit sur lequel il est levé ? Un impôt levé en nature est-il préférable à un impôt levé en argent ?

Les citoyens ne peuvent devoir à l'État une certaine portion déterminée de leurs biens, mais seulement ce qui est rigoureusement nécessaire pour le maintien de la sûreté, de la tranquillité et de la prospérité publique : c'est donc une somme fixe qu'il faut toujours lever. Ainsi un impôt proportionnel au produit net ne peut être regardé comme juste qu'autant que l'on en connaît la valeur, et qu'ainsi, au lieu de demander telle somme fixe, on peut dire : *Je demande le dixième du produit, parce qu'il équivaut à telle somme.*

On voit donc que l'impôt dont la somme est déterminée est le plus simple, puisque la connaissance de la proportion entre l'impôt et le produit y est seulement un fait qu'il est bon de connaître, une conséquence des opérations faites pour répartir l'impôt, au lieu que dans l'autre forme, elle est un élément nécessaire pour que l'impôt puisse être juste.

Lorsque la somme est déterminée, une propriété

ne peut payer moins, sans obliger une autre à payer plus ; ainsi chaque individu dans sa communauté, chaque communauté dans son district, chaque district dans une province, chaque province dans l'État, a un intérêt direct et réel à ce qu'un autre particulier, une autre communauté, un autre district, une autre province ne paye pas au-dessous de ce qu'elle doit payer ; tous ont intérêt et droit de demander des vérifications, de les discuter publiquement, de s'opposer au crédit, à l'adresse de quiconque veut échapper à l'imposition ; l'intérêt personnel qui ferait dénoncer toute exception étant directement le même que l'intérêt commun, n'aurait rien d'odieux ; l'intérêt public, appuyé de l'intérêt particulier, ne serait point exposé par sa pureté même à être calomnié et taxé d'hypocrisie, ou de vues secrètes. L'un de ces intérêts donnerait en quelque sorte le droit de se plaindre, tandis que l'autre ennoblirait le motif de la plainte ; on se flatterait même en vain de trouver un moyen qui pût remplacer ce genre de contradiction, et par conséquent de répartir avec exactitude une imposition qui ne serait point portée à une somme fixe.

Supposons, en effet, qu'on exige un impôt proportionnel ; au lieu d'établir entre les particuliers et les communautés, etc., des discussions contradictoires, dont l'effet serait uniquement de rendre la répartition plus juste, c'est entre le gouvernement et la nation qu'on établirait une discussion dont il ne pourrait résulter que du désordre, de l'inexactitude et de l'arbitraire.

Comment des assemblées de province, de district, de communauté, pourraient-elles établir un tel impôt à la rigueur ? Représentants des propriétaires, et choisis par eux, quel motif d'intérêt ou d'honneur auraient les membres des assemblées de porter une imposition de ce genre à sa juste valeur ? Adopteront-ils un taux inférieur auquel ils se conformeront? Cette idée est mesquine, presque impraticable en elle-même. De plus, ou les propriétaires sauront tous que ce n'est pas le dixième, par exemple, qui est levé, mais le quinzième, et alors ceux qui auront du crédit chercheront à payer moins que ce quinzième ; ou ils ne le sauront pas, et alors on les trompe, on leur ôte le moyen de savoir s'ils ont réellement à se plaindre. Diminuera-t-on au hasard les évaluations ? Ce serait introduire dans l'impôt une inégalité arbitraire. Quels moyens aurait le gouvernement de rendre un tel impôt plus productif? Aucun, sinon de corrompre les membres des assemblées. Laisserait-il l'impôt tel qu'il est, comme l'ont proposé quelques corps ? Ce serait prolonger les injustices déjà faites en faveur du riche. Dira-t-on qu'on lèvera la même somme, ou une autre somme abonnée, mais en la répartissant avec plus d'égalité? Dès lors c'est une subvention territoriale qu'on établit sous un autre nom, et l'on n'a fait qu'introduire une complication inutile.

Ainsi, un impôt d'une valeur fixée doit être préféré à un impôt proportionnel.

On n'a fait contre cette forme que trois objections qui puissent avoir quelque apparence de solidité.

VIII.   20

On a dit : Quand l'impôt est une taxe proportionnelle, chaque propriétaire sait qu'on ne peut lui rien
demander au delà d'une telle partie de son revenu.
Si on veut exiger davantage, il lui suffira de prouver
qu'on a exagéré la valeur de ce revenu. Cette observation est vraie en elle-même. Mais en même temps,
si l'impôt est mal réparti, ce même propriétaire
pourra payer cette partie, un dixième, par exemple,
tandis que, pour fournir son contingent de l'impôt
payé par tous, il ne devrait peut-être donner qu'un
quinzième tout au plus. C'est précisément ce qui a
lieu en France ; presque personne ne paye au-dessus
des onze centièmes établis par la loi ; beaucoup de
citoyens pauvres les payent à peu près exactement,
la plupart des riches payent beaucoup moins. Quelques-uns, à la fois très-riches et très-puissants, payent
à peine un centième. Dans le cas d'une subvention
territoriale, chacun connaissant la somme à laquelle
son bien est évalué, et celle qu'on lui demande, connaît non-seulement ce même rapport, mais de plus
il peut se plaindre, si ce rapport n'est pas le même
pour lui que pour un autre dont les biens auraient
été trop peu évalués. S'il obtient justice, il verra diminuer son imposition ; ce qui ne peut arriver dans
l'autre forme, à moins qu'on n'ait excédé pour lui
le rapport général fixé entre le revenu et l'impôt.

Cette limite qu'on croit apercevoir de plus dans
la fixation du rapport de l'impôt au revenu, plutôt
que dans celle de la somme de l'impôt, est illusoire.
S'agit-il des particuliers, le propriétaire à qui, en
augmentant la taxe qu'il payait, on demande plus du

dixième, par exemple, se plaint de la nouvelle évaluation donnée à son bien; mais le propriétaire dont
on augmente la taxe, si la somme est fixée, se plain-
dra également de la nouvelle taxe, à moins que la
somme de sa communauté n'ait été augmentée, et
que son augmentation personnelle ne soit ce qu'elle
doit être; et dans ce cas, si l'augmentation était injuste, la communauté aurait réclamé. S'agit-il d'une
augmentation générale, elle ne peut s'établir dans
une forme d'imposition, qu'en portant plus haut la
somme totale de l'impôt, et en distribuant cet excédant entre les provinces. Elle ne peut s'établir dans
l'autre, qu'en ajoutant des sous pour livres, c'est-à-
dire, en augmentant le rapport de l'impôt au revenu.
Dans l'un ou l'autre cas, cette augmentation serait
assujettie aux mêmes formes. Si on voulait s'en dispenser, elle serait facilement découverte pour une
sorte d'impôt comme pour l'autre, et elle exciterait
les mêmes réclamations. S'il y a même quelque avantage, c'est en faveur de l'impôt dont la somme est
fixe, parce que, dans cet impôt, l'augmentation se
présente d'abord à la province, puis au district, et
ainsi de suite; tandis que dans l'autre, elle peut,
sous prétexte d'une exactitude plus grande, commencer par attaquer les propriétaires isolés. Dans
l'impôt proportionnel, les citoyens qu'on surchargerait les premiers ne peuvent porter que des réclamations séparées. Dans l'impôt fixe, leur réclamation
devient nécessairement une réclamation commune
et publique que le district, la province ne peuvent
s'empêcher d'écouter et de soutenir.

On a reproché à l'impôt fixe d'être solidaire; mais, pour apprécier ce reproche, il faut distinguer deux sortes de solidarité: la solidarité quant à la répartition, et la solidarité quant au payement. La première consiste à distribuer proportionnellement, sur chaque propriété, la somme que toutes ensemble doivent payer. Cette solidarité, loin d'être un mal, est d'une justice rigoureuse, puisque c'est le seul moyen pour lever précisément la quantité d'impôt jugée nécessaire à la dépense publique, par ceux qui ont droit de prononcer sur cette fixation.

La seconde espèce de solidarité, celle du payement, consiste à obliger, dans une communauté, la masse des propriétaires à payer les impôts de ceux qui se sont trouvés dans l'impuissance d'y satisfaire. Si cette impossibilité est réelle, c'est une preuve que l'impôt a été mal réparti, et on ne peut pas en conclure que la solidarité soit injuste en elle-même, puisqu'en supposant la communauté bien imposée, elle oblige à payer seulement ce qu'on aurait dû payer en vertu d'une première imposition. Si cette impossibilité a pour cause la négligence des personnes chargées de la perception, la communauté pourrait se plaindre, non de la solidarité, mais, si elle n'a pas eu le choix des percepteurs, de ce qu'elle est punie d'une négligence dont elle n'est pas coupable. En un mot, il faut toujours supposer ici l'impôt légitime, c'est-à-dire, égal seulement à ce qui est nécessaire pour la dépense publique. Or, cela posé, si une partie de l'impôt n'est pas payée, il faut alors le remplacer par un autre. La solidarité, quant au payement, est donc une suite nécessaire de la légitimité, de la justice même de l'impôt; et dans le cas où elle n'aurait pas lieu, comme, pour avoir une somme déterminée, il faudrait demander davantage, il serait à craindre qu'on ne portât beaucoup trop haut cet excédant destiné d'avance à remplacer les non-valeurs.

Mais si on cherche, en particulier, quels peuvent être les inconvénients de la solidarité dans un impôt direct sur le produit net des terres, on voit combien sont frivoles les craintes qu'on a cherché à inspirer. En effet, si la terre est affermée, on ne voit pas comment, dans quelle circonstance cette solidarité pourrait exiger au delà d'une avance momentanée qui rentrerait l'année suivante à ceux qui l'auraient faite, avec un intérêt fixé par la loi; il suffirait de saisir cette somme entre les mains des fermiers. Si la terre n'est pas affermée, la vente forcée des fruits produirait aisément le même effet. Les bois, les étangs, et en général les biens qui ne produisent de revenu qu'après une certaine révolution, les mauvaises terres qui ne rapportent qu'une fois en plusieurs années, les genres de culture qui, comme les plantations de vignes, d'oliviers, de châtaigniers, sont un temps assez long sans produire ou à ne donner que de faibles récoltes, paraissent d'abord présenter plus de difficultés; mais si on fait réflexion que dans l'évaluation de ces revenus, on doit avoir égard à cette même circonstance, on voit qu'on peut, sans inconvénient, employer la même méthode, en donnant à ceux qui ont fait les avances l'intérêt composé des sommes avancées (1). D'ailleurs, cette difficulté suppose que le même propriétaire, qui n'aura point payé, n'aura que cette espèce de bien dans la communauté, ou même dans le district ; car on pourrait établir, sans inconvénient, que les biens du même individu, situés dans la totalité d'un district, répondraient de la totalité de son imposition.

On a enfin objecté contre l'impôt dont la somme est fixée, la nécessité où il met d'avoir une évaluation exacte de toutes les propriétés, c'est-à-dire, la nécessité de faire un cadastre. On peut répondre d'abord, que si l'on veut établir un impôt qui soit une partie proportionnelle du revenu, le cadastre n'est pas moins nécessaire, à moins que l'on ne veuille consentir à n'avoir qu'un impôt inégalement réparti, et d'une valeur incertaine. La prompte confection du cadastre y est même encore plus nécessaire, parce que, dans l'impôt à valeur fixe, la contradiction entre les contribuables établit d'elle-même une exactitude qui suffit pour exclure toutes les grandes disproportions, et qu'ainsi on peut, sans presque aucun inconvénient, après avoir adopté un plan de cadastre bien combiné, ne l'exécuter que lentement, ce qui rend cette opération plus facile et moins dispendieuse.

Nous pouvons donc conclure qu'un impôt territorial direct, dont la somme est déterminée, doit être préféré à un impôt proportionnel au produit.

(1) On entend par *intérêt composé*, l'intérêt du capital réuni chaque année à ce capital, et rapportant, par conséquent, un intérêt l'année suivante.   (*Note des premiers Éditeurs.*)

Examinons maintenant s'il vaut mieux lever l'impôt en argent qu'en nature.

On voit que cet impôt en nature ne peut être une même portion déterminée du produit levé sur toutes les terres; car alors il serait proportionnel au produit brut. Le rapport de l'impôt au produit brut doit donc varier quand le rapport du produit net au produit brut varie aussi. Si l'on prend, par exemple, un dixième des fruits sur une terre où le produit net ne monte qu'à la moitié du produit total, il faudra prendre seulement un vingtième des fruits, si le produit net est le quart du produit total. Or, le rapport entre les deux produits varie non-seulement pour les terres dont les fruits ne sont pas les mêmes, mais il varie encore avec la différente fertilité des terrains qui donnent les mêmes productions; de manière qu'il faut nécessairement substituer ici à l'évaluation du produit net de chaque propriété, celle du rapport de ce produit au produit total pour cette terre, ce qui oblige à faire également un cadastre, ou du moins un travail équivalent à un cadastre.

Si on demande un impôt dont la valeur soit fixe, alors chaque communauté connaissant la somme qu'on lui demande, ayant évalué pour chaque possession le rapport des produits, peut affermer son impôt en nature. Le prix de la ferme serait cette somme, et on préférerait au rabais celui qui, en suivant toujours la loi du rapport établi entre les différents genres de propriétés, exigerait une moindre portion du produit total. Ainsi, supposant qu'il y ait des terres où le produit net soit la moitié, le tiers,

le quart et le cinquième du produit total, si un fermier proposait de prendre le dixième des premières,
et par conséquent le quinzième, le vingtième et le
vingt-cinquième des autres, on lui préférerait celui
qui offrirait de ne prendre que le onzième des premières, et par conséquent le seizième et demi, le
vingt-deuxième, le vingt-septième et demi des autres.

On ne doit pas reprocher à un tel impôt la cherté
de la perception, quoique cette objection ait été faite
par des hommes éclairés; car cette levée exigeant
peu de peine, le fermier se contenterait d'un profit
modique, comme les fermiers des dîmes ecclésiastiques s'en contentent aujourd'hui. Cependant ces frais
sont plus grands que pour l'impôt en argent, 1° parce
que la levée coûte plus de peine et de dépense à celui
qui en est chargé; 2° parce que le fermier est exposé
à quelques risques. On pourrait observer, de plus,
qu'il doit retirer l'intérêt de ses avances depuis le
temps où il paye le prix de son bail, jusqu'à celui
où il est censé avoir vendu ses denrées; et ce doit être
un intérêt de commerce, supérieur, par conséquent,
à celui que le trésor public retirera de cette même
avance, du moins en supposant le crédit national
rétabli. Cependant cet excédant peut, en grande partie, n'être pas regardé comme payé par les propriétaires, mais seulement par le profit que ce fermier
fera en choisissant le temps propre à la vente de ses
denrées. Ce serait précisément à cet égard une partie
de plus du produit de la terre que le cultivateur serait obligé de vendre immédiatement après la récolte.
Mais on ne compte point pour l'impôt en argent, ce

que perd le même cultivateur ou le propriétaire, par la nécessité de vendre pour payer l'impôt; il ne faut donc pas compter la même perte occasionnée par l'impôt en nature.

On exigerait le payement d'avance d'année en année; et faute de ce payement à l'époque fixée, le bail serait résilié : par là on se délivrerait de l'embarras des cautions, dont l'acceptation est toujours arbitraire; ce qui fait que dans les adjudications d'objets publics, cette formalité, imaginée pour la sûreté, ne sert qu'à rendre les adjudications elles-mêmes illusoires. En faisant un bail pour huit, neuf, dix ans, on s'assurerait une imposition fixe, et on éviterait l'inconvénient de lever un impôt plus fort dans les mauvaises années que dans les bonnes; ce qui arriverait, si on faisait une adjudication tous les ans; parce que si, dans les stérilités très-étendues, les prix augmentent plus qu'à proportion de la moindre quantité de la production, du moins pour certaines denrées, cette augmentation de prix est bien inférieure pour les stérilités purement locales : ce moyen, d'ailleurs, compenserait l'inégalité de production, qui tient à ce que le produit de certaines cultures n'est pas annuel, mais périodique.

Cependant, malgré ces précautions, il reste plusieurs objections contre cette manière de lever l'impôt. 1° Il faudrait nécessairement faire une exception pour les propriétés qui, comme les bois, ne produisent que tous les quinze, vingt ans, etc. Il serait nécessaire d'établir alors que le produit de ces impôts fût placé, et l'intérêt employé comme diminution d'impôt, et qu'il fût placé en annuités pour quinze, vingt ans, suivant l'époque de chaque récolte; autrement il en résulterait à la longue, pour les différentes communautés, une exemption inégale d'un impôt qu'on aurait fait payer d'avance par les générations actuelles. Mais comme ces mêmes époques ne sont pas absolument régulières, ni les sommes qu'elles produisent exactement égales, cette opération produirait toujours quelque embarras et quelque désordre. 2° Il y a des espèces de productions sur lesquelles l'impôt en nature est impossible à lever; tels sont les jardins, et toutes les cultures de ce genre, où l'on recueille par très-petites parties, et à toutes les époques; tels sont aussi les étangs, puisqu'on ne pourrait, sans injustice, assujettir les propriétaires à des pêches régulières; telles sont les mines, les carrières. Il faudrait donc pour ces propriétés une autre forme d'imposition, ce qui devient une complication inutile. 3° On peut dire la même chose des maisons et des terres employées en objets de pur agrément, ou du moins sans produit régulier, comme des parcs, des avenues, etc.

A ces inconvénients, on peut opposer l'avantage que, ne prenant pour la plus grande partie, pour la presque totalité des propriétés, qu'une portion du produit en nature, cet impôt n'entraîne aucune espèce de contrainte, ni de vexation, que ni la pauvreté, ni même la misère des contribuables n'empêchent de le payer.

Mais nous avons vu que dans l'impôt territorial en argent, la contrainte se bornant à faire vendre une partie des fruits, l'inconvénient qui en résulte est bien léger : nous croyons donc qu'il ne peut contre-balancer ceux de la levée en nature, et que la première forme doit être préférée.

Examinons maintenant la même question , en supposant que l'impôt est proportionnel. On voit qu'il faut également connaître ici le rapport du produit total au produit net. Par exemple , supposons que le produit soit , pour différentes cultures , la moitié, le tiers, le quart du produit total, et qu'on demande un dixième, ce sera le vingtième, le trentième, le quarantième des fruits qu'il faudra lever. Dans cet impôt, comme dans l'impôt en argent, où l'on demande aussi une certaine portion du revenu, on éprouvera une égale difficulté pour établir ces proportions d'une manière exacte; chacun a de même un intérêt commun à diminuer la quotité de l'impôt qu'il doit payer; personne n'en a aucun à ce qu'elle soit fixée avec précision.

La partie de ses fruits que chaque terre doit payer étant une fois déterminée, il faudrait affermer l'impôt, et alors ce serait à celui qui en offrirait le plus qu'on donnerait la préférence. Mais il faut observer que si la communauté n'est pas tenue à verser une somme fixe dans le trésor public, elle cesse d'avoir aucun intérêt à ce que le prix de cette ferme soit porté plus haut, et que cette circonstance diminuera nécessairement le produit de l'impôt. Pour l'éviter, il faudrait confier à des agents particuliers du fisc le soin des adjudications, ce qui serait une source féconde d'abus. Si au contraire on fixe cette somme, en

laissant le surplus à la communauté, alors on trouvera peut-être une partie des avantages de l'impôt
fixe ; mais c'est parce qu'on l'aura réellement établi
sous une forme plus compliquée.

Concluons donc que pour cette seconde forme
d'impôt, la levée en nature a les mêmes inconvénients que dans la première, que même elle en a
un de plus, et qu'ainsi elle doit être également
rejetée.

Ainsi, l'impôt direct sur les terres doit être levé
en argent, la somme doit en être déterminée, et
ensuite répartie sur toutes les terres proportionnellement à leur produit net ; et c'est maintenant sur
cette forme seule que porteront nos réflexions.

Nous supposerons d'abord que tous les biens, sans
aucune exception, soient soumis à l'impôt.

On ne peut proposer d'excepter que deux espèces
de propriétés. D'abord, les biens destinés à des emplois publics ; mais on sent que ces biens, ainsi que
les domaines, doivent être assujettis à la règle générale, quand même on devrait prendre sur l'impôt
les sommes nécessaires pour dédommager de cette
perte les établissements qui l'ont soufferte. 1° Parce
qu'alors la distribution de ces sommes serait réglée
par des convenances générales, et que s'il résulte de
l'emploi de ces biens des avantages inégalement
distribués entre les citoyens, dès lors il est juste que
ceux qui en retirent ces avantages particuliers, contribuent aux charges publiques à raison de ce qu'ils
ont de plus que les autres. 2° Parce qu'il est utile
que tous les biens soient compris dans le cadastre

général; il en devient plus complet; il donne des lumières plus sûres sur la valeur et les rapports de la production et sur l'état de la culture, etc.; et une connaissance plus exacte de ces biens servirait de guide dans les opérations dont ils peuvent devenir l'objet.

La seconde exception réclamée est en faveur des biens ecclésiastiques. On paraît convenir aujourd'hui que ces biens doivent être soumis aux charges publiques. Ceux de cette profession qui ont siégé dans l'assemblée des notables, ont même avoué qu'ils devaient payer autant que les autres citoyens. Ainsi, après avoir fourni leur part proportionnelle dans l'impôt direct sur les terres, il ne resterait plus, d'après eux-mêmes, qu'à régler quel don gratuit ils pourraient donner pour remplacer la capitation, dont ils sont exempts, et à voir ensuite jusqu'à quel point leurs biens étant une fois compris dans l'impôt sur les terres, ces mêmes biens devraient encore contribuer à l'acquittement de leurs anciennes dettes. Ils ont en même temps prétendu qu'après avoir fixé la portion de l'impôt territorial qu'ils doivent supporter, il conviendrait de leur laisser le soin de la répartir; et ils en ont donné pour motif principal, la nécessité de ménager dans cette répartition les curés, et en général les bénéficiers chargés de fonctions utiles, en imposant, suivant des proportions différentes, les différentes espèces de bénéfices.

Il est aisé de voir d'abord que si la justice exigeait qu'une partie de la dette du clergé fût payée par la nation, ce n'est point en accordant au clergé des formes particulières d'imposition, mais en assignant pour cet emploi une portion du revenu public, que la nation devrait acquitter cette dette.

Si en réclamant la dernière exemption, c'est-à-dire, le privilége de répartir eux-mêmes leur portion de l'impôt, les membres du clergé ont voulu éviter de se soumettre à la répartition générale de chaque paroisse, à toute évaluation qui ferait connaître le véritable produit de leurs biens, et les mettrait dans la nécessité de payer rigoureusement à proportion de ce qu'ils possèdent, on ne peut voir dans cette réclamation, que le projet de continuer à cacher leurs véritables richesses, et de se soustraire à l'impôt.

S'ils ont entendu, au contraire, que leurs biens seraient assujettis à la répartition générale, mais qu'au lieu de payer leur contribution dans chaque paroisse, ils verseraient dans le trésor 'public une somme égale, imposée suivant leurs usages actuels, cette proposition semble indifférente en elle-même; et si on pouvait supposer que telle fût la volonté générale et presque unanime de tous les membres du clergé, elle n'aurait d'autre inconvénient qu'une complication plus grande, qu'une différence entre eux et les autres citoyens; différence aujourd'hui sans profit réel, mais dont, suivant les circonstances, il ne serait pas impossible d'en tirer un jour un très-réel; et c'en serait assez pour faire rejeter cette prétention.

Mais il y a plus; cette même exemption, 1° oblige le clergé à continuer d'avoir ses trésoriers, ses receveurs, ses chambres syndicales, ses assemblées, etc., frais de perception absolument inutiles, et que dès

lors il est injuste de faire payer à ceux des bénéficiers qui n'y auraient pas consenti.

2° Elle oblige à rassembler le clergé ; et ses assemblées, quoique purement économiques, quoique uniquement convoquées pour les impositions, profitent
de cette convocation pour délibérer sur d'autres
objets. Or, c'est un mal dans un État, que des
hommes, occupés d'une même fonction, aient ainsi
le droit et l'occasion de se réunir, tandis que les
autres citoyens en sont privés ; et c'est un plus grand
mal quand ce privilége est accordé aux ministres de
la religion, auxquels il est toujours dangereux de
donner en cette qualité une influence directe ou indirecte dans les affaires publiques. Il suffit, pour s'en
assurer, de lire l'histoire de toute les nations de
l'Europe. On voit quels troubles cette influence y a
causés, et l'on peut en conclure que, si les progrès
des lumières ont rendu cette influence moins
dangereuse, il ne peut jamais être permis de la regarder comme indifférente.

Si quelqu'un était tenté d'être d'un autre avis,
nous le prions de parcourir les nombreux volumes
des procès-verbaux des assemblées du clergé, d'y
lire les délibérations qu'elles ont prises, les demandes
qu'elles ont faites au roi, et nous ne doutons point
qu'il ne s'empresse de revenir à notre opinion (1).

C'est donc de la répartition d'une imposition ter-

____

(1) A dater de l'assemblée constituante, il est plusieurs époques
dans la révolution qui ont montré combien cette influence était
funeste, même lorsque le clergé papiste n'avait pas la liberté de
se réunir.   (*Note des premiers Éditeurs.*)

ritoriale, embrassant toutes les propriétés, sans aucune exception, dont il est à désirer que les assemblées provinciales soient chargées.

Le montant actuel des vingtièmes, augmenté de celui des décimes du clergé, en formerait la première valeur; et cette valeur serait distribuée, la première année, entre les districts, entre les paroisses, proportionnellement à ce qu'elles payent aujourd'hui. Alors, dans chaque paroisse, on évaluerait les différentes propriétés, et on distribuerait sur elles l'imposition de la paroisse. Cette première distribution faite, on connaîtra pour toutes les paroisses d'un district, d'une province, et même du royaume, ces deux éléments nécessaires, l'évaluation des biens, et le rapport entre l'impôt et le revenu; d'où il sera aisé de former entre les provinces, entre les districts, entre les communautés, une nouvelle répartition qui serait rigoureusement exacte, si les premières évaluations l'avaient été.

Mais ce qui est important, c'est qu'elles n'aient pas été faites avec une très-grande inexactitude, et il y a lieu de l'espérer. Il est vraisemblable d'abord que, par la contradiction qui s'élèvera nécessairement entre les propriétaires d'une même communauté, le rapport entre les valeurs attribuées à chaque terre ne sera pas très-éloigné du rapport qui existe entre leurs valeurs réelles; mais une communauté voisine s'apercevrait facilement, par la comparaison entre les valeurs données à des terrains égaux et voisins des siens, si l'évaluation faite dans une paroisse limitrophe est semblable à la sienne : la même chose aurait lieu de district à district, de province à province. Ainsi, la seconde distribution de l'impôt avertirait nécessairement de cette inégalité, et donnerait un intérêt d'en solliciter la répartition. Dès ce moment, il s'élèverait entre les communautés, les districts et les provinces, une discussion contradictoire, de laquelle naîtrait un moyen de corriger ces disproportions, assez exact et assez précis pour laisser le temps de recourir à des méthodes plus sûres. Ainsi, trois années pourraient conduire, non à une évaluation ou à une répartition rigoureusement exactes en elles-mêmes, mais à une répartition plus juste que celle qui existe, à une évaluation suffisamment précise, pour qu'on pût la faire servir de base à toutes les opérations sur l'impôt.

C'est alors que toutes les provinces pourraient à la fois s'occuper de former un cadastre, en suivant le plan qui a été adopté par l'assemblée provinciale de Haute-Guienne. (*Voyez* volume V, p. 235.)

Quelques personnes ont paru regarder comme inutiles ces soins employés pour donner à un cadastre une précision presque rigoureuse, et se ménager les moyens d'en corriger continuellement les défauts. L'imposition à laquelle un bien est individuellement assujetti, une fois déterminée, elle devient, disent-elles, une condition de la propriété ; elle entre dans le prix des ventes, et dès lors une répartition inégale cesse d'être une injustice (1). Mais on

_____

(1) Dans les premiers moments de la révolution, quelques personnes qui percevaient des dîmes ecclésiastiques, ont employé

peut répondre, 1° qu'elle en est une pour les premiers propriétaires ; 2° que dans le cas où la valeur de l'imposition n'est pas rigoureusement toujours la même, l'on commet une injustice réelle, quoique moins évidente, en forçant les propriétaires au calcul d'une condition variable et incertaine, puisqu'ils ignorent jusqu'à quel point les augmentations ou les diminutions de l'impôt influeront sur leur revenu ; 3° il peut survenir, dans la valeur des propriétés, des changements qu'il ait été impossible de prévoir, qui aient pour cause, non-seulement des accidents, des altérations physiques dans le terrain, mais des variations dans le prix des denrées, occasionnées par des révolutions dans le commerce. Or, la probabilité de ces changements n'a pu entrer dans le prix d'acquisition, et à cet égard l'injustice serait perpétuelle ; 4° il se rencontrerait assez souvent des propriétés pour lesquelles l'impôt absorberait presque en totalité le produit ; et nous avons déjà exposé comment il en résulte une diminution de culture. On prétend, à la vérité, que si un perfectionnement dans la culture, qui produit une augmentation de revenu, expose à une augmentation d'impôt, on aura moins d'intérêt à bien cultiver ; mais il faut considérer que les avances de culture, et l'intérêt de ces mêmes avances, doivent être déduits avant d'établir

cet argument pour défendre ces dîmes. Mais on aurait pu leur observer que cet impôt étant, ainsi que celui dont il s'agit, proportionnel au produit brut, tandis que l'impôt doit l'être au produit net, diminuait la reproduction et nuisait à la société en ne nuisant pas au propriétaire.   (*Note des premiers Éditeurs.*)

le produit net, et qu'ainsi cette augmentation d'impôts ne peut tomber sur l'intérêt qu'elles doivent produire, mais seulement sur l'augmentation de produit net qui en peut être le fruit. Or, que ce produit net soit imposé ou non, l'avantage du cultivateur est le même, puisqu'il doit finir par appartenir tout entier au propriétaire.

D'ailleurs, ces changements d'évaluation ne doivent avoir lieu qu'à certaines époques, dans le système que nous proposons, et il resterait toujours, pour déterminer le propriétaire même à s'occuper de faire des bonifications, la jouissance momentanée de la totalité du profit, et la jouissance perpétuelle de tout ce qui doit rester après que l'impôt aurait été prélevé.

On a craint la dépense qu'entraînerait l'exécution d'un cadastre. Mais, si on joint à son utilité directe l'avantage d'obtenir des données exactes pour toutes les opérations politiques, de se procurer sur l'état des campagnes, sur la richesse de l'État, sur la richesse particulière des différentes provinces, sur leur culture, sur l'effet des différentes lois, une foule de connaissances importantes qu'on ne peut acquérir autrement; si on observe, enfin, que ce cadastre une fois fait, l'arpentage universel et la détermination des territoires qui en résultera nécessairement, diminueront les procès, on verra que cette dépense sera plus que compensée par tous ces avantages réunis.

La formation d'un bureau, pour faire les opérations d'arpentage et les évaluations nécessaires à la confection d'un cadastre, seraient l'objet d'un règlement particulier.

Il faudrait qu'aucun employé pour la généralité de la province ne pût conserver sa place, si, pour obtenir la faveur de l'assemblée provinciale, il blessait les droits des assemblées de district, ou s'il sacrifiait les droits de l'assemblée provinciale aux prétentions des autres ; mais il faudrait aussi que cette destitution ne pût être trop facile, parce que, si les hommes trop sûrs de leurs places sont tentés d'abuser de leur autorité, ceux qui craignent trop de les perdre les exercent d'une manière servile ; et on atteindrait ce but, en établissant que ces employés nommés par l'assemblée provinciale, pourraient être destitués, ou par elle, à la pluralité des deux tiers des voix, ou par la pluralité des voix dans les deux tiers des assemblées de district, ou, enfin, par la simple pluralité de l'assemblée provinciale, jointe à la simple pluralité des voix dans plus de la moitié des assemblées de district.

S'il existe des employés attachés à chaque district, ils seront nommés par l'assemblée du district, et pourront être révoqués, soit par les deux tiers de l'assemblée provinciale, soit, enfin, par la pluralité de l'une ou de l'autre.

Ces places doivent être considérées comme fixes, comme ne pouvant être ôtées sans des motifs très-graves ; et par conséquent on exigerait, pour délibérer sur la destitution d'un sujet attaché au service général de la province, ou la demande d'un quart des membres de l'assemblée provinciale, ou la de-

mande d'un district à la pluralité des deux tiers des
voix. Pour un employé attaché à un district, il faudrait que la destitution fût proposée ou par le quart
de l'assemblée provinciale, ou par le quart de l'assemblée du district. En Angleterre, on exige, pour
accuser de certains crimes publics, la pluralité de la
chambre des communes; et, lorsqu'il s'agit de crimes
qui, par leur nature, sont presque toujours incertains et indéterminés, cette règle est plus sage que
celle qui donnerait à un seul homme le droit d'accuser. Les malversations ou les fautes qu'on peut
reprocher à un employé sont de ce genre. Cependant, comme il n'est pas question de punir un citoyen, de le priver de ses droits, mais de lui ôter
sa place, il paraît que l'on peut se contenter de la
réunion d'un certain nombre des représentants du
district et de la province.

Non-seulement les appointements ordinaires, mais
les gratifications, les retraites, seraient établis d'une
manière générale, et fixés par un règlement qui,
formé par l'assemblée provinciale, aurait été agréé
par la pluralité des assemblées de district.

Je ne crois pas qu'il soit utile d'attacher des employés à chaque district; d'abord, parce qu'il serait
nécessaire que leur travail fût inspecté et vérifié par
des employés d'un ordre supérieur; autrement il ne
pourrait y avoir dans les opérations cette unité sans
laquelle on ne peut ni s'assurer de leur exactitude,
ni en tirer des connaissances précises; ainsi, cette
disposition obligerait à multiplier les places. D'ailleurs, on pourrait craindre que des vérificateurs atta-

chés à un district, ne voulussent être les défenseurs des intérêts de ce district, et non des experts qui ne doivent connaître que la vérité. Leur fonction est de dire ce qu'ils croient vrai, et non ce qu'ils croient utile à leurs commettants. Ce sont des faits physiques qu'ils ont à établir, et non des intérêts politiques qu'ils ont à discuter.

Nous allons maintenant entrer dans quelques détails sur différentes propriétés qui paraissent exiger des observations particulières.

I. Les bois, et surtout les futaies et quelques autres propriétés, comme les châtaigneraies, les plants d'oliviers, ne peuvent être regardés comme donnant chaque année un même revenu; leurs produits ne sont pas même aussi susceptibles que ceux d'une terre à blé, d'une prairie, etc., d'être évalués d'après une année commune.

Cependant, une évaluation est nécessaire, et on peut y parvenir par trois moyens. D'abord, en partant de l'état actuel de chaque propriété; par exemple, s'il s'agit d'un bois qui se coupe tous les dix-huit ans, et qui est à la douzième année, on évaluera cette coupe, puis on cherchera quel est le revenu actuel que représente cette somme reçue dans six ans, et ensuite de dix-huit ans en dix-huit ans, à perpétuité. On peut aussi considérer ces propriétés en masse, les regarder comme pouvant être également à chaque distance possible de l'époque où l'on en recueille le produit; et, dans ce cas, par exemple, s'il s'agit encore d'une coupe de dix-huit ans, on évaluera le produit de cette coupe, et, en le divisant par dix-huit, on aura le produit annuel. Cette seconde méthode, qui est presque la seule usitée, favorise ceux dont la jouissance est plus prochaine, aux dépens de ceux dont la jouissance est plus éloignée. Enfin, on pourrait supposer toutes les jouissances comme étant à l'époque la plus reculée ; par exemple, évaluer la coupe et en réduire la valeur à celle d'une annuité dont dix-huit années seraient égales à cette somme payable au bout de dix-huit ans, et, dans ce cas, ce sont les possesseurs de ce genre de biens que l'on favorise. De ces méthodes, la première est la plus rigoureusement juste en elle-même ; mais, en exceptant les bois mis en coupes réglées annuelles, qui seraient traités comme des terres ordinaires, on pourrait préférer la troisième, par cette considération que ces revenus, qui sont nuls pendant plusieurs années, ne sont pas réellement équivalents à ce que serait une rente annuelle, égale en valeur, d'après le calcul des annuités. Par exemple, il n'est personne qui, s'il s'agit de revenus destinés à sa dépense, ne préfère une somme de 10,000 liv., payable tous les ans, à une somme de 100,000 liv., payable tous les quatorze ans et demi.

Les futaies libres seraient évaluées d'après les mêmes principes. A la vérité, les futaies ecclésiastiques ou substituées paraissent faire une difficulté qui, dans le fond, n'est qu'un inconvénient de plus attaché à l'existence de ces biens condamnés à n'être jamais possédés que comme usufruit. L'intérêt de la richesse nationale exige que l'on cherche les moyens de faire disparaître graduellement ce genre de propriétés qui ne doit son existence qu'à la loi civile, et que, par conséquent, elle peut détruire sans injustice. (*Voyez* la note troisième, à la fin de ce volume.) Mais, tant que ces biens subsistent, il serait injuste de les exempter de l'impôt, et il faut chercher un moyen de les y soumettre, qui ne blesse les droits de personne. Observons d'abord qu'une futaie qui se couperait au bout de quatre-vingts ans, et vaudrait alors un million, ne devrait payer que 250 liv. par an, en supposant l'impôt égal au quart du produit net; d'où l'on doit conclure que jamais cet impôt ne peut être considérable. L'on pourrait donc charger chaque district de le payer, en le répartissant sur toutes les propriétés, ce qui formerait une somme presque insensible. L'administration du district percevrait ensuite une partie du prix de la futaie, qui le dédommagerait de cette avance, dont on compterait les intérêts sur le pied du denier commun; et si on laissait subsister ce genre de propriétés, cette somme serait employée pour éteindre cette partie de l'imposition (1).

II. Les moulins et usines ne donnent pas un véritable produit, si on les considère relativement à la subvention territoriale. En effet, si d'abord on fait abstraction de tout droit exclusif, un moulin n'est qu'une machine dont le travail doit faire vivre l'ou-

---

(1) Une futaie, d'ailleurs, rapporte chaque année, et une futaie, par exemple, qui dans 80 ans rapportera un million, produit, les frais de garde prélevés, une somme bien au-dessus de l'impôt, par le bois mort, le pacage, le gland, la faîne, etc.

(*Note des premiers Éditeurs.*)

vrier qui l'emploie, payer les réparations qu'elle
exige, et rapporter à celui qui la fait construire l'intérêt de ses avances. Sous ce point de vue, un moulin ne doit être soumis à aucune imposition. Celle
qu'il payerait deviendrait un véritable impôt indirect mis sur les autres propriétés, puisqu'il n'aurait
d'autre effet que d'augmenter le prix de la mouture,
c'est-à-dire de diminuer le prix du grain, ou d'augmenter celui du pain.

Considérons maintenant le droit exclusif de construire cette machine. Ce droit n'est pas seulement
une prérogative arbitraire et dérivée de la féodalité,
il peut être fondé sur la nature ; il n'existe point,
sans doute, pour les moulins à vent, que les propriétaires peuvent multiplier sur leurs terrains, au
point d'établir une concurrence absolue. Mais il n'en
est pas de même des moulins à eau sur toute rivière
où il faut une retenue pour faire aller un moulin ;
le nombre des machines qu'on peut y établir est déterminé. Or, le cours des rivières appartient naturellement aux riverains, mais ne peut être possédé
par eux que d'une manière commune, et suivant
certaines règles de police. Ainsi, par l'effet d'une
convention avec ces propriétaires, le droit d'établir
des moulins sur une rivière peut devenir une propriété, et une propriété vraiment foncière, puisqu'elle exige ou la possession réelle d'une partie du
terrain, ou le droit d'en disposer d'une certaine manière, de la soumettre à certaines servitudes. Si, par
la position du pays, ce droit une fois établi, le défaut de concurrence fait que la valeur du moulin

excède le prix de travail du meunier, la dépense des
réparations et l'intérêt des frais de construction,
cet excédant de prix est une espèce d'impôt mis sur
les propriétés, qui en diminue la valeur. Les moulins doivent donc être assujettis à la subvention,
mais seulement pour la partie de revenu qui naît
de cet excédant. Si un privilége exclusif, comme une
banalité, comme un droit féodal, augmente le revenu du moulin, le principe est encore le même.

Ce que nous avons dit ici des moulins peut s'appliquer à toutes les espèces d'usines mues par l'eau,
et on cherchera de même, pour le soumettre à l'impôt, l'excédant de profit qui naît du défaut de concurrence; mais alors ce n'est pas comme donnant
un véritable produit que ces moulins, ces usines
sont assujettis à l'impôt, c'est comme un revenu payé
par les propriétés elles-mêmes, et sur lequel il est
juste de retenir l'impôt comme sur une censive.

III. Les mines, les carrières, les pêcheries, qui
supposent la propriété d'une certaine partie de terrain couvert d'eau, de rivage ou de côte, doivent
être regardées comme de véritables propriétés, puisqu'il en résulte un produit annuel attaché à la propriété de ces terrains, dont elle est la véritable origine, et par conséquent un véritable produit net.

IV. On peut demander si les droits seigneuriaux
éventuels doivent être assujettis à l'impôt, et comment ils doivent y être soumis. De quelque manière
qu'ait été acquise la propriété d'un terrain, cette
propriété doit être regardée comme la jouissance à
perpétuité du produit net de ce terrain, et par con-

séquent les droits éventuels sont une véritable diminution de ce produit net. La justice rigoureuse serait donc de former, dans chaque communauté, une évaluation des droits de cette espèce, en les réduisant à un revenu annuel ; de marquer, pour chaque propriété, la partie correspondante de ce revenu ; de la retrancher de la valeur de la propriété elle-même, et d'imposer le possesseur du droit comme propriétaire d'un revenu égal à cette portion.

Mais on peut prendre un moyen plus simple, celui d'autoriser tout propriétaire assujetti à un droit éventuel à retenir, sur la somme à laquelle se monte le droit, une portion de cette somme proportionnelle au taux de l'impôt, précisément comme on le pratique aujourd'hui pour ceux de ces droits qui sont égaux à une année de revenu. Ce moyen est très-favorable aux propriétaires des droits éventuels, qui sont très-souvent obligés de faire des remises ; la retenue de l'impôt se confondrait avec elles, on pourrait dire qu'ils ne le payeraient pas réellement, et cependant la justice rigoureuse serait observée.

V. Les maisons, et en général les terrains qui ont une valeur, sans rapporter un produit en nature, forment encore une classe de propriétés qui exige quelques discussions.

Nous ferons d'abord abstraction de la valeur du terrain sur lequel la maison est bâtie.

S'il s'agit d'une maison qui ne soit qu'une simple habitation, on voit qu'elle représente, soit par le loyer, soit par l'avantage d'y être logé, l'intérêt de l'argent employé à la bâtir ; ce qui forme une espèce d'annuité à terme plus ou moins long, suivant que les reconstructions ou les réparations extraordinaires ont lieu à des époques plus ou moins éloignées. Une maison doit donc être considérée, relativement à l'impôt, non comme une propriété ayant un produit annuel, mais comme un capital portant intérêt. Si les maisons sont assujetties à un impôt, le propriétaire qui loue reçoit, pour intérêt de son capital, le loyer diminué du montant de l'impôt. Le propriétaire qui habite sa maison reçoit un intérêt égal à ce loyer, puisque la jouissance qu'il en retire est égale au prix qu'un locataire lui en donnerait, mais il est assujetti à l'impôt; l'intérêt de son capital est donc diminué d'une somme égale, et reste le même que s'il louait la maison. Supposons que cet impôt soit supprimé, il se fera dès lors, entre les locataires qui pouvaient payer l'ancien loyer, et le propriétaire qui se contentait de ce loyer diminué de l'impôt, une nouvelle convention dans laquelle le gain qui résulte de la suppression de l'impôt se partagera (1).

C'était donc en partie par le locataire, c'est-à-dire,

---

(1) On suppose ici que le propriétaire a autant de besoin de trouver un locataire, que le locataire a besoin de trouver un propriétaire; or, cette égalité de besoin de la part de l'un et de l'autre, ne peut se trouver que chez les peuples où chacun des éléments de la prospérité publique ne sont depuis longtemps étouffés par aucune gêne, ne peut se trouver par conséquent nulle part. En effet, il n'est et il n'a existé aucun peuple où la propriété foncière, mobilière ou industrielle ait été absolument libre ou également esclave, ce qui n'est pas la même chose relativement à la prospérité publique, mais ce qui est la même

par les propriétés qui fournissaient à la dépense de ce locataire, que l'impôt sur la maison était payé, et en partie par le propriétaire, mais seulement en diminuant l'intérêt qu'il retirait de ses fonds. Or, si on ôte l'impôt, l'emploi des fonds en maisons devenant plus avantageux, il s'y portera plus de capitaux; cet intérêt baissera donc jusqu'à ce qu'il soit devenu tel qu'il doit l'être, d'après la nature et les dangers de ce genre de placement. Si alors il reste plus fort qu'il n'était, il en résultera seulement que le taux naturel de l'intérêt avait été diminué par l'impôt, que le capitaliste portait une charge injuste. Cela posé, on voit qu'une maison ne devrait être assujettie à l'impôt direct que comme des terrains employés d'une manière non productive, si ces terrains doivent y être assujettis.

Ce que nous avons dit des maisons qui ne servent qu'au logement s'appliquera de la même manière aux ateliers de manufactures. L'impôt levé sur ces maisons devient, quant à la partie qui sera payée par le locataire, une augmentation des frais de fabrication. Les maisons destinées à l'exploitation des terres, si elles appartiennent au propriétaire, ne doivent pas être assujetties à l'impôt direct. En effet, la valeur de ces édifices, de ces terrains est alors une avance foncière dont le fermier a été dispensé, dont l'intérêt entre dans le prix des terres. Ainsi, non-seulement ces maisons ne doivent pas y être assujetties,

chose relativement à la prospérité des individus qui jouissent de l'une de ces propriétés, ou qui ont une propriété de ce genre.

(*Note des premiers Éditeurs.*)

mais si l'on estime les terres, non d'après une évaluation régulière, mais d'après les baux, il serait juste
de les diminuer de l'intérêt de cette avance, dans
le cas où elle élèverait ces baux au-dessus du prix
commun pour les autres terres. Supposons, en effet,
que, dans une communauté, cent arpents et une
ferme soient loués 1,000 livres, et que cent arpents
égaux, mais sans ferme, le soient 900 livres, c'est précisément comme si le fermier avait loué les terres
900 livres, et la maison 100 livres. Et si la maison
habitée par le fermier ne doit pas payer l'impôt territorial dans une hypothèse, elle ne doit pas le payer
dans l'autre. On voit que, pour fixer l'intérêt de
l'avance, il ne s'agit pas ici d'évaluer ce que la maison a coûté, ce qu'elle serait vendue, ce qu'elle serait
louée, mais seulement la quantité dont elle a augmenté le produit net. Si ces maisons appartiennent
au fermier, alors l'impôt qui porte sur elles, et l'impôt établi sur celles des ouvriers que le fermier emploie, sont une augmentation des frais de culture,
et tombent directement sur le produit net des terres
à l'exploitation desquelles ces maisons sont employées.

Mais, en concluant que les maisons ne doivent pas
être soumises à l'impôt territorial, et que l'impôt
levé immédiatement sur elles est un véritable impôt
indirect réellement payé par d'autres propriétés,
nous devons avouer que ce même impôt, si on le
borne aux maisons des villes, aux habitations sei-
gneuriales, n'exigeant presque point de frais de perception, n'étant avancé généralement que par des

gens en état de le payer, est un des impôts indirects que l'on doit détruire les derniers, de ceux même qu'on pourrait affecter à un remboursement de dettes, et laisser éteindre, par ce moyen, en s'épargnant le travail d'en changer la forme.

VI. Nous allons passer maintenant aux terrains employés d'une manière non productive. Puisque ces terrains ne rapportent rien, ce n'est pas sur leur produit que l'impôt est payé; c'est donc sur d'autres propriétés, et il est clair que ces propriétés payent l'impôt pour elles-mêmes, et le payent aussi pour ces terrains stériles dont jouit le propriétaire commun : il faudrait donc, pour que la répartition fût juste, que ce second impôt fût, par sa nature même, proportionnel à la valeur de ces autres propriétés, ce qui peut être supposé. Cependant, de quelque manière qu'un propriétaire emploie son revenu, ce revenu doit être également assujetti à l'impôt. Celui qui emploiera, chaque année, le revenu d'un terrain de mille arpents de terre à donner des concerts; ou celui qui emploiera ce terrain à former un parc dont il ne retirera aucun produit, ont également joui, chacun à leur manière, du revenu de ces deux terrains; l'un en employant ce revenu, l'autre en satisfaisant un goût, une fantaisie qui empêche ce terrain de donner une production réelle. Un propriétaire qui substitue à un pré un inutile gazon, et celui qui laisserait croître le foin pour le faire servir à un amusement aussi frivole, font de cette partie de terre un usage semblable. L'homme qui placerait successivement le revenu d'une portion de terre, ou celui qui emploierait cette terre à construire une maison, emploient, chacun à leur manière, le revenu que ce terrain produit ou pourrait produire; ils doivent donc payer également l'impôt. Un terrain qui ne produit rien peut donc être légitimement assujetti au même impôt que s'il était employé, à cela près que l'un doit l'être proportionnellement à son produit réel, l'autre à son produit estimé, d'après celui des terres semblables qui l'environnent. En suivant cette règle, l'impôt n'est point injuste. Sans doute il est payé chaque année, par la reproduction des fruits donnés par d'autres terres, mais par la reproduction de celles dont les propriétaires jouissent de la commodité, des agréments qui ont obligé de dévouer ce terrain à la stérilité seulement. Comme cet emploi inutile peut cesser d'avoir une valeur, qu'alors le sacrifice de la reproduction devient une perte réelle, c'est seulement d'après la valeur foncière qui reste à ces terrains inutiles qu'ils doivent alors être imposés. Ainsi, le terrain d'une maison, d'une allée, d'un parc sans rapport, doit être imposé comme les terres semblables; des ruines, des friches, doivent l'être d'après le prix que le fonds pourrait valoir (1). On sent que les jardins, qui ont une production

---

(1) Il s'agit ici du prix courant; en effet, un homme qui a de la sagacité peut voir longtemps à l'avance que, par suite de tel établissement manufacturier, de telle grande route, de tel canal, ou de telle entreprise agricole, telle *friche* vaut dix, cent fois ce qu'on l'estime. Mais ce n'est pas d'après ce qui n'est pas ordinaire, que l'on peut évaluer les objets.

(Note des premiers Éditeurs.)

réelle, doivent être estimés d'après leur revenu.

On avait proposé d'imposer les châteaux, les parcs et les jardins d'agrément, comme les meilleures terres de chaque communauté. Malgré sa popularité apparente, une telle disposition serait une injustice réelle. L'emploi libre de la propriété est-il un crime qui mérite d'être puni par une amende? Fera-t-on à un propriétaire une obligation rigoureuse de n'enlever à la culture aucun terrain? L'homme riche doit-il payer plus qu'à proportion de sa richesse? Ne nous livrons pas à ces idées d'une morale exagérée. Tâchons d'être justes à l'égard du peuple, et nous en sommes encore bien éloignés; mais ne soyons jamais injustes, même en sa faveur.

Il existe en France des impôts directs qui n'affectent que certaines provinces. Telle est la taille tarifée qui est imposée, soit sur les biens des seuls roturiers, soit sur une certaine classe de biens déclarés tels à perpétuité.

La première espèce d'impositions renferme une véritable exemption en faveur de la noblesse et du clergé, et dès lors il en résulte une injustice réelle. Il faudrait donc substituer, à cette taille, un impôt direct que l'on séparerait de l'impôt direct général, parce que cette taille est particulière à certaines provinces, et que celles qui en sont exemptes sont assujetties à d'autres impôts, ou portent une partie plus grande des impôts communs.

Indépendamment de l'injustice qu'elle renferme, cette imposition est de plus nuisible à la culture. En effet, la même terre rapporte un revenu plus grand

VIII.   22

à un noble qu'à un roturier; il peut donc l'acheter plus cher, en en retirant un intérêt égal. Les roturiers achètent donc moins de terres, et par là il y a moins de capitaux employés pour l'amélioration de la culture, à laquelle il est si rare que les propriétaires d'un état supérieur daignent en consacrer aucun. Cette imposition a encore l'inconvénient d'entraîner une variation perpétuelle dans la répartition de l'impôt. En effet, dès qu'il aurait une valeur fixe, toutes les fois qu'une terre passerait d'un noble à un roturier, ou réciproquement, il en résulterait un changement nécessaire dans la répartition.

La perte que la destruction de cette exemption ferait supporter à la noblesse ne serait que passagère; elle en serait bientôt dédommagée par les avantages que tous les ordres de citoyens retireraient des progrès de la culture. Enfin, c'est en grand que les assemblées provinciales doivent s'occuper de la réforme de l'impôt; c'est à établir partout la simplicité, l'uniformité, la justice dans la répartition, qu'elles doivent employer tous leurs efforts; la diminution des frais de perception, qui résulterait de l'exécution d'une réforme, serait, pour les privilégiés eux-mêmes, un dédommagement plus que suffisant de la perte de ceux de leurs priviléges qui ont une valeur réelle.

Dans d'autres provinces, l'exemption de la taille est attachée à certaines terres, quels qu'en soient les propriétaires; elle est donc devenue une condition de la propriété. Il est juste de la conserver, mais seulement pour une valeur fixe. L'impôt levé sur les autres biens, fixé de même d'une même manière irrévocable, doit être regardé comme une espèce de domaine, comme une rente due par certaines terres ; mais ce domaine appartient à la province, il est destiné à payer une partie de ses impôts. Si donc il est généralement utile de ne pas laisser subsister cette source de revenu public, il est juste que l'extinction de ce revenu serve au soulagement de la province. Nous en donnerons les moyens, en traitant des fonctions des assemblées provinciales, relativement à la dette publique.

Nous avons dit que cet impôt particulier à certaines terres, devait être fixé invariablement. S'il l'est par son institution, c'est à cette valeur qu'il faut s'arrêter. S'il est variable, si chaque année il reçoit une valeur nouvelle, il faut proscrire ces variations, et déterminer une valeur fixe, d'après des principes d'équité que l'assemblée provinciale discuterait, et sur lesquels le gouvernement prononcerait. Mais on sent qu'on ne doit jamais porter l'impôt au-dessus de la valeur moyenne de l'imposition actuelle ; qu'il peut y avoir des motifs pour la rendre plus faible, mais que la justice ne permet pas de l'augmenter.

II.

Des impôts indirects en général.

Tout impôt indirect est payé par le produit net des terres ; on ne peut en combiner aucun, de manière qu'il soit proportionnel à ce produit. Tous

exigent, pour être perçus, des frais plus considérables, dont il est injuste de surcharger les propriétaires. Enfin, on ne peut rendre productifs les impôts
indirects, qu'en portant atteinte aux droits des citoyens, par des prohibitions et par des vexations. Il
faut donc détruire les impôts indirects, et les remplacer par un seul impôt direct, puisque cette forme
est la seule dans laquelle on puisse égaler, avec une
rigueur absolue, l'impôt au besoin ; la seule où l'impôt puisse être proportionnel à ce que possède celui
qui le paye ; la seule qui ne viole aucun des droits
naturels de l'homme et du citoyen.

Pour convertir un impôt indirect en impôt direct,
il faut d'abord connaître ce que chaque province, chaque district, chaque communauté, chaque propriétaire paye réellement de l'impôt indirect sur le produit net de ses terres, et distinguer la partie que le
propriétaire paye sur le produit net actuel dont il
jouit, et celle qu'il payerait sur le produit net réel dont
il jouirait, si les impôts indirects étaient supprimés,
ou si tel impôt en particulier n'existait pas. Comme
en examinant en détail les impôts indirects connus,
on trouve que non-seulement il y en a qui affectent
certaines classes de propriétés, certains cantons plus
que d'autres, mais même certaines classes plus ou
moins déterminées de propriétaires, cet examen est
assez compliqué ; cependant il est nécessaire, si l'on
veut que l'impôt soit réparti avec une justice rigoureuse, c'est-à-dire, qu'il soit proportionnel au produit net.

Par propriété, nous entendons ici, non-seulement

la possession d'une terre, mais la possession d'une partie des fruits de la terre, comme d'une rente en argent ou en nature, d'une dîme, etc.; mais la différence entre le produit net actuel et le produit réel, l'influence de l'impôt indirect sur ce produit, nulle pour les rentes en argent, n'est pas la même pour les rentes en nature ou pour les dîmes que pour les propriétés vraiment territoriales.

Connaissant ce que les impôts indirects coûtent à chaque propriété, et la différence du produit net actuel au produit net réel ; sachant par conséquent la valeur de chaque produit net réel, et la somme totale de tous ces produits, et connaissant de plus la somme qu'on doit lever pour remplacer l'impôt indirect et l'impôt direct déjà établis, on aura, par une simple proportion, la partie de la totalité de l'impôt que chaque propriété doit payer.

Mais il faut observer dans cette opération que la partie de l'impôt indirect, payée par le propriétaire, celle qui forme la différence du produit net réel au produit net actuel, doit être calculée, en supposant la somme de chaque impôt indirect égale à ce qu'il coûte à la nation, au lieu que quand il s'agit de répartir cet impôt converti en impôt direct, il faut le supposer seulement égal à la somme qui entre dans le trésor public. Ce que nous disons ici du produit d'une propriété, par rapport à la masse totale, doit s'entendre également, soit de ce produit comparé à la masse de ceux d'une province, d'un district, d'une communauté, soit de la somme des produits d'une communauté, comparée à celle des produits d'un district ou d'une province. On voit aussi que le même principe doit être suivi, soit dans une répartition générale, soit dans les répartitions successives qu'on y substitue pour rendre l'opération générale plus facile.

Connaissant une fois, par cette méthode, ce qu'une propriété doit payer, et la différence du produit net réel au produit net actuel, on observera ensuite :

1° Que pour les terres affermées, le fermier peut être assujetti sans injustice à une partie de l'impôt égale à cette différence ;

2° Que pour les terres exploitées par des métayers, cette différence doit se partager, suivant une certaine proportion, entre le propriétaire et le métayer.

En effet, le prix de la ferme a été déterminé dans l'hypothèse que le fermier était chargé de cet impôt ; ainsi, en continuant de le payer, son sort reste le même ; il continue de faire les avances, et d'en retirer le même intérêt ; mais en même temps on doit faire le calcul de manière qu'on soit presque assuré qu'il ne souffre aucune perte : dans le doute, il vaut mieux risquer de diminuer l'avantage légitime en lui-même que le propriétaire retirerait seul de la diminution des frais de perception. On doit s'assujettir à cette règle, non-seulement parce que le fermier est moins riche, non-seulement parce que l'intérêt de la culture doit engager à le traiter favorablement, mais aussi par un principe de justice. Le fermier ne doit pas d'impôt, n'a point proprement de revenu.

Ce ne serait point sur un produit net absolument disponible, ce serait sur le salaire de sa peine, sur l'intérêt de ses avances, que l'impôt serait levé. Une erreur inévitable, qui léserait un propriétaire, aurait la nécessité pour excuse ; celle qui léserait le fermier n'en aurait aucune, et serait une injustice volontaire. Il en sera de même du métayer ; l'impôt qu'il avançait était aussi une condition du bail : il n'a droit qu'à rester dans le même état ; mais il a droit qu'on se tienne dans les limites où l'on soit assuré que son état n'a pas empiré.

Tels sont les principes généraux d'après lesquels on peut exécuter, soit à la fois, soit successivement, la conversion des impôts indirects. Nous renvoyons dans une note les détails relatifs à l'application de ces principes. (*Voyez* note III.)

Nous allons maintenant examiner séparément, non tous les impôts indirects établis en France, mais seulement quelques-uns de ces impôts, comme exemples des différents genres de taxes que le hasard, les préjugés ou l'avidité fiscale y ont jusqu'ici fait mettre en usage. Nous examinerons, pour chacun, par quelles propriétés il est payé, et suivant quelle proportion il pèse sur ces propriétés, comment on peut connaître la partie qu'en paye une province ou un district, quels effets particuliers il produit sur la culture ou l'industrie, en quoi il peut être injuste, à quels droits des citoyens il porte une atteinte plus directe, enfin quels peuvent être les moyens particuliers de le changer en impôt direct ; ce qui nous conduira à l'exposition de la méthode qu'on peut suivre pour opérer une conversion absolue et totale de ces impôts.

Mais, avant d'entrer dans ces détails, il faut discuter ici quelques questions nécessaires pour bien entendre ce que nous avons à dire sur la conversion des impôts. Le changement, dans le prix des denrées, causé par l'établissement ou la suppression d'un impôt sur ces denrées, est-il réel, ou du moins est-il assez sensible pour qu'il soit nécessaire d'y avoir égard? et s'il est sensible, comment peut-on le prévoir d'avance et le déterminer?

Le besoin que l'acheteur a d'une denrée, et le besoin que le vendeur a de l'argent échangé contre elle, en déterminent le prix. La concurrence entre les acheteurs tend à le faire hausser, et a pour borne, ou leurs facultés, ou le besoin plus grand qu'ils ont d'une autre denrée dont ils seraient obligés de se priver, s'ils achetaient la première au delà d'un certain prix. La concurrence entre les vendeurs tend à baisser le prix, et a pour borne le défaut d'intérêt qu'ils auraient à se procurer cette denrée pour la vendre, si elle tombait au-dessous d'un certain prix. Supposons qu'un marchand ait acheté une denrée pour la revendre, et qu'il ait été assujetti à payer un certain impôt égal au dixième de la valeur, il est clair que, vendant cette denrée, et recevant dix de l'acheteur, il n'y a réellement que neuf qui lui restent. S'il avait, par exemple, acheté la denrée huit, et payé un pour les droits, il ne gagnerait qu'un pour prix de ses avances. Supposons ensuite l'impôt détruit; puisqu'il se contentait de gagner un pour prix de ses avances, égales à neuf, à plus forte raison se contentera-t-il de gagner un pour des avances de huit ; et puisque la concurrence l'avait amené à vendre à ce prix, elle pourra l'y déterminer encore. En même temps l'état de l'acheteur n'a point changé ; son besoin le déterminait à donner dix, et il pourrait encore les donner. Mais, comme il y a des marchands pressés de vendre, comme en général il leur importe à tous d'accélérer la rentrée de leurs fonds, comme la baisse du prix augmente la vente et le nombre des acheteurs, il y aura toujours une raison pour que le prix baisse, quoiqu'il n'y en ait point pour que ce prix baisse juste d'une quantité égale au droit. Voilà ce qui a lieu naturellement entre un acheteur et un vendeur, toutes les fois qu'on supprime le droit qu'avait un tiers sur une partie du prix. Mais nous avons ici à considérer deux classes absolument distinctes. D'abord, des marchands et des manufacturiers qui doivent naturellement être toujours réduits à ne retirer de leurs fonds qu'un intérêt égal ou sensiblement égal, si on le considère relativement à son influence sur le prix ; et ensuite des consommateurs et des cultivateurs qui doivent, en dernier ressort, fixer le prix entre eux. Cela posé, si l'état du cultivateur restait le même ; si, l'impôt étant ôté, il continuait de ne payer au propriétaire que la même somme, il suivrait du principe précédent, que le changement de prix devrait se partager entre le cultivateur et le consommateur, de manière que celui-ci achetât à meilleur marché, et que l'autre vendît plus cher.

Mais il faut observer qu'il s'agit de convertir l'impôt, et que, durant le temps des baux actuels, la partie de l'impôt territorial, qui remplace celui qu'on détruit, doit être à la charge du fermier, et ensuite être payée par le propriétaire. Or, tant que le premier arrangement subsistera, le cultivateur doit exiger de ses denrées un prix qui le dédommage de cet excédant d'impôt, et dans le second, le propriétaire doit chercher à se procurer le même dédommagement, en augmentant le prix de sa ferme : il y a donc une raison pour que le prix de l'acheteur reste le même, et qu'ainsi l'impôt doive être regardé comme ne faisant que diminuer, pour le cultivateur, la valeur de ses denrées. Quoiqu'en général il soit vrai qu'en supprimant un droit dont l'effet était de faire acheter une denrée au consommateur, plus cher qu'il ne la payait au vendeur, le prix doit baisser pour le premier et augmenter pour l'autre ; cependant, par la raison qu'on vient d'exposer, aucune partie d'un impôt sur les denrées ne serait payée par la totalité des propriétés qui fournissent à la dépense des consommateurs ; elle le serait seulement par les terres qui fournissent les matières premières ; mais des circonstances particulières viennent encore changer cet ordre naturel.

Les impôts indirects entraînent des frais de perception inutiles ; l'impôt doit être diminué du montant de ces frais, et il en résulte que, si le prix des denrées restait le même, le cultivateur ou le propriétaire y gagneraient, et que ce prix pourrait baisser sans qu'ils y perdissent. Il doit donc se faire un par-

tage entre le propriétaire et le cultivateur, relativement à cette partie de l'impôt. De même, si nous
supposons qu'un impôt ne tombe que sur la dixième,
la vingtième partie d'une denrée, et que la distinction soit relative, non aux propriétés qui fournissent
les matières premières, mais à l'usage qu'on en fait,
ou à une distinction entre les consommateurs, il est
aisé de voir que les consommateurs de cette dixième,
de cette vingtième partie, seront chargés de cet impôt, et par conséquent les propriétés qui leur
donnent les moyens de consommer en seront affectées, en payeront même la totalité, à l'exception des
frais de perception absolument remis, dont l'avantage se partagera entre les propriétaires des terrains
qui fournissent cette espèce de denrée, et les propriétaires qui fournissent à la dépense des consommateurs.

Ainsi, dans le premier cas, il faut faire porter
tout l'impôt, excepté la moitié des frais de perception, aux terres qui fournissent les matières premières; dans l'autre, faire porter la totalité, excepté
cette même moitié, à celles qui fournissent aux
consommateurs des revenus, des rentes ou des salaires.

Il ne faut pas conclure de ces réflexions, qu'il ne
se fera, dans le prix, aucun autre changement. En
effet, il y en a un, par exemple, qui a lieu nécessairement lorsqu'un droit, tombant sur une partie considérable d'une denrée, est exorbitant; lorsqu'il excède ou qu'il approche seulement de la valeur réelle,
ou même de la moitié de la valeur; la suppression

d'un droit de ce genre doit influer sur la consommation, sur la production, faire une révolution plus ou
moins grande dans la culture, dans les habitudes de
la vie relatives à cet objet; mais les premiers changements sont les seuls dont on doive tenir compte
dans une première opération; les autres, plus lents,
plus difficiles à évaluer et à prévoir, doivent être rangés parmi les variations accidentelles qui obligeront,
quelques années après la conversion de l'impôt, à
une réforme générale du cadastre. En effet, il est aisé
de voir que la culture, jouissant d'une liberté dont
les impôts indirects la privent, doit éprouver des
changements favorables à l'accroissement de la richesse publique, et que ces changements doivent
faire varier la valeur relative des propriétés, comme
leur valeur réelle.

On peut trouver aussi des impôts indirects qui
agissent à la fois des deux manières; mais alors on
pourra toujours les décomposer, en suivant le même
principe, en voyant toujours de quelles terres les
baux seraient augmentés, si l'impôt n'existait pas,
ou, ce qui est la même chose, quelles terres, si on
les charge de l'impôt de remplacement, peuvent en
être dédommagées par une augmentation dans le
prix des baux. Les détails qui vont suivre renferme-
ront des applications de ces principes, qui serviront
à les faire mieux entendre.

On a fait, contre la conversion des impôts indirects, une objection faible en elle-même, mais qui,
par une sorte de subtilité, a séduit des hommes
d'ailleurs très-éclairés. On a dit : Si vous supprimez

un impôt sur des marchands, par exemple, vous dites qu'ils diminueront le prix des marchandises; mais comment cet impôt, presque nul sur chaque petite partie de marchandise, pourra-t-il être ainsi compensé par un changement dans le prix? Les objets de douze, de cinq sous, diminueront-ils de la moitié ou du quart d'un denier? Les prix resteront donc en grande partie les mêmes, parce que l'on conservera les nombres ronds; le propriétaire payera un impôt de plus, et n'achètera pas moins cher. Je réponds à cette objection, que le motif qui fait établir, pour de très-petits objets, des prix en nombres ronds, c'est-à-dire des prix payables en monnaie courante, a nécessairement l'effet de rendre inégal le profit des marchands qui le forcent sur une denrée plus que sur une autre, quelquefois sur la vente en parties plus grosses, plus que sur la vente en très-petites parties, pour laquelle ils réservent ce qui, dans la denrée qu'ils ont acquise, se trouve être d'une moindre quantité, qui enfin savent diminuer ou augmenter la mesure, de manière que cette nécessité de vendre en nombres ronds ne leur soit pas nuisible et ne déplaise pas trop aux acheteurs. Dans aucun commerce, le marchand qui traite avec le consommateur ne tire de chaque chose qu'il vend un profit toujours égal, mais il fait en sorte que tous ces profits, compensés l'un par l'autre, lui rapportent un intérêt suffisant. Si vous l'affranchissez d'un impôt, cet intérêt diminuera de la valeur de l'impôt, et le prix des marchandises se fixera d'après ce nouvel intérêt, ou baissera celles dont le prix plus haut diminuait le débit. Si on ne change rien au prix apparent, on donnera ou plus, ou une denrée meilleure : l'envie de vendre, de multiplier les pratiques, fera prendre au marchand les moyens de sacrifier cet excédant d'intérêt que la suppression de l'impôt lui a fait obtenir, et dont il peut se passer.

Ce que nous disons du marchand, aura lieu également pour le salaire de l'ouvrier à la journée; la taille, la capitation dont on le soulage, ne diminuera point son salaire de tous les jours dans une proportion rigoureuse, mais elle le fera baisser pour certains ouvrages, pour une certaine saison : il travaillera ou mieux, ou un peu plus longtemps : il le pourra, parce qu'en recevant la même somme, il sera réellement plus riche et mieux payé.

Nous ajoutons enfin qu'il ne faut pas regarder comme un mal le changement qu'éprouveront certaines propriétés. Le but qu'on doit se proposer n'est pas de conserver l'inégalité produite par les impôts indirects, mais de détruire cette inégalité. La justice demande que chacun paye, sans éprouver aucune violation de ses droits, ce qui est nécessaire pour l'utilité publique, et le paye proportionnellement à son revenu, et non que chacun continue à payer ce qu'il payait, avec une diminution proportionnelle des frais inutiles. On n'a point de droit à conserver des avantages injustes dans leur principe; sans cela, toute injustice une fois commise, une fois consacrée par le temps, serait irréparable, ou plutôt il n'y aurait plus de juste que ce qui est établi; système

absurde qu'heureusement on n'a même plus besoin
de réfuter.

1° *Des impôts levés directement sur les terres, mais indirects dans la réalité.*

Dans le nombre des impôts réellement indirects,
quoique levés directement sur les terres, on peut
compter : 1° une partie de la taille ; 2° le droit de
gros sur les boissons. Nous nous bornerons à ces
deux exemples.

La partie de la taille dont il s'agit ici, est celle
qu'on appelle taille d'exploitation ; on l'impose sur
les cultivateurs, comme devant être levée sur les
profits de leur travail ; mais elle entre nécessairement
dans le calcul d'après lequel s'établit le prix du bail ;
elle est donc réellement payée par les propriétaires.
Les ecclésiastiques, les gentilshommes et quelques
personnes qui jouissaient de quelques-uns des priviléges de la noblesse, sont exempts de cette portion
de la taille pour les biens, ou du moins pour une
partie des biens qu'ils font eux-mêmes valoir, et
c'est une première injustice. Cette imposition n'est
pas d'ailleurs proportionnelle au produit net actuel
ou réel, mais elle est répartie, soit arbitrairement,
soit d'après un système particulier, et cette circonstance doit la faire placer dans le nombre des impôts
indirects. Lorsqu'elle s'impose arbitrairement, on
cherche à se régler d'après une idée vague des facultés
de chaque cultivateur. Si on adopte un système particulier, on est encore forcé de se rapprocher de cette

marche par la nécessité d'imposer ceux qu'on prévoit devoir payer le mieux, et dès lors cette imposition est réellement employée à détruire en partie l'iné-galité qui résulte des autres impôts indirects, parce qu'on demande plus aux cultivateurs des terres que les autres impôts ont plus ménagés. On en sera convaincu davantage, si l'on examine la forme établie depuis quelques années dans la généra-lité de Paris. Dans cette forme, on demandait sui-vant une proportion plus forte aux terres de même culture qui rapportaient plus par arpent, et par con-séquent à celles qui exigeaient moins de frais de cul-ture pour une égale production, et par là on dimi-nuait l'inégalité produite par la gabelle, qui pèse d'autant plus sur les terres, que leur culture emploie plus d'hommes, et par conséquent qu'elle exige plus de frais. Ainsi, pour former une répartition exacte de cette partie de l'impôt, il faut, 1° supprimer toute espèce de privilége; 2° la répartir sur les propriétés, de manière à rendre la totalité de l'impôt aussi pro-portionnelle qu'il est possible au produit net; 3° lors-qu'il y a un fermier ou un métayer, le charger, pour le temps du reste de son bail, de la totalité de cet impôt, que d'ailleurs, dans l'état actuel, il avance déjà. On voit, enfin, que la différence entre le produit net actuel et le produit net réel qui résulte de la suppression de cet impôt, est facile à évaluer, puis-qu'il s'agit seulement d'ajouter au premier la valeur de la taille d'exploitation, payée dans le régime actuel.

Le droit de gros sur les vins est levé proportion-

nellement à la quantité du produit brut des vignes ;
les nobles et les ecclésiastiques en sont exempts :
exemption injuste en elle-même, qu'il faut d'abord
faire disparaître, en changeant la forme du droit.
Nous plaçons cet impôt parmi les impôts indirects,
non-seulement parce qu'il produit nécessairement
une augmentation dans le prix du vin, en rendant
cette culture moins avantageuse, mais encore parce
que, pesant uniquement sur les vignes, il n'est payé
par les citoyens, que dans le cas où ils en possèdent ;
ce qui le place dans la classe des impôts distribués
arbitrairement, et de ceux qui, comme les impôts indirects, ne sont pas susceptibles de l'être avec
justice.

On pourrait supprimer ce droit, le remplacer par
une taxe proportionnelle sur les vignes ; ce qui ferait
disparaître les inégalités et les injustices particulières.
Dans ce cas, le nouvel impôt serait payé par le fermier, jusqu'à concurrence de ce qu'il payait déjà ; le
surplus, quand il s'en trouverait, serait à la charge
du propriétaire ; et il y en aurait rarement, parce
que la partie de l'impôt payée par ceux qui jouissaient injustement du privilége, suffirait vraisemblablement pour empêcher que cet excédant fût jamais
sensible. Il résulterait de cette opération, que les
vignes payeraient plus qu'elles ne doivent payer ;
qu'il faudrait, par une seconde opération, rétablir
l'égalité ; mais il résulterait ensuite de cette seconde
opération une injustice pour les autres propriétés
chargées d'impôts particuliers, et nous verrons qu'il

VIII.   23

en existe plus d'une espèce. Il vaudrait donc mieux employer les méthodes exposées dans la note, et par lesquelles on peut, sinon rétablir à la fois l'équilibre, du moins en approcher assez près, et surtout ne s'en écarter jamais davantage au détriment d'aucune propriété en particulier.

Lorsque la taille d'exploitation est distribuée suivant un système où elle sert à diminuer l'inégalité des autres impôts indirects, elle n'a que les inconvénients attachés à tout impôt, dont la répartition est fondée sur des principes incertains. En effet, ceux qui ont établi ces systèmes, n'ont point exécuté le travail nécessaire pour apprécier l'inégalité qu'ils voulaient réparer. L'idée vague d'imposer suivant les facultés, la nécessité de faire tomber l'impôt sur ceux qui pourront le payer, afin de diminuer les non-valeurs et les contraintes, ont rendu inégale la distribution de la taille d'exploitation : en voulant la réformer, on a senti l'impossibilité de la proportionner au produit net des terres, sans surcharger les contribuables; et, soit ignorance de la vraie cause de cette impossibilité, soit faute de connaître les moyens de détruire l'inégalité qu'on avait reconnue, on s'est contenté d'adopter des principes vagues, tels que celui de ménager les plus mauvaises terres, celles qui exigent plus de travail de culture, les cantons les plus pauvres, les communautés les moins aisées.

Le droit de gros est injuste, parce qu'il renferme des exemptions, parce qu'il est inégalement établi, enfin parce qu'il affecte une seule classe de propriétés. Il dévoue à la stérilité ou à des cultures moins utiles des terrains qui, si le droit n'existait pas, seraient mis en vignobles (1).

Je sais que cette raison paraîtra un motif de conserver le droit. On a même poussé plus loin ces principes destructeurs, on a été jusqu'à défendre directement d'employer en vignes certaines terres, jusqu'à faire arracher celles qui y étaient plantées. La crainte de manquer de blé était le prétexte de ces défenses, qui non-seulement sont une violation ouverte du droit de propriété, mais qui ont pour effet nécessaire la diminution des moyens de se procurer de quoi vivre, et non l'augmentation de la masse des subsistances.

2° *Des impôts personnels.*

Il existe trois impôts de ce genre, la taille, la capitation et la taxe qu'il faut payer pour avoir le droit d'exercer dans les villes, soit un métier, soit un commerce. Les ecclésiastiques seuls sont exempts de la capitation; les nobles partagent avec eux l'exemption de la taille; la taille du propriétaire comme tel, est un impôt direct mal réparti. Nous venons de parler de la taille d'exploitation; mais il reste la taille personnelle, payée par les bourgeois, les marchands, les artisans, à raison de leurs facultés, c'est-à-dire

______

(1) Arthur Young et tous ceux qui connaissent l'agriculture, ont remarqué que la plupart des terrains qui, en France, produisent de bon vin, ne rapporteraient rien ou presque rien, s'ils étaient consacrés à une autre culture.

(Note des premiers Éditeurs.)

23.

du revenu dont on suppose qu'ils jouissent, ou du profit qu'ils tirent de leur industrie.

La première opération à exécuter sur ces impôts, serait d'en supprimer le nom, pour y substituer un nouvel impôt égal en valeur, mais pour lequel on n'admît plus aucune exception. Toute exemption, en matière d'impôts est une véritable injustice, et les représentants des citoyens seraient coupables de ne pas se hâter d'en effacer toutes les traces.

La seconde opération serait de répartir exactement l'imposition qui doit les remplacer. Pour cela, on observera d'abord que, par leur nature, par l'intention de ceux qui les ont établis, ils sont proportionnels aux facultés, c'est-à-dire au revenu de chacun, quelle qu'en soit la source. C'est donc par la totalité des propriétés qui fournissent le revenu, que ces impôts sont réellement payés. Chaque communauté paye en général la totalité de l'impôt levé sur elle sous cette forme; il en est de même, à plus forte raison, de chaque district, de chaque province; et comme c'est sur toutes les sources de revenus qu'ils sont assis, leur suppression produira dans le revenu de chaque propriété une augmentation proportionnelle au produit brut. Le propriétaire obtiendra, par la diminution de sa dépense, un profit proportionnel à la partie de ce produit brut que le fermier verse entre ses mains. Ainsi, pour faire la répartition avec équité, il faut ajouter à chaque produit net une partie de l'impôt, proportionnelle au produit brut de la terre, et partager l'impôt proportionnellement à ce produit net ainsi augmenté. On divisera ensuite cet impôt entre le propriétaire et le fermier, dans le rapport du produit net au produit abandonné pour les frais de culture, c'est-à-dire, que, si le produit net n'est qu'un tiers du produit total, le propriétaire payera le tiers de l'impôt, et le fermier les deux tiers.

Mais on doit ajouter à la partie de l'impôt levé sur chaque communauté, sur chaque district, sur chaque province, une partie de l'impôt levé sur leurs capitales respectives, suivant qu'on peut supposer que les communautés, les districts, les provinces fournissent aux appointements, aux salaires, aux profits de commerce de ceux qui habitent ces capitales. On entend ici par capitales, non-seulement les villes qui en portent le nom, mais celles qui sont, pour plusieurs communautés ou plusieurs districts, pour plusieurs provinces, pour le royaume entier, un chef-lieu de juridiction civile ou ecclésiastique, un dépôt de commerce, un foyer de manufactures fournissant à leur consommation.

On ne peut, dans la plupart des villes, exercer publiquement aucun métier, ni vendre à boutique ouverte, sans avoir payé un droit fixé par le gouvernement ; droit qui, surchargé presque partout de frais de réception et de taxes, pour subvenir à de prétendues dépenses de communautés, coûte au moins le double de ce qu'il rend au trésor public. Cet impôt est payé par ceux qui emploient les maîtres-ouvriers, ou qui achètent des marchands assujettis à payer la maîtrise. Il doit donc être mis dans la classe de ces impôts levés sur le produit net, mais proportionnellement au produit brut, mais affectant certaines propriétés à proportion que ces maîtres-ou-vriers, ces marchands sont employés par les posses-seurs de ces terres, ou par ceux qui en partagent le produit. Il est donc nécessairement réparti avec iné-galité, c'est-à-dire avec injustice. Enfin, il attaque, d'une manière directe, la liberté des citoyens, en as-sujettissant, je ne dis pas à une taxe, mais à des for-malités, à une condition arbitraire, l'usage qu'ils ont droit de faire de leurs capitaux, en rendant même ce droit illusoire pour ceux dont les capitaux ne sont pas considérables. Supposons en effet la taxe de six cents livres, et que le commerce rapporte dix pour cent pour des capitaux, tous frais et tous risques prélevés, voilà soixante livres qu'il faut retrancher de ces dix pour cent : ainsi, tant que les soixante livres formeront une partie sensible de cet intérêt, ce petit capitaliste éprouve un désavantage marqué, son pro-fit est moindre, ses risques sont plus grands, et cette circonstance écartera de ce commerce tous ceux qui, n'ayant que de faibles capitaux, ont, d'ailleurs, tant d'autres désavantages. Ce même impôt est en-core une violation directe de la propriété la plus sacrée pour l'homme, celle du fruit de son travail, celle de ses propres forces. L'ouvrier qui n'a point payé la taxe, n'est point libre de faire de ses facultés personnelles l'usage qu'il trouve le plus avantageux pour lui : s'il n'a, pour subsister, que son travail, il ne peut vivre que parce qu'un maître aura la vo-lonté de l'employer ; le gouvernement a donc vendu sa liberté, son temps, sa vie, à la communauté qui a fait placer dans sa patente le nom que porte l'industrie de cet ouvrier, ou celui qu'on imagine qu'elle doit porter. Enfin, ce même impôt est une atteinte, non moins directe, à la liberté générale des citoyens, auxquels il enlève le droit d'employer aux travaux dont ils ont besoin, ceux qu'ils veulent y employer, et qui y consentiraient librement.

Ce genre d'impôt réunit donc tous les vices qui peuvent rendre injuste un impôt, quoique établi par une autorité légitime. (*Voyez* ci-dessus, article premier.) Il est le fléau du commerce, et surtout de l'industrie; il éteint l'émulation, il perpétue les méthodes vicieuses et l'esprit de routine; lui seul peut rendre la concurrence étrangère longtemps dangereuse à l'industrie nationale. Ce ne sont pas des prohibitions qu'il faut opposer à l'habileté des ouvriers étrangers, c'est une industrie égale que l'émulation doit bientôt amener, que l'augmentation des capitaux doit favoriser; mais la liberté seule peut faire naître l'émulation et multiplier les capitaux (1). Des encouragements donnés aux dépens du trésor public ne feraient que l'appauvrir, sans produire aucune émulation réelle; car le talent de surprendre les récompenses est plus commun que celui de les mériter. La préférence dans les ventes est le prix de l'industrie; le bonheur d'obtenir des encouragements

(1) Avec la liberté, on a plus de concurrents; et plus le nombre des concurrents est grand, plus chacun d'eux est obligé de faire des efforts pour l'emporter sur les autres, ou pour que les autres ne l'emportent pas sur lui. Enfin, là où la liberté existe, là existe le courage d'oser; et c'est ce qui manque le plus aux hommes en général. (*Note des premiers Éditeurs.*)

est trop souvent celui de la charlatanerie. Je sais que
les chambres de commerce parlent plus d'encouragements que de liberté; mais je sais aussi qu'elles
sont composées de négociants riches et accrédités,
c'est-à-dire, de ceux à qui les prohibitions sont souvent utiles, de ceux qui sont sûrs d'avoir part aux
encouragements.

Un grand homme proposa et fit adopter, en 1776,
la loi qui restituait au commerce, à l'industrie, leur
liberté naturelle, qui rendait aux citoyens des droits
réels, violés depuis si longtemps, qu'à peine un petit
nombre d'hommes éclairés en connaissaient encore
l'existence. Il avait senti tous les avantages de cette
loi; et si elle eût subsisté, cette concurrence libre
de l'Angleterre, qui trouble aujourd'hui tant d'ateliers, qui, au milieu de tant de plaintes exagérées,
produit des maux réels, bien que passagers, cette
concurrence eût à peine excité quelques faibles réclamations. Mais on s'empressa de détruire son ouvrage; on eut soin de lier l'intérêt du fisc à la durée
de la servitude de l'ouvrier industrieux et pauvre.
On crut même n'avoir point assez fait; on craignit
que le sacrifice de cet intérêt ne coûtât trop peu à
un prince ami de son peuple, ou qu'un impôt moins
onéreux ne fût substitué à un impôt destructeur.
Plusieurs années furent employées sans relâche à
perfectionner le mal, à le rendre plus difficile à réparer. Il semblait qu'en l'aggravant, qu'en le consacrant, on se vengeât de celui dont on aurait voulu
anéantir la gloire, mais dont on pouvait du moins
détruire les bienfaits.

Cet impôt, s'il se borne aux villes, peut être assimilé aux entrées; genre d'impositions qui leur est aussi particulier. Il est de même payé par tous les propriétaires qui emploient les ouvriers des villes, ou payent le salaire de ceux qui les emploient. (*Voyez* ci-dessous). Mais, au lieu que les entrées des villes sont, parmi les impôts indirects, un de ceux dont on peut retarder la conversion, ou plutôt qu'il faut s'occuper de convertir les derniers, celui-ci est au nombre des impôts qu'il faut se hâter de faire disparaître (1).

3° *Impôts sur les consommations.*

Ces impôts se lèvent en général de cinq manières différentes : 1° sur l'acheteur ou sur le vendeur, au moment de la vente, ou à celui de la fabrication ; 2° à l'entrée, soit d'une ville, soit d'une province ; 3° à l'entrée et à la sortie de l'État ; 4° à certains passages ; 5° enfin, sous la forme de priviléges exclusifs.

I. Si un impôt se lève sur une denrée, au moment où le cultivateur qui la produit la met en vente, comme certains droits d'aides, on doit le regarder

(1) Voyez la vie de M. Turgot. Les ouvrages, les amis, les opinions, le courage de cet habile ministre étaient connus. On savait qu'ils voulaient une révolution qui ne pût coûter une larme à personne, ni un regret à aucun être raisonnable ; on savait que dans cette révolution, les ignorants, les ambitieux et les sots ne joueraient aucun rôle : de là la rage de quelques hommes.

(*Note des premiers Éditeurs.*)

comme un de ces impôts territoriaux indirects dont j'ai parlé article III. Mais, que l'impôt soit avancé ou par le négociant qui vend en gros, ou par le marchand qui détaille, soit au moment où celui-ci achète, soit à celui où il vend, ou qu'enfin l'impôt soit payé par le consommateur, il peut être toujours considéré comme levé sur la terre qui a fourni la denrée première, s'il ne produit pas un changement dans le prix; et s'il en produit un, comme levé sur la terre qui fournit au consommateur son revenu, mais à raison de cette différence de prix seulement.

Nous avons montré ci-dessus que, si l'impôt affectait toute la denrée de matière première, son effet presque unique était de diminuer le prix de cette denrée; mais que, s'il n'en affectait qu'une partie, c'était, au contraire, le prix de la denrée manufacturée qui était augmenté par l'impôt; que, suivant la proportion des parties d'une même denrée, l'une affectée par l'impôt, l'autre soustraite à son influence, ces deux effets pouvaient avoir lieu en même temps. C'est par l'examen détaillé de chaque impôt que l'on peut parvenir à les distinguer, à les prévoir et à les calculer.

Nous allons en citer deux exemples.

Il existe en France un impôt sur les cuirs; et comme la totalité des cuirs y est assujettie, c'est par la terre qui a nourri les animaux dont proviennent ces cuirs que l'impôt est payé réellement. Pour savoir ce qu'une province, ce qu'un district, ce qu'une communauté en payent, il faut connaître ce que, chaque année, elle fournit d'animaux pour la consommation, et la valeur du droit levé sur les peaux qui en proviennent. Chaque paroisse ferait son évaluation, mais elle aurait pour contradicteur la paroisse voisine. Ainsi, dans une première opération, on pourrait avoir des évaluations relatives à chaque district, que la contradiction entre les districts, et ensuite entre les provinces, ferait réformer dans des opérations successives. L'impôt serait regardé comme diminuant, dans chaque paroisse, la valeur des terres employées à nourrir les bestiaux, proportionnellement à leur produit brut, si elles servent à ce seul usage, et pour les autres terres, proportionnellement à la partie de ce produit qui sert à la nourriture des mêmes bestiaux ; et l'on distribuerait sur le produit net de ces propriétés, ainsi augmenté, la valeur de l'impôt déterminé pour chaque communauté.

Si l'impôt sur les cuirs n'entraînait pas la nécessité de les marquer ; si une marque appliquée sur une substance susceptible de s'étendre et de se tourmenter n'était pas infailliblement une source féconde de contestations, de poursuites, de jugements et de condamnations arbitraires ; si les visites des cuirs, pendant leur préparation, n'exposaient pas les fabricants à la perte de leur temps, comme à l'avarie de leurs denrées ; si la chute de ces manufactures ne devait pas être, n'avait pas été réellement dans le fait la suite de cet impôt, on pourrait dire qu'il a servi à détruire l'inégalité produite par d'autres impôts en faveur des prairies qui, coûtant moins de frais de culture, souffrent moins des impôts proportionnels au produit brut; mais la ruine d'une branche d'industrie assez importante a rendu depuis longtemps cet impôt odieux : c'est même un de ceux contre lesquels les amis du peuple se sont élevés avec le plus de force et de persévérance : et il est vrai que, si on avait voulu prouver par une expérience combien les impôts indirects peuvent nuire à l'industrie, on n'aurait pu en trouver une plus décisive, et dont le succès eût été plus complet, plus sensible et plus prompt (1).

Parmi les droits sur les consommations, il en existe qui ne sont levés que sur les marchands en détail. Tels sont quelques droits d'aides. Ces impôts sont un véritable privilége accordé à ceux qui sont assez riches pour faire des provisions. Un renversement si étrange de toute bienfaisance comme de toute justice, a eu deux causes : l'ignorance qui a fait croire que c'étaient les détailleurs qui payaient réellement l'impôt, et la nécessité de faire payer plus par ceux qu'on craignait moins, dans un temps où la puissance publique était faible, où le crédit particulier était redoutable. Les terres qui fournissent à la dépense des consommateurs obligés d'acheter des détailleurs, payent seules ces impôts, et les payent proportionnellement à leur produit brut.

Quelques-uns de ces hommes qui, soit petitesse d'esprit, soit hypocrisie, mêlent à la science de l'ad-

____

(1) Voyez, à cet égard, les cahiers de l'assemblée bailliagère de Nemours, qui ont paru longtemps après la première édition de cet ouvrage, et qui ont fait tant d'honneur à Dupont.

(Note des premiers Éditeurs.)

ministration les vues d'une morale étroite, imaginent
que ces impôts, surtout ceux qui se lèvent sur le
vin, ont l'avantage d'éloigner le peuple de dépenses
inutiles ou même funestes; mais on sent que ce motif, fût-il réel, ne pourrait avoir de force. C'est pour
jouir plus sûrement, plus tranquillement de leurs
droits, que les hommes ont établi une puissance publique, et non pour être soumis par elle à des péni-
tences, lorsqu'ils manquent de prévoyance ou de
sobriété. Ces prétendus soins de rendre les hommes
meilleurs n'ont servi qu'à forger, dans plus d'un
genre, leurs chaînes les plus pesantes.

D'ailleurs ces moyens sont visiblement insuffisants. L'ivrognerie, par exemple, n'en est pas moins
commune, mais elle devient seulement plus ruineuse;
chaque occasion de se soustraire au droit, par une
contrebande (et il s'en présente souvent), devient
même un aiguillon de plus (1).

II. Les entrées des villes et des provinces sont un
autre genre d'impôt sur les consommations.

Examinons d'abord les entrées des villes, nous
trouverons qu'elles augmentent le prix de la denrée,
pour les habitants des villes, d'une quantité égale à
la valeur de l'impôt; mais il faut cependant faire
une observation. Je suppose que le prix d'un tonneau
de vin, par exemple, soit cinquante livres, et que
l'entrée soit de trente, ce qui en porte le prix à
quatre-vingts livres, les habitants de la ville paye-

(1) On pourrait dire à ces moralistes, qu'il n'y a de gens qui
s'enivrent que ceux qui ne peuvent pas boire de vin tous les
jours et à tous leurs repas.   (*Note des premiers Éditeurs.*)

ront donc quatre-vingts livres ce que leurs voisins, à la campagne, payent cinquante livres. Supposons l'impôt ôté, il est évident qu'il peut en résulter à la fois et une diminution dans la dépense des habitants de la ville, et une augmentation dans le prix du vin, puisque ceux qui étaient dans la possibilité d'en boire au plus haut prix, peuvent l'acheter au-dessus du premier prix, et qu'ils voudront, s'il reste au-dessous du second, en consommer une plus grande quantité. L'un et l'autre effet aura lieu suivant une certaine proportion, peut-être assez difficile à déterminer. Ainsi il faudra supposer une certaine augmentation dans le produit des vignes qui fournissent à la ville, toutes les fois au moins qu'elle consommera une partie très-sensible de la denrée, sans quoi cette augmentation ne mériterait pas d'être considérée. Il serait donc heureux de pouvoir, en ce genre, remettre une partie de l'impôt, lorsque l'on convertirait le reste, afin de pouvoir regarder comme nulle cette augmentation de prix, qui n'est au fond qu'un avantage présumé en faveur d'une classe de propriétaires; avantage que, dans les principes d'une justice absolument rigoureuse, on ne doit point peut-être assujettir à l'impôt, avant qu'une évaluation nouvelle des terres en ait prouvé l'existence (1).

Quant à la partie que gagneraient alors les habitants des villes, elle doit en général être regardée comme le fruit de la suppression d'un impôt établi

---

(1) La suppression des droits sur les vins augmente pour les propriétaires le prix du vin, puisqu'elle augmente le nombre des consommateurs. (*Note des premiers Éditeurs.*)

précédemment sur toutes les sources de revenu, et par conséquent payé, 1° par les propriétaires qui dépensent leur revenu dans les villes ; 2° par toutes les propriétés dont les possesseurs, les fermiers, soudoient les habitants des villes. Par une conversion faite d'après les principes que nous avons exposés, les propriétaires des biens de campagne, qui vivent dans les villes, trouveraient un profit réel ; mais aussi était-il injuste qu'on leur fît acheter, par une surcharge d'impôts, par une espèce d'amende, la liberté de choisir le lieu où il leur convient de vivre.

Ceux qui ont des appointements fixes, payés par l'État, y trouveraient aussi un véritable gain, et il est juste que ceux-ci le restituent par une diminution d'appointements, indépendante de la diminution générale à laquelle on a vu qu'ils devaient être assujettis à mesure que l'impôt sur les terres augmentait ; mais cette seconde diminution n'est rigoureusement juste qu'à l'égard de ceux qui sont obligés de résider dans les villes, dont on supprimerait les entrées, puisque leurs appointements leur ont été donnés avec la condition onéreuse de les payer.

Nous observerons, enfin, que cette partie des impôts indirects est une de celles qu'on peut, sans inconvénient, laisser subsister plus longtemps. La levée de ces droits exige moins de frais, gêne moins la liberté, entraîne moins de vexations, expose moins à la douloureuse nécessité de punir que la plupart des autres impôts sur les consommations ; elle nuit moins à l'industrie, altère moins les sources de la reproduction. Mais, en conservant ces impôts pour être convertis les derniers, et immédiatement avant celui que payent les maisons, il faut en exempter les denrées qui servent à la nourriture de la partie pauvre du peuple, et remplacer la diminution de produit qui en résulterait par la destruction de l'exemption accordée aux propriétaires, pour les denrées de leur crû. Cette exemption, sujette à des abus, injuste en elle-même, a pour origine, ou l'idée absurde que les impôts sont payés par le marchand qui vend la denrée, ou ce ménagement pour le crédit indirect des riches, qui a porté le gouvernement à leur sacrifier les intérêts du pauvre.

On voit souvent ces deux causes se réunir contre l'intérêt public : l'erreur et l'intérêt du petit nombre; la vérité et l'intérêt du grand nombre ne se séparent point. Ainsi, il ne faut pas s'étonner si ces erreurs ont été durables, s'il est difficile de les détruire. On aime à croire vrai ce qui est conforme à nos intérêts, et c'est le petit nombre qui forme l'opinion publique. Est-elle dirigée par les gens riches ou puissants, elle n'enfante que le mal. L'est-elle par l'influence plus lente des hommes éclairés, comme on peut l'espérer bientôt du progrès des lumières, elle deviendra l'appui du bien.

Les droits d'entrée sur les denrées ou marchandises destinées à être consommées ou employées dans une province, doivent être convertis, suivant les mêmes principes ; mais ces droits sont au contraire du nombre de ceux qu'il faut se hâter de détruire, parce que la levée en est chère, difficile et odieuse, et parce que c'est accoutumer les hommes d'une province à croire que ceux de la province voisine ont une autre patrie.

III. On lève des droits à l'entrée ou à la sortie de presque tous les États. Dans le temps où le commerce étranger avait peu d'activité, et n'était fait que par un petit nombre de personnes, ces droits étaient ceux contre lesquels on avait le moins à craindre les murmures ou les insurrections populaires; il était donc naturel de les multiplier. Dans la suite, lorsque les citoyens et les gouvernements commencèrent à raisonner sur leurs intérêts, on imagina que ces droits étaient utiles; on crut y trouver un moyen de favoriser l'industrie ou la culture nationale, aux dépens des étrangers. L'intérêt du fisc a prêté des appuis à ces opinions, et en a retardé la chute.

Mais écartons ces idées d'une politique mercantile, pour examiner les effets immédiats et réels de ces impôts. Je suppose un droit de dix pour cent sur une marchandise étrangère, il en résultera que le consommateur français achètera cent dix livres ce qu'il aurait acheté cent livres seulement, et qu'ainsi le prix de la même marchandise sera plus considérable qu'il ne l'aurait été, si le droit n'eût pas été établi, puisque le manufacturier, le cultivateur français auraient été obligés de baisser le prix à peu près de la valeur du droit. En effet, le prix commun dans la nation étrangère doit être peu affecté par ce droit, parce qu'en général la masse de ce qu'on vend à l'étranger est peu de chose en comparaison de la masse totale, et que l'exportation sert plus à soutenir le prix et à le rendre plus constant qu'à l'augmenter. Ainsi la destruction du droit serait en ce point avantageuse à la nation étrangère; il en résulterait une vente plus grande au dehors, plus d'encouragement pour sa culture ou son industrie; mais l'impôt est levé presque en entier sur les consommateurs du pays même chez qui on paye le droit, et d'une manière inégale, parce qu'il affecte seulement certaines denrées. La nation paye toute l'augmentation de prix causée par l'impôt. La plus petite portion de cette augmentation, levée immédiatement comme droit, entre dans le trésor public; le reste est au profit particulier de quelques classes de vendeurs favorisés aux dépens du reste de la nation. Les étrangers ne payent presque rien dans la réalité, parce que la diminution du prix de leur denrée, causée par ce droit, est peu sensible; c'est un obstacle aux progrès de leur richesse, bien plus qu'un impôt. Mais, d'un autre côté, l'industrie nationale, loin d'être encouragée, est plutôt ralentie, parce que, se reposant sur la certitude d'un débit exclusif, ayant moins à craindre la concurrence étrangère, elle doit négliger davantage, et la perfection, et l'économie dans le travail. L'industrie consiste à faire mieux, à faire à meilleur marché; c'est donc la paresse, et non l'industrie, que ces exclusions favorisent, et ce n'est pas l'intérêt de tels manufacturiers, de tels cultivateurs, c'est l'intérêt des consommateurs, c'est celui de tous les citoyens en général, qu'il faudrait considérer.

Les droits de sortie sont un droit levé sur les cultivateurs, sur ceux qui s'occupent à multiplier les produits du territoire. Ils diminuent la valeur des denrées sur lesquelles ils portent, mais faiblement, et font plus de mal par le découragement qu'ils produisent dans la culture, par l'inconstance qu'ils mettent dans les prix, que par la baisse réelle qu'ils produisent. Ils font, sur la nation qui les établit, le même effet que les droits d'entrée produisent sur les nations étrangères.

Ces impôts étant, par leur nature, proportionnels, soit à la consommation, soit au produit brut des terres, c'est toujours comme proportionnels à ce produit qu'il faut les considérer, lorsqu'on cherchera, pour les droits sur chaque denrée, l'influence de leur suppression sur le produit net, ou de la généralité des terres, ou de certaines terres en particulier.

Cet examen détaillé est nécessaire, non-seulement parce que tous les droits n'affectent pas les mêmes terres, mais aussi parce qu'il peut y avoir certaines denrées, mais en petit nombre et de peu d'importance, pour lesquelles la quantité exportée à l'étranger, ou la quantité importée par lui, est dans une proportion sensible avec la production nationale. Or, dans ce cas, la suppression du droit d'entrée doit faire baisser la valeur de la production, et il faut y avoir égard dans le calcul du produit net réel, alors diminué par cette suppression. La suppression du droit de sortie doit également, dans le même cas, augmenter le produit d'une manière sensible; mais l'intérêt général reste le même que dans la première hypothèse, et ne doit pas être sacrifié à celui des possesseurs de cette denrée particulière.

Il faut observer, enfin, que ces impôts sont encore

du nombre de ceux dont la conversion est moins pressée, et ils doivent être réservés pour être dé-truits immédiatement avant les entrées des villes.

On a proposé de supprimer des droits imposés à l'intérieur, dont nous parlerons bientôt, et de les rem-placer par une augmentation de droits sur le com-merce extérieur. Ce projet, formé depuis longtemps, calculé dans différents bureaux et jamais exécuté, a re-paru dans l'assemblée des notables, et a semblé rece-voir leur sanction, si l'on peut cependant regarder comme le vœu d'une assemblée celui de la pluralité dans sept divisions de cette assemblée, délibérant en même temps et séparément. En effet, supposant même cette pluralité en faveur d'une opinion rigoureusement la même, il peut arriver que telle raison qui, dans un bureau, n'a pas entraîné la pluralité, eût entraîné celle de l'assemblée, si tous les membres avaient pu la con-naître. D'ailleurs, nous avons déjà prouvé (*voyez* pre-mière partie, note II), que la pluralité des voix dans la pluralité des divisions pouvait bien être la mino-rité réelle des voix.

Qu'on me pardonne cette réflexion, elle sert à prouver ce que j'ai dit dans la première partie de cet ouvrage, sur l'importance de régler la forme des délibérations, puisque souvent de cette forme seule peut dépendre le choix entre deux décisions contra-dictoires. Je reviens à mon objet.

Ce projet était connu de M. Turgot, et il ne voulut pas l'exécuter. Il croyait que la destruction des douanes intérieures devait précéder celle des douanes sur les frontières; que le mal passager qui résulterait de la destruction de ces dernières, pour quelques classes particulières de citoyens, deviendrait presque insensible lorsque la liberté du commerce et de l'industrie, dans l'intérieur du royaume, serait une fois assurée; mais il ne croyait pas que, pour détruire le mal causé par les douanes intérieures, il fallût augmenter celui que produisent les douanes des frontières. Il sentait qu'il résultait de cette combinaison l'inconvénient d'ôter aux provinces frontières la liberté du commerce avec l'étranger, en même temps qu'on leur rendait cette liberté pour le commerce avec les provinces plus intérieures, ce qui était pour elles plutôt une secousse dans leur commerce, qu'une véritable augmentation de liberté; qu'ainsi ce changement serait un mal passager, dont aucune augmentation de liberté, avec le reste de la France, ne les dédommagerait dans l'hypothèse proposée, puisqu'il n'était pas question seulement d'établir les droits anciens sur une autre frontière, mais d'augmenter ces droits pour les rendre à peu près équivalents à ceux de l'intérieur. Ces motifs lui firent rejeter le projet. Il eût voulu même qu'en ôtant les douanes intérieures on détruisît une partie de celles de l'entrée du royaume, ou du moins qu'on les diminuât, parce qu'il était difficile sans cela d'empêcher quelques provinces de souffrir d'une opération qui devait produire l'échange subit de leur frontière libre, et de celle qui ne l'est pas.

IV. Il existe plusieurs droits sur le passage des marchandises dans diverses parties du royaume. Ces droits ont trois effets : une diminution générale du prix des denrées pour les cultivateurs, une augmentation locale de prix pour d'autres cultivateurs: enfin, une augmentation pour les acheteurs. En effet, si ces droits s'opposent à l'arrivée des vins de Languedoc dans les provinces septentrionales, par exemple, il en résulte les trois effets suivants : augmentation de prix du vin dans ces provinces pour le consommateur; augmentation de valeur du vin pour les cultivateurs des vignobles du Nord ; diminution de cette valeur pour ceux du Midi. L'augmentation générale de prix pour les cultivateurs, et la diminution pour les acheteurs, causée par cette suppression, aurait pour cause, moins la suppression de l'impôt en lui-même, que le rétablissement de la concurrence arrêtée par ces droits. Ils nuisent moins par ce qu'ils coûtent, que par les embarras qu'ils occasionnent, le dérangement qu'ils produisent dans la route que prendrait le commerce, le découragement qui naît de la crainte des procès, des retards, etc. (1).

(1) Les impôts indirects coûtent encore, parce qu'ils emploient des hommes qui autrement contribueraient par leurs travaux à enrichir leurs concitoyens, ou du moins à augmenter leur bien-être. Supposons que quarante mille hommes soient occupés à la perception d'octrois, de droits de passe, etc., et que chacun d'eux dans une profession agricole ou manufacturière ne gagnât qu'un franc par jour, il faudra pour l'année, ajouter 14,600,000 f. à ce que ces impôts coûtent déjà à la nation.

Les impôts indirects ont des inconvénients sur lesquels le défaut de liberté de la presse n'a pas permis de beaucoup insister, c'est la facilité pour les gouvernements de les augmenter sans exciter de violentes réclamations. On s'est servi de cet argument pour prouver leur légitimité ; mais de ce qu'on paye en plusieurs

Il serait donc utile de convertir ces droits en un impôt direct. On voit qu'ils affectent proportionnellement au produit brut les terres dont les productions y sont assujetties, et celles dont les propriétaires ou leurs salariés consomment à un prix plus haut des denrées du même genre, et qu'ils sont dans la classe des droits qui tombent inégalement sur certaines terres en particulier.

V. Il existe en France deux grands impôts en priviléges exclusifs : la ferme du tabac et celle du sel. Ces impôts, qui forment une partie considérable du revenu public, méritent l'un et l'autre une considération particulière.

Le tabac n'est pas une denrée de nécessité première; mais, lorsque l'habitude en est une fois contractée, la privation en devient un véritable malheur. Il serait, pour un grand nombre d'individus, aussi malsain, aussi désagréable d'être privés du tabac que de sel. Le pauvre ne renonce au tabac qu'à la dernière extrémité; il ne sacrifie cette habitude qu'après avoir renoncé à toute commodité, toute propreté, toute salubrité même dans les vêtements; en un mot, à tout ce qui n'est pas nécessaire à sa nourriture ou à celle de sa famille. Il arrivera donc nécessairement de deux choses l'une, ou que les générations qui n'ont

payements, une somme forte plus aisément qu'on ne paye en un seul payement une somme moindre, il ne s'ensuit pas que l'on ne doive payer que des sommes fortes, mais que les contribuables devraient être admis à payer par mois, par décade et même par jour, l'impôt de l'année.

(*Note des premiers Éditeurs.*)

point contracté l'habitude, renonceront au tabac, et alors il faudra remplacer cet impôt par un autre, ou bien que l'habitude continuera, et que ce privilége exclusif sera toujours un impôt onéreux au peuple. Voyons à présent par qui cet impôt est payé. Il l'est d'abord par ceux des propriétaires qui prennent du tabac, et c'est pour eux un impôt particulier; et cet impôt est injuste, parce que le goût pour le tabac n'est pas un délit qu'il faille punir par une amende; il est payé ensuite par la masse des propriétaires. En effet, si l'usage du tabac augmente la dépense d'un grand nombre d'hommes, il empêche la concurrence de faire baisser les salaires au point où ils baisseraient. L'impôt sur le tabac augmente la valeur en argent nécessaire pour se procurer une existence égale; c'est donc en général toutes les sources de revenu qui en sont affectées, et c'est encore un impôt qu'on peut regarder comme levé proportionnellement au produit brut, mais inégalement réparti.

Comme de toutes les manières de lever un impôt sur les consommations, celle d'assujettir une denrée à un privilége exclusif, d'en affermer la vente à une compagnie qui en porte le prix à vingt ou trente fois la valeur réelle, est à la fois la plus onéreuse pour les frais de perception, celle qui expose les citoyens à plus de vexations, celle qui attaque plus directement leur liberté; c'est aussi l'espèce d'impôt dont il importe le plus d'accélérer la conversion (1).

____

(1) L'impôt sur le tabac était encore payé, ou du moins nui-

On pourrait changer le privilége du tabac en un impôt à l'entrée du royaume. Ce projet a été proposé par un guerrier philosophe et citoyen, dont la réputation acquise avant l'âge ne peut que s'accroître encore, et on n'a opposé à ce plan qu'une seule difficulté qui mérite d'être discutée.

La ferme du tabac ne s'étend point dans toutes nos provinces; cette culture est permise dans quelques-unes, et s'y est assez étendue pour qu'il n'y eût pas autant d'imprudence que d'injustice à la défendre. Il faut donc trouver un moyen de ne pas nuire à cette culture, sans établir ou laisser subsister entre ces provinces et les autres des barrières coûteuses; mais il ne paraît pas que ce moyen soit très-difficile à trouver. On ne cache point un champ de tabac; il suffit donc d'évaluer à peu près la valeur du droit d'entrée sur le produit d'une certaine portion de terre en tabac, et assujettir cette terre à un impôt égal.

Il pourrait arriver, sans doute, que l'on augmentât cette culture; mais alors on pourrait ordonner que les communautés fussent toujours autorisées à lever le nouvel impôt sur les champs mis en tabac. Toutes les fois que le produit de la douane du tabac et de

sait, et à ceux qui auraient pu cultiver le tabac sur leur terrain, et à ceux qui autrement auraient trouvé moins de concurrents parmi les personnes qui avaient à vendre les mêmes denrées qu'eux, et à ceux qui autrement auraient trouvé plus de concurrents pour acheter des denrées chères, parce qu'il y aurait eu une augmentation d'aisance parmi les propriétaires. A qui l'impôt du tabac était-il donc utile? A ceux qui en avaient la ferme et à ceux qui le vendaient aux fermiers.

(Note des premiers Éditeurs.)

cette imposition resterait au-dessous de la somme fixée pour valeur de cet impôt, le déficit en serait réparti sur toutes les propriétés, et ajouté à l'impôt territorial, ce qui intéresserait alors les provinces, les districts, à veiller à ce que la province, le district voisin ne négligeât pas de lever l'impôt sur les terres qui produisent du tabac. Si les deux impôts réunis produisaient plus, on diminuerait la taxe sur les terres employées à la culture du tabac, et les droits à l'entrée du royaume; par ce moyen, on pourrait aisément diminuer graduellement cette partie de l'impôt, et la reporter successivement sur les terres sous la forme directe.

La gabelle, ou ferme du sel, porte sur un objet de première nécessité. L'impôt proportionnel à la consommation coûte immédiatement au pauvre autant qu'au riche, et coûte d'autant plus au pauvre, que sa famille est plus nombreuse, et son indigence plus grande. Ce n'est pas tout : une vaste étendue de côtes offrait cette denrée au plus bas prix ; des fontaines salées étaient répandues dans plusieurs de nos provinces, il a fallu ôter au peuple l'usage de ces eaux ; et, pour y forcer des êtres prodigues de leurs peines, avares d'un argent qu'ils ne se procurent que par un travail assidu, il a fallu former un code de lois sur lesquelles la pensée ne peut s'arrêter sans horreur.

Un impôt aussi onéreux ne s'est pas trouvé établi de la même manière dans les diverses provinces réunies successivement à la couronne, et on n'a pu y assujettir des peuples, la plupart mécontents de cette réunion, les uns par orgueil, quelques-uns par un intérêt réel, d'autres par l'effet d'anciennes préventions. Il a donc fallu varier la forme de l'impôt, établir pour le sel des prix différents, et multiplier sur les frontières de ces provinces les gardes, les visites, les précautions gênantes ou vexatoires; il a fallu condamner aux galères, à la mort même, pour empêcher les contrebandiers de fournir au peuple une denrée nécessaire qu'on le forçait d'acheter vingt fois, soixante fois sa valeur; il a fallu, pour de légères fautes, punir par les galères la pauvreté qui n'avait pas de quoi payer l'amende imposée par la loi, et afin de s'opposer à l'industrie ingénieuse de la misère, avoir un code pénal pour les enfants, et même pour les chiens.

Il a fallu souiller et altérer cette denrée si coûteuse, pour avoir des signes qui fissent reconnaître le dépôt où elle avait été achetée, forcer ici les citoyens à se servir de sel gris souillé de terre et d'ordure, là les obliger à n'avoir qu'un sel privé des qualités qui sont nécessaires pour les usages auxquels on voudrait l'employer : en même temps, toutes les petites ruses qu'un marchand, qui fait le monopole d'une denrée taxée par la loi, peut imaginer pour tromper sur la quantité, sur le poids, sur la pureté de la substance, ont été épuisées.

Mais ce n'est pas tout encore : il est reconnu que le sel est presque nécessaire aux bestiaux, qu'il en favorise l'engrais, qu'il les fortifie, les défend contre les effets de l'intempérie des saisons, contre celui des mauvaises nourritures; il est reconnu qu'il serait pour certaines cultures un engrais utile ; et toutes ces sources de la prospérité publique ont été sacrifiées à la crainte de substituer à un privilége exclusif, un impôt qui fût avancé par les riches.

Si on examine la nature de cet impôt, on trouvera que chaque propriétaire paye d'abord le sel qu'il consomme personnellement, celui qui est consommé par ceux qu'il salarie de son revenu ; qu'une autre partie est payée par les autres sources de revenu ou de salaires annuels, pour retomber ensuite sur les propriétés dont ils émanent ; qu'il est proportionnel au produit brut, mais plus particulièrement encore qu'aucun autre impôt, parce que le cultivateur paye immédiatement le sel consommé par ceux qu'il emploie à la culture, et paye dans la réalité un impôt d'autant plus fort, qu'il emploie plus de bras, ce qui diminue d'une somme égale celle qu'il pourrait donner au propriétaire.

Ainsi, une terre qui produit une même quantité de valeurs, en employant deux fois plus de bras, paye sur le sel un double impôt avancé par le fermier. C'est surtout à cause de cette inégalité que l'on a été obligé de ne pas rendre la taille d'exploitation proportionnelle au produit net, et qu'en convertissant la gabelle en impôt direct, il sera nécessaire, surtout dans les pays de grande gabelle, de joindre à cette conversion celle de la taille d'exploitation.

Les terres de chaque communauté payent l'impôt sur le sel consommé dans la communauté ; plus, une partie de l'impôt sur le sel consommé dans leur chef-lieu. Chaque district paye de même, outre son impôt, une partie de celui de la capitale ou des villes principales de la province, et ainsi de suite, suivant que le produit de ces terres, ou forme le revenu des propriétaires qui habitent ces villes, ou fournit des salaires au reste de leurs citoyens.

Ce que nous avons dit des droits d'entrée, relativement à ceux qui ont des salaires fixes payés par le public, sous quelques titres que ce soit, s'applique ici. On doit leur faire supporter une diminution proportionnelle à leur revenu, puisque la destruction de l'impôt du sel leur épargne une dépense qu'on peut regarder comme ayant lieu dans la même proportion. On voit que cette méthode peut être suivie, quelque variété qu'il y ait dans le prix du sel. En effet, on trouvera pour chaque prix de denrée, pour chaque taux de l'impôt, l'augmentation de produit net que la destruction de cet impôt doit produire ; on y ajoutera la valeur de l'impôt de taille d'exploitation, et c'est d'après ces produits ainsi corrigés, qu'on distribuera l'impôt direct entre les propriétés, entre les communautés, entre les districts, entre les provinces.

On a proposé plusieurs plans pour la réforme de cet impôt.

Le premier consistait à rendre le prix du sel égal pour toutes les provinces. On y trouvait l'avantage de supprimer les frais de la garde établie sur les frontières des pays où le sel est plus cher, d'épargner les gênes et les vexations que produit la nécessité de prévenir la contrebande sur ces frontières ; mais ces avantages étaient plus que compensés par les inconvénients de ce projet. D'abord, le prix du sel était encore partout trop grand pour ne pas être un impôt très-onéreux. 2° On assujettissait à cet impôt des provinces qui n'avaient jamais été soumises, et qui l'avaient en horreur, ce qui était s'exposer volontairement à la nécessité cruelle d'exercer des violences, de prodiguer des supplices. 3° Si on diminuait la garde intérieure, on était obligé de multiplier la garde sur les côtes, ce qui aurait fait perdre une partie des avantages d'économie que l'on espérait. 4° Les provinces où le sel est libre ont pris l'habitude d'en consommer davantage pour leur nourriture, d'en employer pour leurs bestiaux, pour la préparation de leurs fromages. L'industrie, comme la manière de vivre des gens de la campagne, s'est arrangée d'après ce bas prix du sel. Une diminution d'autres impôts, et même une distribution gratuite de sel, comme on le proposait pour celles dont on craignait la résistance, n'eût pas fait éviter les maux que pouvait produire ce changement forcé dans les habitudes et dans l'industrie populaires. Le premier moyen eût été une injustice pour les autres provinces, si on eût porté la diminution au point de réparer le mal causé par cette révolution. Le second eût rétabli, sous une autre forme, le même danger de contrebande qui naissait de l'inégalité du prix, sans avoir presque aucun avantage pour l'industrie, dont la marche aurait été gênée par ces distributions qu'il était impossible de proportionner à ses besoins. Plus on aurait cherché à favoriser l'industrie de ces provinces, plus on se serait rapproché de la nécessité de faire les mêmes dépenses pour arrêter la contrebande, et, au contraire, plus on aurait cherché les moyens d'arrêter la contrebande, plus on aurait mis d'obstacles à l'industrie. Pendant le long espace de temps nécessaire pour changer les habitudes de paysans toujours attachés à leurs usages jusqu'à l'opiniâtreté, et trop pauvres pour que ces changements, toujours coûteux, n'amenassent pas leur ruine, une législation compliquée, incertaine, arbitraire, aurait fatigué le peuple de ces provinces. Mais c'est trop longtemps s'arrêter à discuter un projet dont l'exécution présente des obstacles si évidents, si difficiles à surmonter, qu'il ne pourra jamais paraître ailleurs que dans un livre.

On a proposé ensuite de forcer les communautés à prendre au prix actuel une quantité de sel égale à leur consommation, et de vendre ensuite au prix de la valeur réelle, ou du moins à un prix qui en approchât beaucoup, la quantité de sel que chaque particulier voudrait employer, soit pour sa nourriture, pour des salaisons, soit pour l'usage des bestiaux. La contrebande était détruite plus sûrement encore que dans le premier projet, les frais de perception plus diminués. D'ailleurs, celui-ci n'entraînait aucune opération qui pût amener des soulèvements, et nécessiter des rigueurs, nul changement forcé dans la manière de vivre, nulle atteinte à l'industrie des différentes provinces; mais on conservait le monopole, sans aucune utilité apparente; ce qui aurait donné lieu de craindre que l'on abusât de la facilité d'augmenter, sous différents prétextes, tantôt la quantité de sel que les communautés auraient été obligées de prendre, tantôt le prix de ce sel réputé libre, mais vendu dans les magasins d'une compagnie revêtue d'un privilége exclusif. D'ailleurs, une faible augmentation conservée sur le prix du sel ne rendait pas la conversion de l'impôt moins difficile, et n'avait aucun avantage qui pût compenser les frais nécessaires pour en assurer le produit. Puisqu'on vendait le sel à un prix marchand à ceux qui voulaient l'acheter, il était inutile de donner aux communautés la peine de le lever du grenier, de le faire transporter à leurs frais, de le distribuer aux particuliers, suivant un rôle formé d'après leurs facultés. C'était réellement une conversion de la gabelle en capitation que l'on proposait, en conservant seulement quelques formes inutiles ou onéreuses, qui rappelaient l'ancien impôt, qui conservaient la facilité de le rétablir, qui surtout en laissaient subsister la crainte. Il paraît, à la vérité, que les auteurs du projet ne tenaient pas à la conservation de ces formes, et que s'ils la proposaient, c'était moins pour s'assurer cette facilité dangereuse, que pour paraître n'avoir point détruit le régime actuel, pour ne rien changer d'abord dans les détails, et pour établir le régime nouveau, sans faire presque aucune opération ; c'est-à-dire, par respect pour le mal établi, et pour ceux qui en profitent.

La seule difficulté que pût présenter le changement produit par ce projet, si l'on eût renoncé à conserver le monopole et la forme de gabelle forcée, également inutiles l'un et l'autre, était la crainte que le commerce libre ne fournît pas dans les premières années, où il ne peut encore être monté, la quantité de sel nécessaire pour la consommation, à un prix très-approchant du prix naturel de cette denrée ; mais on peut lever cette difficulté sans rien conserver du régime monopoleur : il suffit d'établir la liberté dans un temps où les greniers sont remplis, en fixant le prix des greniers de manière qu'il excède un peu celui du commerce ; par ce moyen, l'approvisionnement momentané serait certain, du moins à ce prix un peu forcé, sans produire une concurrence décourageante pour les spéculateurs. Ce petit excédant de prix prolongerait encore la durée de cet approvisionnement, de cette ressource contre le peu d'activité d'un commerce naissant. Ensuite, lorsqu'on verrait que l'on cesse d'acheter au grenier, parce qu'on y vend plus cher, on affermerait ces magasins à des particuliers qui s'engageraient pendant un temps donné à y tenir une quantité de sel fixée ; condition qui ne leur serait point onéreuse, parce qu'ils s'en dédommageraient en donnant un loyer plus faible. .

On peut donc regarder ce dernier projet ainsi corrigé, comme un remplacement de l'impôt du sel par une véritable capitation, c'est-à-dire, par une taxe sur chaque tête, et seulement plus faible pour les enfants qui devaient être supposés consommer moins de sel. Mais cette taxe par tête est un impôt indirect qui se rapproche d'être proportionnel au produit brut, qu'il est par conséquent important de convertir lui-même, et qui d'ailleurs, augmentant l'impôt à mesure du nombre d'enfants, de vieillards, qui entrent dans la composition d'une famille, au lieu d'être proportionnel, ou à peu près proportionnel aux facultés, serait en raison inverse de la facilité de le payer.

C'est donc immédiatement par une imposition directe qu'il faut remplacer la gabelle; imposition dans laquelle il faudrait faire entrer le remplacement de la taille d'exploitation, mais dont l'établissement serait d'autant moins difficile, que les frais de perception étant énormes, les vexations ruineuses, les avantages de la liberté frappants et instantanés, une erreur assez forte dans la répartition n'empêcherait pas ceux même qu'elle surchargerait d'éprouver encore un soulagement très-sensible dès les premiers instants.

V.

Impôts sur les actes, ou sur les transmissions de propriétés.

Il est évident que ces droits, s'ils sont levés sur les fonds, sont un véritable impôt sur leur produit net, mais un impôt inégal qui affecte plus telle propriété que telle autre, et qui dès lors est injuste. Ces impôts ont encore l'inconvénient de mettre un obstacle aux changements de propriétés, aux conventions, et par conséquent ils empêchent les propriétés de s'élever à leur véritable revenu, qui dépend, plus qu'on ne croit, des qualités individuelles du propriétaire, de la proximité de son domicile, de certaines réunions ou divisions de domaines. Ces mêmes droits nuisent encore à la division des propriétés; autre objet important à la prospérité publique, puisque les mœurs, la liberté, le perfectionnement moral de l'espèce humaine en dépendent plus peut-être que d'aucune autre partie de l'ordre public.

Il ne faut pas croire que ces impôts se bornent aux droits de contrôle, de centième denier; ils embrassent toutes les dispositions qui augmentent la cherté des actes, ou en multiplient les embarras : les frais de justice sont une partie considérable de cet impôt; mais nous ne parlons ici que de celle qui entre dans le trésor public. Rien n'est plus facile que de connaître, par l'examen des registres de la compagnie chargée de la levée de ces impôts, quelle partie en est payée par chaque district, par chaque province. On démêlera également, pour plusieurs de ces droits, quelle partie levée pour les actes relatifs aux propriétés foncières est un véritable impôt sur le produit net actuel, et quelle partie levée sur les autres actes, ou les transmissions d'autres propriétés, l'est sur la masse de tous les revenus, et est proportionnelle au produit brut.

VI.

Des impôts volontaires, et des impôts sur le luxe.

On appelle impôts volontaires, ceux qui ne sont payés que par les personnes qui veulent se procurer certaines jouissances particulières, ou certains avantages attachés aux objets sur lesquels portent ces impôts.

Ainsi, un impôt sur les carrosses est un impôt volontaire, parce qu'il est payé par ceux qui veulent avoir un carrosse; ainsi, une loterie est un impôt volontaire, parce qu'il est payé par ceux qui veulent jouer à ce jeu.

On sent qu'il n'est pas toujours facile de marquer la limite entre ces impôts et ceux qu'on regarde comme forcés. On peut dire en effet qu'un impôt sur la viande, sur le vin, est volontaire, puisqu'on peut s'en passer, et il n'en est pas moins vrai que si, d'après ce prétexte, on portait ces impôts à l'extrême, on ruinerait une foule de propriétaires, et qu'on réduirait un grand nombre de familles à manquer du nécessaire : aussi, dans l'usage commun, quand on place un impôt parmi les impôts volontaires, c'est moins d'après le besoin plus ou moins réel de certaines consommations, que d'après le nombre plus ou moins grand de ceux qui en ont le goût ou la faculté de les payer.

Un grand nombre de citoyens zélés pour le bien public, d'amis de l'humanité, de protecteurs du faible, et même quelques hommes éclairés, regardent comme utiles ceux de ces impôts qui tombent sur des objets de vanité, sur des consommations recherchées : ils ne pèsent, disent-ils, que sur le riche, ils s'opposent à l'accroissement du luxe; d'ailleurs, ils sont volontaires, ce qui exclut toute contrainte : s'ils attentent à la liberté, c'est seulement à celle des fantaisies; s'ils entraînent des gênes, elles ne sont que pour ceux qui ont voulu s'y soumettre.

Je ne crois pas avoir affaibli leurs raisons. Maintenant je leur demande, 1° s'ils croient qu'il soit absolument juste de faire payer celui qui est plus riche plus qu'à proportion de sa richesse. Supposons cent mille citoyens ayant dix livres de rente, dix mille en ayant cent, mille en ayant mille, cent en ayant dix mille, et dix en ayant cent mille; que sur ces cinq millions de revenus les besoins de l'État exigent un impôt de cinq cent mille livres, et qu'au lieu de lever cette somme proportionnellement et de demander le dixième à chacun, on veuille favoriser les moins riches, je demande quelle règle on suivra? Exemptera-t-on une certaine somme de revenu? Mais pourquoi les citoyens qui jouissent, sans travail, d'une propriété de dix livres, seront-ils protégés gratuitement? D'après quelle loi de justice le grand nombre exercera-t-il cette autorité sur le petit nombre? Quelle limite fixera-t-on à cette exemption? Quelle règle tirée des principes du droit établira une proportion?

2° Comme il est impossible de tracer une ligne qui marque exactement ce qui est véritablement luxe, comme on imagine bientôt d'autres genres de superfluités ou de recherches qui se soustraient à l'impôt, il est clair qu'il portera inégalement sur les divers objets de luxe. Or, d'après quels principes de justice une autorité quelconque pourra-t-elle imposer mon luxe, et ne pas imposer le luxe de mon voisin? Pourquoi payerai-je la commodité d'un carrosse, et qu'il ne payera pas celle d'un meuble précieux? Pourquoi payerai-je le plaisir de remplir une chambre de tableaux, et qu'il ne payera pas celui de remplir d'or un coffre-fort? Comment entre des actes, entre des usages de la propriété qui n'ont rien de contraire aux lois, aura-t-on le droit de gêner arbitrairement ceux que l'on voudra gêner? Ce principe peut-il s'accorder avec ce respect que toute autorité publique, toute puissance législatrice doit avoir pour les droits des hommes?

3° S'agit-il d'établir un impôt nouveau, il est impossible qu'il n'ait pas pour effet de diminuer le genre de luxe sur lequel il tombe; il est vraisemblable qu'il diminuera également le salaire des ouvriers qui, à raison de leur habileté, gagnent beaucoup au delà du nécessaire; alors ce n'est pas le riche qui souffrira, c'est le pauvre, c'est celui qui, faisant de son industrie un usage légitime, perd l'intérêt de ce qu'il lui en a coûté pour acquérir cette industrie. C'est une taxe momentanée, levée sur cette classe de citoyens, et qui tombe sur les individus de cette classe, les plus pauvres, les moins habiles, parce qu'ils seront nécessairement les premiers qu'on cessera de faire travailler.

4° Je suppose qu'on établisse une taxe sur un genre de consommation de luxe, elle sera sans doute payée en partie par les propriétaires qui emploient ce luxe; elle le sera par la masse totale des propriétaires, parce que les capitalistes, tous ceux dont l'argent est employé d'une manière qui rapporte un intérêt, voyant qu'il en coûte plus pour se procurer les mêmes jouissances, chercheront à tirer des mêmes capitaux un intérêt qui leur produise des jouissances égales ; et si cet impôt fait diminuer la consommation de la denrée employée à fabriquer cet objet de luxe, il tombera aussi sur les propriétaires des terrains qui les produisent. Ainsi, une grande partie de l'impôt ne sera point payée par les consommateurs de ces objets de luxe.

5° On se tromperait si on se flattait de décourager le luxe par des impôts, et si on croyait qu'il fût utile d'employer ce moyen pour le décourager. Le luxe n'a qu'une seule cause, l'inégalité des richesses ; partout où cette inégalité existe, il se trouve différents genres de luxe ; les impôts, en le poursuivant, le feront changer de forme sans l'anéantir ; ils rendront précaire l'existence des ouvriers qui se livrent à certains travaux ; ils remplaceront souvent un luxe qui, en favorisant l'industrie, est utile au pauvre par un luxe qui n'encourage rien, qui ne sert à personne, quelquefois par une distribution du superflu nuisible à la tranquillité publique. Au lieu d'acheter des chevaux, on achètera des partisans ou des places ; aux dépenses du goût, de la volupté, des raffinements dans les commodités de la vie, on substituera des dépenses d'intrigues. Qu'on ne croie pas éteindre par la difficulté des jouissances l'avidité d'acquérir. Partout où il existe des richesses, le riche disposera du temps, du travail, des facultés du pauvre ; et plus on laissera de liberté aux jouissances du riche, moins le pauvre sera dépendant par l'effet de la concurrence entre les riches, par celui d'une industrie dont l'exercice demande et produit nécessairement une sorte de liberté.

Ainsi, en proposant des impôts sur le luxe, c'est une injustice qu'on demande ; ce ne sont point les jouissances du riche qu'on attaque, ce sont les ressources du pauvre.

Toutes les fois que dans la politique on introduira d'autres principes de morale que celui de la justice rigoureuse, loin de servir la cause commune des hommes, on la trahira, on substituera la charlatanerie, l'hypocrisie, à la vérité, à l'équité. On profitera des préjugés pour rendre des impôts plus faciles à établir, pour cacher ce qu'ils ont d'onéreux sous un air d'humanité, sous l'apparence des principes sévères d'une vertu rigoureuse (1).

(1) Chez tous les peuples où il existe une prodigieuse inégalité dans les fortunes, le luxe, au lieu d'être funeste, est utile. J'appelle *luxe*, une somptuosité excessive, soit dans les habits, soit dans les meubles, soit dans la table. En effet, si les personnes très-riches n'avaient pas de luxe, quel serait le terme de leur fortune ? aucun ; et alors, non pas que de richesses seraient enfouies, mais combien de moyens de prospérité auraient disparu, puisqu'il y aurait moins de consommation ! Un impôt peut diminuer une sorte de luxe, celui des habits, des meubles ou de la table, mais il en renaîtra sur-le-champ un autre qui pourrait avoir des effets plus funestes, celui des valets, des clients, des protégés. Les premiers ne sont, ne peuvent jamais être funestes; le marchand, l'ébéniste, etc., n'est pas à la disposition absolue de celui qui l'emploie, parce qu'il n'est pas employé par lui seul. Les seconds peuvent l'être souvent, parce que le valet, le client, le protégé est dans la dépendance de son protecteur. Enfin le luxe, comme je l'ai défini d'après l'Académie française, est utile encore sous d'autres rapports, puisque c'est avec lui que les fortunes monstrueuses se divisent le plus promptement.

(Note des premiers Éditeurs.)

Par exemple, on a souvent regardé comme très-utile une taxe sur les domestiques, afin, dit-on, d'en diminuer le nombre, de conserver plus de bras à l'agriculture. Je demanderais volontiers aux graves moralistes qui annoncent de si bonnes intentions, de quel droit on interdirait au pauvre un moyen d'acquérir de l'aisance, de subsister sans un travail pénible? De quel droit on exigerait des infortunés que la pauvreté condamne à des fatigues journalières, une noblesse d'âme qui leur fît dédaigner une vie douce, dont un peu de servitude serait le prix (1)?

Il existe en France très-peu d'impôts qu'on puisse regarder comme mis sur le luxe, et ils se confondent avec les impôts mis sur les consommations, dont le simple, le strict nécessaire n'est pas même exempt. La capitation des domestiques n'y est pas un impôt sur le luxe, puisque les artisans, les cultivateurs sont assujettis à ce même impôt.

On compte les loteries parmi les impôts volontaires, et avec une juste raison : mais, pour connaître l'effet d'un impôt volontaire de ce genre, il faut d'abord examiner à qui on donnera probablement la volonté de jouer; et ici il est évident que si l'on présente des mises faibles, et de grands avantages, c'est au peuple surtout que l'on inspire la fureur du jeu. Cet impôt n'est donc qu'un impôt corrupteur, et c'est en se rendant complice de tous les

______

(1) Il n'est qu'un moyen juste de diminuer le nombre des domestiques, c'est de rendre, par une liberté absolue, le sort des ouvriers tellement heureux, qu'ils préfèrent leurs travaux à la domesticité.   (*Note des premiers Éditeurs.*)

crimes que la fureur du jeu fait commettre, qu'on achète la satisfaction de donner à la loterie ce beau nom d'impôt volontaire. Par qui est-il donc payé? Par tout ce que la misère et la corruption du peuple fait éprouver aux propriétaires, aux capitalistes, de pertes ou d'embarras; ici par un vol, là par une banqueroute; à l'un par les secours qu'il ne peut refuser à une famille que la loterie a ruinée; à l'autre par l'argent qu'il fournit à la courtisane qui cherche dans ce jeu un moyen de s'enrichir; tantôt par le bien d'une famille absorbé dans de ridicules spéculations de profit, tantôt par l'argent enlevé à des entreprises utiles. Ces impôts d'ailleurs sont ceux dont la perception est, sans comparaison, la plus chère; ils coûtent, indépendamment des frais nécessaires pour les régir, une grande partie de ce qu'il faut sacrifier pour inspirer la volonté de les payer, c'est-à-dire, tout ce que les différents individus perdent à la loterie; car ce qu'ils y gagnent, comme les appointements des gens qui régissent un impôt, ne doit pas être soustrait de ce que cet impôt coûte au peuple : les citoyens n'en ont pas moins payé cent mille livres de subsides, parce que le hasard en restituera cinquante mille à l'un d'entre eux. Un impôt de dix millions distribué en gratifications à des courtisans, n'en est pas moins un impôt de dix millions : et qu'importe à la nation qu'il le soit à des courtisans ou à des joueurs heureux? En adoptant le principe contraire, on pourrait dire que les taxes ne coûtent rien au peuple qui les paye, car le produit de ces taxes, comme les lots d'une loterie, est distribué aussi dans la nation, et quelqu'un en profite.

Nous avons en France une de ces loteries, et le vœu des citoyens s'est depuis longtemps expliqué contre elle; c'est un des premiers impôts qu'il doit être question de convertir : l'inspection des registres de chaque bureau peut apprendre assez exactement la proportion de ce que chaque ville verse dans le trésor de la loterie, car ce fléau n'a point encore désolé nos campagnes, et il ne s'agirait ensuite que de convertir cet impôt de la même manière que si c'était un droit d'entrée sur les mêmes villes (1).

D'après les exemples que nous venons de donner, et qui embrassent presque tous les genres d'impôts, il est aisé de voir, pour un impôt quelconque, de quelle manière il est payé en dernier ressort, quand il est proportionnel, soit au produit net, soit au produit brut de la totalité des propriétés, ou seulement des terres d'un canton particulier, de celles qui sont affectées à un genre de culture. On en conclura de combien la suppression de tous les impôts indirects ou d'un de ces impôts en particulier augmenterait pour le propriétaire ou le cultivateur la valeur de ces divers produits, et quel serait alors le produit net réel sur lequel la somme totale de l'impôt doit être répartie proportionnellement.

Quelque méthode que l'on prît pour faire cette répartition (*voyez* note quatrième de ce volume), il

(1) *Voyez* les traités que Talleyrand-Périgord et Dupont ont publiés depuis la révolution contre la loterie, et où ils ont développé ce que Condorcet avait dit longtemps avant, dans cet ouvrage et dans plusieurs autres.   (*Note des premiers Éditeurs.*)

serait toujours impossible d'opérer cette conversion en entier par une seule opération, parce qu'il est impossible d'approcher assez près de la véritable évaluation du nouveau produit net, pour n'avoir pas à craindre des erreurs qui pourraient être nuisibles. Il faut donc commencer par les impôts les plus onéreux au peuple, les plus immoraux, les plus iné-galement répartis, les plus coûteux à percevoir, mais avec l'attention d'unir ensemble ceux dont les frais de perception sont en quelque sorte liés entre eux.

D'après ce principe, on pourrait en France par-tager en cinq opérations particulières l'opération générale.

Première opération. Convertir en impôt direct la gabelle, les droits de traite ou de douanes intérieures, la taille d'exploitation et celle de propriété, en détrui-sant la ferme du tabac pour y substituer un droit de douane extérieure. (*Voyez* ci-dessus).

Deuxième opération. On convertirait en impôt territorial direct la loterie royale et les droits sur les consommations, les entrées des villes seules exceptées.

Troisième opération. Elle aurait pour objet le reste de la taille et la capitation.

Quatrième opération. Elle embrasserait tous les droits, de quelque nature qu'ils soient, qui sont im-posés sur les conventions, sur les transmissions de propriétés.

Cinquième opération. Elle embrasserait les douanes extérieures, et la ferme du tabac qui en ferait alors partie.

Ces cinq opérations exécutées, il ne resterait plus que les droits d'entrée des villes, enfin l'imposition sur les maisons qu'elles renferment. Ces dernières opérations nécessaires pour la destruction absolue de tout impôt indirect pourraient se retarder.

Nous avons dit ci-dessus qu'il fallait, toute opération de cadastre à part, trois ans pour avoir un impôt territorial réparti avec une exactitude suffisante. Ce serait donc la quatrième année que la première conversion d'impôts indirects aurait lieu; mais il faudrait l'annoncer d'avance, et en publier un plan irrévocablement arrêté, afin que, dans les renouvellements de baux, les propriétaires pussent insérer qu'après la *destruction de tel impôt, le prix de la ferme serait de tant*. On peut compter plus d'un quart du renouvellement total en trois ans, et les baux qui contiendraient cette clause faciliteraient, à quelques égards, la répartition de l'impôt destiné à remplacer les impôts détruits. La nouvelle opération durerait trois ans, de manière que les cinq opérations les plus importantes, les plus nécessaires pour établir l'égalité, la liberté du commerce intérieur, de l'industrie, de la culture, pour épargner au peuple des avances d'impôts ruineuses, à la nation des frais inutiles, aux citoyens des vexations ou des supplices, seraient achevées après environ dix-huit ans. Supposons que, pour donner à chaque opération le temps de se consolider, on laisse une année d'intervalle, on aura besoin de vingt-deux ans au lieu de dix-huit. Si on voulait détruire enfin les entrées des villes, et les taxes sur les maisons, il faudrait ajouter six ou huit ans; en sorte que vingt-quatre ou trente ans, tout au plus, suffiraient pour produire cette révolution totale dans la forme des impôts; c'est alors que l'on pourrait enfin proscrire à jamais, par un acte solennel, toute autre imposition qu'un impôt territorial direct, et établir la liberté civile des citoyens et la prospérité publique sur une base qu'aucune administration vicieuse ne pourrait plus détruire; avantage dont aucune nation n'a pu encore jouir dans toute son étendue.

Mais cet espace de temps, si long par rapport à la durée d'une vie ministérielle ordinaire, cette unité nécessaire au succès qui rend dangereux tout changement d'administrateur, cette nécessité d'un travail très-étendu qu'il faut exécuter dans chaque canton, suivant des principes semblables, et par des agents qui aient obtenu la confiance publique, et qui la méritent, tout concourt à prouver que l'existence de plusieurs ordres d'assemblées, formant un système commun, répondant les unes aux autres, est presque nécessaire au succès de cette réforme.

Les assemblées de districts s'occuperaient d'abord de déterminer, d'après les principes généraux, fixés par le gouvernement, quelle est la portion de l'impôt à convertir qu'ils payaient, de fournir à l'assemblée provinciale les bases d'après lesquelles elle déterminerait le montant de l'imposition de la province. Ces travaux réunis par les assemblées provinciales, examinés, vérifiés par elles, donneraient au gouvernement, ou plutôt à l'assemblée nationale, le moyen de répartir la nouvelle imposition entre les provinces;

ensuite les assemblées provinciales répartiraient leur contingent entre les districts, les assemblées des districts entre les communautés, celles-ci entre les propriétaires. Mais les règles générales, d'après lesquelles, connaissant le produit net et le produit brut d'une terre, et la quotité de chaque impôt à convertir, on déterminerait le produit net actuel sur lequel il faut répartir l'impôt et la partie que le fermier doit payer, seraient établies par l'autorité souveraine.

Il est possible de former des instructions telles que les membres des assemblées de districts, de communautés n'aient plus que des faits à constater, à classer; travail qu'on peut attendre d'elles, si elles sont bien constituées.

On ne doit pas être effrayé de l'immensité de détails que de telles opérations semblent nécessiter. En supposant en effet trente-deux assemblées provinciales de quarante-huit membres, dans chacune huit assemblées de districts, de douze membres, et le nombre d'officiers établis dans chacune, le travail se trouvera réparti entre cinq mille quatre cent soixante-douze membres des assemblées, et neuf cent vingt-huit des bureaux intermédiaires.

Dira-t-on que, pour exécuter un plan semblable, il faudrait compter sur trente ans de paix? Une opération dont le résultat soulagerait le peuple de plus de soixante millions d'impôts; qui, par une plus exacte répartition, rendrait moins onéreux le fardeau réel; qui, par ces deux raisons, permettrait une augmentation de soixante millions, et dès lors une dépense de douze cents millions sans que la nation fût plus chargée, n'est pas une opération qu'on doive avoir envie d'interrompre pendant la guerre.

La perception de l'impôt territorial serait très-simple : chaque communauté aurait un receveur choisi par elle, qui se chargerait au rabais de fournir la somme imposée : chaque district aurait le sien, choisi aux mêmes conditions, et inspecté par le bureau intermédiaire.

Dans chaque province il y aurait, non un receveur, mais un caissier nommé par l'assemblée provinciale, et inspecté par la commission intermédiaire, dont la fonction serait de suivre la situation de toutes les caisses de district, d'envoyer à chacune l'état des sommes qu'elle doit acquitter, soit pour le payement de la dette nationale, soit pour les dépenses publiques, et celui des sommes qu'elle doit envoyer, soit dans le chef-lieu, soit au trésor royal, pour la partie des fonds qui doivent y être versés ; par ce moyen, les cautionnements, les charges de finance deviendraient inutiles, les transports d'argent seraient plus rares, tout ce qu'on appelle manutention de finance se réduirait à des opérations de banque, puisque l'on saurait continuellement au trésor royal où l'on a des fonds et où l'on doit payer.

Le payement des intérêts de la dette nationale se faisant dans toutes les provinces, il en résulterait une grande augmentation dans la masse des capitaux qu'on voudrait placer dans les fonds publics, et par conséquent une baisse dans l'intérêt, puisque une des raisons qui font préférer cet emploi est la commodité de cette espèce de revenu ; commodité qui, dans l'état actuel, n'existe que pour Paris.

Chaque particulier qui se croirait lésé par sa communauté appellerait de sa décision à la commission intermédiaire du district, et de celle-ci à la commission de l'assemblée provinciale. Les communautés qui se croiraient lésées, et qui n'obtiendraient pas une réponse satisfaisante de l'assemblée du district, s'adresseraient à l'assemblée provinciale. Les réclamations des districts, portées d'abord à cette même assemblée, seraient, comme celles des provinces, décidées en dernier ressort par l'assemblée nationale.

Nous avons parlé jusqu'ici de la répartition d'un impôt fixe, direct, et des moyens de réduire à cette seule forme la totalité des autres impôts. Il nous reste maintenant à examiner si l'impôt doit être fixé pour un long temps, ou si cette opération doit se renouveler, soit chaque année, soit du moins à des époques très-rapprochées. Il paraît, par la solution, que cette question dépend uniquement de la nature de l'emploi auquel l'impôt est destiné. L'impôt doit être proportionné au besoin ; et si le besoin est constant et durable, pourquoi l'impôt serait-il variable et momentané (1) ?

L'impôt destiné pour le payement de la dette publique, de quelque manière que les intérêts et les remboursements soient distribués, doit être établi irrévocablement pour le temps nécessaire à la solde

____

(1) Et le besoin doit être proportionné à ce qu'on peut payer sans nuire à la reproduction.   (*Note des premiers Éditeurs.*)

VIII.   26

de ces emprunts. Nous n'insisterons pas ici sur ce principe avoué aujourd'hui par tous les hommes instruits, quoiqu'il n'ait guère été pratiqué qu'en Angleterre. (*Voyez* l'article *de la Dette publique.*)

Les dépenses nécessaires pour la sûreté de la nation, celles qui le sont pour le maintien de la tranquillité intérieure, doivent être mises aussi dans le rang des impôts perpétuels, ou du moins des impôts établis pour un long terme, puisque les changements rendus nécessaires par le prix des denrées, les événements politiques, les nouvelles lumières, ne deviennent sensibles qu'à des époques assez éloignées.

Je sais qu'en Angleterre les impôts, pour une partie des dépenses de ce genre, ne s'accordent que pour une seule année ; mais cet usage n'a lieu que pour mettre le roi dans la nécessité de convoquer le parlement. Au lieu de rendre ces assemblées régulières et indépendantes, on a mieux aimé choisir un moyen indirect d'en assurer l'existence, laisser le roi maître de ne pas assembler le parlement élu, ou même de laisser la nation sans parlement, s'il veut risquer la secousse qu'entraînerait la suppression de ces dépenses ; et en même temps chaque chambre du parlement peut forcer le roi et l'autre chambre à suivre sa volonté, s'ils ne veulent pas s'exposer aux risques de cette même secousse.

Ce moyen d'embarrasser toutes les parties de la législation, par l'abus d'un droit étranger aux questions qu'on discute, ne peut convenir à une constitution bien ordonnée ; et, malgré l'exemple, ou plutôt d'après l'exemple de l'Angleterre, nous concluons que cette partie de l'impôt doit être fixée pour de longs termes, et ne doit varier qu'avec une solennité extraordinaire.

L'objection tirée de l'impossibilité de fixer, avec une précision rigoureuse, ces dépenses, regardées comme ordinaires, n'en est pas une; il suffira d'ajouter une somme déterminée à celle qui est nécessaire, somme dont on rendrait un compte public, et dont il serait convenu de ne faire qu'une destination annuelle, ou tout au plus bisannuelle.

Dans un gouvernement monarchique, l'impôt destiné à payer la dépense personnelle du prince doit être encore au nombre des impôts fixés pour un très-grand nombre d'années, et ne doit changer que de la même manière.

Les travaux publics, les encouragements, les secours, doivent, au contraire, former des impôts variables, mais dont il faut fixer le plus haut terme; dire qu'ils n'excéderont jamais une telle somme, et l'on déterminerait ensuite chaque année la somme inférieure à laquelle il convient de les porter. La fixation de ce terme doit être très-constante, et ne changer qu'après un long temps, et avec des formes qui ne permettent point d'abuser à cette époque, ou de la force de l'autorité, ou d'une facilité passagère; il faut que les motifs de l'augmentation, et même ceux de la diminution, aient été rendus publics et soumis à une longue discussion.

Tout ce qu'on appelle dépenses imprévues rentre dans l'un ou l'autre de ces objets.

Il ne reste que les dépenses de la guerre; celles-ci

doivent être couvertes par des emprunts, dont chacun entraîne un impôt. Si on suppose ces emprunts perpétuels, chaque guerre augmentera l'impôt, et ainsi il en résulterait une ruine totale de l'État à une certaine époque, toutes les fois que les progrès de cette dette excéderaient le progrès des améliorations, et la diminution du prix de l'argent. Longtemps avant ce terme, cette masse énorme d'impôts destinés au payement de la dette compromettrait la sûreté publique. Une nation ne doit jamais faire qu'une guerre défensive, et ne combattre que pour sa sûreté; mais l'intérêt de cette même sûreté exige que jamais elle ne puisse craindre la guerre.

Il faut donc, dans la distribution de l'impôt destiné à payer les emprunts faits pendant chaque guerre, chercher à rendre le fardeau aussi égal pour toutes les générations que l'incertitude des événements peut le permettre, et on peut faire ce calcul avec assez d'exactitude, pour qu'aucune génération ne soit sacrifiée à une autre.

L'exemple du clergé, qui fait payer à la génération actuelle une somme pour les anciens impôts, plus forte que celle qu'elle paye pour l'impôt présent, est un exemple frappant du mal qui peut résulter d'emprunts indiscrets, et montre que ceux qui ont forcé les ressources du crédit pour maintenir leur popularité ou prolonger leur existence ministérielle, n'ont fait que placer les nations qu'ils ont gouvernées entre deux précipices, la ruine des générations suivantes, ou une banqueroute.

Comme par des opérations d'emprunts diversement

combinés, on peut toujours distribuer le payement des anciens emprunts d'une manière avantageuse ; comme ces opérations, si l'objet en est rendu public, si la bonne foi y préside, ne peuvent ni nuire au crédit, ni augmenter le taux de l'intérêt, ni répandre aucune alarme, il serait utile, à la fin de chaque guerre, de former un plan général de liquidation pour les dettes qu'elle a occasionnées.

Dans cette manière de fixer le revenu, où chaque somme, d'ailleurs, a sa destination déterminée, nous n'avons eu égard à aucune autre considération qu'à ce qui nous a paru résulter de la nature des différents emplois de l'impôt, sans y faire entrer ni la différence des constitutions, ni celle des formes que suit l'autorité à laquelle la constitution attribue le droit d'imposer.

Un monarque absolu adopterait ces principes par un esprit d'ordre, de règle, de prudence ; il s'imposerait à lui-même la loi de s'assujettir à cette marche ; c'était le parti qu'avait pris, qu'a invariablement suivi, pendant un long règne, un grand roi, dont la perte est encore récente, et que personne ne peut accuser ni de n'avoir pas assez aimé son autorité, ni d'avoir manqué de talent ou de vues.

Une démocratie bien ordonnée suivrait encore ces principes : la foi publique l'y obligerait pour la partie relative aux dettes ; et quant à celle qui regarde la dépense nécessaire pour la sûreté de l'État, pour le maintien du repos des citoyens, elle y serait encore obligée pour donner à son gouvernement une stabilité plus grande.

Si un corps est regardé comme ayant le droit d'accorder et de refuser l'impôt, il ne le perd pas en faisant un fonds irrévocable pour la dette publique, comme un propriétaire n'en reste pas moins en jouissance de tous les droits légitimes de la propriété, pour avoir délégué au payement de ses dettes une partie de son revenu. Quant aux dépenses nécessaires au maintien de l'ordre, à la sûreté, on peut regarder ou la nation, ou le corps qui la représente, comme une société d'hommes qui, possédant un bien en commun, ont réglé la manière dont ils doivent faire les dépenses qu'exige l'entretien, le bon état de cette possession, qui ont fixé le terme où la disposition de cette dépense pourrait être changée, et la forme de ce changement; et il n'y aurait là aucune véritable aliénation de propriété.

La liberté, relativement aux impôts, ne consiste pas dans le pouvoir de refuser arbitrairement, et à chaque instant, des impôts nécessaires à la sûreté ou à la prospérité publiques, mais dans le droit de ne pouvoir être jamais forcé à des dépenses inutiles et nuisibles; dans celui de juger à des termes fixes de la nécessité, de l'utilité des dépenses, et de ne prendre d'engagements irrévocables que pour celles qui sont un devoir rigoureux de justice, dont les nations comme les particuliers ne peuvent s'écarter sans déshonneur et sans crime.

ARTICLE II.

Des travaux publics.

Nous parlerons ici, 1° des chemins ; 2° des travaux utiles à la navigation ; 3° des desséchements.

Il peut y avoir d'autres ouvrages nécessaires à la sûreté dans certains cantons, utiles ailleurs à la salubrité ; mais les principes que nous allons exposer sur ces trois classes de travaux, les plus étendus et les plus importants, s'appliqueront facilement à tous les autres.

I.

Des chemins.

L'utilité principale d'une communication plus prompte, moins dispendieuse, praticable en tout temps, consiste principalement dans une plus grande égalité du prix des denrées. En effet, la plus grande facilité des communications permet de remplacer par les denrées d'un canton plus éloigné, ou d'une autre province, celles qui ont manqué dans certaines contrées ; elle permet aux cantons qui ont des denrées superflues de les répandre au loin. Ainsi, les variations dans les prix causées par la température des différentes années seront beaucoup moins fortes : il faudra que la disette ait embrassé une plus grande étendue de pays, pour que la cherté parvienne au point qui peut la rendre funeste ; il faudra une fertilité plus générale, pour que les denrées, tombées au-dessous de leur valeur, n'aient de débit qu'à un prix inférieur à ce qu'elles ont coûté au cultivateur.

Il résulte de cette même facilité plus d'égalité entre le prix dans les différents cantons; on est moins exposé à voir une denrée de même espèce à très-bas prix dans une province, et dans une autre à un prix beaucoup plus haut, quoique d'une qualité souvent inférieure. Or, le résultat de cette plus grande égalité, dans le prix des différentes années et des différents cantons, sera nécessairement une augmentation dans les salaires du peuple, ou plutôt une proportion plus constante et plus avantageuse entre le prix des salaires et celui des subsistances, une plus grande égalité entre les habitants des différentes provinces, la possibilité de cultiver chaque denrée dans le pays qui lui convient le plus; enfin, une rentrée des avances de culture plus assurée, plus indépendante du caprice des saisons.

Mais, pour obtenir ces avantages si importants pour la prospérité d'une grande nation, c'est entre des provinces et des territoires, et non entre des villes qu'il faut établir des communications : les plus utiles sont celles qui joignent entre eux les cantons les plus voisins. Il faut donc que des chemins praticables en tout temps unissent tous les lieux qui ont une population un peu abondante, et qu'ensuite, dans le système de ces chemins vicinaux, on donne plus de largeur, de solidité à ceux dont la suite formerait, entre les capitales des provinces, entre les grandes villes de commerce, des communications plus étendues et plus fréquentées. Tel est le plan que l'intérêt général aurait prescrit de suivre dans l'établissement des chemins publics, et dont il est à désirer que les assemblées provinciales tendent à se rapprocher. Les cantons séparés par de grandes rivières communiqueraient entre eux par les ponts des grandes routes qui les traversent. Dans les cantons montagneux, où les chemins vicinaux seraient trop chers, on se bornerait à faire quelques grandes routes auxquelles aboutiraient les sentiers par lesquels le transport se fait à dos de mulet ou de cheval.

L'impôt destiné à payer les chemins doit, comme tout autre, comme toute contribution publique, être direct, proportionnel au produit net, et réparti, sans distinction, sur toutes les propriétés.

De tous les avantages que procure la construction des chemins, il n'en est aucun que les privilégiés ne partagent avec le peuple : ainsi, aucun prétexte ne pourrait pallier l'injustice d'une telle exemption. L'impôt pour les chemins est un impôt nouveau. S'il peut être assimilé à quelque imposition ancienne, c'est uniquement à ces impositions locales du même genre, qui sont levées pour la réparation des églises, la construction des presbytères, etc. Or, il n'existe point de priviléges pour ces impositions. Une partie en est rejetée sur la taille seule, mais c'est la suite de l'erreur qui faisait regarder comme imposables toutes les sources de revenu, tous les moyens de subsister. L'exemption de la corvée ne peut être un titre pour se prétendre exempt de l'impôt qui la remplace. Cette exemption était juste, parce que l'on ne peut exiger le travail en nature des hommes à qui l'habitude de leur vie rend le travail impossible. Elle avait évidemment été établie par ce motif, puisqu'elle s'étendait à des classes qui n'ont pu jamais prétendre avoir de priviléges en matière d'impôt.

Dans quelques provinces, la noblesse et le clergé, quoique exempts par la loi, craignant que la force de la vérité n'obligeât les assemblées à demander que cette injustice fût réparée, ont offert de contribuer volontairement; et il n'est pas étonnant que cette offre ait été acceptée dans un pays où les hommes qui ne sont rien de plus, ont entendu dire, depuis si peu de temps, qu'ils pouvaient avoir des droits, où les privilégiés ont encore tant de peine à comprendre qu'ils ne sont aussi que des hommes. Un tel exemple est dangereux; il consacre, sous l'appareil de la bienfaisance, le mépris que les ordres supérieurs affectent pour le peuple. On le force à recevoir, comme aumône, une partie de ce qu'il devait obtenir comme un droit; on veut paraître généreux envers lui, lorsqu'on est encore bien loin d'avoir été juste.

On peut demander si la contribution pour les chemins doit être proportionnée au produit net sur toute la totalité du royaume, ou bien si, suivant l'utilité de chaque chemin, la dépense de sa construction et de son entretien doit être partagée proportionnellement à cette utilité entre les provinces, les districts et les communautés, pour être ensuite répartie sur les propriétés particulières, d'après la loi générale indiquée par la justice. Il paraît que la dépense ayant

été jusqu'ici portée très - inégalement par les différentes provinces, il y aurait une véritable injustice
à distribuer d'une manière égale celle qui reste à
faire. D'un autre côté, si on chargeait chaque communauté de toute la dépense de ses propres chemins,
et de la somme que, d'après l'utilité qu'elle en retire,
elle doit payer pour les routes, plus ou moins importantes, qui traversent son territoire, ou l'on serait
gêné dans la distribution du travail, ou il y aurait
des années dans lesquelles l'imposition serait trop
onéreuse ; on pourrait donc se contenter d'une distribution par district, et l'on aurait de plus la ressource des emprunts par annuités, quand l'utilité
d'une dépense forcerait à excéder pour une année
la valeur de l'impôt qu'on peut destiner pour cet
usage. En même temps, chaque communauté, ou
même chaque paroisse qui la compose, serait chargée des rues et des abords des villages, à moins que
ces rues, ces abords ne fissent partie d'une grande
route. Une seconde imposition, répartie sur la province entière, payerait le surplus de dépense nécessaire pour changer en routes les chemins vicinaux. Une
troisième imposition, répartie sur tout le royaume
payerait ce qu'il est nécessaire d'ajouter à ces routes
pour former les grandes routes militaires, les grandes
communications de commerce.

Dans les ouvrages d'art, on suivrait la même règle.
S'agit-il d'un pont de pierre sur une grande rivière,
le district n'aurait fait qu'un bac, la province eût
fait un pont de bois ; on prendrait donc une somme
égale à la dépense d'un bac sur l'impôt du district,

ce qu'il en aurait coûté de plus pour celle d'un pont de bois sur celui de la province, et le reste sur l'impôt général.

Ces impôts n'auraient pas une valeur fixe, mais on déterminerait pour chacun la somme au-dessus de laquelle il ne pourrait s'élever, et cette fixation ne pourrait changer qu'après une période d'années assez longue. C'est ainsi que les édits bienfaisants qui, en 1776 et en 1787, ont supprimé les corvées, ont fixé le point plus haut où l'imposition qui les remplace pourrait être portée.

Par ce moyen, en conservant toujours la somme nécessaire pour l'entretien, on ferait plus ou moins de travaux, suivant l'utilité de ces travaux et la situation du peuple.

Ainsi, par exemple, on augmenterait la masse des travaux dans les années, dans les pays où il paraîtrait utile de procurer de l'ouvrage aux habitants des campagnes, où l'on craindrait l'effet d'une disette locale, d'une augmentation ou d'une trop grande diminution de prix dans les subsistances; on ferait de ces travaux un moyen d'assurer des salaires, de les tenir à un taux proportionné aux besoins; on diminuerait les travaux en temps de guerre.

Les dépenses arrêtées une année, exécutées la suivante, seraient réparties et payées la troisième. Les emprunts par annuités ne dérangeraient pas ce système; ils ne pourraient jamais affecter qu'une partie de ce qui resterait après avoir retranché l'entretien ordinaire, et deux dixièmes de plus, par exemple, et à des conditions qui assureraient le remboursement pour une époque déterminée, comme quinze, vingt ans. Ces emprunts seraient employés dans les années et pour les provinces où l'on aurait des motifs d'augmenter la masse des travaux, parce qu'il faut que la limite donnée à l'impôt le plus fort n'excède pas de beaucoup la dépense moyenne. Ainsi, toujours affectés sur une partie libre, circonscrits dans des limites étroites, ces emprunts obtiendraient de la confiance, et seraient un emploi sûr, commode, dans lequel le patriotisme engagerait souvent à placer des fonds.

On voit que, suivant cette distribution, un district doit payer d'abord ses chemins particuliers, et ensuite une partie proportionnelle dans la dépense des chemins de la province, et même des routes nationales. Pour la première partie de cet impôt, c'est à lui de déterminer la dépense qu'il juge nécessaire ou vraiment utile. La seconde doit être réglée par l'assemblée provinciale; la dernière, par le gouvernement. De même l'impôt payé par la province se divise en deux parties, dont l'une doit être déterminée par l'assemblée provinciale, et l'autre par le gouvernement. L'impôt général le sera par le gouvernement, à moins que ce soin ne fût confié à l'assemblée nationale, ou à une commission formée par elle et chargée de cet objet.

Les districts, ainsi que les provinces, doivent être autorisés à réclamer lorsqu'ils croiront avoir à se plaindre; mais on sent qu'on ne pourrait leur donner le droit de prononcer lorsqu'il s'agit de partager une dépense publique entre eux et d'autres districts, entre elles et d'autres provinces. Leur accorder en ce cas un droit négatif, ce serait exiger, pour faire un ouvrage utile à toutes les parties, non-seulement l'unanimité, quant à l'utilité de l'ouvrage, mais aussi quant à la répartition, c'est-à-dire, mettre à l'exécution des obstacles invincibles. Ainsi, tout ce que peut exiger le respect pour la propriété, c'est d'établir qu'aucun travail ne puisse être entrepris avant que ceux qui doivent en payer une partie aient eu le temps de présenter leurs réclamations, et que ces réclamations aient été discutées et jugées.

Cette manière de diviser la répartition pour les travaux publics, me paraît propre à établir une juste proportion entre la somme que chacun doit payer pour un travail, et l'utilité qu'il en retire, sans exiger des recherches trop minutieuses, comme on y serait obligé, si on voulait étendre cette exactitude jusque sur les communautés, ou même sur les différents cantons de chacune.

Les travaux seraient partagés en constructions de chemins, et en ouvrages d'art.

Cette distinction est nécessaire, parce que la direction de ces deux sortes de travaux exige des qualités différentes.

Pour les premiers il faut avoir l'habitude de saisir la forme et l'ensemble des parties d'un grand terrain, savoir y diriger une route en conciliant la nécessité de passer par certains points fixes; la brièveté du chemin, la solidité et l'économie de la construction; l'intérêt des pays que la route traverse, l'avantage de ceux entre lesquels elle ouvre une communication; enfin les ménagements dus aux propriétés précieuses; conditions dont aucune ne doit être absolument sacrifiée, et dont souvent quelques-unes ne peuvent être remplies qu'aux dépens des autres. L'artiste a moins besoin de connaissances étendues que du talent de l'observation, de l'esprit de combinaison.

Pour les ouvrages d'art, au contraire, il faut surtout des connaissances positives dans les mathématiques, dans la mécanique, dans la physique. Ainsi, l'ingénieur qui dirige des chemins et préside à leur construction, et celui qui bâtit des ponts, ne sont pas des artistes du même genre, et dès lors l'intérêt public exige que ces fonctions soient séparées.

Dans l'état actuel, toutes sont confiées à un corps. Quel peut être le but de cette institution? Est-ce pour s'assurer d'avoir toujours des hommes éclairés? Mais l'institution d'un corps est bien plus propre à favoriser l'ignorance, les préjugés, le respect superstitieux pour l'usage, les opinions systématiques. Tout corps a des chefs qui le gouvernent, et les principes adoptés par ces chefs deviennent des espèces d'articles de foi que chaque subalterne est obligé de faire semblant de croire et de suivre réellement dans la pratique, sous peine, ou d'essuyer des désagréments insupportables, ou du moins de rester sans avancement, sans crédit. En général, voulez-vous faire tomber dans la langueur un art, une science, les livrer à la routine, à l'influence de l'esprit de parti, au respect aveugle pour les principes établis, réunissez en corps ceux qui les cultivent. Je ne connais qu'une seule exception, et elle est en faveur des corps destinés à l'avancement des sciences. La nature de leur institution même les oblige à s'occuper des choses nouvelles, à faire ce qui n'a pas encore été fait. Cette nécessité, plus forte que l'esprit de corps, les empêche d'en éprouver toutes les influences. Si les travaux faits en commun portent encore cette empreinte, ceux des particuliers reprennent l'ensei-gne de la liberté (1).

Ce résultat, que la raison seule, la connaissance de l'esprit humain eût fait présumer, l'exemple de tous les corps le confirme.

(1) Si les corps destinés à l'avancement des sciences avaient des chefs, et que l'on ne pût acquérir de la fortune et des hon-neurs que par eux, il en serait de ces corps comme des autres. Mais, dans les sociétés savantes, les jeunes gens ne peuvent ac-quérir de la réputation qu'en allant plus loin que leurs devan-ciers ; et lorsque, après en avoir été convaincus, ils ont fait tous les efforts dont ils sont capables, ils pardonnent à leurs successeurs et quelquefois ils leur applaudissent de se conduire comme ils se sont conduits eux-mêmes. Ceux qui ont fait faire le plus de pro-grès aux sciences, sont en général ceux qui aiment et encou-ragent le plus ceux qui doivent aller ou qui sont plus loin qu'eux.

Cet esprit, qui est une partie du véritable esprit philosophique, et qui pendant plus d'un siècle a été celui de l'Académie des sciences, est une des obligations que l'on a à Fontenelle. S'il n'eut pas eu le bon esprit de refuser la présidence de l'Académie des sciences, le cartésianisme régnerait peut-être encore en Eu-rope ; et *l'attraction*, au lieu d'être le système du monde, ne se-rait vraisemblablement que le système de Newton ; quel aurait été le jeune géomètre qui le premier aurait osé être nautonier ?

(Note des premiers Éditeurs.)

A-t-on voulu établir une certaine unité de principes dans tous les travaux, il était aisé de prévoir
que cette unité ne serait le plus souvent qu'une imi-
tation servile, tandis qu'une émulation libre entre
les ingénieurs de chaque province eût avancé plus
rapidement les progrès de l'art. L'unité, l'uniformité
sont nécessaires dans les lois, dans tout ce qui tient
à l'ordre public : une liberté qui favorise le perfectionnement doit animer au contraire tout ce qui n'est que
moyen de prospérité, de richesse, de jouissances.

Ainsi, sans aucun avantage réel, on s'est exposé
à tous les inconvénients de l'esprit de corps, à tous
les maux qui peuvent naître de cette préférence accordée, sans remords, à l'intérêt de l'association particulière sur l'intérêt général ; de ce désir d'être quelque chose dans son corps, d'y faire son chemin, qui
remplace l'esprit public et l'amour de la gloire ; de cet
attachement au parti des différents chefs, qui produit
la discorde et la cabale, ou de ce dévouement pour
un chef unique, qui tient lieu de travail et de mérite.

Si on ne voulait qu'avoir des hommes en état
d'exécuter de grands travaux avec solidité, avec économie, avec intelligence, il fallait répandre, multiplier l'instruction, et non la resserrer dans une
petite école ; il fallait exciter l'émulation par la concurrence, et non la détruire par l'asservissement aux
règlements d'une corporation.

Il paraîtrait bien plus simple que dans chaque province, un ou deux ingénieurs, élus par l'assemblée
provinciale, fussent chargés d'examiner les projets généraux de communication, de les rédiger ; que chaque

district eût ses ingénieurs de chemins nommés par lui, et soumis, non aux ordres, mais à l'inspection de ceux de la province; qu'enfin, pour la construction des ouvrages de l'art, les plans proposés par tout constructeur qui se présenterait, fussent soumis à l'examen d'un comité d'hommes instruits, choisis par l'assemblée provinciale, qui ensuite adopterait ces plans, en adjugerait l'exécution, et aurait seulement un inspecteur en titre, chargé de visiter les travaux, et de les recevoir après la construction.

En adoptant cette méthode, on n'aurait pas à craindre de manquer d'hommes instruits : 1° parce que la plupart des ingénieurs des ponts et chaussées s'attacheraient au service des provinces ; 2° parce qu'elles renferment plus d'hommes instruits qu'on ne le croit communément ; ils se montreraient dès l'instant où l'on voudrait les employer. L'espérance d'être occupés, d'être utiles, les multiplierait, les empêcherait de se livrer à l'oisiveté, ou plutôt à cette espèce de langueur et d'insouciance qui, après la ferveur de la jeunesse, après quelques pas vers la gloire, devient aujourd'hui le partage de presque tous les hommes d'un vrai talent, retenus loin de la capitale. Tous les états de la société en fourniraient, les uns pour construire, pour diriger les ouvrages, les autres pour les proposer ou les juger (1).

(1) Les routes les mieux tracées, les mieux construites et les plus difficiles à tracer et à construire qui existent en France, sont celles du ci-devant Limousin; et c'est non aux ingénieurs des ponts et chaussées, mais à Turgot qu'on les doit. C'est lui qui avait formé les ingénieurs, les entrepreneurs, les conducteurs et même les cantonniers.   (*Note des premiers Éditeurs.*)

Si on ne voulait pas adopter ce plan pour les ouvrages d'art, on pourrait y employer les ingénieurs militaires. Par ce moyen, comme la guerre diminuerait beaucoup les constructions, on n'aurait plus l'inconvénient de payer, pendant la paix, des militaires qui ne sont utiles que pour la guerre, et pendant qu'elle dure, des ingénieurs civils, réduits par elle à l'inutilité. En effet, on est obligé d'avoir, dans l'un de ces corps, pendant la paix, et dans l'autre, pendant la guerre, beaucoup plus d'hommes que l'on n'en peut employer utilement. L'exécution de cette idée a déjà été proposée plus d'une fois ; elle était difficile dans l'ancien régime, mais aujourd'hui il est vraisemblable qu'elle ne trouverait plus d'obstacles. Ils n'avaient qu'une cause, presque unique, l'aversion des militaires pour toute dépendance du pouvoir civil. Elle ne serait plus si forte, lorsqu'il ne s'agirait que d'être les coopérateurs d'une assemblée nationale, de concourir à ses vues, de les exécuter.

II.

Des canaux.

Les canaux forment une autre classe de travaux publics. Ce que nous avons dit des chemins s'y applique avec quelques légères différences. Le transport par eau est beaucoup moins cher, et les canaux peuvent établir immédiatement des communications de commerce entre des cantons très-éloignés, même pour des denrées d'un prix très-modique, relativement à leur poids ou à leur volume. Telle denrée, dont la livre ne vaut que deux ou trois sous, n'éprouvera qu'une augmentation d'un vingtième par un transport par eau, et elle aurait plus que doublé ou triplé de prix, si elle eût été voiturée par terre. Les grandes communications par eau sont donc plus utiles que les grandes routes, et en même temps leur utilité est plus indépendante de l'existence des communications vicinales.

D'un autre côté, elles sont plus dépendantes de la nature des terrains, elles forment nécessairement un système plus lié; et si quelquefois les travaux nécessaires pour rendre navigables de petites rivières, qui par leur position peuvent s'unir aisément à un fleuve ou à un grand canal, n'exigent point une dépense supérieure aux forces d'un district qu'ils intéressent seul, les travaux de navigation un peu étendus ne peuvent intéresser qu'une province ou même l'État entier.

Enfin, des communications vicinales sont utiles, même quand il n'existerait pas de communications générales. L'existence d'une communication, soit avec la mer, soit avec une grande navigation, est nécessaire pour que de petites navigations puissent dédommager de ce qu'elles coûtent.

Ainsi, dans le système des chemins, les communications de village à village sont l'objet essentiel; les grandes routes ne sont en quelque sorte qu'une chaîne de ces communications, construites avec plus de soin sur des dimensions plus grandes, exigeant des ouvrages d'art plus importants, parce qu'on a prévu qu'elle formait naturellement une liaison entre des cantons ou même des provinces plus éloignées. Dans le système des canaux, au contraire, on doit avoir pour premier objet la navigation des grandes rivières qui de la mer remontent avant dans les terres, et les communications artificielles qu'on doit ouvrir entre elles. La navigation des petites rivières qui tombent dans les grandes, ou qui peuvent s'unir aux canaux, n'est qu'un objet secondaire.

III.

Desséchement des marais.

Le desséchement des marais est un objet de travaux publics non moins importants. Les deux autres ont été considérés en grand, mais ce dernier a été négligé. Des idées de prospérité nationale, dont le commerce était regardé comme le principe, ont succédé aux idées belliqueuses ou théologiques dont l'Europe avait été occupée depuis la destruction de l'empire romain. Au seul nom de commerce, d'établissements destinés à le favoriser, de moyens pour le porter au niveau de celui des nations voisines, toutes les têtes de l'Europe s'agitent depuis quelques générations. Des soins paisibles destinés à conquérir de nouvelles terres sur les eaux qui les couvrent, à rendre meilleures celles que les eaux détériorent, à prévenir les mortalités qu'elles causent parmi le peuple, n'ont guère touché que l'âme d'un petit nombre de philosophes; et si on excepte des travaux plus ou moins heureux, dont l'immensité de quelques marais a fait sentir l'importance, ou que l'espoir d'en faire l'objet d'une spéculation utile a fait entreprendre à des compagnies, on est resté sur ces travaux dans une indifférence peu digne d'un siècle éclairé et de l'humanité dont paraissent animés tous les gouvernements de l'Europe, et en particulier celui de la France.

Les eaux stagnantes nuisent à l'espèce humaine, non-seulement par le nombre des victimes qui succombent aux épidémies dont elles sont une cause fréquente, mais encore parce que la détérioration habituelle de l'atmosphère que ces eaux infectent, abrége, par un effet lent, mais inévitable, les jours de ceux qui échappent aux épidémies; parce que l'air altéré par ces eaux fait périr un grand nombre d'enfants; parce qu'il réduit les hommes à un état de faiblesse et de souffrance qui leur ôte une partie de leurs forces, et diminue leurs moyens de subsister; enfin, parce que les maladies plus fréquentes auxquelles ils sont exposés sont, pour des gens pauvres et obligés de vivre de leur travail, une cause toujours subsistante de ruine et de misère.

Par des calculs faits avec soin dans des pays où ce mal était faible en comparaison de ce qu'en éprouvent d'autres cantons de presque toutes nos provinces, la diminution de la vie moyenne a été trouvée d'un cinquième environ, et l'excédant de la mortalité s'étendait à peu près également sur tous les âges. Ainsi, dans ce canton, l'on pouvait regarder l'espèce humaine comme diminuée d'un cinquième par ce fléau. Il faut de plus ajouter à cette perte d'hommes, si cruelle quand elle n'a que des causes auxquelles il serait facile de remédier, à ces douleurs, à ces souffrances, à cette misère, la perte réelle, et des forces qui seraient employées à augmenter la masse des productions, et des hommes qui naîtraient ou se conserveraient pour le travail, et des terrains condamnés à une stérilité plus ou moins complète.

Mais il ne faut pas croire que le mal produit par les eaux stagnantes se borne aux pays dans lesquels il fait des ravages si sensibles. On ne trouverait en France que très-peu d'espaces de quelques lieues carrées, sur lesquels ce fléau n'eût aucune influence. Ici ce sont des prairies qu'il détériore, parce qu'il les change en marais, ou les tient sous les eaux pendant une partie de l'année. Là, un étang qui répand la contagion dans les maisons éparses sur ses bords. Ailleurs, des campagnes qui, dans les années pluvieuses, voient leurs moissons périr par le long séjour des eaux. Dans un autre endroit, les eaux des rivières laissent, après les débordements, des mares qui n'ont point d'écoulement, et que l'évaporation seule doit dessécher.

Dans les pays où la terre n'est point habitée, où elle n'a qu'une population faible, les eaux couvrent une grande partie du terrain; la culture, l'industrie leur ont procuré des écoulements à mesure que les hommes sont devenus plus nombreux et la terre plus rare. Mais cette industrie abandonnée à elle-même, dirigée par les besoins du moment, plutôt que par les soins de l'humanité et l'amour de la prospérité publique, n'a pas tout fait; et les mauvaises lois, les usages abusifs, ont aggravé le mal qui restait encore.

Le plus grand nombre des marais n'a d'autre origine que les retenues d'eau faites par les propriétaires des moulins et des usines. La plupart de ces machines appartiennent à des hommes riches qui souvent entendent assez mal leurs intérêts, pour vouloir les conserver aux dépens de la fertilité de leurs propres possessions, et dont le crédit s'est opposé avec force à l'autorité, qui, n'ayant dans la destruction de cet abus qu'un devoir à remplir avec un intérêt indirect, dont même on lui déguisait l'importance, a trop facilement cédé à ces obstacles. Par la même raison, on a conservé des étangs qu'il fallait détruire, on leur a laissé prendre une étendue qui les rend nuisibles; le nom sacré de propriété était l'égide que ces abus opposaient aux intentions bienfaisantes des ministres. Mais heureusement on commence à être moins la dupe des mots; la véritable propriété, mieux connue, est plus respectée, mais l'habitude tolérée de violer le droit d'autrui réussit plus rarement à en usurper le nom, et la voix des assemblées provinciales, demandant la vie et la santé du pauvre, fera taire celle de l'intérêt.

En France, les travaux des chemins, ceux de la navigation, loin de contribuer au desséchement des terres, ont augmenté les inconvénients des eaux stagnantes. Il est rare qu'un grand pont, construit ailleurs que dans une ville un peu importante, n'ait pas produit dans les environs un marais plus ou moins funeste aux habitations voisines. Ailleurs on trouve les eaux arrêtées par des chaussées qui coupent une vallée, ou s'élèvent sur les bords d'une rivière. Dans une autre plaine, un canal, soutenu sur les parties supérieures, laisse échapper ses eaux qui inondent les parties basses. L'ouvrage qu'on projetait a été achevé; on n'a rien oublié de ce qui pouvait contribuer à sa magnificence, de ce qui pouvait flatter la vanité du constructeur : l'objet est rempli; qu'importe qu'il reste à côté de ce monument des semences de corruption et de mort.

Le desséchement des marais, et en général l'assainissement des terres, doit être un des principaux objets des assemblées provinciales. Représentants des citoyens, le soin de leur conservation est un de leurs premiers devoirs; et une opération qui sauvera chaque année la vie à plusieurs milliers d'hommes, en rendra plus de cent mille à la santé, au travail, au bonheur, et augmentera la richesse nationale de plus de cinquante millions, ne doit pas être placée parmi ces actes d'une bienfaisance particulière que la politique se permet de dédaigner.

En réunissant ces travaux à ceux des grandes routes, à ceux de la navigation, il serait utile de former pour tous à la fois un comité d'hommes éclairés sur les différentes parties des sciences, qui, sans être jamais chargés de construire, ou même d'inspecter les ouvrages, n'eussent d'autres fonctions que d'examiner et de juger : par ce moyen, l'assemblée aurait pour conseils des hommes absolument étrangers à tous les intérêts d'argent et de vanité qui peuvent séduire les constructeurs, et elle trouverait en eux un rempart contre les idées systématiques, les nouveautés inutiles, et la magnificence superflue. Car tant que tous les travaux publics seront décidés par des hommes qui n'ont aucune idée des sciences sur lesquelles la pratique est appuyée, et qui reçoivent toute leur instruction des constructeurs, ou des directeurs de constructions, ce ne seront jamais les ouvrages les plus utiles qui seront exécutés, surtout ils ne le seront jamais de la manière la moins chère et la plus avantageuse; l'intérêt public sera toujours sacrifié aux vues particulières de profit et de gloire. Il y a dans le cœur humain je ne sais quel sentiment qui fait attacher du prix aux choses d'une cherté excessive, lors même qu'on n'a fait que les ordonner : on le croit plus grand, parce qu'on a disposé d'une plus lourde masse de ces métaux qui représentent toutes les jouissances, tous les pouvoirs d'agir sur les choses ou sur les hommes. Les lumières seules peuvent détruire ce penchant aux yeux d'un homme éclairé. Un travail de dix millions, s'il n'exige point plus de talent pour être exécuté qu'un ouvrage de dix mille livres, ne mérite point plus de gloire, et la plus légère invention assure à celui qui la trouve et qui l'emploie le premier, une supériorité immense sur celui qui n'a fait que changer des monceaux d'or en monceaux de pierres. L'homme éclairé seul juge d'après le mérite réel et l'utilité, et non d'après la magnificence et le prix.

La construction des chemins ou des canaux exige,

de la part des particuliers, le sacrifice d'une partie de leurs propriétés, et les desséchements de marais, en exigeant souvent les mêmes sacrifices, augmentent en même temps la valeur d'autres propriétés. Il est donc nécessaire d'examiner quels sont les véritables droits de l'autorité publique, et sur ces propriétés qu'il faut diminuer, et sur l'augmentation que les opérations ordonnées par elle procurent à d'autres propriétés.

Toutes les fois que la jouissance d'une propriété, telle qu'un moulin, un étang, nuit à la salubrité de l'air, il est clair que le droit de propriété cesse du moment où le danger commence : ainsi, relativement à cet objet, on ne doit aucun dédommagement au propriétaire. S'il s'agit d'un étang, le terrain lui appartient, et le public doit seulement se charger des travaux nécessaires pour le dessécher (1). S'il s'agit d'une usine, si elle n'est pas seule, si plusieurs doivent être enveloppées dans la même destruction, la perte doit être partagée entre les propriétaires. Il peut être permis d'y ajouter quelques dédommagements ; mais si des motifs particuliers y déterminent, ce n'est plus à titre de justice, c'est à titre de grâce. La question n'est plus de savoir si on a pu toucher à ces propriétés particulières, mais de juger si l'indemnité accordée à ceux qui les possèdent n'est pas

(1) Et peut-être aussi pour le rendre productif. Il est beaucoup d'étangs dont le fond est de l'argile ou de la glaise qui ne rapportera qu'après des frais considérables le faible produit qu'elle rapportait lorsqu'elle était couverte d'eau.

(Note des premiers Éditeurs.)

une violation de la propriété des autres citoyens.

Si, au contraire, le moulin ou l'étang ne nuit qu'à la fertilité des terrains voisins, dès lors on peut en regarder la destruction comme exigée seulement par l'utilité commune, et ces propriétés doivent être considérées comme les terrains que le travail des mêmes desséchements, des chemins, des canaux, enlève aux propriétaires, en s'emparant d'une partie et en changeant l'état d'une autre.

Il faut donc examiner le droit que l'utilité générale d'un travail donne à l'autorité publique sur la propriété d'un particulier.

Il est évident d'abord que ce n'est le droit ni de s'en emparer, ni de la détériorer. Si le travail est utile à tous les propriétaires, tous doivent le payer à proportion de leur revenu et de leur intérêt : il serait donc injuste que la position de tel ou de tel terrain obligeât certains propriétaires à faire au public un sacrifice dont les autres seraient dispensés. Quel peut donc être le droit de l'autorité publique ? C'est uniquement de changer la forme de cette propriété, de la remplacer par une propriété d'une valeur égale, d'exiger du possesseur, non le sacrifice de sa propriété, mais celui des convenances particulières qui la lui faisaient préférer à une autre propriété ayant une valeur commune, égale à la sienne. L'autorité publique a-t-elle ce droit ? Si elle l'a, comment doit-elle en user ? Telles sont les deux questions que nous avons à résoudre.

Il y a des pays où l'on attend, pour construire un chemin, le consentement libre de tous ceux sur

le terrain de qui ce chemin doit passer. Il y
en a d'autres où l'on se contente de dédommager
les propriétaires. Il y en a, enfin, où l'on ne les dédommage que des maisons, des jardins, etc., mais
non des terres en grains, et où, pour celles-ci,
on se contente de partager aux propriétaires les
anciens chemins. Cette règle est fondée sur ce principe, que les terres doivent les chemins nécessaires,
et tant pis pour les propriétaires de celles où ces
chemins doivent passer. On citait aussi je ne sais
quels principes de jurisprudence féodale ; mais on
sent que de tels principes ne méritent pas d'être ré-
futés, ni le système qui les réduisait en pratique
d'être combattu sérieusement.

Le premier de ces usages paraît favoriser la liberté,
ou plutôt l'indépendance de l'homme, dont la société
ne doit exiger aucun sacrifice qui ne soit nécessaire
au maintien de l'ordre public, des droits communs à
tous. Le second paraît plus conforme à la justice.

En effet, du moment où les hommes sont convenus de vivre en société, dans l'intention de se garantir les uns aux autres la jouissance de leurs droits,
ils ont consenti en même temps à soumettre à une
règle commune l'exercice de ceux de ces droits dont,
sans cet assujettissement, la jouissance ne serait
qu'imparfaite. Ainsi, dans tous les pays où la plus
grande partie des terrains a des propriétaires, il a
fallu d'abord établir des règles pour la liberté de
l'exploitation des terres enclavées dans d'autres, et,
par une suite nécessaire, consacrer une partie des
propriétés au passage général des denrées. Or le

choix de l'emplacement de ces chemins, la détermination de la largeur qu'il convient de leur donner,
ne peuvent se régler, ni par la volonté de chacun,
ni par une convention libre, mais par le vœu de la
pluralité ; car chacun ayant un droit égal de se refuser à la convention, les chemins pourraient n'être
jamais exécutés, ou la fantaisie de quelques propriétaires forcerait les autres à une perte réelle : nous
disons la fantaisie, parce que tout ce qui n'est pas
fantaisie doit faire partie du dédommagement. Nous
croyons donc que, si la contribution votée d'une
manière légitime, et pour un objet utile, peut être
juste, même quand elle est forcée, de même on peut
légitimement obliger au changement dans la forme
de la propriété, lorsque l'intérêt public l'exige.

Passons à la seconde question. La première condition nécessaire pour que cette atteinte apparente
à la propriété soit légitime, est l'utilité du chemin,
du canal, ou en général du travail pour lequel on
exige ce sacrifice ; il faut donc que cette utilité soit
réelle. Ainsi le consentement de chaque propriétaire
devient nécessaire, s'il s'agit d'une promenade pour
une ville, d'une place à construire des contre-allées,
des rotondes, dont on voudrait embellir un grand
chemin. Il l'est encore, si l'on propose d'ajouter, par
exemple, au terrain que doit occuper un canal, des
terrains placés sur les bords et destinés à épargner
une partie de la dépense, par l'augmentation de
valeur qu'ils doivent acquérir. Dans cette dernière
circonstance, le sacrifice n'est plus nécessaire à l'exécution d'un travail utile, mais seulement au succès

des moyens choisis pour l'exécuter. Ce qui est juste
alors, c'est de soumettre les propriétaires de ces
terrains voisins à payer la dépense proportionnellement aux avantages particuliers qu'ils doivent retirer
de la construction. Enfin, le règlement de ces dédommagements doit être fait, les époques des payements
doivent être fixées avant que l'on se permette de
toucher au terrain sur lequel on veut acquérir le droit
de propriété.

Nous avons dit que l'on devait aux propriétaires
dont on prenait ou dont on détériorait la terre, une
valeur égale à la valeur commune de ce qu'ils perdaient, en ayant égard à tous les avantages attachés
à la forme de leur propriété; ainsi les terres doivent
être évaluées d'après le prix commun des ventes des
terres semblables, et chaque propriétaire doit être
admis à former une demande en excédant, demande
qu'il serait obligé de motiver. Il faut donc, avant
de commencer le travail, que le plan soit connu
des propriétaires, afin qu'ils puissent discuter la
réalité des motifs qui exigent d'eux le sacrifice de
leur propriété actuelle; il faut que l'évaluation
donnée à cette propriété leur soit connue, afin qu'ils
puissent la débattre. La discussion de l'utilité de
l'entreprise ne peut se faire que devant une assemblée de représentants, devant l'assemblée du district
ou celle de la province. La discussion de l'évaluation
doit se faire devant des juges obligés de se conformer
à des lois établies, mais indépendants de ces assemblées dans leurs jugements.

Les desséchements des marais peuvent augmenter

beaucoup certaines propriétés ; est-il juste d'employer au payement des travaux, ou la totalité, ou une partie de cette augmentation arbitrairement fixée? Non, sans doute; mais la dépense du travail devant être distribuée proportionnellement aux avantages qu'elle procure, ces augmentations doivent être assujetties à la même loi, et ne supporter aucune autre charge (1).

(1) Ne peut-on pas dire aussi que la construction d'une grande route augmente beaucoup les propriétés qui l'avoisinent, puisqu'il est plus facile d'en extraire les produits, ou d'y apporter ce qui est nécessaire pour les fertiliser, et pour ceux qui les habitent ou qui les cultivent? En ayant égard à ces avantages, il s'ensuivrait que l'on doit aux propriétaires dont on prend la terre, non une valeur égale à la valeur de ce qu'ils perdent, mais une valeur égale à la valeur de ce qu'ils perdent moins le sur-haussement de valeur que la construction de la grande route donne aux autres terres dont ils sont propriétaires dans le même arrondissement; il s'ensuivrait que pour la construction d'une grande route, on ne devrait rien, ou presque rien, aux grands propriétaires. Peut-être aussi devrait-on aux petits propriétaires plus que la valeur commune de la terre qu'on leur prend, puisqu'il est possible que cela les prive d'une prairie ou d'un autre objet qui ne puisse être remplacé, et dont la perte rende le reste de leur terrain incultivable pour eux, et les force de le vendre à vil prix à un voisin, ou riche ou plus heureux.

(Note des premiers Éditeurs.)

ARTICLE III.

Des biens appartenant au public.

Nous devons ici discuter, pour chaque espèce de ces biens, deux questions principales.

Jusqu'à quel point l'autorité souveraine a-t-elle droit de statuer sur l'emploi qu'il convient d'en faire? Quel doit être cet emploi? En effet, il est nécessaire de résoudre l'une et l'autre de ces questions, avant de savoir quelles opérations les assemblées provinciales peuvent être chargées de suivre, relativement aux différentes espèces de propriétés qu'on doit regarder comme ne formant pas des propriétés individuelles.

On peut les diviser en cinq classes principales: les biens des communautés, ceux des associations particulières, ceux qui appartiennent à des établissements publics, les domaines du roi et les biens ecclésiastiques.

Les biens des communautés appartiennent aux propriétaires des terrains situés dans l'étendue de ces communautés: nous disons aux propriétaires, et non aux habitants, aux domiciliés, parce que le domicile ne pouvant s'acquérir que par la résidence sur un terrain, il faut, ou en posséder un en propre, ou le louer d'un propriétaire, pour être habitant ou domicilié. C'est donc à son consentement seul qu'on doit alors l'habitation. Il a pu céder en même temps la jouissance momentanée d'un bien commun, mais il n'en a point aliéné la propriété.

C'est, par conséquent, à l'assemblée des représentants des propriétaires d'une communauté, ou de la
partie d'une communauté qui possède ces biens,
qu'il appartient d'en régler l'administration. S'ils
consistent dans de véritables propriétés indépendantes de tout établissement social, il ne reste à l'autorité souveraine d'autre droit que celui de régler
les formes sous lesquelles les propriétaires doivent
les administrer, et peuvent, ou les aliéner, ou les
partager. On ne doit point soumettre les communautés à demander, pour les arrangements adoptés
par elles, le consentement, soit d'un commissaire
du prince, soit de l'assemblée provinciale. Le droit
de la puissance publique se borne à prescrire la
forme suivant laquelle ces communautés pourront
librement disposer de leurs biens.

Ce n'est pas non plus en les obligeant à obtenir
une autorisation, qu'on doit empêcher les communautés d'avoir des procès pour ces mêmes biens,
mais en établissant des formalités qui en constatent
l'état, de manière qu'après le temps nécessaire pour
cette vérification, toute contestation devienne impossible. S'il s'agit de contestations entre différentes
communautés, il est évident que l'autorité publique
peut obliger leurs représentants à les terminer dans
une période de temps fixée, puisqu'il lui appartient
de régler la forme sous laquelle les représentants
doivent remplir leurs fonctions. S'il s'agit de contestations entre les communautés et des particuliers,
soit habitants, soit seigneurs, l'autorité publique a
encore le droit de prescrire un terme, par la raison

qu'il ne peut être question que de droits déjà acquis, de droits établis sur des titres déjà existants, et qu'ainsi elle peut, d'un côté, fixer aux communautés un terme pour établir leurs prétentions, leur jouissance actuelle, et de l'autre, fixer celui où la prescription serait acquise en leur faveur. Il ne serait pas même nécessaire de changer le terme qui est établi par la loi commune. Il en résulterait, à la vérité, que cette opération salutaire ne serait achevée qu'après quarante ans environ ; mais le bien qu'elle produirait serait sensible dès les premières années, et presque complet longtemps avant la fin de cet espace de temps. Il faudrait seulement établir de plus une forme de jugement qui assurât une décision prompte et sans frais inutiles.

Le partage égal de ces biens entre tous les propriétaires serait peut-être le meilleur de tous les emplois; mais eux seuls ont droit de choisir entre cette distribution et la jouissance en commun. L'on doit seulement établir des formes, afin d'éviter que le partage ne soit rejeté malgré le vœu réel de la pluralité, comme on l'a vu souvent arriver.

L'équité exige que ce partage soit fait par tête, et non que les terres soient distribuées proportionnellement à la valeur des propriétés. Ce partage augmenterait donc la classe des propriétaires, établirait parmi le peuple une égalité plus grande. Si ces biens sont employés à des dépenses communes, réellement utiles, une taxe levée sur les biens, et proportionnelle à leur produit net, y suppléerait d'une manière plus juste; car ces biens appartenant également à chacun, les employer à un usage public, c'est proprement payer cette dépense par une contribution égale pour chaque tête, et non par une contribution proportionnelle au produit net des terres, la seule qui soit juste.

D'un autre côté, ces biens, mieux cultivés, mieux entretenus, augmenteront de valeur, feront consacrer à la culture de nouveaux capitaux, et deviendront une source de richesse pour la nation, comme de prospérité pour le peuple (1).

Si une communauté possède de ces biens qui représentent des capitaux, comme des maisons, des usines, les droits de l'autorité souveraine sont absolument les mêmes.

Quant à l'usage de ces biens, on voit qu'ils ne

(1) Depuis la révolution, une loi a ordonné le partage des biens communaux; et une autre loi a suspendu tous les partages qui n'étaient pas consommés. On s'est plaint de ce que ces partages nuisaient à l'agriculture, en diminuant les pacages. Ce n'était pas le partage qui était nuisible, mais le mode.

Le partage avait lieu, non entre les propriétaires, mais entre les domiciliés, non par famille, mais par tête. Or, les familles les plus pauvres, étant en général les plus nombreuses, parce que leur bien-être est proportionnel au nombre de leurs enfants, la plus grande partie des biens communaux est passée à ceux qui n'avaient rien ou presque rien. Cependant ces biens, par cela seul qu'ils étaient indivis, étant nécessairement de mauvaise qualité, ils n'ont pu, faute d'engrais, rendre un produit égal à celui qu'ils rendaient auparavant.

Condorcet propose un partage par tête entre les propriétaires; ce mode ne peut être juste que pour les biens où chaque propriétaire avait un droit égal ou de pacage, ou de coupe de bois.

(*Note des premiers Éditeurs.*)

peuvent être partagés. En général, ces sortes de biens sont mal administrés par une communauté, par un corps quelconque; il serait donc plus utile de les vendre; et s'il n'est ni utile, ni même praticable d'en employer le prix à des acquisitions en terres qu'on distribuerait ensuite, ce qui arriverait le plus souvent, parce que les biens de cette nature appartiennent plutôt à des villes qu'à des communautés de campagne, il faudrait placer ce prix dans les fonds publics, à un intérêt de quatre pour cent, et chaque communauté aurait alors le droit de prélever le montant de cet intérêt sur sa part de l'impôt.

Les communautés peuvent posséder aussi différentes espèces d'impositions levées sur leurs propres habitants, ou sur les denrées qui entrent dans leur enceinte, qui y sont vendues, etc.

Il est évident que la puissance souveraine a droit de supprimer ces impositions, en laissant à la communauté, si l'emploi de ces revenus était vraiment utile, la liberté de les remplacer par une contribution. S'il s'agit d'une ville, on peut, dans cette contribution locale, considérer les maisons, non-seulement relativement à la valeur du terrain, mais à celle de leur loyer. Ceci n'est pas contradictoire avec les principes exposés dans l'article Ier. Cette contribution locale n'est pas une partie du revenu réel des propriétaires, qu'ils doivent abandonner pour le payement des dépenses nécessaires au maintien de leurs droits, c'est une dépense qu'une société particulière consacre à l'avantage commun. Cet avantage commun tient à la qualité, non de propriétaire jouissant d'un tel revenu en terres, mais à celle d'habitant. Or, les habitants sont les propriétaires de maisons, puisqu'ils peuvent seuls avoir ou céder cette qualité ; et l'avantage qu'ils peuvent espérer est, en général, d'autant plus grand, que l'habitation est plus considérable : mais on sent que ces contributions ainsi réglées ne doivent pas être soumises à la volonté arbitraire des représentants. Il s'agit de contraindre à payer, et dès lors l'autorité souveraine, la puissance publique, agissant au nom du corps des citoyens, peut seule exercer le pouvoir.

Les mêmes motifs, qui doivent faire détruire les impôts indirects, suffiraient pour déterminer la suppression de ces droits ; mais il en existe un autre, c'est qu'une communauté pourrait, par des impôts indirects, faire tomber sur les étrangers le fardeau de ses contributions locales ; ce qui serait contraire à la justice.

Un impôt sur les maisons a, sans doute, en partie le même inconvénient ; il augmente le loyer, et par conséquent le prix de ce qu'on vient acheter du dehors chez les marchands établis dans les villes, le prix des salaires de toute espèce, qui sont payés par les étrangers. Mais, 1° il n'en résulte aucune gêne pour la liberté de ces étrangers ; 2° il n'en résulte point la même diminution dans le prix de certaines denrées ; diminution qui peut être causée, par exemple, par celle de la consommation, si c'est un droit d'entrée que les villes ont établi ; il n'en résulte point d'augmentation dans le prix des denrées apportées du dehors, pour être vendues au marché ; 3° si l'impôt est réparti sous la forme que nous proposons, l'étranger qui en paye une portion n'y est soumis que par la nécessité, et non par l'effet d'une volonté arbitraire. Il faut seulement que la communauté n'ait pas le pouvoir d'établir ces sortes d'impositions sans le consentement du district, ou de la province qui en paye une partie, et ont intérêt de s'opposer aux dépenses inutiles.

Une société quelconque peut posséder des biens en commun. Si cette société n'a que les lois qu'elle s'est faites à elle-même ; si les conventions qui lui servent de base n'ont rien de contraire au droit naturel ; si la loi commune suffit pour en maintenir l'exécution, alors une telle société doit être aussi maîtresse de sa propriété qu'un particulier.

Telles sont, en général, les sociétés formées pour un temps.

Mais il s'agit de sociétés perpétuelles ; alors, ou les membres actuels, propriétaires en commun, auront véritablement cette qualité, et par conséquent le droit de dissoudre la société, en suivant certaines formes, et de s'en partager les biens, ou ils n'auront pas ce droit, et seront réduits à un simple usufruit. Dans le premier cas, la société doit conserver toute son indépendance. L'autorité publique a sur elle les mêmes droits que sur les individus, et ne peut en avoir d'autres.

Dans le second, la société n'est qu'usufruitière ; la propriété n'appartient plus à ses membres, et par conséquent les biens d'une telle société tombent dans la classe de ceux qui ont été soumis à une destination perpétuelle.

C'est maintenant de cette espèce de biens que nous avons à parler.

La perpétuité seule supposerait le consentement de la puissance souveraine. La destination de ces biens à un usage public suppose, de plus, l'idée, l'espérance d'une utilité plus ou moins étendue. La vigilance est nécessaire pour que l'objet soit rempli; et cet usage, s'il n'est pas utile, doit devenir nuisible; rarement peut-il être indifférent : une telle destination n'a donc pu être établie que du consentement et sous l'inspection de l'autorité publique. Or, la nécessité de ce consentement change la nature de la propriété. L'autorité publique n'a pu le donner que sous la condition que l'objet continuerait d'être utile; et par une conséquence nécessaire, si celui par qui ces biens ont été donnés n'a pas réglé d'avance, pour l'instant où cette utilité cesse, quels individus doivent avoir la disposition et la propriété de ces biens, la nation, la province, le canton, la ville en faveur de qui cette destination était établie, sont les véritables propriétaires des biens qui y ont été consacrés.

Si cette destination avait pour objet une certaine classe d'hommes en particulier, alors elle doit encore être respectée, et c'est un devoir pour la puissance publique, qui dirige l'emploi de ces biens, de les employer pour le bien-être, pour l'utilité de cette classe d'hommes, pourvu cependant que cet emploi en leur faveur ne soit pas un mal pour le reste des citoyens, et en même temps pourvu que l'avantage donné à cette classe ait été le but de la destination, et non un moyen de parvenir à un but plus éloigné ; car c'est alors l'utilité de ce dernier but, et la bonté du moyen qu'il faudrait considérer.

Si la destination actuelle entraîne, pour quelques individus, la jouissance à vie d'une partie ou de la totalité de ces biens, ils ont droit de la conserver. Cette propriété, une fois conférée avec le consentement de la puissance publique, et sous l'autorité de la loi, est sacrée comme toute autre. Toute diminution, toute réduction serait une véritable injustice.

La forme de cette jouissance est également sacrée, toutes les fois qu'elle n'est pas un obstacle à l'utilité plus grande que les véritables propriétaires voudraient se procurer. Dans ce dernier cas, c'est à la valeur seule de l'usufruit que les possesseurs auraient droit ; mais il faudrait se rapprocher, s'ils l'exigeaient, de la forme actuelle, le plus qu'il serait possible.

La société a précisément le même droit sur cette propriété à vie, que sur la propriété foncière des particuliers, dont une partie est nécessaire pour un chemin public ; elle a droit de s'en emparer, pourvu que l'utilité de cette opération soit réelle et prouvée, et qu'un dédommagement complet précède ou accompagne la nouvelle disposition de ces propriétés. Ainsi l'on ne doit rien changer jusqu'à la mort de celui qui possède, si la jouissance est individuelle, et le changement de forme ne peut être légitime que pour les biens possédés en commun.

Ces principes sont simples ; ils découlent évidemment de ceux du droit naturel ; ils laissent aux donateurs de biens toutes les libertés qu'ils peuvent désirer, en n'écoutant que leur raison ; on ne leur enlève que la prétention absurde en elle-même de deviner les opinions, les principes, la constitution politique et morale des siècles à venir.

A la vérité, ces mêmes principes supposent que la puissance publique, quelle que soit sa forme, remette la disposition de ces biens aux représentants de la généralité des citoyens, de ceux qui sont les véritables propriétaires. Il faut, de plus, que leur consentement soit nécessaire pour valider toute disposition, toute destination nouvelle, parce que ce n'est réellement point à la puissance publique, c'est à la masse des citoyens que ces biens appartiennent. Ainsi, pour être mis légitimement en pratique, ces principes supposent l'existence d'assemblées représentatives.

Il n'a été question ici que des biens dont la destination est déjà faite ; car, pour la destination future, ces mêmes principes, une fois adoptés, une fois consacrés par la loi civile, les fondateurs sachant d'avance quelles conditions leur sont imposées, il ne peut y avoir de difficulté.

Nous renvoyons à l'article des établissements publics l'examen de l'usage le plus utile des propriétés attachées à chacun d'eux.

Les biens ecclésiastiques sont absolument de la même nature que les biens consacrés aux autres objets publics.

Leur existence est absolument indifférente à une

religion qui a subsisté avec splendeur, pendant plusieurs siècles, sans que ses ministres possédassent aucune propriété. On a dans la suite attaché aux églises des dîmes ou des biens particuliers, destinés à entretenir les prêtres qui les desservaient, à payer les dépenses du culte ; mais c'était dans un temps où cette manière de donner des appointements, de subvenir aux dépenses économiques, était la seule qui pût promettre une véritable solidité : aussi la plupart des autres fonctions publiques étaient également payées par des droits de place, par des terres. À mesure que les gouvernements ont acquis une forme moins variable, moins incertaine, on a substitué l'usage des appointements en argent à une coutume dont les inconvénients multipliés frappaient tous les esprits. Pourquoi donc ne serait-il pas utile de donner la même forme aux salaires ecclésiastiques, et pourquoi, si ce changement était utile, ne serait-il pas légitime ?

Quelques publicistes ont pensé que l'autorité publique n'a pas le droit d'obliger à payer des salaires aux ministres d'une religion ; que toute contribution relative aux dépenses du culte doit être absolument libre, parce qu'il est injuste de faire payer à un citoyen les frais d'une religion à laquelle il ne croit pas, ou plus qu'il ne veut pour les frais de celle à laquelle il croit, parce que, dans tout ce qui tient à la religion, l'homme ne peut être soumis légitimement à un autre pouvoir qu'à celui de la conscience.

Mais l'examen de cette opinion est inutile ici. En la supposant bien fondée, il n'en reste pas moins vrai que, dans un pays où l'usage contraire est établi, ce changement ne doit pas être fait brusquement; et que, si un jour l'opinion publique doit le faire regarder comme juste, comme utile, le moyen le plus sûr, le plus sage de le préparer, d'en aplanir d'avance les difficultés, est encore de convertir en sommes fixes, payées par le public, les dépenses du culte et les appointements des prêtres.

Il n'existe, dans la religion romaine, que deux ordres de ministres essentiels, les évêques et les curés. Un ministre attaché à chaque temple, et un ministre ayant l'inspection de tous ceux d'un certain district, voilà ce qu'on retrouve dès les premiers siècles. Mais tout autre ordre de ministres ne peut être regardé ni comme d'institution primitive, ni comme essentiel, soit pour les cérémonies du culte public, soit pour faciliter l'accomplissement des devoirs imposés à ceux qui professent la religion romaine. Des évêques et des curés, voilà donc les seuls ministres dont on puisse regarder l'existence comme nécessaire; les seuls qui doivent être entretenus sur les biens appartenant au public, et consacrés à son utilité.

Si ceux qui ont donné des biens à l'Église ont eu en vue l'intérêt temporel de la société, ils n'ont pu vouloir que si les progrès de la raison humaine faisaient reconnaître une erreur échappée à leurs bonnes intentions; que si ce qui était utile de leur temps cessait de l'être, devenait même nuisible, on suivît éternellement leur volonté aux dépens de l'intérêt public et au mépris de la raison. Lorsqu'ils ont regardé ces institutions comme perpétuelles, ils ont supposé aux choses humaines une stabilité qu'elles n'ont point. Et faut-il qu'une nation entière s'asservisse à jamais, qu'elle sacrifie éternellement ses intérêts à la volonté des particuliers qui, s'ils existaient, ne pourraient plus avoir cette même volonté? Un autre individu, sans doute, n'a pas le droit de se rendre leur interprète. Mais, puisqu'il en faut un, puisque la nécessité en a même été reconnue depuis longtemps; puisqu'il existe à peine une ancienne fondation qui n'ait été changée, quel interprète plus digne peut-on choisir que le vœu général des citoyens porté par leurs représentants?

Si ces biens ont été consacrés à des cérémonies, à des instructions, à quelque autre objet d'utilité morale, c'est encore à la puissance publique qu'il appartient de décider si cette utilité est réelle; de prononcer si une telle instruction est avantageuse; de juger s'il ne résultera point, même pour la morale du peuple, plus d'avantage d'un accroissement dans la prospérité publique, que de la conservation d'une cérémonie.

Enfin, dans les principes de la religion romaine, la donation de ces biens peut avoir pour objet l'utilité spirituelle du fondateur même; mais on ne peut faire dépendre cette utilité d'un changement indépendant de la volonté de celui qui a donné. La superstition même ne pourrait se permettre ce langage, parce qu'en le tenant, elle contredirait trop ouvertement les principes de la religion dont elle emprunterait la voix.

Si donc, en prenant des moyens qui, sans toucher à la jouissance actuelle d'aucun individu de l'ordre du clergé, en conservant des évêques et des prêtres pour les assister ou les conseiller, des curés et des coopérateurs en nombre suffisant pour les remplacer ou les aider ; si, dis-je, en remplissant ces deux conditions de ne rien ôter à ceux qui possèdent, de ne priver la religion d'aucun ministre nécessaire, on peut, sans forcer le peuple à de nouvelles dépenses pour le culte, en diminuant même celles auxquelles il est assujetti, faire des biens ecclésiastiques un usage salutaire à la nation, important pour la prospérité de l'État et pour le bonheur du peuple, la puissance publique n'en a-t-elle pas le droit, et ne serait-ce point pour elle un devoir de l'exercer, si la situation des affaires avait attaché à ce changement le soulagement des peuples, le rétablissement de l'ordre, la libération de la dette publique ?

L'usufruit de ces biens appartient donc à ceux qui en jouissent, la propriété ne doit appartenir qu'à la nation seule (1).

(1) Il n'est pas inutile de remarquer que Condorcet, qui dans plusieurs ouvrages a dit ce qu'il pensait du catholicisme, et n'a jamais caché le mépris qu'il avait pour lui, s'élevait en 1788 en faveur des usufruitiers des biens ecclésiastiques, et qu'en 1790 il soutint à l'assemblée constituante, par l'intermédiaire de Thouret, la même opinion ou plutôt la même vérité. Mais alors ce qu'ils proposèrent, fut rejeté par ceux qui se disaient les amis du christianisme, et qui pensaient renverser la révolution, en faisant de chaque prêtre un opprimé ; par les jansénistes qui, en chassant l'ancien clergé, en le remplaçant par ses protégés, vou-

Ce n'est point un esprit d'irréligion qui a dicté ces principes. *Que le prêtre ou envoyé aux fidèles, ou élu par eux, soit entretenu à leurs dépens*, voilà ce que l'apôtre demande, et ce qui serait rempli, ce qui l'a même été pendant longtemps par des contributions purement volontaires. Lorsque l'Église, devenue libre, eut des possessions reconnues par l'autorité séculière, ces possessions étaient attachées aux différents temples chrétiens; mais cet usage ne tenait pas à la religion. Il existait dans le paganisme, et il était d'autant plus naturel de suivre la même forme, que, comme nous l'avons dit, le désordre des gouvernements de ces temps-là ne permettait que ce moyen d'assurer la subsistance des ministres de la religion. La jouissance individuelle des bénéfices a été longtemps regardée comme un abus, comme une dépravation du régime primitif.

La plupart des réformateurs ont proscrit l'usage des bénéfices; et quelque jugement qu'on porte sur leurs opinions théologiques, ces réformateurs, loin d'être irréligieux, ont presque tous porté le zèle jusqu'au fanatisme.

L'Évangile fait un devoir de la pauvreté; les richesses du clergé sont donc contraires à l'esprit de

laient à la fois et se venger des persécutions qu'ils avaient autrefois éprouvées, et éterniser leur catholicisme; et par des amis de la liberté, qui, plus ardents qu'instruits, s'imaginaient que détruire c'est édifier, et que ce qui est détruit ne se relève jamais. Que de fois, hélas! ce qui s'est passé doit nous apprendre à nous défier et de nos passions, et des conseils de nos faux amis, et de l'approbation de nos adversaires!

(Note des premiers Éditeurs.)

l'Évangile. Les richesses corrompent, amollissent les mœurs; elles sont donc contraires à l'esprit de toute religion, qui veut que ses ministres se rendent respectables aux peuples par des mœurs pures et sévères; elles le sont à la raison, qui veut que l'on s'impose le devoir de pratiquer la morale, quand on se charge de la prêcher.

On a dit que le bien de l'Église était celui des pauvres, qu'il était réellement employé en aumônes. Si on regarde l'aumône comme devoir de conscience, il n'oblige qu'à raison de ce qu'on possède. Mais, si on la considère du côté politique, est-ce une institution utile que de donner à des hommes, de quelque état qu'ils soient, un superflu, à condition qu'ils l'emploieront en aumônes au gré de leur conscience? Cette question est indifférente à la religion, et il n'est pas difficile de prouver qu'une telle institution est dangereuse pour la morale, pour la tranquillité, pour la prospérité publiques (1).

(1) Donner l'aumône est toujours un mal. Donner l'aumône, c'est partager une partie de ce que l'on a, indistinctement entre ceux qui le demandent. Qu'en résulte-t-il? L'ouvrier, toujours sûr de vivre lorsqu'il n'aura pas de quoi payer sa subsistance, ne fait aucune économie sur son salaire, et ne craint pas d'user ses forces dans la débauche; le fainéant, sûr de vivre en ne faisant rien, ne fait rien. Celui qui reçoit l'aumône est dans la dépendance de celui qui la lui fait. Enfin les pays où l'aumône se fait le plus aisément, le plus exactement, sont ceux où il y a le plus de gens qui la demandent, et où l'on est le plus pauvre. Ainsi l'aumône nuit, et parce qu'elle empêche de travailler, et parce qu'elle détruit l'économie.

Les lieux qui avoisinaient de grands établissements où les au-

D'après les principes que nous venons d'exposer, la justice exige que l'on porte jusqu'au scrupule le respect pour la propriété de ceux qui jouissent actuellement.

Si ceux qui possèdent un bien dont on veut changer la destination, le possèdent seuls, ils doivent le conserver tant qu'ils existent. S'ils possèdent en commun, alors on a le droit d'en changer la forme, et de remplacer ce qu'on enlève par une jouissance au moins équivalente. Si on supprime en même temps une fonction pénible, mais dont l'objet est inutile, l'équité naturelle indiquera pour chaque âge, pour chaque circonstance, jusqu'à quel point on doit laisser à celui qui était chargé de cette fonction, la totalité ou une partie du salaire. On sent qu'il doit perdre seulement ce qu'il aurait abandonné pour être débarrassé du travail, et qu'il ne doit jamais perdre, jusqu'à manquer du nécessaire qui lui était assuré, de l'aisance dont il avait pris l'habitude.

De plus longs détails seraient inutiles. Qu'on pèse avec un cœur juste et humain les intérêts de chacun; que dans le doute on laisse pencher toujours la balance en faveur de celui qui doit perdre, et on sera sûr de ne pas commettre d'injustices (1).

mônes étaient périodiques ou journalières, étaient ceux où l'espèce humaine était le plus abâtardie, où elle était plus méprisable et plus misérable. Comparez en Allemagne les États catholiques aux États protestants, comparez l'Espagne à la France, et vous aurez la preuve la plus convaincante de ce que je viens d'énoncer.   *(Note des premiers Éditeurs.)*

(1) Puissent ces pages être lues par ceux qui, de bonne foi, at-

On a objecté, contre de tels changements, le tort fait à ceux qui avaient l'espérance d'obtenir une portion de ces biens, ou d'augmenter celle qu'ils en possèdent déjà ; mais cette espérance ne donne point un droit, et supposons qu'elle en donnât, elle est commune à tous. Le droit se partagerait donc entre tous, et même sous ce point de vue, les biens de ce genre n'auraient encore, pour véritable propriétaire, que le corps de la nation.

Gardons-nous de donner au droit de propriété une étendue qu'il n'a point ; on s'exposerait au danger de tomber dans la nécessité de violer les droits les plus réels, les propriétés les plus sacrées. C'est ainsi que, dans la crainte de blesser des priviléges, on a établi des impôts indirects ; que la prétendue propriété du droit de chasse produit une violation ouverte de la propriété du territoire ; qu'enfin on a laissé, qu'on laisse encore subsister l'esclavage de la glèbe et celui des Noirs, comme si un pouvoir contraire au droit naturel pouvait jamais être mis au rang des propriétés.

Les domaines de la couronne sont des terres dont jouissait originairement le chef suprême de la nation, et dont le revenu était destiné à sa dépense personnelle, et à celle qu'entraînait l'exercice de sa dignité.

Comme, pour subvenir à l'insuffisance de ces

tribuent à la philosophie et aux philosophes les maux que les prêtres, les religieux ou les moines ont éprouvés pendant la révolution, et ceux que la misère leur fait éprouver encore.

(Note des premiers Éditeurs.)

biens, il eût été nécessaire d'établir un impôt, on a cru devoir les regarder comme inaliénables. Ce motif n'existe plus, puisque le trésor du prince est confondu avec celui de la nation; mais le principe qui en était la suite subsiste encore; il ne peut donc rester qu'une question à résoudre. Est-il utile de conserver, sous cette forme, une partie du revenu public? Non, sans doute; plus une fortune est grande, et moins elle est bien administrée. Or, le domaine est encore une fortune immense. Le possesseur ne peut y employer ses soins, des objets plus importants doivent remplir ses journées. Ces détails ne peuvent même être l'occupation de ceux qu'il appelle à partager sous lui le travail du gouvernement. Or, si un seul intermédiaire, entre un propriétaire et son fermier, produit une baisse sensible dans le revenu d'une terre, quel effet ne doivent point produire dix intermédiaires chargés d'administrer des terres répandues dans toutes les provinces d'un vaste empire?

Il n'est donc pas douteux qu'en remettant tous les domaines aux assemblées provinciales pour en étudier la valeur et les aliéner ensuite sous une forme publique, on n'en retirât un prix qui, employé à rembourser une partie de la dette perpétuelle, produirait une diminution d'intérêts beaucoup plus forte que le revenu actuel des domaines, tandis qu'il résulterait encore de la meilleure culture, de la meilleure administration de ces biens, une augmentation de produit net, et par conséquent une nouvelle richesse et de nouvelles ressources.

Cette opération se ferait successivement, à mesure

que les assemblées auraient pu reconnaître ou discuter la valeur de chaque domaine. Elles vendraient
par petites parties, afin de rendre l'opération plus
lucrative, et de produire une plus grande division
dans les propriétés. Elles vendraient également, pour
les terres déjà aliénées, le droit d'y rentrer, qui
était une condition de la première vente ; et ce droit,
dont l'exercice fait au nom du gouvernement ne peut
produire que de faibles profits, achetés par des vexations, deviendrait alors un objet très-important.

L'utilité de confier ces ventes aux assemblées provinciales ne se borne point à l'avantage d'éviter plus
sûrement les fraudes, d'inspirer plus de confiance,
de détruire, par cette confiance, par la publicité de
l'emploi du produit des ventes, l'opinion qui empêcherait de les regarder comme irrévocables ; il en
résulterait en même temps un moyen de dénaturer
tous les droits qui font partie de ces domaines, et qui
sont, ou des obstacles à la vente des propriétés, ou
de véritables impôts. Au lieu de les aliéner, ils resteraient entre les mains des assemblées provinciales,
qui formeraient un plan pour parvenir à un remboursement successif et volontaire de la part des
particuliers ou des communautés assujetties à ces
droits.

ARTICLE IV.

Établissements publics.

Les établissements publics ont pour objet le soulagement des hommes que leur faiblesse, leur âge et leurs infirmités ont mis hors d'état de subsister ; le soin des malades pauvres, celui des enfants abandonnés, la garde des hommes qu'il a été nécessaire de séparer de la société, l'éducation, l'instruction publique.

I.

Des secours à donner aux pauvres.

Plusieurs causes contribuent à multiplier le nombre des hommes hors d'état de subsister par leur travail.

D'abord l'accumulation des propriétés dans un petit nombre de mains, elle-même a pour cause première les mauvaises lois civiles ou fiscales, qui s'opposent à la division des propriétés. On doit compter ensuite l'accumulation des richesses mobilières, conséquence nécessaire du régime prohibitif qui concentre les capitaux acquis par l'industrie ou par le commerce, dans un moindre nombre de mains, de la forme vicieuse des impôts, et des fausses opérations du trésor royal, qui sont l'unique origine des fortunes de finance et de banque.

Toute famille qui ne possède ni propriétés foncières, ni mobilier, ni capitaux, est exposée à tomber dans la misère au moindre accident. Ainsi, plus il y a de familles privées de ces ressources, plus le nombre des pauvres sera grand.

On peut regarder comme une autre cause de pauvreté, le défaut de salaires suffisants. Cette insuffisance vient : 1° de ce qu'au lieu d'une concurrence générale entre ceux qui payent, et les ouvriers dont ils ont besoin d'employer le travail ou l'industrie, les maîtrises font que la concurrence existe seulement entre les maîtres et les ouvriers. 2° De ce qu'il y a des impôts qui ne sont point proportionnels aux facultés, aux moyens de subsister, comme la gabelle, par exemple. Il en résulte que le salaire d'un grand nombre d'ouvriers baisse plus près du niveau au-dessous duquel il est impossible de gagner assez pour vivre, et que l'excédant destiné à la nourriture des femmes, des enfants, est presque réduit à rien, tandis qu'en même temps la dépense des vieillards, des femmes, des enfants, qui ne gagnent pas absolument de quoi vivre, est augmentée par le même impôt. Supposons, en effet, un ouvrier ayant à soutenir un vieillard et trois enfants : l'impôt du sel qu'il payera sera au moins triple de celui que paye l'ouvrier qui est seul. Son salaire est plus fort à cause de l'impôt; mais cette augmentation n'affecte que la valeur moyenne des salaires; elle suffit peut-être pour indemniser celui qui paye l'impôt d'une personne et demie, deux personnes, mais non pour indemniser celui qui le paye pour trois. Enfin, l'ouvrier qui par son industrie gagne un écu par jour, paye un impôt pour le sel, précisément égal à celui que paye l'ouvrier du même genre qui gagne vingt sous. Si l'impôt n'existait pas, le salaire de tous deux diminuerait, mais non d'une égale quantité. 3° De ce que le défaut de liberté dans le commerce des subsistances augmente les variations des prix, et que les salaires se réglant sur le prix commun, ils deviennent insuffisants dans les années où le prix est sensiblement au-dessus. Cette dernière cause vient d'être détruite par un ministre éclairé, qui connaît les droits des hommes, et veut leur en assurer la jouissance ; mais le mal causé par le défaut de liberté sera encore longtemps sensible.

On peut regarder comme une autre cause de pauvreté, les pertes occasionnées au peuple par les vexations, les gênes qu'introduit le régime prohibitif ou fiscal. Un procès pour une collecte, des frais multipliés pour la taille ; une saisie, une amende, un chef de famille puni pour la contrebande ou pour la chasse ; un procès défendu devant les tribunaux ordinaires ; l'oppression particulière du riche, encouragée par l'impossibilité où est le pauvre de fournir aux frais nécessaires pour se défendre, voilà autant d'accidents qui viennent chaque année ruiner une foule de familles, et qui les font passer dans la classe des indigents.

Il faut ajouter encore l'entassement des ouvriers dans les villes. Si, par un accident quelconque, sur quatre mille ouvriers qu'une ville renferme, mille sont privés d'ouvrage ; comme ce sont les plus maladroits et les plus pauvres qu'on réforme d'abord, voilà tout à coup une grande calamité qui sollicite de puissants secours. Supposons ces quatre mille ouvriers répandus dans cinquante villages : comme presque chacun aura sa maison, souvent une petite propriété ; comme cet ouvrier n'aurait pas pris, à l'exemple de ceux des villes, l'habitude de se livrer à une oisiveté absolue dans les courts espaces où l'ouvrage lui manque, mais qu'il aurait au contraire contracté celle de s'occuper de soins domestiques, de travaux analogues à ses travaux ordinaires, de travaux champêtres, il se trouvera n'être point sans ressource dans un manque d'ouvrage plus prolongé; il en cherchera dans sa famille, dans ce qui l'entoure, et il ne sera point, comme l'ouvrier des villes, étranger à tout, excepté au fabricant qui l'emploie. Or, ce sont encore les lois prohibitives, l'esprit réglementaire qui ont entassé les ouvriers dans les villes.

On me permettra de compter aussi parmi les causes de la misère l'observation forcée des fêtes. La superstition seule a pu faire une loi de contrainte de ce qui n'est qu'un devoir religieux, dont la conscience de chacun doit seule être l'arbitre. On convient que le travail est permis dans le cas de nécessité : eh! qui peut être juge de cette nécessité, si ce n'est celui qui l'éprouve? Et à qui peut-il être obligé de rendre compte, sinon à son confesseur, s'il professe la religion romaine, à Dieu seul dans toutes les autres communions chrétiennes.

Que le jour destiné au culte divin, dans les religions suivies par presque tous les citoyens, et où dès lors les travaux sont interrompus en partie, soit choisi par la puissance civile pour celui où tous les officiers publics entendront les plaintes, les réclamations, les demandes de l'homme qui subsiste de son travail : que ce jour soit désigné pour toutes les audiences publiques, pour toutes les assemblées.

Un tel règlement est utile, parce qu'il conserve plus de temps pour le travail, alors moins interrompu.

Ce jour deviendrait naturellement, par une convention tacite, celui du repos et du plaisir : ainsi la plupart des ouvriers continueraient de se reposer; mais ceux dont la famille serait plus nombreuse, dont quelque accident aurait diminué l'aisance, ceux qui auraient une occasion avantageuse de travailler, ceux surtout qui, faute d'adresse, d'activité, gagnent moins dans un temps égal, trouveraient une compensation ou une ressource dans ces jours qui formeraient en France, par exemple, un septième de l'année. Le prix des salaires ne baisserait pas, comme on l'a dit, en supposant faussement que le prix des salaires n'est jamais au-dessus du nécessaire, comme si la concurrence n'existait pas entre ceux qui payent le travail, aussi bien qu'entre ceux qui le vendent; comme si le besoin que j'ai d'avoir des souliers ne pouvait pas me déterminer à les acheter quelques sous de plus, aussi sûrement que le besoin plus puissant d'avoir du pain déterminera mon cordonnier à me les vendre quelques sous de moins. N'a-t-il pas, si je m'obstine à vouloir payer moins cher, la ressource de travailler pour un autre? Cette erreur, qui a occasionné tant d'absurdes déclamations contre le droit de propriété, est très-dangereuse, parce qu'elle contribue à faire regarder comme nécessaires, comme étant une suite de l'état de société, des maux qui n'ont pour cause que les mauvaises lois, et qu'elle sert dès lors à en prolonger la durée; qu'enfin, si on leur a tant de fois opposé, à ces maux, des remèdes qui les ont aggravés au lieu de les guérir, ce préjugé en a souvent été la cause, ou du moins le prétexte. Les mauvaises lois relatives au commerce des subsistances en sont un exemple frappant.

De toutes les causes de la pauvreté, je n'en connais qu'une seule qui ne tienne pas à de mauvaises institutions, et qui soit au contraire l'effet du perfectionnement de l'industrie. On a observé que les procédés des arts devenaient moins chers, 1° à mesure que l'on substituait des machines aux bras des hommes; 2° toutes les fois qu'en divisant les travaux, en les analysant pour ainsi dire, on les réduisait à des opérations successives, dont chacune, très-simple en elle-même, devient alors l'unique occupation d'une classe particulière d'ouvriers.

L'invention d'une machine nuit à la subsistance des hommes qui y suppléaient. Un changement dans les procédés d'un art, une variation dans le goût, dans les habitudes, suffit pour priver de travail les ouvriers qui ne savent faire qu'une seule chose, ou même une certaine partie d'une seule chose.

Mais est-il bien vrai que l'invention des machines sera une cause continuelle de pauvreté pour différentes classes d'individus, tandis que, d'un autre côté, la division plus grande des travaux en sera une autre, non-seulement constante mais qui semblerait devoir s'accroître de jour en jour?

L'établissement de ces machines n'est jamais assez rapide pour que l'industrie laborieuse n'ait pas le temps de chercher d'autres ressources, et elle en

trouvera si elle est libre, si le commerce est débarrassé de toutes ses chaînes. L'invention d'une machine rend-elle moins chères certaines productions
des arts? Il y a dès lors plus d'argent à employer pour
des objets nouveaux : ce que l'on épargne sur un genre
de consommation se reporte vers d'autres jouissances. Il se trouve des bras qui ont besoin d'un nouveau
travail, mais en même temps il reste en réserve de
quoi payer leur salaire. Il faut sans doute un peu de
temps pour rétablir l'équilibre, temps d'autant plus
court qu'il y aura plus de liberté : ainsi chaque révolution de ce genre sera toujours une cause de
pauvreté, mais cette cause n'agira que passagèrement ;
elle cessera lorsqu'il n'y aura plus à inventer de
machines qui abrégent le travail d'une manière si
prodigieuse, lorsqu'il ne pourra plus être question
que de les perfectionner, lorsque l'usage de machines, déjà inventées en grand nombre, s'étendant
sur la plupart des travaux, chacun occupera beaucoup moins de bras, et qu'ainsi une simplification,
même égale, ne pourra plus avoir qu'un effet beaucoup moindre.

Il en est de même de la simplification des procédés des arts ; il est difficile de les simplifier sans les
généraliser, et dès lors les résultats des arts pourront
varier, et leurs procédés rester les mêmes. Certains
arts seront moins nécessaires, emploieront moins
de bras ; mais les procédés de ces arts étant appli-
cables à d'autres, les mêmes bras s'y dévoueront ;
d'où résulte cette vérité consolante, que ces causes
passagères de misère pour le peuple, nées de perfec-

tionnements des arts, deviendront moins sensibles à mesure que les progrès des arts seront plus grands.

Je sais qu'il reste une grande objection à résoudre; ces routines des arts font contracter aux hommes une sorte de stupidité, resserrent leurs idées dans un cercle tellement étroit, que, convertis eux-mêmes en machines, pour ainsi dire, ils deviennent incapables de toute autre chose que d'exécuter certains mouvements. Une opération presque semblable, qui emploie les mêmes membres, à peu près de la même manière, est nouvelle pour eux; ils auraient de la peine à l'exécuter, et cette stupidité peut les priver de toute ressource. Nous parlerons ailleurs des remèdes qu'il faut opposer; il nous suffit d'en faire ici la remarque, et d'observer que le développement des facultés intellectuelles est plus nécessaire qu'on ne croit, même à ceux qu'on imagine ne pas avoir besoin d'en faire usage (1).

(1) Il est vraisemblable que le remède se trouve dans la chose elle-même; le perfectionnement des arts et des métiers consiste dans une subdivision plus grande de chacune des parties qui constituent un art, un métier; ou, en d'autres termes, un art, un métier est d'autant plus perfectionné que chacune de ses parties est subdivisée en un plus grand nombre d'arts et de métiers. Mais alors, quoique Condorcet semble craindre le contraire, il existe entre chacune d'elles une telle analogie, que celui qui a appris et qui sait faire l'une d'elles, devient aisément propre à s'occuper d'une autre. Le cheval qui sait haler un bateau, apprend dans sa vieillesse à tourner une meule. Et pourquoi l'homme serait-il le seul animal qui ne pût combiner quelques idées simples, parce qu'elles ne sont pas absolument les mêmes que celles qu'il combinait auparavant? Les hommes qui ne savent qu'une chose, pa-

Il suit de ce qu'on vient d'exposer que, dans un pays où le nombre des hommes qui ne peuvent subsister est très-grand, où il faut venir à leur secours, on ne doit y pourvoir ni par une taxe en faveur des pauvres, ni par de nouveaux établissements, ni, en un mot, par tous ces moyens qui pallient le mal et en augmentent sourdement le progrès, qui soulagent la misère, mais produisent l'insouciance et la paresse.

C'est dans sa source qu'il faut attaquer la pauvreté, en réformant les lois qui la font naître : c'est en ouvrant des caisses, au moyen desquelles de petites épargnes puissent assurer des secours à l'infirmité, à la vieillesse, qu'on préviendra la misère, et qu'on favorisera en même temps l'économie et la bonne conduite.

Alors on pourra laisser à la bienfaisance volontaire le soin de suppléer aux établissements déjà formés, qui bientôt deviendront plus que suffisants.

Pour les rendre véritablement utiles, il faudrait les borner à trois objets : le soin des personnes attaquées de maladies cruelles et incurables ; l'instruction des enfants aveugles et muets, que l'éducation commune des campagnes ne peut tirer de l'état d'une dépendance absolue, et qui trouvent aujourd'hui des secours dans les méthodes ingénieuses et simples que deux hommes bienfaisants, et d'un vérita-

raissent stupides à celui qui ne la sait pas. Mais ils n'ont pas de demi-connaissances, et, par cela seul, ils sont plus près d'acquérir des idées utiles que celui qui ne les a pas et qui croit les avoir.   (*Note des premiers Éditeurs.*)

ble talent (M. l'abbé de l'Épée et M. l'abbé Hauy),
ont découvertes dans ces derniers temps ; enfin, l'établissement d'asiles absolument libres pour ceux qui,
étant incapables d'un travail ordinaire, peuvent cependant gagner au moins une partie de leur subsistance. On peut, par des machines, par des moyens
particuliers, rendre vraiment profitable le travail
de cette classe de malheureux, et on trouvera ces
moyens, du moment où l'on aura tourné vers cet
objet, négligé jusqu'ici, l'attention des hommes
doués du talent de la mécanique. L'instruction des
aveugles et des muets serait peu coûteuse, parce
que ceux qui appartiennent à des parents aisés, et
à qui ces mêmes établissements seraient nécessaires,
payeraient une portion de la dépense, et que l'établissement profiterait du travail d'une partie de
ceux qui y seraient élevés.

Les soins donnés aux malades pauvres sont plus
importants que les secours accordés à ceux qui sont
dans l'impossibilité de subsister ; non-seulement ces
soins soulagent, mais ils conservent. Dans les campagnes, dans les endroits où les pauvres ont un
domicile, il suffirait de distribuer des secours aux
malades qu'on laisserait au milieu de leurs familles ;
mais indépendamment de ces secours, les hôpitaux
sont nécessaires dans les villes, où la plupart des
pauvres, trop étroitement logés, souvent séparés de
leur famille, ne peuvent être secourus que dans
des hospices publics ; non-seulement il faut leur
procurer les soins d'un médecin, des remèdes, une
nourriture plus saine, mais il faut leur donner un

espace où ils puissent souffrir en paix, un lit qui les
reçoive, une main charitable qui veille sur leurs
besoins. Il vaut mieux multiplier les établissements
que d'en former de trop étendus. On ne doit rassembler dans chacun que le nombre de malades
qu'un seul médecin peut traiter; on ne doit pas aller
au delà du point où un seul chef peut embrasser et
inspecter tous les détails de l'établissement. Des maisons particulières placées hors des villes serviraient
pour les convalescents, attention importante négli-
gée jusqu'ici.

Les grands établissements frappent l'imagination,
mais produisent presque toujours de grands abus,
et les grands abus trouvent toujours des protecteurs
puissants. L'avantage de pouvoir séparer les diverses
maladies peut conserver tout ce qu'il a de réel, sans
avoir recours à de vastes hôpitaux. S'agit-il de distinctions qui ne laissent aucun doute, on peut avoir
des maisons particulières pour les blessés, les femmes
en couches, ceux qui doivent essuyer des opérations. S'agit-il de distinctions plus difficiles, comme
celle des maladies qui se communiquent, ou dont
le voisinage est dangereux, on trouvera le moyen
de faire, même pour de très-petits hospices, les sé-
parations nécessaires; et les subdivisions plus nombreuses qu'on ne pourrait y pratiquer ne produiraient
pas un avantage comparable aux inconvénients inévitables de tout grand établissement.

On reproche beaucoup d'abus à ceux de ces établissements qui existent aujourd'hui; les uns tiennent
au respect pour la fantaisie des fondateurs, d'autres

aux idées monacales; quelques-uns à l'esprit de corps, à des préjugés qui se perpétuent dans ces maisons, à des routines dont on a oublié l'origine et les motifs. Tous ces établissements ont besoin d'une réforme qui y porte plus de lumières, qui les rende plus utiles, et le soin de cette réforme ne peut être mieux confié qu'à des assemblées formées par les représentants des citoyens (1).

(1) Depuis Montesquieu jusqu'à nous, la question des hôpitaux civils a été souvent discutée. Il me semble que l'on peut la résoudre en peu de mots, et un peu différemment que ne l'a fait Condorcet.

Tout individu, quand il est malade, trop vieux ou trop jeune, et qu'il n'a point de fortune, a droit à sa subsistance aux dépens du public. Or, quels sont les moyens les plus simples de constater cette pauvreté, et, après l'avoir constatée, d'assurer sa subsistance? Dans les petites villes rien de plus aisé, parce que chaque individu y est connu de tous, et que dès lors il est impossible, ou à peu près impossible, de diminuer sa fortune; et alors le moyen le plus économique d'assurer la subsistance, ce sont les secours à domicile, parce qu'on n'a à payer ni la valeur du terrain où est l'hôpital, ni sa construction, ni son entretien, ni les frais d'infirmiers, d'infirmières, d'économes, etc. Dans les villes plus considérables, la fortune est inconnue, et les secours à domicile, malgré toutes les précautions, pouvant être sollicités ou obtenus par ceux qui n'en auraient pas besoin, et excéder de beaucoup les frais dont nous venons de parler; dans ces villes, il faut des hôpitaux civils. La privation de sa famille, de ses connaissances, des habitudes, compensant au moins les avantages des secours gratuits, on doit ou on peut penser qu'il n'ira dans les hôpitaux que ceux qui ne pourront être soignés chez eux à leurs dépens, et qui par conséquent auront réellement besoin de secours.

De quelle manière les sommes destinées aux secours doivent-

Les maisons de secours pour les enfants abandonnés pourraient être d'une grande utilité. Les uns appartiennent à des parents mariés qui manquent du pouvoir ou de la volonté de les élever; les autres sont ce qu'on appelle *illégitimes*. L'État doit pourvoir à l'existence des uns et des autres; et, si les secours étaient bien dirigés, il faudrait les regarder moins comme une charge pour le trésor public, que comme une avance dont la nation recevrait de grands avantages. En effet, le soin qu'on aurait eu de ces enfants donnerait le droit de disposer de leur travail jusqu'à une certaine époque; et comme ces soins ne se borneraient pas à la simple subsistance, il n'existe pas le moindre prétexte pour regarder cette condition comme tyrannique. Or, si le travail était bien entendu, l'excédant du profit, dans les dernières années, pourrait payer en grande partie ce que coûteraient les premières.

Des ateliers de différents genres serviraient à instruire des élèves dans les métiers les plus utiles, c'est-à-dire dans ceux qui fournissent aux besoins des habitants des campagnes. On fabriquerait dans ces ateliers une grande partie de ce qui serait néces-

elles être payées? Si elles le sont, comme en Angleterre, par une taxe levée sur chaque *paroisse*, et proportionnelle au nombre de pauvres qu'elle renferme, vous isolez chaque commune de toutes les autres, vous faites autant d'*États séparés* qu'il y a de communes. L'expérience a prouvé que dans l'état actuel de la civilisation de l'Europe, il y avait toujours un quatre-centième de la population qui était malade et avait besoin de secours. Dès lors cette dépense est fixe pour les temps ordinaires, et doit être acquittée comme toutes les autres. (*Note des premiers Éditeurs.*)

saire aux réparations de la maison, à l'entretien des meubles et du linge, à l'habillement des enfants. Un enclos donnerait les légumes et les fruits, et formerait des jardiniers. Une ferme donnerait une partie de la nourriture, et formerait des cultivateurs.

En mettant de l'ordre, de la décence, et le secret que l'opinion exige, les filles qui viendraient accoucher dans l'hôpital y pourraient être des nourrices peu coûteuses, parce qu'elles se contenteraient de faibles salaires, et qu'il serait possible de tirer encore quelque parti de leur travail : quelques-unes pourraient nourrir plusieurs enfants, et s'attacher ensuite à l'établissement.

On fixerait la grandeur de ces maisons, en cherchant le point où la dépense serait la moindre possible, et où l'on pourrait cependant établir les genres d'ateliers les plus avantageux, et tirer du travail des enfants un parti utile.

En gardant ces enfants jusqu'à vingt-cinq ans; en ne séparant point les deux sexes avec trop de rigueur, en leur permettant de se rassembler en public dans les jours consacrés au repos, il se formerait entre ces enfants des mariages qu'on pourrait favoriser par de petites dots, en terrains, en métiers, en outils, en avances de matières premières. Ainsi l'on ne rassemblerait plus les enfants pour les voir se consumer au fond d'un hôpital, ou pour rejeter dans la société des êtres qui ne tiennent à personne, qui, condamnés par le préjugé à un opprobre injuste, sont privés du frein le plus puissant en lui-même, après celui de la conscience; frein d'autant plus précieux à conserver, qu'il subsiste encore, même après que la conscience a été ou étouffée ou dépravée. Ces ménages ne pourraient se répandre dans les environs de l'établissement sans affaiblir ce préjugé, sans y multiplier les bons ouvriers, sans y perfectionner les arts et la culture.

Indépendamment des prisons de police, des prisons où les accusés attendent leur jugement, peut-être est-il nécessaire d'avoir des maisons de correction et de travail forcé, où l'on retienne, soit pour un temps, soit pour toujours, ceux qu'il est nécessaire de séparer de la société.

La privation de la liberté, employée comme punition, suppose un délit prouvé et jugé. L'usage, je le sais, est de renfermer les mendiants valides, les vagabonds, les filles publiques. Mais pourquoi un mendiant valide, vivant d'aumônes volontaires, serait-il traité comme un criminel? Il est paresseux, il est vil; mais renferme-t-on tous les hommes vils et paresseux? Non; on leur donne souvent des pensions, des abbayes, des charges. Quel crime commet envers la société un homme qui vit de ce qu'un autre homme juge à propos de lui donner librement? Les mendiants, dit-on, deviennent des voleurs, c'est-à-dire qu'on sévit contre le crime avant qu'il soit commis, qu'on punit un homme, parce que d'autres qui ont fait le même métier ont pu mériter de l'être. D'ailleurs, croit-on que traiter comme coupables les mendiants qui sont encore innocents, ce soit un moyen de leur ôter la tentation de l'être? Ne leur inspire-t-on pas, au contraire, l'envie de mériter le traitement auquel on les dévoue? C'est par la vigilance, et non par l'injustice, qu'il faut prévenir le crime. S'il est nécessaire de garder contre le pauvre la fortune du riche, il faut que ce soit aux dépens de cette fortune, et non aux dépens de la liberté du pauvre. Si une police exacte et sévère, répandue dans les campagnes, telle que les nouvelles assemblées pourraient l'établir, punissait à l'instant tout mendiant qui menace, cette crainte suffirait pour les contenir.

Les vagabonds sont dans le même cas que les mendiants. Quoi! parce qu'un homme porte un habit malpropre ou déchiré, on peut se permettre à son égard les mêmes interrogations, les mêmes recherches qui seraient une insulte contre un homme dont l'habit annoncerait l'aisance ou la richesse! D'ailleurs, qui peut marquer la ligne où cette inquisition doit s'arrêter?

De ce qu'un homme n'a point de certificat, de ce qu'il est inconnu, en conclura-t-on qu'on ait le droit d'attenter à sa liberté? C'est, dit-on, une précaution; mais, si cette précaution était nécessaire, si un citoyen, sans être reconnu coupable, sans mériter d'être puni, pouvait être regardé comme vraiment dangereux, est-ce une punition qu'on lui doit? N'est-ce pas plutôt un asile où il soit traité avec les égards dus à l'innocence, avec l'aisance dont il eût pu espérer de jouir dans la société?

Le tyrannie exercée contre les filles publiques, dans presque tous les pays, est à la fois une preuve de la pente trop commune à opprimer la faiblesse, et un exemple du pouvoir des préjugés.

Pour qu'il y ait un délit, il faut qu'il y ait un tort grave; il faut que ce tort volontaire, dans celui qui le fait, soit involontairement reçu; il faut, enfin, qu'il soit immédiat. Rien de tout cela n'existe ici. On a été frappé des maux qui sont ou qui paraissent la suite de l'existence des filles publiques; et, par mépris pour celles qui en étaient l'occasion, on a imaginé de les punir, sans examiner si cette punition était juste, si elle était utile. Avec plus de réflexion, on aurait vu que toute action où la sûreté publique, la tranquillité, la propriété, ne sont pas troublées, n'est plus du ressort des lois. Vous craignez, dites-vous, les crimes où conduit la dépravation des mœurs; vous voulez y mettre un frein : eh bien! les mœurs dépravées sont l'ouvrage des mauvaises lois civiles, des mauvaises lois fiscales; des mauvaises lois de police n'en seront pas le remède. Les anciens compilateurs de vos lois, les auteurs de votre système de finance, ont été injustes et maladroits; corrigez-les, et ne croyez plus que la barbarie puisse guérir les maux que l'injustice a fait naître. Cette sévérité arbitraire de la police pour les filles publiques est précisément la cause première des désordres qu'elles occasionnent. Si les lois protégeaient leur liberté et la tranquillité de leurs asiles, comme la liberté et la tranquillité des autres citoyens; si les violences exercées chez elles étaient punies, comme si elles avaient eu lieu dans une autre maison, alors tous les désordres cesseraient; à peine l'existence de ces femmes serait-elle remarquée. Il en est très-peu qui ne soient retenues dans leur état par l'im-

possibilité de subsister d'une autre manière. Ainsi
ce n'est point une prison qu'il faudrait leur destiner,
c'est un asile où leur travail les fît subsister, où la
pauvreté les fît recevoir, où la vie fût réglée et laborieuse, mais où la plus grande peine d'une mauvaise conduite fût pour elles d'être renvoyées de cet
asile (1).

(1) La multiplicité des filles publiques est due à la multiplicité
des célibataires; et la multiplicité des célibataires avait pour
causes principales, 1° le célibat ecclésiastique. La nature a dit à
tous les hommes : Mariez-vous, ayez des enfants; le fanatisme
religieux a pu persuader à quelques êtres que cette voix ne devait pas être écoutée. Mais dans les temps où nous sommes, et
dans les lieux où nous vivons, quelle est la personne réellement
fanatique, en France, en Italie, etc.? Les célibataires pour cause
de religion se dédommagent pour la plupart des plaisirs honnêtes du mariage, par les vices honteux du libertinage ou de la
débauche. 2° Les droits d'aînesse, les substitutions : tous ceux
qui en étaient les victimes, ayant été élevés dans les jouissances
du luxe, de l'abondance ou de l'aisance, et ne pouvant plus se les
procurer dans l'âge mûr, étaient obligés de renoncer au mariage
pour ne pas augmenter leurs privations, et pour ne pas laisser
des enfants plus malheureux qu'eux-mêmes; et grâce aux lois et
aux coutumes qui existaient, il n'y a encore que quelques années,
ces abus ne tombaient pas sur la noblesse seule, ils affectaient
jusqu'aux dernières classes de la société. 3° Le mauvais exemple
que donnaient à cet égard, comme à tant d'autres, les personnes
les plus éminentes en dignités. 4° Le ridicule que l'on répandait
sur ceux qui ne manquaient pas aux engagements solennels
qu'ils avaient pris. 5° L'indissolubilité du mariage, qui, en atta-
chant par des chaînes éternelles, des êtres qui ne se convenaient
pas, et qui ne s'étaient jamais convenus, les autorisait l'un et
l'autre à se consoler de leurs fers par tous les moyens possibles.

Plusieurs de ces causes n'existent plus; on doit espérer que les

Il ne resterait donc, pour les vraies maisons de force, que les personnes légalement condamnées à y passer une partie ou la totalité de leur vie. La plus grande difficulté est de les assujettir à un travail qui suffise à leur subsistance. Ce problème, dont la solution exige des connaissances dans la morale et dans la mécanique, n'a point encore été résolu, non qu'il soit très-difficile, mais parce qu'on a dédaigné d'y penser. Nous ressemblons à cet égard aux gens qui cultivent avec des esclaves, et qui n'ont encore inventé en agriculture que des coups de fouet.

On s'est contenté d'indiquer ici quelques principes généraux pour chaque genre d'établissement ; chacun d'eux pourrait être l'objet d'un grand ouvrage, qui exigerait la réunion de connaissances physiques très-étendues, à une étude approfondie de l'homme et de la constitution physique et morale.

Il n'a encore existé chez aucun peuple une éducation publique digne de ce nom, c'est-à-dire, une éducation où tous les individus puissent se former, dans leurs premières années, des idées justes de leurs droits et de leurs devoirs; apprendre les principales dispositions des lois de leur pays; acquérir enfin les connaissances élémentaires nécessaires pour la conduite de la vie commune. Une telle éducation aurait encore l'avantage d'offrir les moyens de re-

autres s'évanouiront aussi ; et alors ces êtres avilis, que l'on appelle filles publiques, deviendront tous les jours plus rares; et déjà elles le sont plus qu'autrefois.

(Note des premiers Éditeurs.)

connaître, parmi tous ces mêmes individus, ceux qui annoncent une grande facilité ou des talents marqués, afin de pouvoir cultiver ensuite ces talents et les diriger vers l'utilité publique ; donner à tous les hommes l'instruction qui leur est nécessaire ; faire en sorte qu'aucun talent préparé par la nature ne reste inutile et méconnu faute d'instruction : tel serait le double but d'une éducation vraiment publique, vraiment nationale.

Le second objet est plus important qu'on ne croit. Le nombre des enfants qui reçoivent une instruction capable de développer les forces naturelles de leur esprit, n'est pas, à beaucoup près, en France, la cinquantième partie de la masse totale. On augmenterait donc, dans le rapport de cinquante à un, le nombre des hommes que leur génie, leurs lumières supérieures peuvent rendre utiles aux progrès des connaissances humaines et à la félicité publique. Ce système d'éducation exige trois ordres, peut-être quatre ordres d'instruction. Il faudrait d'abord, dans chaque paroisse, un instituteur qui apprît aux individus des deux sexes :

A lire, à écrire ;

L'arithmétique nécessaire dans la vie commune ;

La géométrie suffisante pour toiser, pour arpenter ;

Les principes élémentaires de mécanique, qui rendent capable d'entendre la manière d'agir et les usages des machines simples ;

Quelques idées générales du système du monde et de physique, propres à préserver des préjugés et des terreurs de l'ignorance.

Ce qu'il faut savoir de botanique, d'histoire naturelle, pour connaître celles des productions du pays qui présentent quelque utilité, ou menacent de quelque danger;

Des éléments de morale, qui doivent renfermer le précis des devoirs et des droits, tel qu'il est utile à des hommes simples de les connaître;

Un abrégé des dispositions de la jurisprudence locale, suffisant pour empêcher les gens du peuple d'être, pour leurs affaires personnelles, les victimes d'une ignorance absolue, ou dans la dépendance des gens d'affaires.

Tout ce que comprend ce tableau formerait la valeur d'un volume, divisé en plusieurs parties, dans lesquelles on apprendrait à lire. Le temps qui sépare la première enfance de l'âge où les enfants commencent à devenir pour leurs parents une véritable ressource, et qu'on peut supposer de quatre ans environ, suffirait pour acquérir ces connaissances; et comme on pourrait, les jours de repos, continuer d'expliquer les mêmes leçons à la jeunesse, comme les livres simples où elles seraient exposées resteraient dans les familles, et qu'au bout de quelques générations les pères et les mères seraient en état d'aider, par leurs leçons particulières, à l'instruction publique, il est à présumer que ces connaissances deviendront vraiment générales au bout d'un certain temps. A mesure que les méthodes d'enseigner se perfectionneraient, que les sciences, en faisant de nouveaux progrès, acquerraient plus de généralité, et dès lors plus de simplicité, ces premiers éléments pourraient aussi avoir plus d'étendue, ou du moins renfermer plus de vérités. Les progrès de l'esprit humain ne seraient plus ceux de l'esprit de quelques hommes, mais ceux des nations elles-mêmes.

On propose une éducation commune aux hommes et aux femmes, parce qu'on ne voit pas de raison pour la rendre différente; on ne voit point par quel motif l'un des deux sexes se réserverait exclusivement certaines connaissances; on ne voit pas pourquoi celles qui sont utiles généralement à tout être sensible et capable de raisonnement, ne seraient pas également enseignées à tous. Si les hommes se réservent tous les emplois, toutes les occupations étrangères aux soins domestiques, c'est une raison de plus pour que les femmes soient élevées de manière à pouvoir surveiller l'éducation de leurs enfants, et y présider. Elles rempliraient l'intervalle des soins nécessaires aux enfants trop jeunes pour être abandonnés à eux-mêmes par les études faites à la maison, sans lesquelles il leur serait très-difficile de profiter des leçons publiques.

Les gens austères qui seraient effrayés de cette proposition ne savent pas, sans doute, que cette réunion des deux sexes, ou en public, ou sous les yeux d'un maître, est le seul moyen de détruire les habitudes honteuses qui souillent les mœurs de presque tous les peuples. La barbarie les a fait naître, l'austérité les a perpétuées; elles se sont montrées avec éclat dans les temps de licence; mais elles existaient d'avance, et la contrainte n'avait fait que les irriter, sans les détruire.

Cette·instruction, telle que nous la présentons ici, est nécessaire pour rendre réelle la jouissance des droits que la législation assurerait aux citoyens; elle l'est à la conservation de cette égalité naturelle que les institutions sociales doivent confirmer, et non détruire. Un être jouit-il de ses droits, quand il les ignore, quand il ne peut savoir si on les attaque, quand la ruse ou la fraude peut impunément lui enlever ce que la loi devait et voulait conserver? L'égalité naturelle, qui est celle de la jouissance égale des mêmes droits, subsiste-t-elle, je ne dis pas sans des lumières égales, mais avec cette inégalité qui emporte une dépendance réelle, et qui oblige à une confiance aveugle? Il devient donc de plus en plus indispensable de procurer au peuple de l'instruction, parce que plus les sciences font de progrès, plus les hommes instruits ont de connaissances réelles, plus aussi on voit augmenter la distance entre eux et les hommes qui n'ont reçu aucune instruction.

Dans les siècles d'ignorance, les prêtres, et ensuite les jurisconsultes avec eux, exercèrent cette puissance que donne sur les autres citoyens la connaissance exclusive de ce qui, dans chaque siècle, sert de base à la conduite des hommes; et l'on sait quelle influence ce pouvoir concentré dans leurs mains a eue sur le sort des nations de l'Europe, et jusqu'à quel point les institutions, qui en ont été la suite, exercent encore sur nous un empire qui a survécu à toutes les révolutions.

Si, à mesure que les classes supérieures s'éclaireront, les autres restent dans l'ignorance et la stupidité, il en résultera un partage dans chaque nation; il y existera un peuple maître et un peuple esclave, et par conséquent une véritable aristocratie dont la sagesse des lois ne peut ni prévenir le danger, ni arrêter les funestes effets.

On sent qu'il n'est question ici que de cette infériorité qui rend un homme dépendant d'un autre, et non de la supériorité de talent, de génie, ou même de science. Un maître d'école n'est pas dans la dépendance de Newton, ni un procureur dans celle de Montesquieu; mais un paysan qui ne sait pas compter est dans la dépendance d'un maître d'école, et dans celle du procureur, s'il ignore les dispositions principales de la coutume sous laquelle il vit.

Il en est de cette infériorité d'esprit, comme de celle du corps. Dans un pays réglé par de bonnes lois, un homme d'une grande force ne tient point dans sa dépendance son voisin, qui sera un être faible; mais un aveugle, un estropié sera, malgré les lois, dans une dépendance nécessaire de ceux qui l'entourent. Or, il faut que les institutions sociales combattent, autant qu'il est possible, cette inégalité qui produit la dépendance, et il ne faut pas qu'elles laissent aveugles ou estropiés les neuf dixièmes des habitants qui sont soumis à leur empire.

Nous avons déjà dit que la division des travaux était une source de stupidité pour le pauvre : or cette cause agissant d'autant plus que la société le perfectionne, et que les autres classes s'éclairent, il faut recourir au seul remède efficace, celui d'établir une véritable instruction publique; alors ce progrès dans les arts, qui, sans l'instruction, eût été un obstacle au perfectionnement de l'espèce, ne sera plus qu'un bien. (*Voyez* le Traité de la Richesse des nations, d'Adam Smith). Nous disons qu'il eût été un obstacle au perfectionnement commun ; car il ne faut pas croire que les classes riches puissent continuer longtemps de s'éclairer, si les classes pauvres restent condamnées à une éternelle stupidité. C'est quand elles se répandent et non en se concentrant, que les lumières peuvent s'augmenter : plus elles sont resserrées dans un petit nombre d'individus, plus il est à craindre que l'erreur et la fausse science ne viennent en ternir l'éclat. Les sciences marcheraient toujours vers la perfection, mais à pas plus lents, et elles resteraient plus exclusivement le partage de ceux qui les approfondissent. Les lignes de communication, au lieu de se multiplier entre les savants et les autres hommes, deviendraient plus rares.

On donnerait dans un collége, établi pour chaque district, une éducation plus suivie ; on y enseignerait les éléments plus étendus de toutes les sciences, auxquelles on ajouterait la grammaire, et l'étude des langues les plus utiles à connaître. On enseignerait dans un ou plusieurs colléges généraux de la province, non ces éléments, non ces connaissances qui doivent être communes à toutes les professions de la société, parce qu'elles sont utiles à toutes, mais des cours approfondis de chaque science, que chacun pourrait suivre séparément, soit dans l'intention de se livrer à l'étude de telle science, soit parce qu'il la regarderait comme nécessaire dans l'état qu'il voudrait embrasser. Enfin, un petit nombre d'établissements formés dans la capitale donneraient des instructions encore plus approfondies, toutes celles, en un mot, qui remplissent l'espace entre les premiers éléments de chaque science et le point où elle a été portée, et qui conduisent à ce degré où l'on ne peut plus rien apprendre que par ses propres découvertes.

On devrait peut-être préférer pour les établissements destinés à chaque district, à chaque province, une petite ville, un bourg, aux villes plus considébles, ou aux capitales. L'éducation en serait plus salubre, les élèves y auraient plus de liberté ; on ne serait plus forcé de choisir entre une règle austère qui dégoûte de l'étude, qui avilit l'âme, ou qui la révolte, et une indépendance qui nuit à l'application. La révolution qui change l'enfant en homme s'y ferait avec moins de danger, pour le corps, pour l'esprit, pour le développement de la sensibilité naturelle. D'un autre côté, si on forme ces établissements dans les villes, un plus grand nombre d'individus peut en profiter, et il faudrait peut-être, et qu'il en existât dans les villes pour leurs habitants, et qu'il y en eût dans les campagnes pour ceux qui voudraient les préférer.

Dans les trois dernières classes d'établissements, on pourrait entretenir, aux dépens du public, un certain nombre d'enfants choisis parmi ceux qui, dans la première instruction générale, auraient montré quelques talents. Alors, après avoir passé de l'instruction de leur paroisse à celle du district,

ceux qui auraient confirmé les premières espérances
seraient envoyés aux colléges de la province, et
quelques-uns enfin de ceux-ci iraient recevoir dans
la capitale les leçons des grands maîtres, comme la
récompense de leurs premiers succès. Par là on diminuerait la distance qui sépare les différents états
de la société, puis chaque année quelques hommes
sortis de la classe la plus nombreuse et la plus pauvre,
devenus, par cette institution, égaux en lumières aux
hommes instruits de toutes les autres, rendus capables par ce moyen des mêmes occupations et des
mêmes places, formeraient une sorte de liaison entre
le peuple et les classes supérieures, et combleraient
l'abîme qui les sépare. Le peuple aurait des appuis,
des défenseurs tirés de son sein, et les préjugés un
plus grand nombre d'ennemis intéressés à les combattre. Dans l'état actuel, les hommes de mérite,
sortis par hasard du sein du peuple, abandonnent
presque toujours sa cause : comme ils sont en petit
nombre, la route de la fortune leur est ouverte, et
ils cherchent des protecteurs qui, à ce prix, veuillent
bien y soutenir leurs pas.

Les détails de la manière dont ces établissements
doivent être formés, de ce qu'il faut enseigner dans
chacun, de la méthode qu'il faut y suivre pour l'enseignement, des soins qu'il faut prendre pour y
maintenir l'esprit, les principes, les objets de l'instruction toujours au niveau, et jamais au-dessous
des lumières actuelles, pour en écarter les préjugés
et l'esprit de routine, pour mener de front l'éducation de l'âme, celle de l'esprit, et même celle du

corps; pour trouver enfin dans ces institutions un moyen de hâter dans tous les sens le perfectionnement de l'espèce humaine : tous ces divers détails devraient être le sujet d'un ouvrage important qui nous manque, et qu'il serait temps de tenter, non-seulement parce qu'on en sent le besoin, mais parce que, dans l'état actuel des lumières, il est possible de n'employer que des principes précis et certains pour servir de base tant à la méthode d'instruire qu'aux éléments, aux cours des différentes sciences.

On nous fera peut-être deux objections. Il est à craindre, dira-t-on, qu'en instruisant le peuple, on ne le dégoûte des métiers pénibles et peu lucratifs. Mais l'effet contraire serait précisément la suite infaillible d'une instruction générale répandue dans le peuple. Si des connaissances élémentaires peuvent être un moyen de subsister, c'est lorsqu'elles ne sont pas générales : ainsi on ferait précisément rentrer dans les classes laborieuses tous ceux que ces demi-connaissances, encore très-rares, en ont fait sortir.

Si tout le monde savait écrire lisiblement, si on enseignait cet art par une méthode qui donnât en même temps une orthographe supportable, le nombre de ceux qui auraient besoin d'employer une main étrangère serait presque nul; il y aurait beaucoup plus d'écrivains et moins d'emploi pour eux; leur métier deviendrait beaucoup moins lucratif que celui de laboureur; il serait réservé pour ceux qui auraient une main excellente, ou n'auraient besoin pour vivre que d'un demi-travail.

D'ailleurs, cette observation fût-elle fondée, l'em-

ployer pour refuser au peuple l'instruction, serait
un outrage au genre humain. Quel droit auraient donc
les hommes puissants ou éclairés de condamner une
autre classe d'hommes à l'ignorance, afin qu'elle tra-
vaillât pour eux sans relâche? Ne serait-ce pas, comme
on l'a dit avec autant de justesse en d'autres occasions, ne serait-ce pas imiter ces Scythes qui cre-
vaient les yeux à leurs esclaves?

On peut encore objecter peut-être la dépense de
ces établissements; mais d'abord il en est peu d'aussi
utiles : on peut dire même qu'elles sont nécessaires,
comme celles qui sont destinées à maintenir l'exécution des lois, puisque, sans une instruction publique, on ne peut remplir qu'en apparence le véritable objet des lois, le maintien des droits de tous.
D'ailleurs, il existe déjà un grand nombre de fondations relatives à l'éducation, depuis les grandes universités jusqu'aux maîtres d'école des campagnes.
Ces fondations, le produit des souscriptions qu'on
pourrait ouvrir, d'autres ressources que le temps
peut amener, diminueraient cette dépense, et per-
mettraient de donner à ces institutions utiles plus de
perfection et d'étendue.

La nomination à toutes ces places d'instructeurs
devrait appartenir aux assemblées des communautés,
des districts, des provinces. C'est aux représentants
des pères de famille à remplir, en leur nom, un devoir si important pour leur bonheur. C'est aux représentants des citoyens à veiller sur un objet d'où
doit dépendre le sort des générations futures. Lais-
sons les déclamateurs répéter que la sagesse et la rai-

son ne peuvent être jamais que le partage du petit nombre, et proposer de tromper le reste des hommes, de s'emparer de leur imagination, tandis que d'autres hommes, leurs égaux par la nature, seront chargés de penser pour eux, et de diriger leur éternelle enfance; mais observons les progrès qu'a faits la raison, quoique partout on ait, je ne dis pas abandonné au hasard le soin de la former, mais entouré son berceau d'illusions et de dangers, et osons espérer que les erreurs générales ne sont pas un vice naturel de l'espèce humaine, mais l'effet des institutions formées dans son enfance, et que le temps approche où les hommes éclairés pourront partager avec tous leurs frères le trésor inestimable dont ils ne pourraient jouir seuls sans danger pour eux-mêmes, et sans craindre de le perdre.

Nous plaçons les académies au nombre des établissements destinés à l'instruction publique.

A peine y eut-il des académies à Paris et à Londres, que les capitales de plusieurs autres États, celles même des provinces, s'empressèrent de les imiter, et d'en copier servilement la forme. Mais de pareils établissements ne pouvaient se soutenir que dans ces capitales immenses, où la liberté, la fortune, le plaisir, les agréments de la société, la facilité de s'instruire, appellent et réunissent les hommes les plus distingués d'une grande nation. Presque partout où cette ressource a manqué, les académies ont langui, ou n'ont pu se soutenir que par des secours étrangers.

Depuis quelque temps un savant laborieux, actif, qui a obtenu des succès dans plus d'un genre, a imaginé de former une académie, non pas bornée à une seule ville, mais embrassant toute l'Italie. Cette idée heureuse a été adoptée. La société subsiste avec éclat. Tel est le modèle que je voudrais que l'on suivît pour les académies de province; par ce moyen, elles réuniraient toutes les personnes qui, répandues dans la province, ont le goût et le talent des sciences, et qui s'empresseraient de se réunir à une société qui n'accorderait plus aucune préférence aux habitants de sa capitale. L'objet principal de ces académies devrait être la recherche des faits de détails que, sur toutes les branches des connaissances humaines, on peut rassembler dans chaque pays. Un tel établissement serait préférable, non-seulement aux académies littéraires, mais même aux sociétés d'agriculture. C'est la science, et non l'art, qui doit être l'objet d'une société savante; il faut qu'elle cherche des faits exacts, qu'elle rassemble des expériences précises, et non qu'elle examine les détails et le succès de la pratique, toujours trop liée avec l'intérêt, toujours gênée dans ses procédés par la nécessité de joindre le profit à la connaissance de la vérité, toujours près de la tentation d'employer pour la fortune, le travail entrepris pour l'instruction. La préférence donnée aux recherches pratiques détruira les véritables lumières dans toutes les sociétés qui se laisseront séduire par cette fausse idée d'utilité. Elles doivent, dans ce qui tient à l'art, à la pratique, se borner à recueillir, à constater les faits sur lesquels on puisse chercher ensuite à élever une véritable science.

Des académies telles que je les propose, ne devraient coûter au public qu'un certain nombre de souscriptions, pour des exemplaires de leurs mémoires, qu'on distribuerait ensuite dans la province. Les membres seraient employés par l'administration à l'examen des questions qui peuvent intéresser le bien public, qui demandent des juges, ou plutôt des témoins éclairés. Ceux-ci auraient l'avantage d'être moins dominés par l'esprit de corps, plus faible sur les hommes dispersés. L'élection libre de leurs égaux les désignerait à l'administration, et répondrait de leurs talents. Ils seraient, chacun dans leur canton, autant de foyers de lumière qui contribueraient à la répandre avec plus d'égalité. Comme ces sociétés n'auraient pour objet, ni l'éloquence, ni la poésie, nécessairement si mal cultivées loin de la capitale; comme elles n'auraient point d'assemblées, comme surtout on aurait soin d'éviter ces solennités champêtres, ces imitations des saturnales antiques, où l'on affecte avec plus d'appareil et moins de gaieté une égalité d'un moment, dont on n'a ni le sentiment ni l'idée, de pareilles sociétés ne seraient exposées, ni aux traits du ridicule, ni au danger de tomber dans le charlatanisme.

Tous les changements dans la forme des établissements publics, quels qu'ils soient, devraient être examinés par les assemblées et votés par elles avant de recevoir la sanction de la puissance publique; puisque ces assemblées sont composées des représentants de ceux à qui ces établissements sont destinés, et qui en sont les véritables propriétaires. Mais 'exécution des plans doit être confiée à des comités choisis par les assemblées, soit de la communauté, soit du district, soit de la province, suivant que la nature de l'établissement le demande. En effet, toute autre disposition blesserait les droits de ceux à qui ces établissements appartiennent réellement. Le vœu de ces assemblées serait un préservatif contre les erreurs dans lesquelles le gouvernement pourrait être entraîné, s'il disposait seul des fonds destinés aux établissements publics ; et si on commettait des erreurs, le consentement des représentants de ceux qui en souffriraient, serait encore une sorte d'excuse.

On peut dire la même chose de la manière de gouverner chaque établissement ; mais c'est aux hommes chargés de représenter les citoyens dans le droit d'élire, qu'il faut laisser le choix des administrateurs. Nous proposons de faire nommer par les électeurs ceux qui dirigent les établissements publics, et par les assemblées elles-mêmes les hommes chargés d'instruire la jeunesse, les membres des comités préposés à l'exécution des changements dans la forme d'un établissement. La raison de cette différence est simple : il faut réserver à ceux qui ont plus de lumières, le choix des personnes en qui il faut surtout désirer des lumières. Il n'y a aucun danger à charger les assemblées d'administration de nommer à des places dont la nature ne fait craindre ni connivence, ni abus de confiance. Presque partout, l'inspection des établissements publics est attachée irrévocablement à certaines places, le plus souvent à des places données par le gouvernement.

Doit-on se flatter que cette fonction soit toujours

bien remplie? et si elle l'est mal, a-t-on le droit de s'en plaindre? Le ministre, en donnant une place, doit choisir celui qu'il croit le plus digne de s'acquitter des devoirs essentiels qu'elle impose : est-ce sa faute, si d'anciens usages y ont joint des fonctions secondaires qui exigent quelquefois des qualités très-différentes? C'est en rassemblant ainsi, sous le titre d'une même place, des travaux qui n'ont entre eux aucun rapport naturel, qu'on les rend presque toutes impossibles à bien remplir.

On peut demander s'il vaut mieux conserver les biens-fonds destinés à l'entretien des établissements publics, ou les remplacer par un revenu en argent.

Si on conserve les biens-fonds, en admettant toutefois le principe général qu'il est permis de les aliéner, on observera qu'il faudra d'abord vendre tous ceux qui consistent en maisons, en usines, en droits de toute espèce, pour ne conserver que des fonds de terre d'un revenu annuel et sûr. L'exploitation en est simple, n'entraîne aucune dépense, et est sujette à peu d'abus. Le prix de la vente de ces autres biens serait prêté à la province, à quatre pour cent, avec des remboursements à terme, dont la valeur, ainsi que l'excédant de revenu, et les sommes qui pourraient être données par souscription, seraient employées à l'acquisition de nouvelles terres : le revenu de ces établissements serait alors plus indépendant et plus fixe.

Si l'on préférait une vente totale, le prix serait de même prêté à la province, et l'intérêt perpétuel en serait consacré à l'entretien des établissements.

On trouverait, dans la première opération, l'avantage d'un revenu plus indépendant; dans la seconde, celui d'une plus grande ressource pour la nation, et d'avoir un revenu qui diminuerait, par l'augmentation du numéraire, ce qu'on regardera peut-être comme un mal, mais que je crois plutôt un véritable bien. En effet, il en résulterait que la dépense des établissements serait plus proportionnée au besoin, puisqu'ils finiraient par être payés en partie par des sommes imposées d'après le besoin. Au lieu de conserver leur revenu, ils auraient seulement celui qu'ils doivent avoir, et l'on ne pourrait regarder comme une injustice l'accroissement d'impôt, qui deviendrait un jour une conséquence nécessaire de cette opération, puisqu'elle aurait servi à l'extinction des dettes et à la diminution graduelle de l'impôt, dont la valeur totale aurait par ce moyen essuyé moins de variations.

Je ne prononcerai point entre ces deux partis, dont le plus ou le moins d'avantage dépend de la confiance plus ou moins fondée dans l'administration, de l'espérance plus ou moins forte qu'elle continuera de faire des progrès. L'objet essentiel est d'avoir pour principe, que l'aliénation, même totale, est permise, si elle est utile, mais en même temps d'établir, pour en prononcer l'utilité, des formes qui assurent qu'elle soit réelle, comme le vœu des deux tiers, des trois quarts d'une assemblée provinciale. Une telle pluralité ne peut se réunir qu'en faveur d'une opération qui aurait pour elle ou la raison, ou l'opinion générale.

ARTICLE V.

Milices.

Le mot de *milices* exprime deux choses très-différentes. Tantôt ce nom désigne des soldats fournis par les différentes provinces d'un État, soit pour former des corps particuliers, soit pour être incorporés dans les corps réguliers ; et tantôt on l'emploie pour exprimer la totalité même des citoyens en état de porter les armes, qui, obligés de se rassembler pour défendre le pays, en cas d'invasion, peuvent être assujettis, pendant la paix, à des revues, et tenus de s'y présenter avec des armes, etc.

C'est dans le premier sens seulement qu'il existe en France des milices. L'usage est de tirer au sort, dans chaque paroisse, parmi les hommes non mariés et capables de servir, ceux qui doivent être placés dans ces corps provinciaux (1). On exige d'eux peu de service ; mais ils perdent leur liberté, trouvent moins à se placer ou à s'établir : ils cessent en quelque sorte d'être citoyens, sans cependant devenir soldats ; et cet état intermédiaire, regardé avec dédain par les soldats des troupes réglées, inspire aux habitants des campagnes une répugnance que l'habitude n'a pu vaincre encore.

On permet aujourd'hui presque partout aux jeunes

(1) On doit ajouter que les nobles, les fils des privilégiés et leurs laquais étaient de *droit* exempts de tirer à la milice.

(*Note des premiers Éditeurs.*)

gens sujets au tirage, de former, par une contribution volontaire, un fonds destiné à celui sur qui
tombe le sort, et souvent on lui permet de se rache-
ter par une somme fixe qu'on emploie à faire des
recrues volontaires, ou de mettre à sa place un
homme dont il répond au moins dans le cas de désertion.

Si on accorde la première facilité, il est clair
que la milice n'est qu'un impôt par tête sur les
hommes non mariés, en état de porter les armes ;
impôt injuste, puisqu'il est inégalement réparti, et
que, de plus, l'exemption de cet impôt, suivant celle
de la milice, comprend non-seulement les nobles
et les ecclésiastiques, mais leurs domestiques, les
gens de justice, leurs premiers clercs, une grande
partie de la bourgeoisie, en sorte que le fardeau
pèse presque uniquement sur les habitants des campagnes. Si cet impôt ne suffit pas pour indemniser
de tous les frais, pour rendre absolument libre celui
sur qui tombe le sort, on lui fait éprouver de plus
une injustice personnelle, excepté dans le cas d'une
nécessité résolue de se dévouer pour la défense actuelle de l'État, circonstance qui peut seule légitimer l'usage du sort. Cette nécessité faisant alors du
service militaire une obligation personnelle de tous
les citoyens, on peut sans injustice employer le tirage pour choisir entre eux le nombre de défenseurs
dont on a besoin ; mais rien ne peut jamais excuser
la répartition inégale d'un impôt.

Enfin, puisque le milicien par le sort ou marche
volontairement, ou substitue à sa place un autre

homme volontaire, il est clair que cette institution n'est qu'un prétexte pour faciliter les recrues avec moins de dépenses pour les fonds de la guerre. C'est une manière de cacher à la fois et ce que coûte ce département, et la masse totale des impositions ; déguisement qui paraît bien peu digne d'un gouvernement éclairé et d'une nation belliqueuse.

Si, par l'établissement des milices, on ne veut que se procurer des corps de troupes attachés à chaque province, moins exercés, mais mieux composés, ayant moins d'esprit militaire, et plus d'esprit patriotique, moins ardents pour la guerre, mais moins sujets à la désertion, et moins corrompus par la débauche, alors on pourrait obliger chaque communauté à entretenir un certain nombre d'hommes, qu'elle choisirait parmi ceux des domiciliés sur son territoire qui se présenteraient volontairement, et qui auraient les conditions requises pour le service. S'il ne s'en présentait pas, la communauté remettrait le prix de l'engagement à la commission intermédiaire du district, qui y suppléerait, en choisissant des hommes domiciliés dans son ressort. Au moyen de quelques dispositions faciles à trouver, on parviendrait à rendre cet état assez honorable, et à lui conserver, en temps de paix, assez de liberté pour n'avoir pas à craindre d'être obligé de porter trop haut le prix des engagements.

On pourrait former pour les miliciens des caisses particulières, où une partie de ce prix, déposée par eux volontairement, servirait, suivant certaines règles, à leur assurer ou une petite pension de re-

traite, ou une gratification à leurs veuves, à leurs hé-
ritiers; dans ces caisses, on calculerait l'intérêt à
quatre pour cent pour huit années du premier engagement, et quatre et demi ou cinq pour les huit
années suivantes, s'ils jugeaient à propos de renouveler; à cinq ou même cinq et demi pour les huit années d'un troisième engagement. Chaque communauté
ferait de plus un petit fonds annuel, qui, calculé sur
le pied de trois et demi pour cent, formerait un fonds
de réserve pour donner des pensions aux veuves ou
aux enfants de ceux qui seraient tués à la guerre.

L'autre espèce de milice qui est établie en Suisse
et dans les États-Unis de l'Amérique, a l'avantage
d'élever l'âme du peuple, de lui inspirer plus d'attachement à la patrie, plus d'esprit public; de préparer à l'État une force défensive presque invincible,
et de dispenser de tenir sur pied autant de forces of-
fensives, toujours beaucoup plus coûteuses. Dès
qu'un État a pu se procurer, soit par cette institution, soit par sa position, une force défensive qui le
mette à l'abri de tout danger, même après les dé-
faites, il a besoin d'une armée bien moindre pour se
faire respecter : on est toujours terrible lorsqu'on
n'a rien à craindre pour soi-même, puisqu'on a pour
soi tous les hasards. Un grand État n'aurait plus à
redouter qu'une guerre de piraterie, qu'il repousse-
rait par des forces maritimes si l'ennemi était éloigné, et par la menace d'une invasion s'il était voisin.
Ainsi l'on aurait par là le double avantage d'une défense plus sûre et d'une moindre dépense.

Si cet établissement était formé, et qu'on voulût

conserver les troupes provinciales, alors il faudrait établir que, dans chaque communauté, tous les hommes en état de servir et de se fournir d'armes, formant la milice de chaque communauté, éliraient parmi eux les hommes qu'ils jugeraient plus propres à l'état de soldats provinciaux; ce qui donnerait alors à ceux-ci une espèce de grade, puisque, instruits dans les exercices militaires pendant les rassemblements de leur troupe, ils seraient en état de donner des leçons à la milice municipale : ceux qu'on élirait seraient libres de refuser; et cela arriverait rarement. Si une communauté ne pouvait, par ce moyen, fournir le nombre d'hommes prescrit, la troupe resterait incomplète, et ce serait pour cette communauté une espèce d'humiliation qu'elle chercherait à détruire. Il vaut mieux d'ailleurs avoir moins de soldats, et en avoir de meilleurs.

Nous n'entrerons pas ici dans de plus longs détails; il n'y a personne dont l'imagination n'y supplée aisément. N'y aurait-il pas du danger à armer la totalité du peuple? Je ne le crois pas. Le peuple est dangereux lorsqu'il craint pour sa subsistance; mais si, la liberté du commerce des subsistances une fois bien établie, on détruit les autres obstacles indirects qui s'opposent à ce qu'elle soit réelle, le peuple, qui ne pourra plus regarder les disettes comme l'ouvrage de la corruption ou de la négligence du gouvernement, et qui même n'en éprouvera plus, ne songera point à se révolter pour avoir du pain. Le peuple se soulève aussi contre des impôts trop onéreux; mais ce danger cesse d'être à craindre, si l'on convertit les impôts en un seul impôt direct. Ce sont plutôt les vexations occasionnées par l'impôt que l'impôt en lui-même, qui portent le peuple à la sédition. S'il s'irrite, ce n'est point de ce qu'on lui demande trop, mais parce que la menace, l'outrage et la violence accompagnent trop souvent cette demande; ce n'est point de ce qu'on fait payer un peu trop à celui qui a, c'est parce qu'on force à payer celui qui n'a pas; c'est parce que la manière de lever l'impôt gêne les goûts, les habitudes, les travaux du peuple; c'est quelquefois, enfin, à cause de ses préjugés contre certaines formes d'imposition. Rien de tout cela n'existe, si l'on adopte les principes établis ci-dessus dans l'article Ier. En effet, on ne demande alors qu'à celui qui a de quoi payer, et même de quoi répondre de ses actions. L'impôt est presque nul pour celui qui ne possède presque rien; ainsi point de révolte à craindre que de la part des gens qui ont de quoi réparer le dommage qu'ils pourraient causer, et ceux-là ne se révoltent jamais. D'ailleurs, les impôts étant alors levés par les représentants mêmes du peuple, la haine pour les exacteurs, souvent plus forte que la haine de l'impôt, cesserait d'exister; et elle est la cause la plus fréquente des tumultes populaires. Si on craint la populace des villes (et cette crainte peut être fondée, tant que les villes garderont, comme les corps, un esprit particulier, séparé de l'esprit public), on peut n'y pas étendre cet établissement; la milice nationale y perdrait plus du côté du nombre que du côté de la force, et y gagnerait quant à la composition.

D'ailleurs, on ne propose même pas de laisser le peuple armé. Dans chaque communauté, les armes seraient placées dans un ou plusieurs dépôts publics; des officiers municipaux en auraient seuls la clef; chaque arme porterait le nom du propriétaire; ces officiers sauraient quand et comment ils peuvent ouvrir les dépôts; on établirait des peines sévères contre ceux qui oseraient les violer, et il ne serait point difficile de rendre cette action déshonorante et odieuse dans l'opinion.

On dira peut-être encore que, dans la réalité, la dépense sera la même, parce que cet établissement de milice coûtera beaucoup au peuple. La dépense sera moindre; mais, fût-elle égale, l'avantage serait encore immense. Tout ce que coûteraient ces milices serait employé d'une manière utile à la prospérité des campagnes, au soulagement de ceux qui ont besoin de secours, et presque toutes les dépenses militaires ont des effets opposés.

ARTICLE VI.

Justice et Police.

Si dans un pays le système de l'ordre judiciaire se trouve n'être formé que de débris du régime féodal, rassemblés au hasard dans les siècles d'ignorance;

S'il y existe des tribunaux perpétuels, et que la raison ait prouvé que tout tribunal perpétuel menace la propriété, la liberté et la sûreté des citoyens;

Si la vénalité des charges, si honteuse en elle-même, ajoute aux inconvénients de la perpétuité des tribunaux le danger d'une sorte d'hérédité dans leurs membres;

Si une nation est menacée du plus cruel de tous les despotismes, le despotisme judiciaire, par une union monstrueuse du pouvoir de juger avec des prétentions à une partie du pouvoir législatif;

Si l'énormité des frais de justice, l'obscurité des lois mettent en danger la propriété de tout citoyen pauvre, dès qu'il se trouve un homme entreprenant et fourbe qui ose l'attaquer;

Si des principes oppresseurs, attestés par la foule des jugements évidemment iniques, exposent le sang de l'innocence à couler sous le glaive de la loi;

Si les lois criminelles et civiles offrent aux yeux des hommes éclairés une foule de dispositions absur-des, injustes, barbares, contraires à la prospérité de l'État ou aux droits des citoyens;

Alors on ne peut se dissimuler que ces tribunaux, ces prétentions, ces formes, ces lois, tout ce système de législation, en un mot, n'ait besoin d'une grande réforme, et qu'il ne soit temps qu'un nouvel édifice appuyé sur la raison, sur l'humanité, sur le droit naturel, remplace les restes des monuments gothiques que nos aïeux avaient bâti sur l'orgueil, la supersti-tion et le mépris des hommes.

En quelques mains que réside le pouvoir législa-tif, les représentants du peuple ont droit de s'occu-per d'un si grand intérêt, de mettre sous les yeux des dépositaires de ce pouvoir le détail des maux dont il faut arrêter le cours, et des abus qu'il faut réformer.

Il serait donc aussi juste qu'utile d'interroger les assemblées provinciales, et par elles les assemblées du district sur les réformes qu'elles peuvent croire utiles.

Les lois civiles et criminelles ne sont, en général, que des conséquences du droit naturel, et les lois d'instruction et de forme, une application des règles de la logique. Ce n'est point dans la connaissance positive des lois établies par les hommes qu'on doit chercher à connaître ce qu'il convient d'adopter, c'est dans la raison seule ; et l'étude des lois instituées chez les différents peuples et dans les différents siècles, n'est utile que pour donner à la raison l'appui de l'observation et de l'expérience, que pour lui apprendre à prévoir ce qui peut ou ce qui doit arriver.

Ainsi l'on pourrait dire que la puissance législative a plutôt besoin des lumières des philosophes que du vœu des assemblées représentatives. Cependant, non-seulement ces représentants ont droit de faire entendre ce vœu, mais il existe plusieurs objets sur lesquels les provinces seules peuvent donner les connaissances nécessaires : telle est, par exemple, la fixation de la résidence des tribunaux, du nombre de leurs membres, de l'arrondissement qu'ils doivent embrasser.. De plus, si les lois civiles sont différentes dans les divers cantons, si un grand pays est partagé entre une multitude de coutumes dont les

dispositions sont opposées, on n'en conclura pas,
sans doute, que les lois civiles doivent être différentes pour les différents ressorts; que telle disposition qui est bonne dans une province devient mauvaise dans une autre; mais on en conclura que, si
chaque canton tient à sa coutume; si les citoyens y
ont plié une partie de leurs habitudes; s'il y existe,
enfin, un grand nombre d'actes dirigés uniquement
d'après la nécessité d'accorder les intentions particulières avec la règle imposée à tous, il y aurait une
sorte d'injustice à substituer à ces coutumes une loi
même plus conforme à la raison et au droit naturel,
sans avoir permis à ceux qui ont été régis par elles
d'en faire valoir les avantages, sans les avoir entendus sur les inconvénients que le changement peut
produire, sans avoir combiné, de concert avec eux,
les moyens de prévenir ces inconvénients. La raison
doit être ferme sans être brusque, systématique sans
être opiniâtre, inflexible et rigoureusement précise
dans tout ce qui est durable, indulgente et modérée
dans tout ce qui ne doit subsister que le temps nécessaire pour amener un ordre nouveau.

Mais il existe particulièrement deux objets dans
la réforme des lois, sur lesquels les fonctions des
assemblées ne se bornent point à présenter à la puissance législative le tribut, soit de leurs lumières, soit
de leurs réclamations, mais où elles doivent agir
immédiatement; où même, sans leurs secours, l'établissement d'un bon système judiciaire, et la réforme des abus, seraient, pour ainsi dire, impossibles. Telles sont principalement la composition des

tribunaux et la destruction des restes de la féodalité.

On ne peut regarder comme un véritable choix ni
l'agrément que le roi donne à ceux qui ont acheté
une charge de judicature, ni les nominations qui
seraient faites en son nom, si, en conservant la forme
actuelle de nos tribunaux, la vénalité était supprimée. On ne choisit, on ne nomme réellement que
les gens qu'on a pu connaître, dont on a pu comparer le mérite avec celui de leurs rivaux. Ainsi
le droit du prince n'est que celui de remettre ce choix
en d'autres mains.

A l'exception des premières places, ce ne seraient
pas même les ministres qui feraient véritablement
les choix ; ainsi l'intérêt d'en assurer la bonté est le
seul qui doive décider le gouvernement sur la forme
de ces nominations, et cet intérêt semble exiger
qu'elles soient confiées, soit aux électeurs des provinces ou des districts, soit à leurs assemblées d'administration.

Je préférerais le premier parti, et cela par deux
raisons : la première, parce que le mérite d'un juge
est moins dans l'étendue de ses lumières sur les
objets de la législation, que dans la rectitude de son
esprit, sa probité, son instruction. Or, les électeurs
sont capables de prononcer sur ces qualités ; et,
d'après les principes établis dans la première partie,
on doit leur confier, de préférence, tous les choix
dont ils sont capables ; la seconde, parce que les
assemblées d'administration sont toujours des corps,
et peuvent, comme tels, avoir des intérêts, adopter

des opinions, former des prétentions; que tous les soins qu'on aurait pu prendre dans la vue d'empêcher ces vices de se glisser dans les nouvelles assemblées pourraient ne pas avoir une réussite complète, et que le choix des exécuteurs des lois ne doit être donné qu'à des voix absolument impartiales. Cette raison est d'autant plus forte, qu'il est question, de la part du prince, de confier, sous une forme publique, une partie de ses fonctions, qu'il n'abandonnait qu'à une confiance secrète et personnelle. Il est donc plus naturel qu'il ne les cède pas à un corps qui a déjà une existence publique et des fonctions importantes. L'intérêt des électeurs, comme celui du prince, est uniquement de faire de bons choix. S'il doit donc remettre cette fonction qu'il ne peut réellement exercer par lui-même, c'est à des hommes qui aient nécessairement le même intérêt et les mêmes intentions que lui (1).

En Angleterre, pour les procès criminels, en Amérique, pour presque toutes les causes, on a établi des juges chargés de faire l'instruction, de déterminer le point de la loi. Des jurés prononcent ensuite sur le fait, et les juges n'ont pas même de voix dans cette décision. Cette institution utile mériterait d'être adoptée par toutes les nations; il faudrait alors

______

(1) Si le gouvernement nomme les juges, il ne nommera que les parents, les amis ou les valets de ceux qu'il consultera, surtout si ceux qu'il est obligé de consulter ont des fonctions à vie; parce que la publicité d'une présentation odieuse, ridicule ou vile ne peut leur nuire, et que leur protégé peut les servir.

(*Note des premiers Éditeurs.*)

que les électeurs des districts ou des provinces nom-
massent un certain nombre de jurés, dont les uns
prononceraient sur les causes civiles, les autres sur
les affaires criminelles. Il serait inutile de s'arrêter
à montrer combien il est nécessaire de séparer les
tribunaux civils des tribunaux criminels. C'est par
la nature respectable de leurs fonctions que les tribunaux doivent imposer aux peuples, et non par aucun pouvoir étranger; une bonne législation doit
rendre les juges respectables, mais ils ne doivent
jamais être redoutables : tout juge qui a du pouvoir
devient bientôt un tyran.

On sent que cette formation de jurés est supérieure à celle des jurés d'Angleterre; elle a les mêmes
avantages pour les justiciables, celui d'être jugés par
des gens qui font de cette fonction un devoir et
non pas un métier, celui d'avoir des juges qui ne
soient membres d'aucun corps, d'aucun tribunal,
celui de pouvoir s'assurer de leur impartialité par un
grand nombre de récusations non motivées; et cette
même forme réunirait à tous ces avantages celui de ne
placer au nombre des jurés que des hommes instruits
et jouissant de la confiance publique, de donner des
jurés dont les fonctions dureraient assez longtemps
pour qu'ils pussent acquérir de l'expérience, regarder
leur élection comme une marque honorable de l'estime de leurs concitoyens; au lieu qu'en Angleterre,
nommés par un seul homme, et pour une seule session, on doit peu compter sur leurs lumières; leur
impartialité est moins assurée, et on est forcé de les
regarder comme choisis au hasard parmi ceux qui

réunissent les conditions exigées par la loi (1).

On pourrait alors charger les assemblées provinciales ou de district de nommer des juges. En effet, lorsqu'ils sont seuls chargés de l'instruction, et d'appliquer la loi, on a droit d'exiger d'eux plus de connaissances, et par conséquent il est raisonnable qu'ils soient nommés par des hommes qu'on doit présumer

(1) L'institution des jurés a eu dans ces derniers temps beaucoup d'ennemis en France : ils ont fait des fautes et plus que des fautes. Ce n'est pas à l'institution qu'il faut les attribuer, mais à ceux qui étaient chargés de choisir les jurés, ou plutôt de faire la liste de laquelle le sort tirait ensuite les jurés. Le gouvernement ayant tour à tour appartenu à des factions, ou caressé des factions, qui, par leurs crimes, leurs intentions publiques, ou leur lâcheté, ont déshonoré l'espèce humaine, les administrations étaient alors de la faction qui dominait, et la liste des jurés ne montrait que des individus qui étaient de cette faction. De là des personnes innocentes, qui appartenaient à la faction opposée, étaient coupables; de là aussi des personnes coupables étaient innocentées, parce qu'elles appartenaient à la faction en faveur.

Mais il est un fait qui prouve combien il est nécessaire que ceux qui sont chargés de prononcer sur la vie et sur l'honneur des citoyens, ne le soient que pour un temps très-court, que pour une ou plusieurs affaires qu'il faudra examiner, et sur lesquelles il faudra prononcer presque sans communiquer avec le public : c'est que l'habitude de voir des coupables, ou des êtres avilis par le malheur, fait que chaque accusé paraît un coupable, et que le prévenu doit alors établir qu'il est innocent, tandis qu'il faudrait établir qu'il est coupable. Je n'avais pas à prononcer sur la vie, sur l'honneur de mes concitoyens, mais quelques-unes des fonctions que j'ai exercées m'ont montré combien il était facile, ou plutôt combien il était difficile, et même impossible, de se garantir un peu de ce résultat de l'habitude.

(*Note des premiers Éditeurs.*)

plus capables de les apprécier. L'autorité des juges bornés à cette fonction est peu à craindre, ils ne forment point corps, ils ne portent aucune décision ; on peut ne pas les laisser maîtres du temps où les jugements seront rendus ; alors ils n'auraient aucun moyen d'opprimer. D'ailleurs, pour empêcher qu'ils ne se permettent, ou d'altérer le texte des lois, ou de les violer dans l'instruction, il suffirait qu'un tribunal suprême, après avoir cassé le jugement, suivant la sage institution heureusement établie en France, renvoyât à un nouveau tribunal pour une nouvelle décision, et à un autre pour prononcer sur la conduite des juges ; car toute sentence cassée fait présumer un délit dans celui qui l'a rendue, et l'intérêt de la sûreté publique exige qu'il subisse un jugement. Il faudrait pour chaque tribunal une partie publique ; deux ou trois juges, avec des adjoints, pour les remplacer en cas de mort ou de maladie ; soixante-quatre jurés, dont seize seraient récusables sans motif ; et seize, choisis au sort parmi ceux qui ne seraient pas récusés, décideraient le procès : ce nombre suffirait pour établir tous les degrés de pluralité nécessaires dans les diverses espèces de jugements, et n'est pas trop grand relativement à l'étendue qu'on peut donner à chaque ressort pour obliger de recourir à des hommes dénués d'instruction.

Dans les affaires criminelles, par exemple, on exigerait, pour condamner, une décision à la pluralité de douze voix contre quatre ; pluralité qu'on doit regarder à la fois comme plus favorable et plus sûre que l'unanimité exigée en Angleterre, 1º parce que cette pluralité n'est exigée que pour condamner ; 2° parce qu'en supposant des jurés choisis, leur vœu contre un accusé signifie qu'ils croient le crime prouvé ; au lieu que le vœu des jurés pris au hasard signifierait seulement qu'ils croient l'accusé coupable.

Nous avons parlé ici de juges et de jurés élus par les districts ou par les provinces, et par conséquent nous avons supposé qu'on voudrait conserver deux degrés de juridiction. Mais cette institution est-elle utile? Je ne le crois pas. Elle n'a été nulle part le fruit d'une combinaison réfléchie, mais elle est née de l'idée naturelle à tous les hommes, d'aller chercher un appui contre l'injustice qu'ils croient avoir reçue, jusqu'auprès de celui qui ne reconnaît plus sur la terre de puissance supérieure à la sienne. C'est du recours aux représentants du souverain dans toutes les provinces d'un empire, et de là au souverain lui-même, que sont nés les divers degrés de juridiction qu'on a établis, lorsqu'on a substitué les jugements réglés des tribunaux aux jugements personnels des chefs. Originairement ce recours à une puissance supérieure contre un premier jugement, n'avait lieu en France que pour certaines affaires, et pour un petit nombre de causes ; il est devenu d'un usage général, et la pauvreté seule empêche aujourd'hui de parcourir les divers degrés de juridiction. Mais dans ce siècle il est temps enfin de soumettre au jugement de la raison tous ces usages antiques ; et si on interroge la raison, elle répondra que le jugement suprême étant le seul qui soit exécuté, les autres ne font que rendre les affaires plus dispendieuses et plus longues ; que si l'on regarde un premier jugement comme une simple instruction, et le jugement supérieur comme une véritable décision rendue sur l'instruction faite par d'autres juges, on ne fait que produire, par un moyen plus compliqué, ce qui résulte de la forme des jurés; que même ce moyen est plus imparfait, parce qu'il est plus naturel de réunir l'instruction et la question de droit, que de réunir celle-ci à la question de fait; parce qu'il vaut mieux que les juges du point de fait, les véritables juges, soient plus rapprochés de ceux qui sont chargés de l'instruction.

Nous ajouterons une autre raison : ce qui donne l'autorité à un jugement, le motif pour lequel la force publique doit en assurer l'exécution, c'est uniquement la supposition que la vérité du jugement doit être regardée comme probable. Or, en établissant deux degrés de juridiction, vous exposez la force publique à prêter son appui à un jugement dont au contraire la fausseté serait probable; car si, par exemple, les premiers juges prononcent *oui* à la pluralité de dix voix contre deux, et que les seconds prononcent *non* à pluralité de quinze voix contre douze, le jugement exécuté n'aura réellement en sa faveur que dix-sept voix contre vingt-deux.

Qu'objecterait-on contre l'institution d'un seul degré de juridiction? La crainte que les juges de ce tribunal unique ne cédassent plus facilement à un homme puissant que des magistrats supérieurs dont le district est plus étendu, et qui, réunis en corps, sont moins accessibles aux séductions et à la crainte. Malheur à une nation policée qui n'aurait, pour garantir l'exécution des lois, d'autre ressource que celle des nations à demi sauvages, la puissance personnelle de quelques individus, et où la force publique ne serait rien, si on ne la confiait à un corps dont le crédit balançât celui des particuliers.

Supposons d'ailleurs à la juridiction de chaque tribunal unique toute l'étendue qu'elle peut avoir, sans que le nombre des procès en rende l'examen impossible, sans que les désordres puissent échapper à la vigilance des juges et des parties publiques; alors chaque juridiction renfermera des hommes qui pourront être à l'abri de cette crainte des gens accrédités. Croit-on que l'opprimé trouve plus de ressource auprès des juges trop éloignés pour le connaître, trop supérieurs à lui, trop peu au-dessous des oppresseurs pour croire que sa cause puisse devenir la leur? L'intrigue des gens puissants auprès d'un tribunal plus rapproché d'eux et plus séparé des justiciables, ne serait-elle pas alors plus dangereuse que la prétendue crainte qu'ils inspirent? Avouons-le, ce sont les grands, les riches, les habitants accrédités des capitales, qui craindraient bien plutôt, ou l'humiliation, ou le danger d'avoir pour juges des hommes trop peu considérables à leurs yeux. Enfin il faut observer que ces places de juges seraient regardées d'un autre œil, lorsque ceux qui les occuperaient n'auraient plus à redouter, comme aujourd'hui, le despotisme d'un tribunal supérieur. L'état de juge, qui, dans le seizième siècle, était honoré, parce que ceux qui l'embrassaient avaient pour appui le crédit des grands et celui des villes, qui se soutint dans le dix-septième siècle, parce

que Richelieu et Louis XIV surent contenir les parlements, a été avili dans ce siècle dès l'instant où
l'autorité arbitraire des cours souveraines a pu se
déployer librement.

Des juges de police établis dans les communautés
joindraient à leurs fonctions le droit de constater les
délits matériels, de recevoir les déclarations qui sont
de nature à être faites sur-le-champ, d'envoyer dans
le chef-lieu les accusés pour y être interrogés par le
juge ; ils rendraient de même, dans les affaires civiles,
les jugements conservatoires, nécessaires à la sûreté
des biens ; ils rempliraient les fonctions d'instruction
dans les cas déterminés où la loi laisserait aux juges
la liberté de les en charger.

En suivant ce système, les tribunaux seraient plus
multipliés que les provinces. Ainsi la nomination des
juges regarderait les seules assemblées du district, et
celle des jurés leurs électeurs. Si on multiplie les tribunaux moins que les districts, alors deux assemblées, quoique séparées, peuvent faire une élection
commune (*Voyez* Ire partie, p. 2 1 5) ; celle des jurés
serait faite par les électeurs des deux districts, ou
bien chaque district en nommerait la moitié. Les
places des juges seraient pour un nombre d'années
assez long, tel que huit, dix ans ; celles des jurés pour
quatre ans, et les réélections suivraient la règle que
nous avons établie : cent cinquante tribunaux seraient plus que suffisants pour l'étendue de la France.
Ainsi les places des juges, sans exiger trop de travail,
seraient cependant assez considérables pour ne pas
être dédaignées par des hommes qui auraient de la

naissance et de la fortune. En multipliant ainsi les occasions d'avoir à remplir des fonctions honorables et passagères, on produirait un autre bien, celui de guérir un peu cette manie d'avoir un état sans y être forcé par la nécessité de subsister, ou engagé par des vues de fortune et d'ambition, et de ne pouvoir, sans une espèce d'humiliation, se voir réduit à n'être qu'homme et qu'un citoyen. De plus longs détails sur la réforme des tribunaux et des lois seraient trop étrangers à l'objet de cet ouvrage.

La destruction des restes de la féodalité est une opération nécessaire pour établir une bonne législation civile, et elle ne peut s'exécuter que par le secours des assemblées représentatives.

Quelle que soit l'origine des droits féodaux, transmis depuis longtemps comme des propriétés, acquis presque tous à prix d'argent, on doit en regarder la possession comme légitime.

Si on les considère d'après leur nature, on trouvera que les uns paraissent être les conditions d'anciennes aliénations, les autres la suite de conventions; d'autres enfin, une portion des droits de souveraineté. On peut placer, dans la première classe, les cens en argent, les champarts, les droits éventuels; dans la seconde, les banalités des diverses espèces, les péages sur les ponts; dans la troisième, les péages sur les rivières, les greffes, et certains droits de marchés.

Les deux premières espèces de droits renferment des conditions dont l'exécution est perpétuelle; d'où résulte, pour la puissance publique, le droit d'autoriser à les rompre, la partie à laquelle ces conditions sont devenues onéreuses. Ce droit suppose, à la vérité, et qu'il résulte un tort réel de ces conditions, et que ceux qui seront affranchis du devoir de les remplir soient tenus à un dédommagement rigoureusement égal à la valeur qu'elles avaient pour le propriétaire. Ainsi, par exemple, le remboursement d'un cens en argent, d'une rente féodale en nature, doit rester libre ; mais on doit autoriser ceux qui doivent des droits éventuels, ceux qui doivent des dîmes, au remboursement de ces droits, au remplacement de ces dîmes, soit par une somme d'argent, soit par une rente en nature. En effet, ces droits éventuels sont un obstacle à la liberté des ventes et des échanges, et les dîmes étant proportionnelles au produit brut, sont un obstacle à la liberté de la culture.

Les banalités, les péages sur les ponts, sont, les unes une violation de la liberté naturelle, les autres un véritable impôt. En remontant au principe de tous ces droits, on verra qu'ils ont été établis dans un temps où ceux qui ont transigé pour eux-mêmes et leurs successeurs, où la puissance publique qui a ratifié ces conventions, ces conditions apposées à la propriété, ignoraient quelles en étaient les conséquences nuisibles, où souvent ces conséquences étaient peu sensibles, si même elles n'étaient pas absolument nulles. Par exemple, lorsque la culture était moins variée, lorsque la même terre portait continuellement les mêmes productions, le droit de dîmes avait peu d'inconvénients. Les droits de lods et ventes étaient peu nuisibles, lorsque la masse des capitaux était incomparablement plus faible; les péages sur les ponts, lorsqu'il y avait peu de commerce; les banalités, lorsque les machines auxquelles ce droit est attribué étaient encore très-rares. Nous comprenons parmi les droits qui tiennent à la propriété, les corvées féodales, qui sont des conditions attachées à la possession de certains domaines concédés par le seigneur. On stipule encore dans les baux, des voitures, d'autres travaux gratuits, et l'on peut supposer à la corvée féodale une semblable origine.

L'autorité de la puissance publique sur les droits qui sont des émanations de la souveraineté, des espèces d'impôts qu'on ne peut faire dériver ni de la propriété, ni des conventions, est encore plus évidente, plus incontestable.

Ce droit de la puissance publique n'est pas, comme nous l'avons déjà observé, celui d'enlever une propriété, c'est seulement le droit d'en changer la forme, d'obliger à recevoir un équivalent.

Dès lors on voit qu'il n'y a que deux espèces de droits qu'on puisse légitimement supprimer sans dédommagement. D'abord ceux qui blessent le droit naturel, comme la défense de se marier sans la permission du seigneur, le rachat du droit de cuissage, ou qui gênent la liberté personnelle; ceux, en un mot, dont un homme libre, et jouissant de sa raison, n'a pu faire la condition de l'achat d'une propriété, et ensuite ceux qui n'ont aucune valeur réelle par eux-mêmes, et n'en acquièrent que par hasard.

Ainsi, par exemple, dans les pays de mainmorte, si la terre retourne au seigneur dans le cas où la ligne directe vient à manquer, ce droit est un de ceux pour lesquels on doit payer des dédommagements. Il est plus onéreux, il n'est pas plus absurde que les autres droits éventuels. Au contraire, si le seigneur hérite de la terre, dans le cas où le fils n'a pas couché la première nuit de ses noces, chez son père, n'y est pas domicilié, un tel droit qui ne peut s'ouvrir que par hasard, qui n'est qu'une espèce de confiscation prononcée sans motif, doit être aboli sans accorder de dédommagement.

Nous n'entrerons point dans de plus grands détails sur ces droits dont les formes sont variées à l'infini. Il nous suffit d'avoir établi les principes d'après lesquels on peut juger si la destruction de tel droit est légitime, si celui qui y était soumis doit ou ne doit pas un dédommagement.

Il est à désirer que la puissance publique autorise ceux qui payent des droits de la première espèce, à en offrir le remboursement; mais elle ne devrait les y contraindre que dans le cas où, ce qui n'est pas impossible, l'existence de ces droits ferait un tort à ceux même qui n'y sont pas soumis. De quelle manière maintenant réglera-t-on les évaluations? Il paraît que le moyen le plus simple serait d'établir, dans chaque province, un tribunal nommé par les électeurs de la province, et chargé de cette fonction.

Les principes pour l'évaluation des droits éventuels dépendent du calcul des probabilités, et seraient déterminés par une loi générale, à laquelle ces

juges seraient obligés de se conformer, de manière
que toute leur fonction se bornât à faire des évaluations de propriétés ou de revenus.

Il y a sans doute plusieurs de ces droits que les
particuliers qui en sont chargés s'empresseraient de
rembourser; mais il en est d'autres, et ce serait le
plus grand nombre, pour lesquels ils n'auraient pas
cette volonté, ou n'en auraient pas le pouvoir; et
c'est précisément des moyens de faciliter ces remboursements que les assemblées de districts et de provinces pourraient s'occuper avec beaucoup d'utilité.

Elles proposeraient aux paroisses chargées de
droits de cette espèce, de délibérer si elles en
veulent faire le rachat, après une évaluation faite
en gros de la valeur de ce rachat, et à la condition
par la communauté de payer une annuité pendant le nombre d'années nécessaire pour effectuer
le remboursement de la somme que l'assemblée de
la province aurait avancée. La paroisse délivrée
pourrait faire ce remboursement, à son choix, par
annuités de 5, 6, 7, 10 pour cent, calculées sur un
intérêt de quatre et demi, c'est-à-dire, un peu au-
dessous du taux commun. L'évaluation rigoureuse
se ferait ensuite contradictoirement avec le seigneur. On ne commencerait cette opération qu'a-
près la destruction des autres entraves qui s'opposent
à la liberté des échanges et des ventes. On exigerait la pluralité des deux tiers des voix dans la
paroisse; et en même temps, non-seulement chaque
particulier, mais chaque paroisse, chaque masse
de vassaux d'un fief, conserverait la liberté de faire,

à la même pluralité, des traités particuliers avec les seigneurs, sous l'approbation de l'assemblée du district.

Par ce moyen, tous les droits féodaux payés par le peuple s'éteindraient à la longue, et sans même que cet achat lui coûtât des sacrifices onéreux. Il ne resterait que les droits payés par les fiefs de différents ordres à leur suzerain immédiat; droits moins contraires à l'intérêt public, et dont les possesseurs des fiefs s'affranchiraient quand ils le voudraient.

Le mot de police est un de ces mots vagues qu'on s'accoutume à prononcer, sans y attacher de sens déterminé : nous devons donc chercher d'abord à en donner une notion plus précise. Il nous paraît que par police, on doit entendre cette partie de la législation qui règle, 1° la jouissance de ce qui appartient à tous en commun, de ce qui, par sa nature, n'a point de propriétaire particulier; 2° l'exercice de la propriété et de la liberté, dans tous les cas où il ne peut avoir lieu sans intéresser la propriété, la liberté d'un autre individu. L'on sent que ce dernier article comprend les précautions nécessaires pour que le rapprochement des hommes ne nuise pas à leur sûreté commune : les lois de police diffèrent donc des lois de justice. Si les unes et les autres ont également pour but de défendre les droits naturels des citoyens, les lois de justice considèrent ceux de ces droits qui dérivent de la nature même de l'homme; les lois de police considèrent au contraire ceux qui n'existeraient pas sans les circonstances particulières que l'état de société a fait naître.

Les unes assurent l'exercice des droits primitifs, les autres l'assujettissent à des règles.

Nous avons dit que le premier objet de la police était de régler la jouissance des objets qui, par leur nature, appartiennent à tous, et ne peuvent appartenir à personne en particulier. Telles sont les rues, les places publiques, par exemple. Du moment que les hommes jugent à propos de multiplier leurs habitations sur le même sol, il faut nécessairement que des chemins communs conduisent à ces habitations. Aucun homme n'a plus de droit qu'un autre sur cet espace; il faut donc établir une règle, de laquelle il résulte que chacun en ait une jouissance égale, et de plus une jouissance paisible et sans danger.

Nous avons dit que le second objet de la police était de régler l'exercice de la liberté ou de la propriété, dans tous les cas où il peut en résulter un tort pour autrui.

Ainsi, une manufacture est-elle malsaine pour les habitations voisines, on peut, sans violer le droit du propriétaire, en interdire l'établissement dans une ville.

L'eau d'une ravine inonde-t-elle mon champ, je ne puis avoir le droit de la rejeter sur mon voisin.

J'ai droit de démolir ma maison; mais si, en la démolissant, j'expose mes voisins ou les passants à un danger, on peut, sans gêner ma liberté, assujettir ce travail à des règles.

Si un divertissement innocent en lui-même peut

exposer, non ceux qui s'y livrent (car leur vie et leurs membres sont à eux), mais ceux qui n'y prennent aucune part, à quelque danger, à un tort quel qu'il soit, on ne nuit point à la liberté en interdisant ce divertissement.

Nous avons dit que dans cette dernière partie de la police, étaient comprises les précautions nécessaires pour que la réunion des hommes sur une portion déterminée du territoire n'exposât ni leur sûreté, ni aucun de leurs droits.

Ces précautions sont de deux espèces : des précautions de vigilance, qui se bornent à conserver une force publique, toujours prête à prévenir les délits, à secourir celui qui reçoit un tort, à s'assurer de celui qui en est l'auteur, pour le forcer à réparer sa faute, ou pour le punir. Les autres sont des prohibitions que l'on croit propres à prévenir les dangers, à assurer la tranquillité.

Ces prohibitions ne sont justes qu'autant que leur utilité est bien prouvée, et il serait peut-être difficile de trouver des exemples où elles fussent justes, soit dans toutes les circonstances, soit même seulement dans l'ordre commun de la société; mais il y en a beaucoup qui le deviennent dans des circonstances particulières, comme les consignes à la porte des places menacées d'un siége, les règles établies pour faciliter l'entrée ou la sortie des lieux où l'on prévoit qu'il y aura une grande affluence, etc.

On voit donc à la fois que les lois de police sont nécessaires, et que, tendant à gêner la liberté naturelle, il faut que la nécessité en soit bien prouvée, bien évidente, pour qu'elles puissent être justes.

Ceux qui ont cru que par elles-mêmes les lois de police étaient dangereuses pour le maintien de la liberté politique, ou de la liberté civile, ont donc commis une erreur; ils ont cru que ces lois étaient nécessairement arbitraires, et elles ne le sont pas. Il est vrai qu'en général on a imaginé être en droit de défendre tout ce qu'on croyait avoir un inconvénient possible; on a cru pouvoir se contenter, pour interdire une action indifférente en elle-même, de la plus faible raison d'utilité ou de prudence, et ce principe serait réellement arbitraire. Mais si on établit au contraire qu'on n'a droit de défendre que ce dont il résulterait immédiatement, nécessairement, et avec une très-grande probabilité, un tort pour autrui, dès lors l'arbitraire disparaît.

Un des motifs qui ont donné une sorte d'aversion pour les lois de police, aux partisans de la liberté, est l'exemple de l'Angleterre, où il existe très-peu de ces règlements, où aucune force publique n'assure l'exécution des lois. On a donné pour raison de cet usage, l'incompatibilité de la liberté et de l'existence d'une police, au lieu d'en accuser les vices de la constitution. Le roi ne voudrait pas que la police et l'usage de la force publique fussent confiés à la chambre des communes ou à celle des pairs; aucune des deux chambres ne voudrait que la même autorité fût confiée au roi ou à l'autre chambre. Si elle l'était au roi, l'Angleterre deviendrait une monarchie absolue; une aristocratie, si elle l'était à la chambre des pairs; une république, si elle l'était à la chambre des communes. Mais supposez, dans chaque comte, des assemblées représentatives, et que la police soit confiée à des hommes choisis par elles, alors l'Angleterre aurait des lois de police, sans danger pour la liberté. Or, la constitution de l'Angleterre s'oppose à une institution si simple et si utile, parce qu'alors les places de la chambre des communes ne seraient plus un moyen de fortune si assuré.

Le droit de faire des règlements de police doit partout faire partie du pouvoir législatif, et leur exécution être confiée à des juges élus par les communautés, surveillés dans chaque district par les assemblées d'administration, à qui on se plaindrait des abus qui pourraient se glisser dans l'exercice de ces juridictions municipales, et qui auraient le droit, ou d'en destituer les membres à une pluralité marquée par la loi, ou de les faire juger légalement, en cas de prévarication, sur une dénonciation admise par l'assemblée à la simple pluralité. Un pouvoir ainsi partagé ne peut, dans aucune espèce de constitution, blesser ni les droits de la nation, ni ceux d'aucune des parties du pouvoir législatif. A la vérité, cette forme suppose l'existence de différents ordres d'assemblées, et la division d'un pays en communautés assez étendues pour avoir chacune un tribunal de police composé d'hommes suffisamment instruits.

Dans l'ordre social, les contradictions entre le droit et l'utilité ne viennent pas de la nature, mais de l'ignorance des principes qui auraient pu les concilier, comme dans l'ordre physique. Nous appelons irrégularité et désordre, ce dont nous ne pouvons embrasser l'ensemble et deviner les lois.

Si on adopte les principes établis ci-dessus, on trouvera que nos lois de police n'ont pas moins besoin d'une réforme que les lois criminelles et civiles.

D'abord les mêmes corps qui sont chargés de l'exécution des lois civiles et criminelles, qui prétendent à un droit négatif dans la législation, non-seulement exercent les lois de police en dernier ressort, mais ont acquis par l'usage une sorte d'autorité vraiment législative, et il en résulte une augmentation de l'autorité arbitraire et du crédit de ces corps, qui rend cette réunion des pouvoirs incompatible avec la liberté des citoyens.

De plus, l'étendue de la législation relative à la police n'a point de limites fixes. Au moyen d'anciennes ordonnances générales, ou de règlements homologués, les officiers de police des villes ont étendu leur juridiction sur des objets où ces règlements sont une violation ouverte des droits de la propriété et de la liberté. Tels sont ceux qui taxent les denrées, qui défendent de vendre aux étrangers ou aux aubergistes, avant que les bourgeois aient fait leur provision, qui empêchent d'emporter hors de la ville ce qui a été exposé au marché, qui condamnent à l'amende pour avoir travaillé un jour de fête.

Dans les campagnes, la police relative aux travaux champêtres, exercée en général par les justices ordinaires, n'est pas moins défectueuse que celle des villes. Des idées vagues d'humanité et de bon ordre ont enfanté une foule de dispositions dont l'effet réel est de multiplier, pour les cultivateurs, les gênes, les frais de procédure et les amendes.

Il faudrait qu'une loi générale, après avoir abrogé toutes celles qui subsistent, marquât les limites de la juridiction de police, et fixât les objets sur lesquels elle doit s'étendre, les actions qu'elle peut interdire, les peines auxquelles elle peut soumettre; que les règlements généraux fissent partie de cette loi, et qu'ensuite aucun règlement local ne pût être fait sans avoir été présenté par les communautés à l'assemblée provinciale, et sans que, après son approbation, il eût été revêtu de la sanction du souverain.

Lorsque des règlements de police n'assujettissent qu'un petit territoire, celui qui les propose à une autorité éloignée est dans le fait le véritable législateur, non quant au pouvoir, mais quant à la composition de la loi. Si donc c'est encore la même personne, le même corps qui doit l'exécuter, n'est-il pas évident qu'il proposera les lois les plus favorables à son autorité, à son intérêt, et, dans ce genre, souvent à un intérêt très-sordide? Rien n'est plus commun que ces lois gênantes, établies ou conservées sans aucune autre utilité que celle de pouvoir en vendre l'inexécution, ou se rendre redoutable par leur exécution arbitraire.

On pourrait, dans les circonstances où la tranquillité publique l'exigerait, autoriser la publication et l'exécution provisoire d'un règlement qui, approuvé par la commission intermédiaire de la province, aurait reçu la sanction du représentant du prince; mais il faudrait que la durée de cette exécution provisoire fût fixée à un mois. Enfin, dans des circonstances plus urgentes encore, la communauté seule pourrait faire un règlement, mais dont l'autorité n'aurait qu'une durée de quelques jours; et si ces règlements provisoires renfermaient des peines, elles ne pourraient être exécutées qu'autant qu'ils auraient été confirmés. Par ce moyen, on ne s'interdirait aucun des remèdes prompts que la sûreté peut exiger, et cependant on ne donnerait pas, soit aux communautés, soit aux commissions intermédiaires, une autorité qui ne doit appartenir qu'au législateur.

Parmi les objets de la police, il en est un qui mérite une discussion particulière : c'est la chasse. Le privilége exclusif dont jouissent les seigneurs, par un reste des institutions féodales, est un véritable impôt levé arbitrairement sur les terres. Pour deux champs voisins, couverts de productions du même genre, il est proportionnel au produit brut; mais il dépend tellement de la nature des productions, et de la position des terres, du goût des seigneurs pour la conservation du gibier, des moyens qu'ils peuvent employer pour cette conservation, de leur crédit personnel, qui assure plus ou moins l'effet de ces moyens, qu'on doit regarder cet impôt comme réparti absolument au hasard.

Dans un grand nombre de cantons, il est presque insensible. Lorsque le gibier n'est pas très-multiplié, on est seulement obligé d'employer un peu plus de semence. Au contraire, dans les cantons où la chasse est bien gardée, les ravages causés par le gibier diminuent souvent de plus d'un quart la valeur du produit net.

Mais le mal ne se borne pas, à beaucoup près, au tort que fait le gibier aux récoltes existantes, dont il diminue la quantité dans une proportion si forte. Les lois des chasses nuisent encore, en s'opposant aux progrès de la culture. Ces progrès peuvent-ils exister, en effet, dans les cantons où ces lois ôtent la liberté d'enclore ses propriétés, de couper, sans permission, avant un certain temps, l'herbe dont la terre est couverte; où elles ne permettent pas, dans certaines saisons, de parcourir ses champs, d'y travailler; où, en défendant d'en ôter les herbes, elles ordonnent d'y répandre des épines; où, enfin, elles prohibent certaines cultures, comme celle du lin, qu'on a supposé devoir donner un mauvais goût au gibier?

Nous n'exagérons point, en portant à quarante millions par année l'impôt levé sur la nation par le privilége exclusif de la chasse, même sans y comprendre le tort qui résulte de l'obstacle apporté aux progrès de la culture; perte immense, surtout dans les environs de la capitale, où les terres ont une très-grande valeur; sans parler, enfin, de ces gardes qui, aussi inutiles que ceux des fermes, formeraient ensemble une belle armée, et coûtent plus que les troupes les mieux payées.

Examinons quelles pourraient être, d'après la raison, les lois relatives à la chasse.

Le droit de propriété renferme nécessairement

celui de défendre les productions de sa terre ; et lorsqu'elle nourrit des animaux sauvages, lorsqu'ils la ravagent, c'est au propriétaire, et non à un autre homme, que les animaux peuvent appartenir. La privation de ce droit pouvant être évaluée en argent, elle doit être regardée comme un véritable impôt, ainsi que toute lésion de la même espèce. Mais d'après l'usage, cet impôt n'est pas levé pour la nation ; les seigneurs des terres en jouissent.

Ainsi, l'on pourrait croire, d'après cette observation, qu'il est devenu entre leurs mains une véritable propriété dont ils doivent obtenir un dédommagement, si on les en prive. Mais, outre que le profit réel est très-faible en comparaison de la perte qui en résulte, ce droit n'est pas compté parmi les droits utiles qui forment une vraie propriété, mais parmi les droits honorifiques, c'est-à-dire, parmi ceux que la puissance publique peut légitimement abolir, dès qu'elle les juge nuisibles. Elle seule a pu établir de pareils droits, elle seule a pu fixer le point de vue sous lequel il convient de les envisager ; et quand elle a déclaré qu'un droit était honorifique, elle a déclaré, par une conséquence nécessaire, que l'abolition de ce droit ne donnerait lieu à aucun dédommagement. Il ne reste donc qu'à juger si un droit honorifique, dont l'effet équivaut à un impôt de quarante millions arbitrairement réparti, doit être conservé ; si ce droit, qui s'est établi chez des peuples simples, dans des pays couverts de forêts peuplées d'animaux féroces, où la culture s'éloignait peu des habitations ; dans un temps, enfin, où il était surtout le droit exclusif de détruire les animaux nuisibles, doit subsister encore, lorsqu'il est devenu celui de les conserver et de les multiplier.

La chasse doit-elle donc être absolument rendue libre? Je ne le crois pas. Il n'est pas contraire à la liberté des citoyens de leur interdire l'usage d'une arme de jet vraiment dangereuse : ainsi on pourrait conserver aux seigneurs le privilége exclusif de la chasse au fusil. Il n'est pas contraire à la liberté de refuser aux citoyens la faculté de parcourir à cheval, ou avec des chiens, un terrain qui n'est pas leur propriété. Ainsi on pourrait également réserver aux seigneurs ce genre de chasse, et se borner à restituer au peuple ce qui est la conséquence immédiate du droit de propriété, en rendant à chaque possesseur la liberté de s'emparer, par des moyens qui ne peuvent être dangereux pour autrui, de tous les animaux qui se trouvent sur son terrain, tandis qu'une police rigoureuse, et sans exception, obligerait de respecter toute espèce de défense dont un champ serait entouré, et d'indemniser les propriétaires de tout dommage causé par les chasseurs. Cette législation, qui conserverait aux possesseurs actuels de la chasse tout ce qui, dans cette occupation, est exercice ou amusement, et ne leur ôterait que ce qui est habitude et vanité, suffirait pour empêcher tout le mal que produit la multiplication du gibier, sans aucun danger pour l'ordre public, sans avoir à craindre de répandre parmi le peuple un esprit de paresse, de brigandage et de férocité. En même temps, la destruction de ce gibier serait assez lente pour

que ceux qui ont aujourd'hui la passion de la chasse
ne fussent pas soumis à des privations trop sensibles, et fussent remplacés par une nouvelle génération de citoyens. Si le gibier continuait à nuire, les
seigneurs ne seraient obligés au dédommagement
qu'autant qu'ils seraient convaincus d'avoir employé
des moyens artificiels pour le multiplier. On ne doit
un dédommagement que pour des torts causés par
une action volontaire.

ARTICLE VII.

De la Dette publique.

Le crédit d'un État, comme celui d'un particulier,
a pour dernière limite le point où les intérêts de sa
dette équivalent au revenu qu'il peut employer à les
payer.

Le revenu disponible appartenant aux membres
de l'État est égal à la somme du produit net de toutes
les terres; mais, pour en avoir la portion qui peut
être employée au payement des intérêts de la dette,
il faut défalquer de ce produit net, 1° la somme
nécessaire à la défense de l'État, au maintien de
l'ordre public, à l'exécution des lois, comme on diminue sur le produit net d'une propriété, la dépense
nécessaire pour en assurer la conservation; 2° les
sommes qu'on peut regarder comme devant être
employées à réparer les accidents imprévus. Ainsi,
par exemple, il faut qu'il reste un revenu disponi-

ble, suffisant pour payer ce que coûterait la dépense d'une guerre nouvelle, de manière qu'elle pût être acquittée dans l'intervalle de deux guerres. Un particulier qui emprunte sur sa terre n'aurait pas de crédit, s'il ne lui restait, au delà de l'intérêt de ses dettes, de quoi prévenir un accident qui détruirait son revenu ; 3° il faut qu'il reste aux propriétaires un revenu suffisant pour avoir encore intérêt de veiller à la conservation de leur revenu ; sans cela le gage des créanciers diminuerait progressivement de valeur. Les particuliers commencent de même à perdre leur crédit, lorsque l'intérêt de ce qu'ils doivent approche de la totalité de leurs revenus, et l'on a, de plus, ici, l'impossibilité de liquider en aliénant la propriété.

Enfin, comme dans ces dettes il y en a qui sont remboursables, il faut que le créancier puisse avoir une juste espérance d'être payé au terme, ce qui exige que le débiteur ait assez de revenu libre pour pouvoir prendre des arrangements qui lui permettent de rembourser.

On voit par là qu'un État doit cesser d'avoir du crédit longtemps avant que la somme de l'intérêt de la dette commence à s'approcher de la masse totale du produit net des terres.

Un particulier qui régit bien ses affaires, qui emploie à des objets utiles les sommes qu'il emprunte, qui surtout les fait servir à augmenter la valeur de ses propriétés, ou à diminuer la masse de ses anciennes dettes, a plus de crédit qu'un autre qui régirait mal ses biens, et dépenserait en superfluités les sommes qu'il emprunte. Ainsi un État bien gouverné a plus de crédit qu'un État qui l'est mal.

Jusqu'ici tout est semblable; mais il est une autre circonstance dans laquelle le crédit d'un État ne peut plus se comparer au crédit d'un particulier. On peut contraindre celui-ci au payement; il faut donc seulement qu'il lui reste, au delà de ses biens, de quoi indemniser des frais de justice, et même les soins nécessaires pour forcer au payement; soins qui, d'ailleurs, causent une diminution de crédit, toutes les fois qu'on prévoit la nécessité d'employer ce moyen. Mais un État ne paye ses dettes que volontairement; ainsi son crédit suppose, de plus, qu'on ait l'assurance qu'il voudra satisfaire à ses engagements. Ce crédit dépend donc de la confiance en ceux qui peuvent ordonner ou suspendre les payements, tenir scrupuleusement les engagements, ou les altérer, et même les rompre, et de l'intérêt qu'ils peuvent avoir à être fidèles ou à ne pas l'être.

Le taux de l'intérêt est regardé, avec raison, comme le thermomètre du crédit : ce taux se forme d'après plusieurs éléments. D'abord, toutes choses égales d'ailleurs, il y a un taux commun d'intérêt, qui se règle par la concurrence; mais ce taux varie dans le même pays et dans le même moment, suivant : 1° la commodité du revenu ; 2° la disponibilité du fonds ; 3° la sûreté du placement. Ainsi, par exemple, l'espérance d'une augmentation de revenu, les différentes jouissances qui peuvent s'y trouver jointes, feront acheter une terre à un denier plus haut, et se contenter dans ce placement d'un moindre intérêt. Ainsi on ne pourra prêter à un moindre intérêt avec des remboursements à époques fixes, que par une constitution où le remboursement est à la volonté du débiteur, et on préférera des effets commerçables, à un remplacement à remboursements fixes. Enfin, la probabilité plus ou moins forte de perdre son capital, ou une partie de son capital, fait exiger des intérêts plus ou moins au-dessus de ce qu'ils auraient été dans un placement assuré. Cette dernière cause de variation dans le taux de l'intérêt est la seule dont on puisse employer l'effet pour mesurer le crédit, parce qu'il est uniquement relatif à l'état du débiteur, et ne dépend point de la nature même du placement.

Dans les entreprises de commerce, qui sont hasardeuses, ceux qui fournissent des fonds aux commerçants savent qu'ils courent des risques en leur prêtant. Ainsi on ne peut pas dire que ces commerçants n'aient pas de crédit, quoiqu'ils empruntent à un taux d'intérêt assez haut ; et, par la même raison, des rentes viagères constituées à un taux un peu plus haut que le taux commun ne sont pas une preuve qu'un État manque de crédit. Mais lorsque, par la nature de l'emprunt, il ne doit plus y avoir de risque que par le fait du débiteur, toutes les fois que l'intérêt surpasse celui qu'on demanderait, avec une hypothèque sur une terre, à des époques fixes de remboursement, on peut dire que l'emprunteur n'a pas un crédit solide, puisqu'il est obligé de compenser, par un surcroît d'intérêt, le risque qu'on croit courir en lui prêtant.

Il ne suffit point, pour qu'un homme ait du crédit, qu'il trouve à emprunter à un denier quelconque, il faut qu'il puisse emprunter au denier commun.

Cette réflexion est nécessaire pour apprendre à distinguer le crédit réel d'un État, du crédit apparent et ruineux que certains administrateurs savent lui procurer, en multipliant les emprunts à des conditions onéreuses, qui seules engagent alors à les remplir.

Si on voulait former avec quelque précision une échelle de crédit, il faudrait, 1° ne comparer entre eux que des emprunts semblables, afin que la différence du taux d'intérêt dépendît uniquement de la sûreté du prêt, ou du moins chercher un moyen de séparer, avec quelque exactitude, les effets des différentes causes qui concourent à déterminer le denier de toute espèce de placement; 2° en adoptant, comme un terme fixe, le taux le plus bas, celui qui suppose une confiance entière, comparer entre elles les différentes sommes pour lesquelles on obtiendrait, à ce taux, les conditions que les prêteurs d'argent ont achetées à un certain prix dans différents emprunts; par exemple, si quatre pour cent sont regardés comme ce terme fixe d'intérêt dans un emprunt pour un an, et qu'on ne trouve à emprunter qu'à sept pour cent, on dira cent francs pour un an, à quatre pour cent, font 104 liv. au bout de l'année; la même somme à sept pour cent ferait 107 liv. Mais supposons l'intérêt à quatre, la première somme vaut 100 liv. au moment actuel, la

seconde 102,867 liv. : il aurait donc fallu que le prêteur payât 102,867 liv. au lieu de 100 pour avoir
107 liv. au bout de l'année, et par conséquent le
crédit de l'emprunteur étant, suivant la règle commune des probabilités, en raison inverse des
sommes données pour obtenir les mêmes conditions,
ce crédit sera exprimé par $\frac{100\,000}{102,857}$ liv., ou $\frac{97\,222}{100,000}$ liv.,
l'unité exprimant un crédit certain. Mais on n'au-
rait de cette manière qu'une échelle encore inexacte,
et elle donnerait en général ces crédits au-dessus de
leur valeur, parce que, du moment où l'on emprunte
des sommes considérables au-dessus du taux commun, l'avidité de gagner l'emporte sur la crainte du
risque auprès d'un grand nombre de capitalistes, et
il en résulte une hausse générale dans le taux de
tous les intérêts. Supposons en effet que, dans
l'exemple ci-dessus, la facilité de trouver à prêter à
sept pour cent porte l'intérêt, dans le cas d'une
confiance entière, à cinq pour cent, au lieu de
quatre ; alors, comme pour le taux commun d'intérêt, il faut donner cent livres seulement pour en
avoir cent cinq, au lieu de cent quatre, il ne faudra donner que cent un mille neuf cent cinq, au
lieu de cent deux mille huit cent cinquante-sept,
pour en avoir cent sept, et le crédit se trouvera ex-
primé par $\frac{100\,000}{101,509}$ au lieu de $\frac{100\,000}{102,857}$, ou $\frac{98\,130}{100,000}$
au lieu de $\frac{97\,222}{100,000}$ (1).

(1) Dans quelques pays, en Angleterre, par exemple, le cours
de la *bourse* peut être en quelque sorte le thermomètre du crédit
public ; ou autrement de la confiance que l'on a dans le gouvernement ; car là tout homme qui a quelque chose a, à cause de

Est-il utile à une nation d'avoir du crédit? C'est une question que l'on fait tous les jours. Si par là on entend un crédit qui fasse emprunter au taux des placements les plus assurés, ou même à un taux approchant, l'utilité d'un tel crédit ne peut être douteuse, c'est le seul moyen de pouvoir se faire

l'immensité de la dette publique, du commerce et des relations commerciales, des rapports plus ou moins directs avec la fortune publique. Ailleurs, les circonstances n'étant pas les mêmes, la hausse ou la baisse du thermomètre ne prouve rien autre chose, sinon que le petit nombre de capitalistes qui a des effets publics, a plus ou moins de confiance dans les opérations du gouvernement, et que le gouvernement a plus ou moins d'intérêt de lui persuader qu'il mérite sa confiance. On a vu, avant la révolution, les actions des eaux de Paris ne rapporter que le centième de ce qu'elles coûtaient; et les principaux actionnaires, pour les élever à ce taux prodigieux, n'avaient pas été obligés d'avancer, ou pour des prôneurs ou pour des demandeurs d'actions, des sommes bien considérables. Si leur en eût fallu de plus fortes, de telles qu'ils ne les eussent pas pu avancer, elles n'auraient jamais valu que ce qu'elles valaient réellement, leur dividende, plus la valeur de l'espoir du dividende qu'elles pouvaient rapporter un jour; et alors elles ne se seraient jamais vendues la moitié de ce qu'elles se sont vendues.

Ceux qui estiment la confiance que mérite le gouvernement par le cours de la bourse, n'ont donc raison que dans les lieux où la dette publique est tellement considérable, que le gouvernement, avec les fonds qu'il a en sa disposition, n'a pas le pouvoir de faire hausser ou de soutenir les fonds publics quand il en a la volonté et le besoin.

Au reste, il ne faut pas oublier que dans les lieux où les fortunes les plus fortes sont en grande partie en effets publics, les riches capitalistes, pour ne pas tout perdre, sont souvent forcés de s'unir au gouvernement pour les empêcher de trop baisser.

(*Note des premiers Éditeurs.*)

VIII.   34*

respecter des nations étrangères, exécuter de grands
travaux, ou des arrangements utiles dans les finances. D'ailleurs, dans ce sens, la question est absolument oiseuse ; tout gouvernement sage, inspirant de
la confiance par ses lumières et sa probité, donnera
ce genre de crédit à une nation non obérée. Entend-
on ce crédit factice qui produit des ressources du
moment à un taux très-cher, quoique inférieur en
réalité, et quelquefois seulement en apparence, à
celui qu'on eût exigé d'un autre ministère ? Un tel
crédit n'en mérite pas le nom, et ne peut être que
nuisible.

L'obligation contractée par un État est aussi
sacrée pour ceux qui le gouvernent, que les engagements particuliers le sont pour ceux qui les ont
formés ; et le déshonneur dont est marqué tout débiteur infidèle, doit être le partage des administrateurs qui violeraient des engagements contractés
sous la foi publique, ou qui rendraient cette violation nécessaire. Mais, dira-t-on, sera-t-il permis de
ruiner la nation pour conserver des engagements
onéreux ? Si la forme vicieuse des impositions ou
des dépenses superflues, auxquelles ceux qui dis-
posent du trésor public ne veulent pas renoncer,
sont les véritables causes qui obligent de fouler le
peuple pour payer les intérêts de la dette, ce sont
les vices de l'administration qui seuls réduisent à
cette prétendue nécessité ; et il est absurde de demander lequel de deux maux il est permis de préférer, quand aucun des deux n'est rigoureusement
nécessaire. Si au contraire il n'y a aucune dépense

inutile; si l'impôt est levé directement, il est clair que l'impôt ne devient onéreux que lorsqu'il commence à nuire à la reproduction, à la masse du produit net, c'est-à-dire, lorsqu'il est tel que, s'il ne baisse point, on est exposé à tomber dans l'impossibilité de le payer, et par conséquent (puisqu'on ne suppose aucune dépense inutile) dans l'impossibilité de payer les intérêts de la dette, de satisfaire à ses engagements. Or, dans ce cas, l'État se trouve dans la même situation qu'un particulier qui aurait emprunté plus qu'il ne peut payer ; il n'est point alors obligé de faire une chose impossible; son unique devoir est de traiter avec ses créanciers, de manière à diminuer, autant qu'il le peut, la perte inévitable qu'ils doivent éprouver. Le terme auquel il devient permis de manquer à ses engagements, c'est-à-dire où le délit n'est plus d'y manquer, mais de les avoir contractés, ce terme est, pour un État comme pour un particulier, celui où l'intérêt même du créancier exige qu'il consente à des sacrifices, où le créancier risquerait de perdre plus, s'il ne voulait pas consentir à perdre moins. Pour les dettes particulières, c'est aux créanciers eux-mêmes à décider, d'après des formes établies par la loi, de quelle manière cette perte doit être supportée. Mais s'il s'agit d'une dette publique, c'est à la nation seule à prononcer, parce que les biens des citoyens sont à la vérité un gage qui doit répondre du payement, mais qui ne peut devenir à la disposition du créancier.

Heureusement aucune des nations européennes n'approche encore de la nécessité de manquer à une partie de ses engagements, pour éviter le crime plus grand de les rompre en entier. Il n'en est aucune qui, si la forme vicieuse des impôts était corrigée, si les dépenses inutiles étaient supprimées, si les abus étaient réformés, ne fût très-éloignée de ce terme fatal (1).

Ce ne seront jamais les hommes éclairés, les citoyens vraiment animés du bien public, qui, en exagérant l'impossibilité d'augmenter les impôts, chercheront à placer un gouvernement dans la nécessité de manquer à ses engagements ; mais ce sera cette foule d'hommes qui, étant attachés, par intérêt ou par préjugé, à une mauvaise forme d'imposition, qui, liés à de grands abus auxquels ils donnent un autre nom, et voyant que la nécessité, joignant sa force à l'autorité de la raison, va obliger à corriger cette forme, à détruire ces abus, s'élèveront, sous pré-

(1) Pour qu'un gouvernement ait le droit de manquer à ses engagements et à ceux des gouvernements qui l'ont précédé, il faut absolument qu'il lui soit impossible de les remplir, soit en diminuant les dépenses, soit en augmentant les impositions. Car autrement il se met, lui et ses successeurs, dans l'impossibilité d'emprunter autrement qu'à des conditions ruineuses ; et en administration, tout ce qui n'est pas payé au moment même de la livraison est un emprunt, puisqu'on ne peut jamais forcer le gouvernement, ou de remplir les engagements qu'il a pris, ou de rendre avec des dédommagements convenables les objets qu'on lui a fournis, et qu'il n'a pas payés aux termes convenus. Dès lors chaque fournisseur fait dans son traité entrer le plus ou le moins de risques qu'il court à n'être pas remboursé comme on le lui a promis, et ces risques sont d'autant plus grands, que le gouvernement a moins respecté ses engagements et ceux de ses prédécesseurs. (*Note des premiers Éditeurs.*)

texte de soutenir les intérêts du peuple, contre toutes les opérations qui, sans peser sur le peuple, assure-raient le payement de la dette publique, par la ré-forme des abus, par une répartition plus juste des impôts.

Toute violation d'un engagement est un sacrifice du droit d'une partie de la nation aux intérêts du reste. Elle est donc une injustice; cette injustice n'est pas en faveur du pauvre contre le riche, ce qui en diminuerait l'odieux sans en changer la nature, parce qu'il y a parmi les rentiers, comme parmi les propriétaires, des riches et des pauvres; parce que la plus grande partie des propriétés, comme la plus grande partie des revenus en argent, est également possédée par les riches; cette injustice n'augmente-rait pas la prospérité publique, parce qu'il y aura plus de maux particuliers, plus de bouleversements dans les moyens de subsister des différentes classes de citoyens, si on prive d'une moitié, d'un quart de leur revenu, cinquante mille citoyens, que si on ôte à cinq cent mille citoyens le vingtième, le quarantième du leur. Il est indifférent que le revenu d'une nation appartienne à tels ou tels individus, et seulement il est à désirer qu'il soit distribué avec la plus grande égalité possible; mais toute révolution rapide dans une masse considérable de propriétés est une source de désastres, parce qu'en changeant la distribution des richesses, elle change celle des dépenses, et par conséquent celle des salaires.

Pour connaître l'état des finances d'une nation, il faut d'abord rapporter tous ses revenus, toutes ses dépenses, toutes ses dettes, à des rentes perpétuelles, ou à un capital qu'on suppose exister à une certaine époque fixe. La première manière est préférable, parce qu'elle représente mieux l'objet que l'on veut examiner. Mais cette réduction suppose que l'on ait établi un taux d'intérêt d'après lequel on puisse rapporter aux différentes époques toutes les sommes à payer ou à recevoir. On pourrait, par exemple, en France, fixer le taux à cinq pour cent, parce que si l'on charge les assemblées provinciales des emprunts, si elles sont autorisées à retenir sur les impositions les sommes destinées à en payer les intérêts, si on choisit des formes d'emprunts où, dans le cas d'une confiance entière, l'on pourrait trouver de l'argent au-dessous du taux commun, et non celles où l'on est obligé d'emprunter au-dessus, quelle que soit la confiance, alors le taux d'intérêt peut être supposé à cinq pour cent, et il y a même lieu de croire qu'il diminuerait encore assez promptement.

On doit chercher ensuite quel est le montant des contributions levées sur les citoyens, et la partie de ces impositions qui entre réellement dans le trésor public, ou qui est employée pour le service national.

Les seules contributions imposées par les communautés de campagne, ou les villes sur elles-mêmes, et pour leurs propres dépenses, doivent être exceptées. Mais si une ville, par exemple, lève une contribution pour la construction ou l'entretien de casernes, ou pour d'autres objets relatifs à l'État, en général sa contribution particulière doit entrer dans la masse totale de l'impôt. Une communauté, une ville sont physiquement une association particulière; une province n'a, comme telle, qu'une existence politique, et par conséquent son bien-être, son avantage particulier ne doivent point s'isoler du bien-être, de l'avantage de l'État. Ainsi tout ce qui est levé sur une province en particulier, fût-ce même pour son usage, doit être regardé comme faisant partie de l'impôt.

On peut aussi retrancher du montant des impositions les frais de justice, et ce qu'il en coûte aux citoyens pour obtenir la réparation des torts qui peuvent naître des erreurs ou des vexations relatives aux impôts. Si les vices de législation ou d'administration, qui rendent ces frais plus onéreux, sont réformés, le peuple y gagne; mais il ne serait pas juste de considérer ce profit comme une diminution d'impôt, parce que l'avantage qui en résulte n'est pas général.

Connaissant ce que l'impôt coûte au peuple, et ce qui en reste pour le service public, on aura la valeur des frais; et, supposant qu'on puisse établir la même masse d'impôts sans qu'il en coûte de frais, ou avec des frais beaucoup moindres, on trouvera ou un grand soulagement pour le peuple, si on ne demande que de manière à recevoir une somme égale; ou, si l'on demande la même somme, un grand avantage pour le trésor public, et pour le peuple, un soulagement plus faible, mais encore très-important. Le peuple gagnerait à la fois, 1° par l'exemption des vexations; 2° par plus de liberté dans le commerce, l'industrie et la culture; 3° par la justice de

la répartition. En effet, il est évident que les particuliers qui souffrent de l'impôt sont ceux qui sont
obligés de payer trop, ou qui avancent un impôt,
sans qu'il leur rentre dans le même rapport qu'ils
l'ont payé. Quand on dit que tous les impôts sont
levés réellement sur le produit net des terres, cela
signifie seulement que la masse de l'impôt est payée
sur la masse des propriétés, mais non que cette masse
restitue exactement à chaque individu ce que cet
individu a payé d'avance : par exemple, l'existence
de la gabelle augmente les salaires du peuple, mais
les augmente d'une valeur moyenne ; le surcroît est
réellement payé par les propriétaires ; mais le malheureux qui paye une portion plus forte de cet impôt,
parce qu'il a beaucoup d'enfants, ne retire point, par
cette augmentation de salaire, tout ce que l'impôt
lui coûte ; tandis que l'ouvrier qui est seul, profitant de l'augmentation moyenne du salaire, et avan-
çant un impôt plus faible, gagne réellement par
l'existence de l'impôt. On peut donc être sûr qu'un
État qui, comme la France, paye un grand nombre
d'impositions indirectes, dont quelques-unes pèsent
plus particulièrement sur le peuple, et où les impôts directs sont répartis avec une extrême inégalité, éprouverait un très-grand soulagement si toutes
ces taxes, supprimées pour toujours, faisaient place
à un impôt équitablement réparti, qui serait égal à la
somme des anciens impôts, en comprenant même la
valeur des frais actuels de perception.

Après avoir connu le revenu payé par une nation,
celui qui reste pour les besoins de l'État, et celui

enfin qu'il pourrait en retirer après une conversion dans les impôts, on évaluera ce que le profit successif de cette conversion représente de revenu égal et perpétuel dès le moment présent.

Par exemple, nous avons établi qu'en France l'opération nécessaire pour convertir la totalité des impôts pourrait durer trente ans; supposons de plus qu'elle ait une marche constante, et que le trésor public gagne chaque année un million, en sorte qu'il ait au bout de la première un million de plus, deux au bout de la deuxième, trois au bout de la troisième, et trente au bout de la trentième, profit qui ensuite reste constant, on trouvera que l'on est à peu près dans le même état que si, au bout de la première année, le revenu était augmenté de quinze millions.

De l'examen des revenus, il faut passer à celui des dépenses; elles sont de quatre sortes : 1° les dépenses nécessaires qu'il faut absolument conserver, parce qu'il importe à la sûreté de l'État, à la tranquillité publique, au maintien des droits de chacun, à la prospérité nationale, que ces dépenses subsistent; 2° il y a des dépenses extraordinaires, occasionnées par divers accidents, par des événements qui varient, mais se répètent, ne sont pas constants, mais exigent constamment un fonds qui puisse y pourvoir; il faut fixer à ce genre de dépense une valeur moyenne, en n'y comprenant, comme dans la première, que ce qui est véritablement nécessaire; 3° il y a des dépenses anciennes qu'il est bon de réformer, mais dont la réforme ne peut se faire qu'avec le temps, et dont on est obligé de conserver momentanément une partie, soit parce que la suppression n'en peut être instantanée, soit parce qu'on doit des dédommagements à ceux dont on supprime les places ou les profits. Ces dépenses peuvent être considérées comme formant une masse de rentes viagères, d'annuités à terme, de remboursements à époque fixe, suivant le plan qu'on a suivi en faisant la réforme. On doit donc regarder cette partie de dépenses, dont la suppression est arrêtée, comme formant une portion de la dette, puisqu'elle est de même destinée à s'éteindre ; 4° il y a enfin la dépense que les guerres entraînent : celle-ci ne peut être évaluée avec précision, mais elle oblige seulement à presser les remboursements autant qu'il est possible, de manière que les emprunts nécessités par une nouvelle guerre puissent être payés, sans obliger à porter l'impôt trop près de la limite où la moindre augmentation attaquerait les sources de la richesse publique.

Toute nation qui approcherait de ce terme serait ruinée par une guerre un peu longue, ou au moins n'en pourrait supporter deux, si elles n'étaient pas séparées par un long intervalle.

Après avoir ainsi déterminé le revenu d'un État, et ses dépenses nécessaires, il faut ensuite considérer le montant de la dette publique ; et, suivant le même principe, quel qu'en ait été l'intérêt, quelles que soient les conditions du remboursement, la supposer transformée en rentes perpétuelles. Cette opération est très-simple pour toutes les rentes viagères ; elle l'est également pour les rentes dont les remboursements sont fixes, pour celles qui, à un taux plus faible, sont remboursables à volonté, et par conséquent ne doivent l'être qu'au moment où le taux commun de l'intérêt sera au niveau du leur. Il n'y a donc de difficulté que pour les emprunts non viagers, au-dessus du taux adopté, et dont le remboursement est libre, parce que leur évaluation doit varier suivant l'époque à laquelle on peut espérer d'avoir des fonds pour ces remboursements.

Dans la plupart des pays de l'Europe, il existe un genre particulier de dettes produites par la vénalité des charges de différente espèce. Ces charges peuvent n'avoir que des appointements fixes ; et alors, si la charge est utile, et doit être conservée, on regardera comme salaire de la place ce que les appointements produisent au delà du denier ordinaire, et la dette comme étant constituée à ce denier. Si, au contraire, la charge est inutile et doit être supprimée, on la regardera simplement comme une dette. Il y a beaucoup de ces places qui sont payées par des droits ; il faut alors les évaluer, et regarder ensuite la valeur de ces droits comme des appointements fixes. Mais il reste une dernière considération à faire. Si, dans ce dernier cas, les droits sont payés par le trésor royal, ce qui est compté comme salaire des fonctions doit être porté comme dépense. Si, au contraire, ils sont payés par le peuple, ceux qui emploient les hommes chargés exclusivement de ces fonctions payent à la fois, et leur salaire, et l'intérêt du prix des charges. Or, le prix ayant été, ou ayant dû être originairement employé pour l'utilité commune, il est injuste d'en faire supporter l'intérêt uniquement par ceux qui ont besoin de ces fonctions, et tous les citoyens doivent y contribuer également. On devrait donc chercher à rembourser ces charges, la justice en ferait un devoir, quand bien même cette vénalité ne serait d'ailleurs un abus dangereux. Quant aux charges qui sont payées par des priviléges, c'est-à-dire, par des exemptions qui retombent à la charge des autres citoyens, on voit qu'il est encore plus pressant de les abolir et de les rembourser. Dût-on même, pour ces deux opérations, être obligé d'augmenter l'impôt direct, ce ne serait pas une raison de s'y refuser, puisque l'augmentation ne serait pas réelle, et qu'on ne ferait que substituer un impôt également réparti à un impôt inégal, et dès lors injuste. Mais, dans ces deux derniers cas, comme ces augmentations d'impôts n'existent pas sous la forme de subside, avant la suppression des charges, cet objet ne doit point entrer dans le tableau de l'état de la nation.

On n'a encore donné dans aucun pays un tableau fait d'après ces principes, et cependant c'est le seul moyen d'en connaître l'état d'une manière certaine, ou du moins sans aucune autre incertitude que celle qu'on peut avoir sur certains revenus mis en régie, qui varient chaque année, sur certaines dépenses ou certaines espèces de dettes, comme les rentes viagères pour lesquelles on est obligé de prendre une valeur moyenne. C'est le seul moyen de savoir si le revenu national est suffisant, ou s'il faut l'augmenter; de répandre la lumière sur toutes les opérations de finance, d'empêcher la nation d'être trompée sur ses véritables intérêts; c'est enfin le seul moyen de donner à la confiance et à la tranquillité publiques une base solide et durable.

Au défaut de ce tableau, essayons, d'après le compte de l'année 1788, de former au moins un aperçu du véritable état de la nation française. Comme on ne peut avoir ici que des approximations grossières, on s'est borné à des calculs en nombres ronds.

Il résulte du compte rendu en 1788, que la dépense projetée pour cette année surpassait la recette de cent soixante-dix millions, en y comptant neuf millions pour les intérêts du dernier emprunt; supposition qui est vraisemblablement exagérée.

Mais nous avons déjà observé qu'on peut, par la conversion de l'impôt, espérer au moins de gagner trente millions progressivement en trente ans, ce qui donne une somme annuelle et perpétuelle de quinze millions, à compter du moment présent. Ce même compte porte environ trente millions de dépenses extraordinaires qui doivent finir, et on ne peut pas regarder les autres dépenses comme réduites à celles qui sont purement nécessaires. Ainsi, en supposant que l'on puisse retrancher sur toutes soixante millions; que ce retranchement, arrêté dès le moment présent, s'exécute en plusieurs années; qu'on soit obligé de laisser à ceux qui profitaient de ces dépenses inutiles une grande partie de leur traitement, on croit ne pas exagérer en regardant la dépense comme susceptible d'une réduction équivalente à une somme annuelle et perpétuelle de trente-cinq millions.

Dans la dépense de la même année on compte soixante-seize millions de remboursements. Or, d'après un calcul exact, une partie de ces remboursements, montant à cinquante millions, et qui était l'objet d'un plan présenté à l'assemblée des notables, pourrait être représentée par une rente perpétuelle de dix-sept millions seulement, ce qui produit une diminution de trente-trois millions. Supposons-en une proportionnelle sur les vingt-six millions qui restent, elle sera au moins de seize millions ; par conséquent on peut regarder cette somme destinée aux remboursements arrêtés, comme égale seulement à vingt-sept millions perpétuels, et la diminuer de quarante-neuf.

Enfin on trouve plus de quatre-vingt-quinze millions de rentes viagères, dont quelques-unes sont très-anciennes ; et en les supposant représentées par cinquante-cinq millions de rentes perpétuelles, on ne fera pas un calcul trop favorable.

Nous aurons donc à diminuer quinze millions produits par la réforme des impôts, trente-cinq par l'économie sur les dépenses, quarante-neuf pour l'évaluation des remboursements de rentes perpétuelles, et quarante par celle des rentes viagères ; en tout cent trente-neuf millions à ôter de cent soixante-dix, et il restera trente et un millions.

Or, dans l'article III, nous avons vu que l'établissement des assemblées de représentants offrait à l'État deux grandes ressources : l'aliénation des domaines et celle des biens ecclésiastiques, à mesure qu'ils doivent devenir vacants. Ces biens, en effet, appartiennent à la nation. Ses représentants ont droit d'en

faire, pour la plus grande utilité de leurs commettants, l'usage qu'ils jugeront le meilleur; et les assemblées de province et de district donnent le
moyen, qui n'existait pas avant elles, de suivre,
pour la vente de ces biens, un système régulier,
qui inspire de la confiance aux acheteurs, assure
de la fidélité des ventes, et réponde de l'emploi des
deniers. Si l'on craignait que ces ressources fussent
trop faibles, on trouvera, pages 649 et suivantes
de ce volume, un plan qui montrera que les biens du
clergé seul seraient plus que suffisants, s'ils étaient
vendus à mesure qu'il deviendrait permis d'en disposer. Nous avons déjà montré de quelle manière les
différentes opérations relatives à l'impôt, à la vente
des domaines, à celle des biens ecclésiastiques, pourraient être arrêtées, ou consenties, ou exécutées par
les assemblées des représentants, soit de la nation,
soit des provinces, soit des districts, sans adopter
d'autres règles que de laisser le consentement à ceux
qui sont propriétaires de la chose dont on dispose; le
jugement à ceux qui n'ont point d'intérêt particulier;
la direction des plans à ceux qui représentent les citoyens intéressés à chaque objet; l'exécution à ceux
qui ont les connaissances locales et la facilité de la
suivre; de donner enfin aux corps représentatifs tout
ce qui est jugements, décision, volonté; aux officiers
de ces corps, ce qui est action ou recherche.

Mais il reste un autre objet à traiter. En supposant
que les moyens exposés ci-dessus soient plus que
suffisants pour rétablir l'équilibre, il n'en est pas
moins vrai que c'est au bout d'un très-long temps

seulement qu'ils peuvent rendre cet équilibre réel. En attendant, il n'est que fictif; c'est-à-dire, qu'il existe uniquement dans ce sens que l'on doit recevoir à une époque éloignée un excédant suffisant pour compenser ce qu'on recevra de moins à une époque plus prochaine. Or, cette compensation ne peut se faire réellement qu'au moyen d'emprunts et de remboursements; opération dont il serait très-utile de charger les assemblées provinciales.

Pour y parvenir, on formerait à Paris une caisse nationale, uniquement destinée aux opérations relatives à la dette. Cette caisse générale serait régie par une commission d'un certain nombre de personnes choisies par les électeurs des différentes provinces (*voy.* Ire partie, p. 243), et publierait tous les six mois, ou même tous les trois mois, un tableau détaillé de son état et de toutes les opérations faites dans les différentes provinces. Chacune d'elles serait autorisée, chaque année, à retenir, soit sur ses impôts, soit sur les emprunts, soit sur le produit des ventes qu'elle aurait faites, la somme nécessaire pour payer l'intérêt des nouveaux emprunts faits par elle. Les fonds de la caisse générale qui payeraient ceux des emprunts anciens, ou immédiatement, ou par des mandats sur les caisses provinciales, au gré des créanciers, seraient fournis d'abord par ce qui resterait entre les mains des assemblées provinciales. Tant que les sommes reçues immédiatement pour le trésor royal excéderaient la dépense arrêtée, il verserait le surplus dans la caisse nationale; et, au contraire, lorsque ces sommes, immédiatement reçues, seraient devenues insuffisantes par la conversion successive des impôts, ce serait la caisse nationale qui verserait dans le trésor ce qu'il faudrait y ajouter, jusqu'à ce que, la conversion étant terminée, la caisse nationale fournît au trésor la totalité des fonds nécessaires pour la dépense. Ce qui pourrait rester dans la caisse nationale, après le payement de l'intérêt de la dette, celui des remboursements obligés et de la dépense publique, serait employé à des remboursements volontaires.

Jusqu'au moment, plus ou moins éloigné, où la recette annuelle, indépendamment du produit des emprunts et des ventes, égalera la dépense, le payement de l'intérêt des dettes et des remboursements obligés, il est évident qu'une partie de ces objets ne pourra être acquittée que sur des fonds éventuels ; et il n'existe aucun moyen de l'éviter, toutes les fois que, la recette étant inférieure à la dépense, l'équilibre ne peut être rétabli ni par des retranchements immédiats, ni par des impôts. Or, c'est l'état où se trouve aujourd'hui la France. Tout impôt nouveau serait à la fois injuste, puisqu'il existe d'autres moyens de rétablir l'équilibre, comme nous venons de le prouver, et insuffisant, puisqu'on ne pourrait le porter assez haut pour rendre les emprunts inutiles. De plus, comme, par la nature des dettes, il faudrait que cet impôt variât chaque année, l'établissement en deviendrait très-difficile, et sujet à beaucoup d'injustices de détail, tant qu'il n'existerait pas un cadastre suffisamment exact, et une forme très-simple d'impositions. Les retranchements des dépenses seraient également insuffisants, même

VIII.　　　　　　　　　　　　35

en combinant avec une augmentation d'impôts, à moins qu'on ne les fît brusquement, sans avoir égard aux dédommagements dus à ceux qui souffrent de ces réformes; ce qui serait à la fois injuste envers eux, et onéreux pour le peuple, comme nous l'avons prouvé ci-dessus, en parlant des suites désastreuses de la violation des engagements. C'est donc l'ignorance seule qui a pu dire que les emprunts n'étaient pas nécessaires; mais l'inconvénient de ne pouvoir payer ce qu'on doit qu'avec des fonds éventuels n'en est pas moins réel, pour être forcé.

On peut, sans doute, le masquer jusqu'à un certain point; mais en général ces petites finesses ne trompent personne, et nuisent plus qu'elles ne servent, parce qu'au mal réel elles joignent la défiance qu'inspire toujours la fausseté, même quand elle agit sans l'intention de nuire.

Un État se trouve alors dans le cas d'un homme qui, ayant une terre, et devant une somme qu'il ne peut acquitter sur ses revenus, n'a que la ressource éventuelle de vendre sa terre, ou de trouver à emprunter. Le créancier ne court alors que le risque du retard; son gage est suffisant, et l'incertitude n'est que dans le terme du payement.

On pourrait diminuer cette incertitude qui existe ici pour les créanciers de l'État, en distinguant entre les dépenses celles qui sont nécessaires à l'existence du corps politique, sans lesquelles l'ordre social ne pourrait subsister; et celles qui, malgré une utilité réelle et même pressante (car toutes les autres doivent être proscrites), peuvent être suspendues sans exposer ni les citoyens à aucun danger, ni l'État à aucun désordre. Les premières doivent être assurées même avant le payement des dettes. Mais on pourrait subordonner les secondes à la solde des engagements, non qu'il y ait un risque réel de ne pouvoir à la fois faire face aux engagements et à ces dépenses, mais parce que ce moyen, qui d'ailleurs est conforme à la plus rigoureuse justice, augmenterait le crédit et la confiance, et rendrait encore plus assurée la rentrée de ces fonds éventuels.

Les provinces n'ouvriraient d'emprunts d'une somme fixée qu'à cinq pour cent ; mais les emprunts à un intérêt plus bas seraient indéfinis jusqu'au moment où le remboursement de toutes les dettes à cinq pour cent aurait été effectué.

Parmi ces emprunts, qui pourraient réussir à un taux inférieur, nous compterons, 1° des tontines dont les accroissements, au lieu d'être produits par la mort réelle des possesseurs, le seraient d'après les tables de mortalité moyenne. Ces accroissements auraient lieu dans les premiers âges de la vie, de cinq ans en cinq ans, ensuite de quatre en quatre, de trois en trois, de deux en deux ans, et se termineraient lorsque le revenu deviendrait égal au capital, ou bien à deux fois le capital. Ces emprunts, calculés un peu au-dessous de quatre et demi pour cent, seraient encore très-avantageux pour les prêteurs. Ils ont sur les tontines ordinaires l'avantage de ne pas obliger à former des classes plus ou moins nombreuses, par conséquent de n'être pas bornés, et de pouvoir rester toujours ouverts.

2° Des rentes, soit viagères, soit foncières, ou même des remboursements fixes qui n'auraient lieu pour les survivants qu'au bout de dix, de quinze, de vingt, de vingt-cinq ans; ces emprunts pourraient être calculés pour quatre pour cent, ou même au-dessous.

3° Des emprunts où, moyennant une somme fixe, on donnerait, à la mort d'une personne désignée, ou une certaine somme fixe, ou une rente viagère à une autre personne désignée, si elle était encore vivante. Ces emprunts seraient calculés à trois et demi pour cent, mais avec cette condition que si ceux sur la tête de qui on a placé mouraient avant l'espace de trois ans, le survivancier n'obtiendrait que le simple capital, payable à la fin de la troisième année pour ceux qui mourraient dans la première; deux pour cent de plus pour ceux qui mourraient dans la seconde; quatre pour cent pour ceux qui mourraient dans la troisième. Il en résulterait que les capitalistes qui voudraient faire des spéculations sur des têtes valétudinaires risqueraient de perdre au lieu de gagner. Il y aurait, pour ces différents systèmes d'emprunts qu'on peut varier indéfiniment, des tables pour chaque âge, de manière que chacun trouverait sur ces tables les conditions du placement qu'il pourrait faire.

Tous ces emprunts ont une forme à la fois séduisante et utile; tous ont pour objet de s'assurer à soi-même ou aux autres plus d'aisance dans la vieillesse, de fournir des moyens de tirer avantage du fruit de très-petites économies. On pourrait recevoir jusqu'à cinquante, ou même trente livres, dans les caisses de districts; on n'aurait point à craindre les spéculations, qui, en les supposant combinées avec la plus grande adresse, auraient bien de la peine à fournir, par ce moyen, un emploi à cinq pour cent. Enfin, ces deux dernières classes d'emprunts auraient encore un grand avantage, celui de coûter d'abord beaucoup moins, et de n'exiger que des payements très-bornés dans les premières années où les embarras sont plus grands.

On n'en a point fait usage dans les emprunts publics, parce que ces formes supposent une longue confiance; confiance que jusqu'ici aucune espèce de gouvernement n'a pu inspirer, et même toutes les fois qu'on a essayé des tontines, on a été obligé de porter très-haut le taux de l'intérêt : mais on aurait lieu d'attendre plus de confiance du plan que nous proposons ici. La ressource immense produite par les ventes; la publicité de toutes les opérations de la caisse; sa forme, qui la rendrait indépendante de toutes celles dont le gouvernement dispose, qui la placerait sous la surveillance et lui assurerait la garantie d'assemblées étrangères à toutes les opérations générales, et intéressées à l'exactitude des payements; cette faveur que doivent avoir des créanciers qui n'ont avancé des fonds que pour des opérations utiles et publiques, en ont été privés longtemps, ont eu pour objet, non de s'enrichir, mais de faire du bien, de s'assurer dans la vieillesse une vie plus douce; motifs qui sollicitent l'intérêt ou l'indulgence. Toutes ces raisons réunies inspireraient de la confiance, et personne ne pourrait craindre une banqueroute, lorsque d'un côté la forme des impôts et de l'autre la nature publique des emprunts n'y donneraient aucun prétexte : ce serait la masse des rentiers qu'on dépouillerait alors pour enrichir la masse des propriétaires, sans qu'aucune raison d'humanité pût être alléguée en faveur des premiers, sans qu'aucun reproche d'avidité pût être opposé aux autres.

Les provinces de pays d'états qui ont fait des emprunts particuliers à cinq pour cent seraient autorisées à commencer par les rembourser avec les fonds des nouveaux emprunts, ou le produit des ventes faites par elles.

Nous avons parlé, dans l'article 1er, d'impôts qu'il serait peut-être moins utile de convertir en impôts directs, que de remettre au peuple, après les avoir laissés subsister pendant le temps nécessaire; nous avons parlé d'impôts particuliers à certaines terres, qu'il fallait chercher à faire disparaître pour rétablir l'égalité : la taille réelle attachée aux terres réputées roturières est dans ce dernier cas. Quant aux premiers impôts, on verra (pages 649 et suivantes de ce volume) que si on joint au profit de l'opération qu'on y propose celui des emprunts au-dessous de cinq pour cent, on se trouvera en état de supprimer ces taxes, moins onéreuses que les autres impôts indirects, mais qui doivent avoir un terme. Quant à ceux de la dernière espèce, on pourrait en fixer la durée à cent ans, et alors, en les consacrant à faire des remboursements, on trouvera que le sacrifice réel, rapporté au moment présent, n'est que d'un cent-vingt-cinquième, quantité assez faible pour que, si on ne voulait pas accorder cet avantage à ces propriétés, et expier par ce moyen l'injustice que les premiers possesseurs ont éprouvée, on pût les assujettir à ce surplus, sans leur faire supporter à chacun une charge sensible, puisque celui qui paye 100 liv. d'impôt n'en payerait que 100 liv. 16 sous.

On voit donc comment, sans aucun moyen violent, sans impositions nouvelles, sans manquer à aucun engagement, sans priver aucun individu de ce qu'il possède, une assemblée nationale, en adoptant le plan proposé ci-dessus, qu'il serait sans doute facile de perfectionner, pourrait égaler la dépense à la recette, et même, par l'effet nécessaire de l'existence d'emprunts au-dessous de cinq pour cent, faire baisser les intérêts de la dette, et préparer un fonds d'amortissement réel.

L'impôt, en suivant ce même plan, loin d'être onéreux, deviendrait très-supportable; en sorte que la nation serait bientôt dans un état de prospérité et de bon ordre qui inspirerait aux puissances étrangères la crainte d'obliger le gouvernement à s'écarter des principes modérés qu'il a si sagement adoptés. Nous disons que l'impôt cesserait d'être onéreux, 1° parce qu'étant devenu proportionnel au produit net, tous les individus qui en éprouvent le poids payeraient moins dans la réalité, quoique la masse restât la même; 2° parce que le produit net augmentant nécessairement par les avantages qui résultent de la nouvelle forme de l'impôt, ce serait réellement un produit plus grand qui payerait une somme égale;

3° parce que toute la partie de l'impôt employée à la liquidation des dettes, ayant une valeur fixe en argent, diminuerait de valeur comme ce métal.

CONCLUSION.

En parcourant les détails dans lesquels nous sommes entré, sur les fonctions qui peuvent être utilement confiées aux assemblées de différents ordres, on a pu s'apercevoir que nous avons constamment adopté pour principe, de laisser à chaque assemblée le soin de régler ce qui intéressait uniquement la partie du territoire dont elle représente les propriétaires, et de donner à une assemblée d'un ordre supérieur le soin de régler ce qui pourrait intéresser ou la totalité des territoires qu'elle embrasse, ou plusieurs d'entre eux : par ce moyen, jamais une assemblée ne peut être supposée avoir un autre intérêt dans une décision que l'intérêt général de tous ceux sur le sort de qui cette décision doit influer.

Ce principe est le seul d'après lequel on ait cherché à fixer le partage des différentes fonctions. Si une affaire n'intéresse qu'un district, et qu'on la soumette à la décision de l'assemblée provinciale, alors celle-ci exercera sur le district une autorité qui ne sera plus celle que des citoyens ont donnée sur eux-mêmes à leurs représentants, mais une autorité du même genre que celle d'un souverain sur des sujets, lorsque le souverain est séparé de la nation.

C'est donc uniquement dans le cas où une communauté aurait à se plaindre des décisions d'un district, qu'on pourrait soumettre à l'assemblée provinciale l'examen de cette contestation, et alors elle agirait, non comme assemblée représentative, mais comme tribunal.

Ainsi toute assemblée d'un ordre inférieur doit avoir, avec l'assemblée plus générale qui y répond, une triple relation : elle est l'exécutrice de ses délibérations pour les objets qui ne sont point particuliers au territoire représenté par cette assemblée inférieure ; elle est assujettie à ses décisions pour ceux qui sont contestés, et dont elle-même ne pourrait rester juge ; enfin elle y fait déclarer son vœu pour les décisions qui, portant plutôt un consentement, une volonté, qu'un jugement sur la vérité ou la fausseté d'une proposition, doivent être décidées d'après le vœu des commettants, et non d'après l'opinion des représentants. (*Voyez* Ire partie, art. VI).

Les bureaux intermédiaires ne doivent qu'exécuter et prendre des renseignements. Il vaut mieux laisser indécises des questions importantes, que de faire décider, même provisoirement, par les officiers des assemblées, ce qui ne doit l'être que par les corps mêmes. Un désir naturel de hâter l'expédition des affaires, l'avantage réel de les traiter avec un petit nombre de personnes, un dégoût très-pardonnable pour les lenteurs, les discussions minutieuses, la chaleur souvent exagérée qui anime en général les assemblées nombreuses, portent naturellement, et ceux qui ont des affaires à traiter avec elles, et ceux

dont les intérêts sont entre leurs mains, quelquefois même ceux qui les composent, à étendre les
pouvoirs des officiers de l'assemblée, ou des comités
particuliers formés de ses membres. C'est par ce
moyen que, même en conservant les formes établies,
on parvient à concentrer entre les mains d'un petit
nombre de chefs le pouvoir dont ils n'avaient été
d'abord que les exécuteurs : la plupart de nos provinces d'anciens états en présentent des exemples
qui nous dispensent d'en aller chercher dans l'histoire des autres peuples. Il faut donc que la ligne
qui sépare les fonctions des assemblées et celles de
leurs bureaux intermédiaires soit tracée avec assez
de précision pour que l'on ne puisse la changer d'une
manière imperceptible, et que, si l'intérêt public
exige un changement, il ne puisse être fait qu'en
vertu d'une loi solennelle et publiquement discutée.

Que les sociétés fassent quelques pas vers le bonheur, mais qu'elles y parviennent paisiblement par
la seule force irrésistible de la vérité généralement
reconnue, sans ces crises, sans ces agitations, qui ne
font que substituer des abus à des abus, et fatiguer
une génération pour laisser aux générations suivantes
d'autres désordres à combattre, et d'autres maux à
détruire ; que toutes les forces, au lieu de se consumer dans une lutte qui les rend inutiles ou dangereuses, conspirent au même but, le bien général de
tous : tel doit être le vœu de tout citoyen, tel sera
en même temps l'espoir de quiconque, ayant observé
avec un peu de soin le développement de la raison
humaine, a vu la lumière se répandre successivement

sur ces principes et les détails des sciences politiques. Mais si l'aurore luit déjà pour nous ; si rien ne
peut empêcher le jour éternel qui doit la suivre de
se lever, on en peut du moins obscurcir les premières heures par des nuages ou les troubler par
des tempêtes. Cette marche lente et paisible, qui
mène à la félicité par la raison, lasse les âmes im-
patientes de jouir, n'offre aucune ressource à ceux
qui veulent mettre à profit les erreurs et les passions
du vulgaire, n'ouvre à l'ambition aucun champ où
elle puisse développer son activité et faire agir ses
ressorts.

Gardons-nous donc de prendre pour guides ces
principes vagues, dont l'ambition et l'hypocrisie
peuvent abuser : craignons même de nous livrer à
ces sentiments nobles et fiers, qui ont fait renaître
chez tant de peuples des jours brillants plutôt que
des jours tranquilles, et produit tant de grandes
actions et si peu de bonheur. Ne consultons que la
raison, elle nous dira que de bonnes lois civiles et
criminelles, des lois de police bien combinées, un
système de finances qui exclut à jamais toute imposition indirecte, sont les objets les plus importants
pour le bonheur des hommes. En leur garantissant
leur sûreté et leur liberté personnelles, comme la
sûreté et la liberté de leurs biens, une telle législation détruirait toutes les causes de l'inégalité des
fortunes, tout ce qui s'oppose aux progrès de l'industrie, du commerce, de l'agriculture. Les hommes
assurés de la jouissance de leurs droits, et laissés à
eux-mêmes pour tout le reste, obéiraient alors libre-

ment à cette force qui les porte vers le perfectionnement en tout genre, et qu'on peut regarder comme
l'instinct de l'espèce humaine, ou plutôt comme la
qualité distinctive de tout être sensible, doué du pouvoir de combiner des idées.

Mais il faut que l'exécution des lois, il faut que le
soin de veiller sur les intérêts communs soient confiés à des mains impartiales et pures, à des esprits
éclairés et sages. Quel moyen plus certain de s'assurer cet avantage, que de charger de ces soins des
hommes choisis par ceux sur qui s'exercent ces lois,
pour qui ces intérêts sont les mêmes, que de
prendre, pour assurer la bonté des choix ou la vérité des décisions, tous les moyens que la raison peut
découvrir?

Or, s'il est bien prouvé que toutes ces lois, comme
cette forme d'en choisir les exécuteurs, doivent être
les mêmes, de quelque pouvoir qu'elles émanent, en
quelques mains que réside la puissance législative,
ne serait-ce pas s'opposer au bonheur des hommes,
que de perdre, par des discussions sur la manière de
combiner cette puissance, l'occasion de parvenir à
la réforme des mauvaises lois et des formes vicieuses
dans leur exécution? Ne serait-ce point, par exemple,
abandonner la cause du peuple, que d'exposer vingt
millions de citoyens à souffrir tous les maux d'une
procédure civile qui rend illusoire le droit de propriété; d'une procédure criminelle qui expose la vie
de l'innocent; d'une police qui charge les actions les
plus indépendantes par leur nature, de chaînes
multipliées; d'un système de finances qui prodigue

les gênes, les vexations, les supplices, pour favoriser le riche et le puissant, aux dépens du pauvre; de laisser l'industrie, le commerce, la culture, gémir sous les entraves des préjugés; de fortifier, d'éterniser l'inégalité, pour procurer à certaines classes de citoyens une part plus ou moins grande dans la puissance législative? Ce droit de contribuer à la formation des lois n'aura jamais une valeur réelle que pour un petit nombre de citoyens; et s'il n'est d'ailleurs également partagé entre tous, il n'est plus qu'un privilége, et cesse d'être un droit. Ne vaudrait-il pas mieux laisser la raison réformer sans obstacles ces abus, que les préjugés ne pourront défendre quand ils en seront les seuls défenseurs, quand ils ne seront plus fortifiés par ces prétentions de certains corps, de certains ordres, par tous ces principes de contrepoids ou d'équilibre qu'on appelle la sauvegarde de la liberté, et qui ne sont, dans le vrai, que celle de l'autorité du riche ou du noble, du magistrat ou du prêtre?

Ne perdons point de vue qu'égalité de droits et liberté sont synonymes; que toute inégalité qui est établie par la loi, qui n'est pas une conséquence nécessaire de l'usage du droit de propriété, des divers degrés de talent ou de mérite, de l'importance ou de la dignité de certaines fonctions sociales, qui s'étend au delà de ce que l'opinion accorde librement à certains individus, est une violation directe de l'égalité primitive et naturelle, une véritable atteinte aux droits de l'humanité; que le nombre plus grand des maîtres rend leur empire plus pesant; que ceux qui ont intérêt à donner de mauvaises lois sont de tous les plus dangereux ; et que tout citoyen qui aspire à des priviléges particuliers, à des prérogatives, doit nécessairement désirer des lois qui ne soient pas conformes aux intérêts généraux, au droit naturel des hommes, puisque l'existence seule des priviléges qu'il réclame serait une violation de ces droits.

La vérité, la raison qui, dans des temps paisibles, finit toujours par être écoutée ; la voix libre de représentants choisis suivant des formes qui assurent à la fois de leur impartialité et de leurs lumières, voilà les vrais défenseurs des droits du peuple, les seuls qui soient dignes de soutenir une si belle cause.

NOTES.

NOTE PREMIÈRE.

*Sur la manière de connaître le vœu de la pluralité
dans les élections.*

Cette note ne sera qu'un extrait des réflexions qui
ont été faites sur le même objet dans l'ouvrage inti-
tulé : *Essai sur l'application de l'analyse à la probabilité des décisions.*

On a déjà vu que, dans la manière ordinaire d'é-
lire, chaque votant nomme celui des concurrents
qui lui paraît mériter la préférence, et qu'on regarde
comme élu par le vœu de la pluralité celui qui a le
plus de suffrages. Nous avons aussi remarqué que,
s'il y a plus de deux concurrents, et qu'aucun n'ait
plus de la moitié des voix, le résultat de cette élection peut très-bien ne pas exprimer le vœu de la
pluralité, et nous en avons donné pour raison que,
dans cette manière de donner son suffrage, le vœu
de chaque électeur n'était pas complet.

En effet, qu'on suppose seulement trois concurrents, qu'on les nomme Pierre, Paul et Jacques, celui qui vote en faveur de Pierre prononce bien qu'il

croit Pierre supérieur aux deux autres, mais il ne
prononce point entre Jacques et Paul ; si un second
vote en faveur de Paul, il ne prononce point entre
Pierre et Jacques ; enfin, si un troisième vote en
faveur de Jacques, il ne prononce point entre Pierre
et Paul.

Si cependant ils eussent complété leur suffrage,
que le premier eût dit : Paul est supérieur à Jacques ;
le second : Jacques est supérieur à Pierre ; le troisième : Paul est supérieur à Pierre, il en résulterait
que deux voix contre une auraient déclaré Paul supérieur à Pierre ; que deux voix contre une auraient
déclaré Paul supérieur aussi à Jacques, et que, malgré l'égalité apparente des suffrages, le jugement de
la pluralité aurait été réellement porté en faveur
de Paul.

Il y a plus : supposons qu'il y ait soixante électeurs et toujours trois candidats ; qu'il y ait vingt-
trois voix en faveur de Pierre, dix-neuf en faveur
de Paul, dix-huit en faveur de Jacques, Pierre sera
regardé comme élu. Mais ceux qui ont voté en faveur
de Pierre n'ont rien prononcé entre Jacques et Paul,
et je puis supposer que dix-huit eussent préféré
Jacques ; je puis de même supposer que, des dix-neuf
qui ont voté pour Paul, sans prononcer entre Pierre
et Jacques, seize eussent encore préféré Jacques ;
je puis supposer, enfin, que, des dix-huit qui ont
donné leur voix à Jacques, treize eussent préféré
Paul à Pierre. Or, si ce vœu avait été exprimé, j'aurais eu, en comptant tous les suffrages, trente-quatre
voix contre vingt-six, qui auraient déclaré Jacques

supérieur à Pierre, trente-six voix contre vingt-quatre qui auraient déclaré Jacques supérieur à Paul; enfin, trente-deux voix contre vingt-huit qui auraient préféré Paul à Pierre. Ainsi, le jugement de la pluralité, et même d'une pluralité assez forte, aurait été en faveur de Jacques, de celui-là même qui avait eu le moins de voix, suivant la forme ordinaire; et de même la pluralité aurait déclaré Pierre inférieur à Jacques et à Paul, quoique Pierre eût eu le plus de voix, en suivant la forme ordinaire. Nous avons donné dans le texte un exemple semblable. Dans ce cas, les voix qui s'accordent à regarder Pierre comme supérieur à la fois aux deux autres, sont en plus grand nombre que celles qui s'accordent à donner à l'un d'eux la même préférence; mais la pluralité s'accorde en même temps à regarder Pierre comme inférieur à chacun des deux en particulier, parce qu'une grande partie de ceux qui sont partagés entre les deux autres concurrents s'accordent à regarder Pierre comme inférieur aux deux autres.

On voit donc que la forme ordinaire des élections peut tromper toutes les fois qu'aucun des candidats ne réunit plus de la moitié des voix, et faire regarder comme élu par la pluralité celui auquel le véritable jugement de la pluralité aurait été réellement contraire. Plus le nombre des candidats est grand, plus cette méthode ordinaire expose à des erreurs : elle est, au contraire, d'autant moins fautive, que le nombre des électeurs est plus grand.

Si, après une première élection, on proposait de choisir entre les deux qui ont eu le plus de voix, lorsqu'il y a trois concurrents, ou en général d'exclure celui qui en a eu le moins, on risquerait encore de se tromper, puisqu'on voit, par l'exemple précédent, qu'on pourrait alors exclure précisément celui en faveur duquel le vœu de la pluralité se serait réellement déclaré, si la forme de l'élection avait permis de l'exprimer. En effet, dans cet exemple, en supposant que Jacques soit exclu, et qu'il faille prononcer entre Paul et Pierre, Paul aurait trente-deux voix contre vingt-huit ; il serait élu au lieu de Pierre, qu'avait donné la méthode ordinaire, et de Jacques, qui aurait dû avoir le véritable vœu.

La manière d'obliger à recommencer l'élection jusqu'à ce qu'un des concurrents ait réuni la moitié des suffrages, a l'inconvénient d'obliger à changer d'opinion, du moins en apparence, de ne pas conduire à connaître le véritable vœu de la pluralité. Dans cette méthode, on permet de donner sa voix, dans la suite des scrutins, à ceux même des concurrents qui n'ont point de voix dans le premier, et en cela on a raison. En effet, lorsqu'il y a plus de trois concurrents, le véritable vœu de la pluralité peut être pour un candidat qui n'ait eu aucune des voix dans le premier scrutin. Pour le prouver, conservons le même exemple que nous venons d'analyser ; supposons un quatrième concurrent seulement désigné par le nom de Jean, qui n'a eu aucun suffrage en sa faveur ; il est possible que les vingt-trois électeurs qui ont donné la première place à Pierre eussent préféré Jean à Paul et à Jacques ; que les dix-neuf électeurs qui ont donné leur voix à Paul eussent préféré Jean à Pierre et à Jacques ; qu'enfin les dix-huit électeurs qui ont donné leur voix à Jacques eussent préféré Jean à Pierre et à Paul : alors trente-sept voix contre vingt-trois auraient déclaré Jean préférable à Pierre, quarante et une voix contre dix-neuf l'auraient déclaré préférable à Paul, quarante-deux voix contre dix-huit l'auraient préféré à Jacques. Ainsi la pluralité aurait réellement déclaré Jean supérieur à chacun des trois autres, quoique aucun des électeurs ne lui eût accordé la supériorité sur tous.

Un géomètre célèbre a proposé une autre méthode : elle consiste à faire donner, par chaque électeur, la liste des candidats suivant l'ordre de mérite qu'il leur suppose ; on attache ensuite une certaine valeur numérique à la première place, une moindre à la seconde, et ainsi de suite. On prend, pour chaque candidat, la somme des nombres attachés à son nom, d'après le vœu de chaque électeur qui l'a placé à la première, à la seconde, à la troisième place, etc.; et celui pour qui cette somme se trouve la plus grande obtient la préférence.

Pour donner une idée plus nette de cette méthode, reprenons les deux exemples précédents. Dans le premier, nous avons trois électeurs et trois candidats : attachons la valeur *trois* à la première place, la valeur *deux* à la seconde, la valeur *un* à la troisième. Nous avons une voix qui place ces candidats dans l'ordre suivant : Pierre, Paul, Jacques ; une qui les place dans l'ordre Paul, Jacques, Pierre ;

une autre, enfin, dans l'ordre Jacques, Paul, Pierre; par conséquent Pierre, ayant une fois la première place qui vaut trois, et deux fois la troisième place, qui vaut un, obtiendra une valeur égale à cinq. Paul, ayant une fois la première place, qui vaut trois, et deux fois la seconde, qui vaut deux, obtiendra une valeur sept; et Jacques, qui a une fois la première place, une fois la seconde et une fois la troisième, obtiendra une valeur six. Paul l'emportera donc sur les deux autres, et Jacques l'emportera sur Pierre; résultat conforme au vœu de la pluralité, tel que nous l'avons trouvé ci-dessus.

Dans le second exemple, nous aurons dix-huit voix pour l'ordre Pierre, Jacques, Paul; cinq voix pour l'ordre Pierre, Paul, Jacques; seize voix pour l'ordre Paul, Jacques, Pierre; trois pour l'ordre Paul, Pierre, Jacques; treize pour l'ordre Jacques, Paul, Pierre; cinq pour l'ordre Jacques, Pierre, Paul.

Pierre aurait donc vingt-trois fois le premier rang, huit fois le second, vingt-neuf fois le troisième, et par conséquent obtiendrait une valeur cent quatorze. Paul aurait dix-neuf fois le premier rang, dix-huit fois le second, vingt-trois fois le dernier, et obtiendrait une valeur cent seize. Jacques, enfin, aurait dix-huit fois le premier rang, trente-quatre fois le second, et huit fois le troisième, et obtiendrait une valeur cent trente. Ainsi Jacques l'emporterait sur les deux autres, Paul l'emporterait sur Pierre; et c'est encore ce que nous avons vu être le vœu de la pluralité. Mais cette conformité aura-t-elle lieu toujours? Non.

Pour le prouver, supposons qu'il y ait quatre-vingt-un électeurs ; que trente soient pour l'ordre Pierre, Paul, Jacques ; un pour l'ordre Pierre, Jacques, Paul ; vingt-neuf pour l'ordre Paul, Pierre, Jacques ; dix pour l'ordre Paul, Jacques, Pierre ; dix pour l'ordre Jacques, Pierre, Paul ; un pour l'ordre Jacques, Paul, Pierre.

Pierre se trouvera trente et une fois au premier rang, trente-neuf fois au second, onze fois au troisième, et obtiendra par conséquent une valeur cent quatre-vingt-deux. Paul se trouvera trente-neuf fois au premier rang, trente et une fois au second, et onze fois au troisième ; il obtiendra donc une valeur cent quatre-vingt-dix. Enfin, Jacques sera onze fois à la première place, onze fois à la seconde, cinquante-neuf à la troisième, et obtiendra une valeur cent quatorze. Il en résultera donc que Paul est supérieur aux deux autres, et que Pierre l'est à Jacques. Si maintenant on examine cette votation en elle-même, on trouvera que quarante et une voix contre quarante ont jugé Pierre supérieur à Paul ; que soixante voix contre vingt et une ont jugé Pierre supérieur à Jacques ; que soixante-neuf contre douze ont jugé Paul supérieur à Jacques.

Ainsi le vœu de la pluralité est réellement en faveur de Pierre, et la conséquence où conduirait la méthode proposée serait trompeuse, comme celle où la méthode ordinaire aurait conduit.

Prenons encore un autre exemple.

Supposons trente électeurs, et toujours les trois mêmes concurrents, Pierre, Paul et Jacques ; qu'il y ait neuf voix pour l'ordre Pierre, Paul, Jacques; trois voix pour l'ordre Pierre, Jacques, Paul; quatre pour l'ordre Paul, Pierre, Jacques; six pour l'ordre Paul, Jacques, Pierre; quatre pour l'ordre Jacques, Pierre, Paul; quatre enfin pour l'ordre Jacques, Paul, Pierre. Dans cet exemple, Pierre est placé douze fois le premier, Paul l'est dix fois, et Jacques huit fois : ainsi, suivant la méthode ordinaire, Pierre obtiendrait la préférence, serait censé avoir eu le vœu de la pluralité. En suivant la méthode proposée, Pierre ayant été placé douze fois au premier rang, huit fois au second, et dix au troisième, la valeur des suffrages en sa faveur serait exprimée par soixante-deux; Paul ayant été placé dix fois au premier rang, treize au second, sept au troisième, la valeur des suffrages en sa faveur serait exprimée par soixante-trois; on trouverait de même que, Jacques ayant été placé huit fois au premier rang, neuf fois au second, et treize au troisième, la valeur des suffrages en sa faveur serait exprimée par cinquante-cinq.

La méthode proposée prononce donc en faveur de Paul, et la méthode ordinaire en faveur de Pierre; mais si on analyse cette votation, on trouve que seize voix contre quatorze ont prononcé Pierre supérieur à Paul; que seize voix aussi contre quatorze ont supposé Pierre supérieur à Jacques, et que dix-neuf voix contre onze ont prononcé Paul supérieur à Jacques. Le vœu de la pluralité est donc en faveur de Pierre, et voici un exemple où l'ancienne méthode aurait conduit au véritable résultat, et où la nouvelle aurait induit en erreur.

Il n'est pas nécessaire de recourir à l'analyse de la votation pour se convaincre que la nouvelle méthode peut tromper lorsque la méthode ordinaire donne le vrai résultat, puisqu'elle peut tromper même lorsque plus de la moitié des suffrages est réunie en faveur d'un candidat, lorsqu'il est évident que le vœu de la pluralité est pour qu'il obtienne la préférence.

Supposons encore trente votants et trois candidats; que dix-neuf votants soient pour l'ordre Pierre, Paul, Jacques; onze pour l'ordre Paul, Jacques, Pierre; on voit que Pierre est déclaré supérieur à Paul et à Jacques par une pluralité de dix-neuf contre onze, c'est-à-dire, par la pluralité très-grande de huit suffrages sur trente; cependant, en suivant la nouvelle méthode, la valeur de Pierre serait soixante-huit; la valeur de Paul serait soixante et onze; celle de Jacques quarante et une; et Paul devait être élu.

Ainsi, loin que cette méthode doive être préférée à la méthode commune, elle lui est inférieure. En effet, dans la première, on a seulement la crainte de s'être trompé, de se conduire d'après un résultat contraire au véritable vœu de la pluralité. Ici on peut être sûr que le résultat est faux; et c'est d'après des résultats évidemment erronés qu'on serait obligé de se conduire.

On pourrait attribuer ces erreurs aux valeurs que nous nous proposons de donner aux premières, aux secondes ou aux troisièmes voix, et croire que si, au lieu des nombres trois, deux, un, on eût pris d'autres nombres, on aurait eu le vrai résultat. Dans ce cas, on pourrait dire que ce n'est pas la méthode en elle-même qui trompe, mais l'hypothèse un peu arbitraire d'assigner pour valeur de la première voix un nombre égal à celui des candidats; ce nombre diminué de l'unité pour valeur de la seconde voix; ce nombre diminué de deux unités pour valeur de la troisième, et ainsi de suite, et qu'on peut trouver une autre hypothèse où les nombres ne seraient pas en progression arithmétique, et qui conduirait constamment au véritable résultat.

Ainsi, dans le dernier exemple que nous avons cité (l'exemple cinquième), si on avait donné quatre pour valeur à la première place, deux pour valeur de la seconde, un pour valeur de la troisième, la valeur des suffrages en faveur de Pierre aurait été quatre-vingt-sept; celle des suffrages en faveur de Paul, quatre-vingt-deux; et celle des suffrages en faveur de Jacques, quarante et un; et par conséquent, dans cette nouvelle hypothèse, la méthode proposée se trouve d'accord avec la méthode ancienne, et donne également le véritable résultat de la votation.

Mais il se présente des cas où, quelque hypothèse que l'on admette, cette méthode trompera toujours. Tel est celui de l'exemple troisième. En effet, dans cet exemple, l'erreur est indépendante de la loi à laquelle on peut assujettir les valeurs des premières, des secondes, des troisièmes places; car Pierre et Paul ont chacun onze fois la troisième place : il ne peut donc en résulter aucun avantage pour l'un ou pour l'autre. Mais Pierre se trouve trente et une fois au pre-

mier rang, et Paul trente-neuf : Pierre a donc de
moins à cet égard une valeur égale à huit fois celle
qu'on attribue au premier rang. En même temps,
Pierre est placé trente-neuf fois au second rang, et
Paul trente et une fois seulement ; Pierre surpasse
donc Paul, à cet égard, d'une valeur égale à huit fois
celle qu'on attribue au second rang. Donc, pour que
la valeur de Pierre surpassât celle de Paul, comme
il le faudrait ici pour que la méthode donnât un résultat conforme au jugement de la pluralité, on serait obligé de prendre des valeurs telles, que huit
fois celle du second rang fût supérieur à huit fois
celle du premier, c'est-à-dire, supposer la valeur du
second rang plus grande que celle du premier ; ce qui
est à la fois contraire à la vérité et au principe sur lequel la méthode est fondée.

Mais, dira-t-on, comment se peut-il que, tout pa-
raissant d'ailleurs égal entre Pierre et Paul, si ce n'est
que Pierre a eu trente et une fois la première place,
et trente-neuf fois la seconde, tandis que Paul a eu
trente-neuf fois la première, et trente et une la seconde, il n'en résulte pas évidemment un avantage
en faveur de Paul ? Le voici. Parmi les trente-neuf
voix qui plaçaient Pierre à la seconde place, il y en
avait dix qui le préféraient à Paul, et vingt-neuf qui
le préféraient à Jacques. Mais, parmi les trente et une
voix qui plaçaient Paul à cette seconde place, il n'y
en avait qu'une qui le préférât à Pierre. Or, l'on a
confondu, dans cette méthode d'évaluer les suffrages,
les voix qui donnaient la préférence à Pierre sur Paul,
ou réciproquement, avec celles qui donnaient la pré-

férence à l'un ou à l'autre sur Jacques; on les a fait entrer de même dans le jugement qu'on voulait porter entre Pierre et Paul, et il a dû en résulter une erreur, puisque l'on faisait entrer dans ce jugement un élément qui ne devait pas y entrer, c'est-à-dire, la préférence donnée sur Jacques à Pierre ou à Paul. Telle est la véritable raison qui rend cette méthode défectueuse dans un grand nombre de combinaisons de voix, quelque hypothèse que l'on adopte sur les valeurs attachées à l'ordre des places. La méthode ordinaire trompe, parce qu'on y fait abstraction de jugements qui devraient être comptés; la nouvelle méthode trompe, parce qu'on a égard à des jugements qui ne devraient pas être comptés.

Il ne reste donc à examiner que la méthode qui nous a servi jusqu'ici à juger les autres. Elle consiste à supposer que chaque électeur ait marqué l'ordre dans lequel il place les concurrents; liste de laquelle il est aisé de conclure son jugement sur le mérite de chacun d'eux, comparé à chacun des autres, et à chercher ensuite, d'après ces jugements particuliers, le sujet que la pluralité a déclaré séparément supérieur à chacun de ses concurrents. En un mot, elle consiste à exécuter ce que nous avons fait dans les exemples discutés ci-dessus, pour connaître quel était véritablement le vœu de la pluralité.

En examinant de plus près cette méthode, on trouvera que, même pour trois concurrents, par exemple, elle peut paraître conduire à un résultat absurde en apparence, et dans la réalité n'en donner immédiatement aucun.

Supposons, en effet, toujours trois candidats, et que les électeurs soient au nombre de soixante; qu'il y ait vingt-trois voix pour l'ordre Pierre, Paul, Jacques; aucune pour l'ordre Pierre, Jacques, Paul; deux pour l'ordre Paul, Pierre, Jacques; dix-sept pour l'ordre Paul, Jacques, Pierre; dix pour l'ordre Jacques, Pierre, Paul, et huit pour l'ordre Jacques, Paul, Pierre; la proposition, Pierre est préférable à Paul, aura une pluralité de trente-trois contre vingt-sept. La proposition, Jacques est préférable à Pierre, trente-cinq voix contre vingt-cinq; la proposition, Paul est préférable à Jacques, quarante-deux contre dix-huit. Les trois propositions adoptées par la pluralité seraient donc :

Pierre est préférable à Paul;

Jacques est préférable à Pierre;

Paul est préférable à Jacques.

Et il est évident que ces trois propositions ne peuvent être vraies en même temps, puisque des deux premières, et en général de deux quelconques, admises ensemble, résulte nécessairement une conséquence contradictoire avec la troisième. On verra de plus que, si on adopte les deux premières, on en doit conclure que Jacques mérite la préférence sur les deux autres; que si on adopte la première et la troisième, on en conclut nécessairement que Pierre est préférable aux deux autres; qu'enfin, de la seconde et de la troisième réunies, il en résulte la préférence en faveur de Paul.

Ainsi, sous ce premier point de vue, l'élection donne un résultat absurde, ou plutôt elle n'en donne aucun, tandis que, suivant la méthode ordinaire, Pierre ayant vingt-trois, Paul dix-neuf et Jacques dix-huit, l'élection décide en faveur de Pierre.

Si on avait suivi la méthode examinée ci-dessus, Pierre ayant été vingt-trois fois à la première place, douze à la seconde, vingt-cinq à la troisième, aurait eu une valeur cent dix-huit. Paul ayant obtenu dix-neuf fois la première, trente et une la seconde, dix fois la troisième, aurait eu la valeur cent vingt-neuf. Enfin, Jacques aurait eu dix-huit fois la première place, dix-sept fois la seconde, et vingt-cinq fois la troisième, ce qui donne une valeur cent treize; c'est donc à Paul qu'on aurait donné la préférence, si on avait suivi cette méthode. En suivant la méthode ordinaire, et en préférant Pierre, on rejette la proposition, Jacques est préférable à Pierre, qui a une pluralité de trente-cinq voix contre vingt-cinq, et on admet de préférence la proposition, Pierre est préférable à Paul, quoiqu'elle ait seulement une pluralité de trente-trois voix contre vingt-sept. En suivant l'autre méthode, et en préférant Paul, on ne rejette que cette dernière proposition, qui est précisément celle qui a obtenu la moindre pluralité.

Ce résultat de la seconde méthode est donc le même que celui où conduirait la méthode que nous préférons. En effet, si nous en examinons le résultat de plus près, nous trouverons que, puisqu'il faut rejeter une proposition adoptée par la pluralité, il est plus naturel d'abandonner celle qui a la moindre pluralité; nous rejetterons donc ici la première, et nous aurons un résultat en faveur de Paul. La vérité de ce résultat dépendra de celle de deux propositions combinées : l'une, Paul est préférable à Jacques, qui a quarante-deux voix contre dix-huit; l'autre, Paul est préférable à Pierre, qui a vingt-sept voix contre trente-trois. Mais en même temps la vérité du résultat en faveur de Jacques dépendrait de deux propositions : la première, Jacques est préférable à Pierre, qui a trente-cinq voix contre vingt-cinq; l'autre, Jacques est préférable à Paul, qui a dix-huit voix contre quarante-deux; enfin, la vérité du résultat, en faveur de Pierre, dépendrait de deux propositions : l'une, Pierre est préférable à Paul, qui a une pluralité de trente-trois voix contre vingt-sept; l'autre, Pierre est préférable à Jacques, qui a une minorité de vingt-cinq voix contre vingt-cinq; le premier résultat sera donc plus probable; et si l'on est obligé de choisir, c'est à celui-ci qu'on doit s'arrêter. Ce résultat, contraire ici à la méthode la plus usitée, est d'accord avec celui de la seconde méthode; mais cet accord est purement accidentel. Dans un autre exemple, cette même méthode ferait rejeter une proposition plus probable, pour en admettre une qui le serait moins.

La méthode analysée ci-dessus est donc la seule qui puisse conduire à connaître le vrai jugement de la pluralité, toutes les fois qu'il existe, et qui, lors même que ce jugement n'existe pas, indique encore le choix qui doit être adopté pour avoir un moindre risque de tomber dans l'erreur; cette méthode doit donc être préférée. Mais si le nombre des électeurs est grand, surtout si celui des concurrents n'est pas très-petit, cette même méthode entraîne des longueurs, demande des vérifications pénibles, dont l'habitude seule peut diminuer la lenteur et l'embarras.

En effet, si les concurrents sont au nombre de trois, les jugements sur leur mérite, comparé deux à deux, sont au nombre de trois. Mais si l'on ajoute un quatrième concurrent, le nombre de ces jugements devient six, puisqu'il faut comparer ce concurrent à chacun des trois autres. Y en a-t-il un cinquième, il faut comparer ce concurrent à chacun des quatre autres; le nombre des jugements est donc augmenté de quatre, et porté jusqu'à dix. Il faudrait comparer un sixième concurrent à chacun des cinq autres; chaque votation en renfermera donc quinze. Il y en aurait six de plus, ou vingt et un, si l'on avait à choisir entre sept concurrents, et ainsi de suite. Pour vingt concurrents, par exemple, chaque votation renfermerait cent quatre-vingt-dix propositions; et pour cent, elle en renfermerait quatre mille neuf cent cinquante : cette méthode paraît donc impraticable dans tous les cas où le nombre des sujets éligibles n'est pas très-borné.

A la vérité, lorsque, par exemple, le choix peut tomber sur tous les citoyens d'un district, d'une province entière, on peut, sans aucun inconvénient, en diminuer le nombre, en exigeant que le choix soit réduit entre ceux que trois ou quatre des électeurs proposeront, et du consentement desquels ils pourront répondre. Cette limitation n'en est point une réellement, puisqu'il est évident que des concurrents qui n'auraient pu trouver trois des électeurs qui les jugeassent dignes d'être proposés n'auraient pas été élus, et l'on éviterait en même temps que le refus d'accepter n'obligeât de répéter les élections. Ce nombre étant déjà ainsi diminué, on pourrait faire délibérer par oui ou par non sur chacun des présentés, s'il est digne ou non de la place; car il est encore évident que celui que la pluralité déclarerait n'être pas admissible n'aurait pas été choisi.

Mais il faut avouer que cette seconde manière de limiter le nombre des concurrents, qui, prise en elle-même, n'a rien que de rigoureusement juste, et ne donne aucune exclusion réelle, pourrait écarter des sujets très-dignes des places, que la crainte de ce premier jugement empêcherait de se laisser mettre sur les rangs. Cette disposition est du nombre de celles qu'il ne suffit point de considérer en elles-mêmes, mais dont la bonté dépend des opinions, des sentiments de ceux sur qui elles doivent influer. Une législation sage ne se permettra jamais d'encourager la vanité; c'est celle de toutes les passions qui nous rapproche le plus des petitesses de l'enfance. On ne peut donner une existence sérieuse à un ruban, à une breloque nouvelle, sans risquer de rapetisser ou de dégrader l'esprit d'une nation; mais ce n'est pas encourager la vanité que de la ménager quelquefois: puisqu'elle est un vice d'enfant, il faut bien la traiter comme les défauts de cet âge, et lui opposer la raison plutôt que la contradiction ou la contrainte.

Il y aurait un autre moyen de faciliter l'examen de

cette votation si compliquée. Du moment où un des candidats se trouve placé dans plus de la moitié des listes, avant la vingt-et-unième place, par exemple, aucun de ceux qui ne seraient point dans les vingt premières ne pourrait être élu. En effet, tous seraient, par la pluralité des suffrages, au-dessous de celui qui se trouverait, dans plus de la moitié des listes, avant le vingt-et-unième rang.

Tous ceux qui dans ces mêmes listes ne se trouveraient qu'au-dessous de celui qui s'est trouvé dans plus de la moitié, ne pourraient par la même raison avoir été élus.

De même, dès qu'un nom se trouverait sur plus des deux tiers des listes, il exclurait tous ceux qui ne se trouveraient pas sur un sixième avant le rang où le premier aurait atteint ce nombre; et dans ce sixième, il ne faudrait pas comprendre encore les listes où ils se trouveraient au-dessous de celui qui aurait réuni plus des deux tiers. Il serait facile de multiplier ces principes, et de trouver des moyens techniques pour en faciliter l'application aux scrutins, qu'il faudrait vérifier.

On voit combien cette méthode d'exclusion abrégerait le travail; mais il resterait encore très-compliqué, et cette forme paraît ne convenir que dans un pays où la vanité ne craindrait pas de subir un jugement public; où l'on serait convaincu de l'importance de faire de bons choix; où la nature des fonctions attribuées aux places qu'il faut remplir mériterait qu'on regardât les élections comme une affaire digne d'occuper tous les citoyens; où l'esprit public rendrait supportable la contrainte, l'ennui de ces longs détails ; où enfin la multiplicité des petites affaires ne ferait pas négliger les grandes.

' Cette méthode serait donc absolument impraticable pour les élections des membres ou des officiers des assemblées provinciales, à moins de borner ce nombre par les deux conditions, que personne ne serait proposé, à moins que trois ou quatre électeurs ne le présentassent comme digne d'être élu, et qu'un d'eux répondît de son acceptation, et que plus de la moitié des électeurs, prononçant par oui ou par non, ne confirmât ce jugement. A la vérité, aucune cabale ne serait à craindre dans ce premier scrutin, puisque aucun homme exclu par plus de la moitié des voix, ne peut jamais être élu à la pluralité, et elles seraient très-difficiles dans l'élection. Il ne s'agit pas ici de cabales qui entraînent plus de la moitié des voix puisqu'il est impossible qu'aucune forme d'élection en empêche l'effet ; alors on a le vœu véritable de la pluralité ; mais il est corrompu, et le but d'une forme d'élection n'est que de faire connaître ce vœu ; la conformité qu'il peut ensuite avoir avec la vérité dépend des lumières et de la probité des électeurs : il est donc question seulement des cabales où un nombre d'électeurs inférieur à la moitié disposerait de l'élection, parce que les autres électeurs seraient partagés, comme on le voit souvent arriver dans la forme d'élection ordinaire ; inconvénient qui oblige à tomber dans l'inconvénient plus grand encore de se diviser en deux partis : or, c'est ce qui n'arrivera point si on adopte la méthode que je viens d'exposer.

Supposons, en effet, que sur trente votants, treize aient formé un parti en faveur de Pierre, et que les dix-sept autres soient partagés entre Paul et Jacques; il est évident qu'en suivant la méthode ordinaire, les premiers seront les maîtres de l'élection, à moins que les autres ne conviennent de se réunir pour s'y opposer. Si au contraire on prend la méthode proposée, ils n'auront qu'à placer Pierre à la dernière place, il sera nécessairement exclu, l'intrigue sera déconcertée; et suivant que toutes les voix seront partagées entre Paul et Jacques, l'un des deux aura la préférence, sans qu'aucun des électeurs ait été obligé de voter contre son opinion. Si les dix-sept électeurs ne regardent point comme un parti formé en faveur de Pierre, la préférence que les treize autres lui donnent, ils pourront placer Pierre à la seconde place comme à la troisième, et il pourra être élu; mais alors ce ne sera plus par la faveur d'un parti moindre que la moitié des électeurs, et malgré le vœu du reste, ce sera réellement par leur vœu commun.

⎯⎯•◆•⎯⎯

NOTE SECONDE.

Sur la forme des délibérations prises à la pluralité des voix.

Nous allons d'abord examiner ici l'usage établi dans certaines assemblées, de revenir aux avis qui ont eu le plus de voix, ou en général à deux avis.

Du moment où il y a plus de deux avis ouverts, et où aucun d'eux ne réunit la pluralité des voix, il est évident que l'on doit chercher à connaître et préférer ensuite celui de ces avis qui, au jugement de la pluralité, sera jugé le meilleur. C'est précisément la même chose que si l'on avait à choisir le meilleur d'un pareil nombre de candidats, et qu'on eût exclu du nombre des sujets éligibles ceux qui n'auraient eu aucune voix en leur faveur. Or, nous avons prouvé, note première, que cette exclusion n'était pas rigoureusement juste, puisque le vœu de la pluralité pouvait être en faveur d'un candidat qui n'aurait eu aucune voix dans une première élection faite suivant la méthode ordinaire; d'où il résulte que le véritable avis qui aurait la pluralité peut n'être pas compris dans le nombre de ceux qui ont été ouverts. Supposons ensuite qu'on veuille réduire tous les avis à deux, par des votations successives, en obligeant de se réunir à un des autres avis ceux dont l'opinion aurait le moins de voix. On trouvera que, si, comme nous l'avons prouvé dans la même note, le candidat qui a eu le moins de voix en sa faveur, pour être préféré à la fois à tous les autres, aurait pu cependant avoir le vœu de la pluralité, dans le cas où ce vœu aurait été demandé sous la forme propre à le faire véritablement connaître; de même l'avis le moins nombreux, celui qu'on croit pouvoir exclure sans scrupule, pourrait être aussi le véritable avis de la pluralité.

On regardera peut-être cette comparaison d'une délibération avec une élection comme une subtilité.

Mais pour sentir combien elle est fondée, il suffit d'observer que dès qu'on admet un retour à une opinion différente de celle qui avait été d'abord adoptée, il faut supposer, ou que les votants forcés de se réunir, ont changé d'avis, ou qu'on peut donner le même poids, la même confiance à une opinion portée contre le vœu de la raison et de la conscience de celui qui s'y range malgré lui; ou enfin, que par ce nouveau vœu chacun exprime seulement qu'après avoir préféré son premier avis à tous les autres, il préfère ensuite à tous (celui-là seul excepté) l'avis auquel il se réunit. Or, cette dernière hypothèse est la seule que la raison ou l'honnêteté permette d'adopter. C'est donc une véritable élection entre les avis que l'on introduit en établissant cette forme de délibération ; et nous avons prouvé que cette méthode d'élire était vicieuse. (*Voyez* note Ire.)

Cette forme de réduction a de plus un inconvénient que n'aurait pas une élection faite d'après les mêmes principes. En effet, si un votant a donné la préférence à un candidat, il peut librement, et sans se contredire, préférer après lui tel autre candidat qu'il voudra; mais quand il a une fois préféré un avis à tous les autres, il est possible qu'il ne puisse ensuite adopter, sans une vraie contradiction, quelques-uns des avis entre lesquels on l'oblige de choisir. Il est même possible qu'il n'y en ait aucun qui ne renferme au moins une proposition contradictoire avec une de celles qui formaient le premier avis. De plus, si, par exemple, le premier avis est formé de cinq propositions simples, ne serait-ce pas encore se contredire véritablement que d'adopter l'avis qui renfermerait cinq propositions contradictoires à celles-là, de préférence aux avis qui n'en renfermeraient qu'une seule? Or si, par cette raison, on ne laisse pas cette préférence libre; si ceux qui sont obligés de revenir à un autre avis, doivent, suivant la nature de ces avis, adhérer à l'un plutôt qu'à l'autre, alors cette même méthode exige que ce choix soit déterminé d'après une analyse exacte de tous les avis, ou cette nouvelle condition ne fait qu'ouvrir une nouvelle source d'erreurs, et donner lieu à une foule de décisions contraires au vœu réel de la pluralité.

En Angleterre, dans la chambre des communes, un des membres propose un bill : on l'examine, on le discute; souvent l'auteur y fait des changements; enfin, on délibère pour savoir s'il sera refusé ou adopté. Cette méthode entraînerait des longueurs insupportables; si l'on ne pouvait qu'agréer ou refuser absolument le bill, une seule clause qui déplairait à une partie des membres le ferait rejeter; il faudrait le corriger, le reproposer de nouveau; s'il était rejeté une seconde fois, le recorriger et le reproposer encore, lorsqu'on verrait que ce n'est pas le fond même du bill, mais quelques-unes des clauses de détail qui sont désapprouvées par la pluralité; autrement, pour éviter ces longueurs, il faudrait, ou rejeter ce qu'on croit juste, ou l'accepter avec des articles qui paraissent nuisibles. Pour remédier à cet inconvénient, on a introduit l'usage de voter en même temps pour l'amendement du bill. Il est clair que l'on délibère alors à la fois, si l'on doit adopter le bill proposé, si l'on doit adopter le bill corrigé, si l'on ne doit adopter ni l'un ni l'autre. Faut-il proposer d'abord la question, *admettre l'un des deux, ou les rejeter tous deux*; et ensuite la question, *lequel des deux admettre ?* Dans ce cas, les voix pour le bill, et celles pour l'amendement, sont censées réunies. Mais l'un des deux étant une fois préféré, est-il sûr que parmi ceux qui étaient d'avis de le rejeter, il n'y en eût pas un certain nombre qui eussent été d'avis de n'admettre plutôt aucun des deux, quoiqu'ils fussent d'avis d'accepter celui qui n'a pas eu la pluralité, ce bill étant le seul qu'ils eussent en vue en votant pour admettre l'un des deux ? Or dans cette hypothèse, la pluralité pourrait être réellement pour ne point l'admettre, et cependant il serait admis.

Faut-il proposer le premier bill, et ensuite le second, si le premier est rejeté? Dans ce cas, les voix pour l'amendement se réunissent aux voix négatives : ceux qui ont voté pour le premier bill sont admis à voter pour ou contre l'exclusion du second, si ce premier bill est rejeté; et alors on retombe encore dans le même inconvénient, parce que ceux qui, étant de l'avis de l'amendement, ont, par cette raison, rejeté le premier bill, auraient pu préférer l'admission de ce premier bill à la réjection de tous deux. Faut-il voter d'abord entre les trois partis, et puis, renonçant à celui des avis qui a le moins de voix, obliger ceux qui l'ont suivi à se partager entre les deux qui en ont eu le plus? Mais, dans ce cas, si l'avis de refuser les deux bills a eu la minorité, on retombe dans la première des deux formes expliquées ci-dessus; si c'est un des deux bills qui a été rejeté, on retombe dans la seconde.

C'est ici précisément le cas d'une élection entre trois personnes. Celui qui vote pour le premier bill ne prononce point entre le bill corrigé et aucun bill; le vœu des deux autres est également incomplet, et par conséquent on doit employer le même remède. Mais en supposant même qu'on l'eût employé, on serait encore bien éloigné d'une forme de délibération propre à faire connaître le véritable vœu de tous les membres d'une assemblée, si l'objet de la délibération n'est pas simple, s'il renferme plusieurs propositions, soit isolées, soit liées entre elles. En effet, ceux qui rejettent l'acte qu'on leur propose d'approuver, en rejettent-ils toutes les parties, ou seulement quelques-unes? Ceux qui l'adoptent en gros, ont-ils bien démêlé toutes les parties qui le composent? N'en auraient-ils point rejeté quelques-unes, s'il n'avait pas fallu souscrire à toutes pour empêcher l'acte entier d'être refusé? N'est-il pas évident qu'un homme ordinaire se trompe moins, si on lui demande successivement son avis sur une suite de propositions simples, que si on le lui demande à la fois sur le système qui les renferme toutes? Nous sommes souvent entraînés dans de fausses opinions, faute d'avoir analysé la question que nous avions à résoudre; c'est là une des causes d'erreurs les plus communes, même pour le philosophe qui médite lentement et dans le silence. Quelle doit donc être l'influence de cette cause, lorsqu'il s'agit de se décider dans l'instant et au milieu du tumulte d'une assemblée?

Il est donc essentiel d'établir une forme de délibérations où l'on n'ait jamais à prononcer que sur des propositions simples, c'est-à-dire, des propositions telles qu'on ne puisse prononcer son avis que par oui ou par non.

Si donc une assemblée doit délibérer sur un objet donné, il faudrait que des personnes chargées de sa confiance pussent analyser cet objet de manière à réduire à différentes suites de propositions simples, et de leurs contradictoires, les différents avis qui peuvent être formés sur cet objet.

Ces suites de propositions peuvent être de deux espèces. 1° Les propositions peuvent être isolées entre elles, de manière qu'une même personne puisse également prononcer le oui ou le non sur chacune d'elles, sans tomber dans aucune contradiction. 2° Elles peuvent être liées entre elles, de manière que celui qui aurait prononcé le oui ou le non sur les premières, ne pourrait plus prononcer que l'un ou l'autre sur celles qui restent, à moins de se contredire. L'analyse d'un objet de délibération consiste donc à le réduire à une suite de propositions simples, isolées, ou de systèmes isolés, de propositions simples, liées entre elles. En considérant les objets de délibération sous ce point de vue, on voit qu'une élection n'est qu'un cas particulier de la question générale, celui où l'objet de la délibération se réduit à un seul système de propositions liées entre elles.

Supposons cette analyse exécutée, et qu'au lieu de soumettre l'objet à la délibération, on présente un tableau de ces propositions simples, isolées, ou de ces systèmes de propositions liées entre elles, et que l'assemblée ait à prononcer sur toutes ces propositions, il est clair que chaque votant n'aura qu'à répondre oui ou non sur chacune. S'il s'agit de propositions isolées, et qu'on rassemble celles qui ont la pluralité, il en résultera une combinaison qui, par l'hypothèse, ne renfermera rien de contradictoire. Cette combinaison exprimera le vœu de la pluralité; de toutes les combinaisons possibles des mêmes propositions, elle sera la seule qui soit formée de propositions toutes plus probables que leurs contradictoires, et celle pour qui la vérité de toutes les propositions à la fois sera aussi la plus probable. Quant aux systèmes isolés entre eux de propositions liées entre elles, on suivrait la forme indiquée dans la note précédente pour les élections, c'est-à-dire, que chaque votant répondrait oui ou non sur chaque proposition du système, mais de manière que la combinaison des propositions adoptées par lui ne renfermât aucune contradiction. Il serait donc obligé de choisir une des combinaisons du système qui n'en renferment point, comme dans les élections chaque votant doit choisir une combinaison possible, comme *Pierre vaut mieux que Paul, Pierre vaut mieux que Jacques, Paul vaut mieux que Jacques*, et non en répondant arbitrairement oui ou non aux trois questions : *Pierre vaut-il mieux que Paul ? Pierre vaut-il mieux que Jacques ? Paul vaut-il mieux que Jacques?* Une combinaison contradictoire comme celle-ci : *Pierre vaut mieux que Paul, Jacques vaut mieux que Pierre, Paul vaut mieux que Jacques.*

On sent qu'un vœu qui renfermerait une de ces propositions contradictoires devrait être regardé comme nul, et qu'ainsi on doit prescrire une forme de votation qui rende impossible l'émission d'un vœu évidemment absurde.

Les décisions sur les systèmes de propositions sont exposées ici au même inconvénient que les élections : il est possible que la combinaison des propositions qui obtiennent la pluralité renferme des assertions contradictoires. Dans ce cas, s'il n'est pas nécessaire de prendre un parti, on remettra la délibération ; sinon, on choisira le système non contradictoire qui renferme la proposition ou les propositions rejetées par une moindre pluralité. Cette combinaison ne sera point alors formée de propositions toutes plus probables que leurs contradictoires ; elle ne pourra jamais être telle que la vérité de toutes les propositions prises ensemble soit réellement probable, mais elle sera de toutes les combinaisons possibles, celle dont la probabilité est la plus grande, et celle qui n'oblige à recevoir que les propositions les moins improbables.

Cette méthode, que nous proposons ici pour analyser un objet de délibération, s'appliquerait également à la discussion d'une question ; et c'est peut-être la seule qui puisse conduire en ce genre à la démonstration rigoureuse de la bonté d'une des solutions qu'on peut en proposer, ou même à la connaissance de cette solution, toutes les fois que, pour y parvenir, il faut, non découvrir une vérité, mais seulement la reconnaître.

Il faut observer que ce tableau, qui représente l'analyse exacte d'un projet de délibération, ne doit pas être fait comme celui qu'on dresserait pour soi-même, et pour se diriger dans l'examen d'une question. Dans le premier, il suffit, pour regarder une proposition comme simple, qu'on ne puisse voter sur cette proposition que par oui et par non. C'est sur de telles propositions qu'il faut demander l'avis des votants, et non sur les différents motifs qui les leur font adopter ou rejeter. L'analyse doit s'arrêter là ; sans quoi, non-seulement la méthode deviendrait impraticable, mais on pourrait dire que la votation serait inutile, excepté sur les points de fait, puisque, en achevant l'analyse, la bonté de la décision devient susceptible de démonstration, et que, si cette analyse était bien faite, il serait impossible de ne pas avoir l'unanimité absolue. Mais il arrivera souvent que, pour soumettre à la délibération les opinions, et non les motifs de ces opinions, on sera obligé de proposer ces avis sous la forme employée pour les élections, et de demander l'ordre dans lequel chaque votant les adopterait de préférence.

L'objet de délibération le plus compliqué peut toujours être réduit rigoureusement à un tableau tel que nous venons de l'expliquer. Chaque votant peut être juge de l'exactitude du tableau, puisqu'il peut juger s'il n'a que oui ou non à répondre sur chaque proposition, et si, en répondant oui ou non à chacune, il retrouve son propre avis exactement exprimé.

Mais, si on formait immédiatement ce tableau, on s'exposerait à des longueurs inutiles. En effet, il est aisé de voir, avec un peu de réflexion, qu'il peut exister entre ces propositions une autre espèce de liaison. Supposons, par exemple, qu'on ait à délibérer entre deux partis, il reste à juger ce qu'on doit faire après avoir adopté l'un des deux, et il est possible que ceux qui ont voté pour le parti rejeté par le plus grand nombre, aient, sans se contredire, un avis sur ce qu'il convient de faire pour suivre ce même parti qu'ils ont rejeté. On voit donc que, pour représenter l'objet entier de la délibération dans un seul tableau, il faut rendre conditionnelles toutes les propositions relatives à l'exécution du parti adopté. Elles devraient être, *si l'on suit tel parti, telle chose doit être faite ; si l'on suit tel autre, c'est telle autre chose qui doit être faite.* Or, on voit combien l'on compliquerait le tableau, si l'on voulait y insérer toutes les propositions conditionnelles ; et cette complication est inutile, puisque l'on ne peut avoir jamais à délibérer que sur une des suites de ces propositions conditionnelles. Il faudra donc séparer en plusieurs parties un objet de délibération proposé, faire un tableau des propositions absolues, soit isolées, soit formant un système, et ensuite un tableau pour chacune des suites de propositions conditionnelles en elles-mêmes, mais alors absolues, sur lesquelles, d'après les premières décisions, il reste à délibérer.

Nous allons maintenant essayer de donner un exemple de cette méthode, et, pour cela, nous choisirons un objet discuté dans les chapitres précédents : *la composition d'une assemblée provinciale.* Il se présente d'abord trois questions principales : De quels membres doit-elle être composée? En quel nombre doivent-ils être? Combien de temps doivent-ils rester en place? Comme on sait qu'il est possible de vouloir partager ces assemblées en différents ordres, et qu'il peut en résulter des arrangements particuliers, quant au nombre des membres et à la manière de les renouveler, on voit qu'il faut examiner d'abord la première question, puis passer aux autres, qui se trouvent nécessairement être formées de propositions conditionnelles. Par exemple, si on admet trois ordres égaux en nombre dans une même assemblée, il est clair que l'on doit fixer pour le nombre des membres un multiple de trois. Mais si on admet trois ordres, et que l'un des trois doive avoir seul autant de membres que les deux autres, il est clair que ce nombre doit être multiple de quatre. Cependant on ne doit pas lier cette détermination du nombre des membres avec celle de la composition de l'assemblée, puisque celui qui aura voté pour qu'il y ait égalité entre les trois ordres peut très-bien, sans se contredire, voter pour un nombre multiple de quatre, si la pluralité est pour une division qui exige un nombre de cette classe. Toutes les propositions relatives au nombre seront donc conditionnelles, et on ne délibérera que sur celles dont la condition est d'accord avec les délibérations précédentes, puisqu'il serait inutile de prendre l'avis sur les autres.

La question du renouvellement paraît devoir se traiter avant celle du nombre. Supposons, en effet, que l'on décide qu'il doit se faire en trois ans, il faudra que le nombre soit un multiple de trois, et par conséquent un multiple de neuf ou de douze, suivant que la division d'ordre aurait déjà exigé qu'il fût multiple de trois ou de quatre.

Venons maintenant à la première question.

Les conditions qu'on exige des membres sont générales ou particulières aux différents ordres de citoyens; mais elles peuvent ne pas devoir être absolument les mêmes, suivant que l'assemblée sera divisée ou non en plusieurs ordres, d'après une certaine forme. C'est donc cette question de la distinction entre les ordres qu'il faut placer la première, le reste sera décidé ensuite, comme nous l'avons expliqué en parlant de la détermination du nombre des membres. En effet, si on examinait auparavant les questions relatives à ce qu'on doit exiger des députés, elles seraient également formées de propositions conditionnelles; mais il est absolument inutile d'en examiner d'autres que celles dont la condition aura été adoptée par les premières délibérations.

La première question à décider sera donc celle de la division en ordres : il se présente ici trois avis différents, celui de n'admettre aucune distinction, celui d'admettre un nombre fixe de membres de différents ordres, celui de partager l'assemblée en autant de chambres qu'il y a d'ordres.

Il paraît d'abord qu'on peut réduire cette question à deux propositions simples. Faut-il admettre une distinction d'ordres ou n'en pas admettre? Si on en admet une, laquelle des deux distinctions mérite la préférence? Ou bien on peut demander à chaque votant l'ordre de préférence suivant lequel il place ces trois formes d'assemblées.

Supposons qu'il y ait soixante votants, que vingt-cinq soient pour qu'il n'y ait aucune distinction, trente-cinq pour qu'il y en ait, et qu'ensuite il y ait trente-cinq votants pour que chaque ordre siége séparément, et vingt-cinq pour que les ordres soient confondus, la pluralité paraîtra en faveur de cette séparation en trois ordres. Cependant il serait possible que cette décision ne fût pas conforme au vœu de la pluralité. En effet, supposons ensuite qu'on suive la seconde méthode, que dix-huit voix préfèrent la première forme à la seconde; et la seconde à la troisième; que sept préfèrent la première à la troisième, et la troisième à la seconde, que sept préfèrent la seconde à la première, et la première à la troisième; que dix préfèrent la troisième à la première, et la première à la seconde; que dix-huit, enfin, préfèrent la troisième à la seconde, et la seconde à la première : on voit que trente-cinq voix contre vingt-cinq préfèrent la première méthode à la seconde; que trente-deux contre vingt-huit préfèrent encore la première méthode à la troisième. Ainsi le résultat obtenu, en proposant successivement les deux questions, aurait été contraire au vœu de la pluralité, qui, d'après cette analyse de la votation, est en faveur de la première forme.

Dans cet exemple, en donnant à choisir immédiatement entre ces trois formes, on aurait eu vingt-cinq voix pour la première, sept pour la seconde, vingt-huit pour la troisième, et en proposant aux sept qui ont voté pour le parti le moins nombreux, de choisir entre les deux autres, on aurait eu de même trente-deux voix contre vingt-huit en faveur de la première forme.

Mais, en prenant une autre distribution de voix, on trouverait que cette dernière manière d'obtenir une décision peut aussi conduire à une erreur. Supposons, en effet, qu'il y ait quinze votants qui préfèrent la première forme à la seconde, la seconde à la troisième; trois qui, en préférant la première aux deux autres, donnent la préférence à la troisième sur la seconde; dix-sept qui préfèrent la seconde à la première, et la première à la troisième; trois la seconde à la troisième, et la troisième à la première; enfin, quatorze qui préfèrent la troisième à la première, et celle-ci à la seconde, et huit la troisième à la seconde, et la seconde à la première; il est clair que, dans ce cas, il y a trente-deux voix contre vingt-huit qui prononcent que la première forme est préférable à la seconde, et trente-cinq contre vingt-cinq qui préfèrent aussi la première à la troisième. Si on avait proposé pour première question : Faut-il ou non admettre une distinction d'ordres? il y aurait eu, pour admettre une division, quarante-deux voix contre dix-huit, et ensuite trente-cinq contre vingt-cinq pour préférer la seconde forme, et cette manière de délibérer eût encore induit en erreur. Si, enfin, on eût proposé de choisir entre les trois formes, la première aurait eu dix-huit voix, la seconde vingt, la troisième vingt-deux ; et en proposant aux dix-huit du premier avis de revenir à un des deux autres, la seconde forme eût été préférée à la troisième, à la pluralité de trente-cinq voix contre vingt-cinq : décision encore contraire au véritable vœu de la pluralité.

Comment peut-on cependant être induit en erreur en proposant ces deux questions, qui paraissent simples? Faut-il admettre une distinction? S'il en faut admettre une, doit-on préférer la première forme à la seconde? N'est-ce pas là avoir exécuté cette analyse exacte que nous avons proposée? Non, sans doute. Cette proposition, *il faut admettre une distinction entre les membres des assemblées*, n'est **pas** une proposition vraiment simple. Celui qui la nie rejette, il est vrai, à la fois toute espèce de distinction; mais celui qui l'affirme peut affirmer deux choses très-différentes : ou qu'il faut admettre une distinction, quelle qu'elle soit, ou bien qu'il faut admettre telle distinction en particulier, mais qu'il vaudrait mieux n'en point admettre que d'en établir telle autre. L'analyse n'était donc pas complète. On s'exposait à se méprendre sur le véritable vœu de la pluralité, en regardant comme du même avis tous ceux qui disaient qu'il fallait une distinction, puisqu'on supposait implicitement qu'ils préféraient les deux formes de distinction à la constitution qui n'en établirait aucune ; supposition absolument précaire.

En effet, dans cet exemple, les avantages d'une distinction entre les membres d'une assemblée peuvent paraître devoir céder aux inconvénients d'une séparation des ordres. Il est même possible que tel homme qui a des raisons bonnes ou mauvaises de préférer cette séparation entre les ordres, ne voie que des inconvénients et peu d'avantages à établir une confusion d'ordres, et une distinction entre les membres. Les trois propositions doivent donc former ici un système lié comme le vœu d'une élection, et l'on doit suivre la même forme. (*Voyez* note précédente.)

Poursuivons notre exemple, et supposons que la seconde forme ait eu le vœu de la pluralité; alors il s'agit de délibérer sur le nombre des ordres. On voit d'abord qu'il ne peut y en avoir que deux, trois ou quatre. (Nous supposons ici qu'on ait décidé d'avance que les bénéficiers, comme tels, peuvent être regardés comme de véritables propriétaires.) On peut, en effet, partager l'assemblée en privilégiés et en non privilégiés; en noblesse, clergé et tiers état; en noblesse, clergé, bourgeois des villes, habitants des campagnes; et il faut décider en même temps si ces ordres auront un nombre égal de membres; si l'on donnera seulement aux privilégiés un certain nombre de places, en permettant de choisir des privilégiés pour remplir les autres, comme députés des non privilégiés; ou bien, enfin, s'il convient d'accorder un certain nombre de places aux non privilégiés, en les admettant indifféremment pour toutes les autres.

Pour résoudre toutes ces questions, il faut d'abord délibérer sur les trois questions suivantes, liées entre elles. Les privilégiés et les non privilégiés auront-ils des places en nombre fixe? Les privilégiés en auront-ils, ou bien donnera-t-on cette espèce de prérogative aux non privilégiés? Supposons qu'après avoir cherché la solution de ces questions par la méthode que nous avons exposée, ce soit en faveur de la première que la pluralité ait prononcé, on résoudra ensuite les questions suivantes : 1° les places des représentants des privilégiés, et celles des représentants des non privilégiés, seront-elles en nombre égal? On peut répondre oui ou non. Si on décide oui, la question est résolue ; sinon, il sera question de fixer la proportion. Or, dans ce cas, on peut demander si on fixera cette proportion d'après un principe fixe, comme le rapport du nombre des individus de chaque ordre, comme celui du revenu des propriétés, pour la province en particulier, ou pour le royaume en général, ou si on la fixera d'après des raisons de convenance, qui ont pu frapper les votants.

Voilà donc ici trois questions isolées, qui peuvent se résoudre simplement par oui ou par non. La proportion serait-elle fixée d'après un principe déterminé? Si elle l'est d'après un principe déterminé, sera-ce d'après le rapport du nombre des individus, ou de la valeur des propriétés? Prendra-t-on le rapport pour chaque province en particulier, de façon que celui du nombre des députés soit différent dans les différentes assemblées, ou le rapport pour le royaume en général, de façon que celui du nombre des députés soit partout le même?

On pourrait demander ici pourquoi l'on ne propose pas de choisir entre les deux principes, sur lesquels on peut établir le rapport du nombre des membres, et le parti de l'établir arbitrairement. Cette question paraît avoir, avec celle de la distinction entre les membres, une conformité absolue; aussi faudrait-il prendre cette forme, si quelque membre préférait le troisième parti à un des deux premiers, et aimait mieux établir un rapport arbitraire qu'un rapport fondé sur un des deux principes proposés, quoiqu'il préférât de l'établir sur l'autre principe : mais c'est ce qu'on ne peut guère supposer. Il vaudrait donc mieux proposer la délibération sous la première forme, à moins qu'un des votants ne réclamât, et ne demandât qu'on suivît une marche plus rigoureuse, en observant que la réponse par oui ou par non, aux deux questions successives, ne représente pas complétement son avis.

Si on n'adopte point un principe déterminé, alors on peut prendre la méthode suivante : Décider, 1º lequel des deux ordres sera le plus nombreux ; 2º s'il sera plus du double ou non ; 3º s'il n'est pas du double, sera-t-il entre le rapport deux à un, et trois à deux, ou entre le rapport trois à deux, et un à un, et ainsi de suite? On voit par là comment on se trouve conduit entre des limites de rapport très-étroites. On proposera ensuite la question si les privilégiés seront partagés en deux classes, ayant chacune un nombre déterminé de membres, et on délibérera ensuite de la même manière que ci-dessus, sur la proportion qu'on doit établir entre eux. Enfin, on proposera encore les mêmes questions sur la division qu'on peut établir entre les membres non privilégiés.

Ayant ainsi déterminé de quels membres l'assemblée sera composée, il ne s'agira plus que de décider quelles conditions on exigera des membres de chaque ordre. Ces conditions sont de deux espèces : les unes sont des exclusions que la raison prononce contre différentes personnes ; les autres sont des qualités que la justice permet et que l'utilité publique conseille d'exiger. On dresserait des premières une liste complète, et l'assemblée serait consultée sur chacune d'elles.

Quant aux conditions de la seconde espèce, elles ne peuvent dépendre que de la valeur, de la nature des revenus, ou de la cote d'impositions, et l'on décidera d'abord pour chaque ordre laquelle des deux bases on doit prendre. Puis, pour les ordres privilégiés, on décidera si la nature des biens pour les nobles, celle des bénéfices pour les ecclésiastiques, doivent faire partie de ces conditions ; et si la réponse est affirmative, alors on classera les espèces de biens et les espèces de bénéfices. On décidera ensuite si cette condition suffit, et s'il n'y faut pas attacher celle d'un certain revenu. Lorsqu'il s'agira de fixer ce revenu, on prendra la même méthode que nous avons indiquée pour déterminer la proportion entre les membres privilégiés et les membres non privilégiés ; c'est-à-dire, qu'en délibérant toujours par oui ou par non, on déterminera les limites entre lesquelles on doit s'arrêter.

Il ne reste donc plus qu'à décider si chaque district aura ou non ses députés particuliers, et ensuite, d'après toutes ces décisions, prendre celles qui ont pour objet de déterminer le nombre des députés, et les règles pour leur renouvellement; détermination qui n'a aucune difficulté, à moins que le nombre des districts, et des divisions des membres, ne portât celui des députés au-delà de certaines limites; ce qui exposerait à rendre les assemblées tumultueuses : alors cette question des limites du nombre des députés, et celle du nombre des districts, pourraient se trouver liées avec les autres, et même avec la première question sur la distinction entre les membres.

Nous terminerons ici cet exemple; il suffit pour montrer qu'il n'y a point de question compliquée qu'on ne puisse faire décider par une assemblée, en ne la faisant jamais prononcer que sur des propositions simples, soit isolées, soit liées entre elles.

La seule difficulté consiste à bien distinguer dans cette analyse les propositions isolées, conditionnelles, de celles qui doivent être liées entre elles; mais l'on peut remédier à cette difficulté, en observant qu'elle a lieu seulement pour le cas où il est possible que ceux qui ont adopté la condition, aimassent mieux la rejeter que d'admettre une des deux propositions sur lesquelles ils ont à prononcer, la condition étant admise. Au moyen de cette règle générale, on distinguera toujours les cas où il convient d'isoler, et ceux où il convient de réunir les propositions.

Il ne faut pas confondre l'institution d'un comité chargé de faire l'analyse d'une question, de manière qu'elle puisse être décidée suivant une forme qui ne laisse aucun lieu de craindre de se tromper sur le vœu de la pluralité, avec le droit accordé à un corps, ou à un seul homme, de proposer les objets qui doivent être mis en délibération. Quand bien même on prendrait des précautions pour empêcher ce droit d'être l'équivalent d'un pouvoir vraiment législatif, qui réduirait à un seul droit négatif celui du corps qui doit délibérer, il donnerait toujours au corps qui en serait le dépositaire un crédit dangereux. Mais ici ce n'est pas d'un droit qu'il s'agit, c'est d'une simple fonction, d'un travail d'esprit, d'un véritable ouvrage à composer. Ce n'est point un sénat exerçant une portion séparée du pouvoir législatif, ce sont des commissaires chargés par le corps même des représentants de soumettre à une analyse exacte un objet sur lequel il a résolu de délibérer. Les hommes employés à une fonction publique sont accoutumés en général à la regarder comme leur communiquant un pouvoir, comme leur donnant des droits; ils croient que c'est à leur volonté que l'on a voulu conférer une autorité étrangère, et non à leur raison qu'on a confié le soin de décider des questions, d'établir des principes, d'en tirer des conséquences: c'est cependant sous ce dernier aspect seulement qu'un homme convaincu des véritables droits de ses semblables devrait considérer toute fonction publique, quelle qu'elle puisse être. Ce n'est pas un pouvoir sur lui-même qu'un homme a réellement intention de communiquer à un autre homme, ou à une assemblée d'hommes, c'est la fonction de décider sur certains objets en son nom, et au nom de ceux qui ont avec lui un intérêt commun, en prenant avec des restrictions, ou sans restrictions, l'engagement de recevoir cette décision comme vraie, et de s'y soumettre.

Ici même il n'est pas question de charger un autre de juger pour soi. Nous avons déjà observé que l'exactitude ou le vice de cette analyse d'une question, était susceptible d'une démonstration rigoureuse. Le comité qui en serait chargé ne pourrait abuser de son pouvoir, sans s'exposer à être publiquement convaincu de mauvaise foi, ou de manquer de lumières.

Il faudrait que ce comité présentât l'ensemble entier d'une question, et le tableau de toutes les propositions sur lesquelles le vœu de l'assemblée doit porter. Ce vœu une fois mis sous ses yeux, chaque votant pourrait juger si l'avis auquel il s'arrête résulte d'une des suites de propositions que produit le oui ou le non proféré sur chacune de celles qui entrent dans ce tableau. Si ce vœu n'en peut résulter, ce qui se vérifie facilement d'une manière certaine, dès lors l'analyse est défectueuse, et il est évident qu'il faut la corriger. Ainsi, chaque membre y verrait en détail quel est, d'après ses opinions, le véritable avis qu'il doit porter; ce qui peut suppléer, dans bien des circonstances, à la sagacité et aux lumières qu'il est impossible d'exiger, à un certain degré, de tous les votants; et en même temps, pourvu qu'un seul s'aperçoive que la totalité d'un avis possible ne se trouve pas contenue dans le tableau proposé, cette simple observation, constatée par une vérification qui n'est susceptible d'aucune chicane, suffit pour faire corriger ce défaut.

Cette forme a sans doute, pour les propositions liées entre elles, le même inconvénient que pour les élections; c'est-à-dire, comme nous l'avons déjà remarqué, celui de donner un résultat en apparence contradictoire; mais cet inconvénient tient à la nature de toute décision prise à la pluralité, sur des propositions liées entre elles, et dans ce cas même la méthode proposée apprend tout ce que l'examen de la votation peut apprendre. On n'a point un résultat tel qu'on l'aurait désiré; on n'est point assuré que le résultat de la délibération ne trompera point; la probabilité de ce résultat est très-petite en elle-même, et il est seulement le plus probable de tous ceux qu'on pouvait avoir.

Aussi, dans ce cas, toutes les fois que l'on peut, sans inconvénient, remettre la décision, il faut la remettre. Je dis la remettre, et non recommencer la votation. En effet, que doit-on chercher? Est-ce l'expression de la volonté d'une assemblée? Non, sans doute; c'est un résultat qu'on puisse regarder comme étant conforme à la vérité, parce qu'il est celui de la pluralité de votants, qui sont supposés prononcer plutôt en faveur de la vérité qu'en faveur de l'erreur. Il faut donc attendre, pour délibérer de nouveau sur une même question, un espace de temps assez long pour avoir lieu de croire que le changement d'opinion sera l'ouvrage de nouvelles réflexions, et non celui d'un changement de volonté, causé par des motifs particuliers.

Nous avons parlé de délibérations où les députés porteraient, non leur propre vœu, mais celui de leurs districts. Il est évident alors que les tableaux des propositions auxquelles se réduisent ces objets de délibérations devront d'abord avoir été portés devant les assemblées de districts, afin d'avoir le vœu de ces assemblées.

Mais on peut objecter que le vœu de la pluralité des voix des districts, doit quelquefois être opposé à la pluralité des voix de la totalité des membres des assemblées de ces districts. Supposons, en effet, douze districts et vingt-quatre membres dans chaque assemblée; qu'une opinion soit adoptée par huit districts contre quatre; mais que dans l'assemblée de ces huit districts il y ait eu quatorze voix contre dix, et que dans les quatre autres il y ait eu une pluralité de vingt voix contre quatre, la proposition adoptée par les huit districts n'aura en sa faveur que cent vingt-huit voix, et celle qui est adoptée par quatre districts seulement en aura cent soixante.

Cette objection ne serait pas un motif suffisant de rejeter la distinction proposée entre les délibérations prises à la pluralité des voix des députés, et les délibérations prises à la pluralité des voix des districts. Dans les délibérations où nous proposons que les membres de l'assemblée portent leur propre vœu, on n'a pour but que d'obtenir une décision conforme à la vérité, et on doit regarder comme vicieuse toute forme qui conduit à suivre l'opinion de la minorité. Dans celles au contraire où l'on prononce sur ce qui tient, soit au droit, soit à l'intérêt commun des citoyens, on doit tâcher de connaître ce qu'ils regardent comme étant véritablement leur droit ou leur intérêt ; eux seuls en sont ici les juges légitimes. La pluralité des voix, dans les assemblées de districts, indique le vœu des districts d'une manière moins équivoque que celui d'un seul député de ces districts ; la pluralité des voix des districts indique leur vœu commun. Ainsi, la première méthode doit obtenir la préférence toutes les fois qu'il s'agit seulement de connaître ce qui est vrai ; et la seconde, lorsqu'il faut que la décision puisse être regardée comme l'expression de la volonté générale.

D'ailleurs, on peut éviter cette contradiction entre la pluralité des voix et celle des districts, en exigeant pour ces délibérations, qui ne doivent jamais être très-multipliées, une pluralité telle que l'on fût assuré de la pluralité des membres, en même temps que de celle des districts ; ce qu'on obtiendra, si la pluralité entre les districts, établie par les lois, est assez grande pour qu'en supposant la première proposition acceptée à la plus petite pluralité de voix exigée, et rejetée dans les autres districts à l'unanimité, cette proposition eût cependant en sa faveur la pluralité des voix. Ainsi, par exemple, si on suppose douze districts et vingt-quatre membres, il faudrait exiger la pluralité de deux districts et de dix-huit voix dans chacun ; de quatre districts et de douze voix ; de six districts et de huit voix.

Il y aurait aussi des circonctances où l'on pourrait exiger que les districts fussent obligés de se conformer au vœu des communautés ; mais il est inutile d'étendre plus loin cette discussion, qui ne renfermerait que des applications très-simples des mêmes principes.

NOTE TROISIÈME.

Nous avons parlé des biens ecclésiastiques dans l'article III : examinons ici les substitutions perpétuelles, et le moyen de les détruire.

Un être qui n'existe pas encore ne peut avoir de droits ; ainsi, dans la destruction d'une substitution perpétuelle, la justice ne peut obliger qu'à conserver les droits des appelés à la substitution actuellement existante.

Cependant on pourrait proposer une exception pour les enfants à provenir d'un mariage contracté avec l'expectative d'une substitution. Alors on regarderait l'avantage éventuel qui en résulte pour ces enfants, comme un motif qui a déterminé le mariage, comme une clause qui doit être observée au moins à l'égard de la postérité immédiate des contractants.

Enfin, on pourrait, en rejetant le premier principe, considérer chaque tête existante appelée à la substitution, comme étant la tige d'une branche

possible qui exclut, tant qu'elle durera, celles qui
sont appelées postérieurement à elle. De ces deux
principes, le premier paraît le plus oonforme à la
justice, parce que toute substitution est une violation de l'ordre naturel, ce qui doit exclure toute
faveur.

Toute convention qui ne s'exécute pas à une
époque donnée, mais qui est susceptible d'une exécution perpétuelle, peut, si elle est nuisible au public, être anéantie par la loi, pour y substituer une
autre convention actuellement exécutée, qui conserve
à chacun la valeur moyenne de ses droits.

Cette maxime est fondée sur ce que l'exécution
perpétuelle de ces conventions, assurée uniquement
par la loi, doit y rester soumise, et sur l'impossibilité de changer la loi civile et de la perfectionner, si
l'on rejette ce principe. On ne peut supposer que les
hommes aient pu, sans renoncer au bon sens, s'engager à suivre à perpétuité des lois qu'ils sauraient
être contraires à leur commun intérêt.

Ainsi, pour détruire une substitution, il faudrait
calculer quelle est la valeur actuelle du droit de
tous ceux qui y sont appelés, ce qu'on trouverait par
une application facile du calcul des probabilités. Le
possesseur pourrait alors détruire la substitution, en
leur remboursant la valeur de ces droits.

On pourrait croire qu'il ne le voudrait jamais :
mais on se tromperait. Supposons, en effet, un
homme de vingt-cinq ans propriétaire d'une substitution ; d'abord il en a la jouissance, et il faut retrancher de la valeur du bien celle d'une rente via-

gère égale au revenu de la terre substituée; ensuite il peut se marier, avoir des enfants : il faut donc chercher, par le calcul, la probabilité de l'extinction de la race d'un homme de vingt-cinq ans, et on trouvera que la valeur d'un bien dont on ne jouira qu'après cette extinction est très-petite. Pour un homme qui aurait plusieurs garçons vivants, le remboursement de la valeur de la substitution, aux autres appelés, serait plus faible encore. Dans ce cas, le père, après avoir remboursé, assurerait à chacun de ses enfants vivants à sa mort, la valeur du droit de substitution rapportée à cette époque, et dès ce moment le bien serait libre.

Il est difficile que, dans le cours des quelques générations, il ne se présente pas pour chaque famille une circonstance où cette opération soit avantageuse au possesseur actuel.

Reprenons en effet notre premier exemple. Supposons que, sur dix personnes de vingt-cinq ans qui se marient, il y en ait neuf dont la postérité mâle dure cent ans; pour les neuf dixièmes du bien, les droits des autres appelés ne seraient pas huit mille francs par million. Ainsi, supposant ensuite la valeur actuelle de l'autre dixième réduite à la moitié de sa valeur totale, ce qui n'est pas exagéré, puisque ce dixième ne doit être possédé qu'après la mort du possesseur actuel, une substitution de quatre millions se rachèterait pour moins de deux cent trente mille livres. Or, le propriétaire de la substitution ne trouverait-il pas une femme qui consentirait à placer, sur le bien de son mari, une partie de sa dot égale à cette somme, avec l'avantage de pouvoir assurer à ses filles, si elle ne laissait que des filles, ou aux enfants venus d'elles, la jouissance d'un bien considérable?

Dans la seconde hypothèse, le dédommagement serait encore moindre; et si l'on admettait, à la rigueur, le principe de n'admettre que le droit personnel des appelés à la substitution actuellement existants, ou celui d'une seule génération, ce dédommagement deviendrait très-faible.

On pourrait regarder cette méthode d'éteindre les substitutions perpétuelles comme trop compliquée, et proposer à la place : 1° de les abolir simplement; mais ce moyen aurait l'inconvénient d'être injuste envers les appelés actuels, à qui une convention, autorisée par la loi, donne un droit éventuel; 2° en partant du principe que les appelés à la substitution, existants à un moment quelconque, ont seuls un véritable droit, de ne le laisser subsister que pour eux seuls, en sorte que, tant qu'il en reste un, le bien suivît la loi de la substitution, et rentrât dans l'ordre commun après la mort de tous. Mais, en suivant cette méthode, soit qu'on admît ce principe, soit qu'on l'étendît aux enfants à naître des mariages déjà subsistants, on aurait toujours l'inconvénient de faire dépendre du hasard la distribution des biens substitués, qui deviendraient libres sur la tête d'un possesseur ou d'un autre, suivant l'ordre de mortalité.

C'est ici une loterie qu'on arrête avant le tirage. Dans la méthode que nous proposons, chacun retire la valeur de son espérance; dans celle-ci, c'est une autre loterie qui n'a lieu que pour un temps, et qu'on substitue à une loterie perpétuelle.

Mais, pour détruire plus promptement les substitutions, on pourrait employer à la fois ces deux moyens, c'est-à-dire, permettre le rachat, mais détruire la substitution, et déclarer les biens libres après la mort des appelés à la substitution existants, ou de leurs enfants nés de mariages déjà contractés.

Cette même comparaison d'une loterie peut aussi servir de réponse à ceux qui seraient étonnés de la disproportion entre la petite somme donnée comme dédommagement, et la valeur totale d'une substitution, si on empêchait, pour de justes motifs, de tirer une loterie. Celui qui, pour mise d'un écu, aurait la probabilité d'en gagner cent mille, ne pourrait se plaindre, si cette mise étant proportionnelle à son espérance de gagner, on se contentait de la lui rendre. Le droit sur une substitution d'un million ne vaut de même que dix livres, s'il y a cent mille à parier contre un que jamais il ne sera réalisé.

⁂

NOTE QUATRIÈME.

Nous nous proposons de présenter dans cette note le tableau des opérations qu'il faut exécuter, pour convertir en un impôt direct les taxes multipliées sous lesquelles gémit le pauvre, qui ont accablé de tant de chaînes l'industrie, le commerce et la culture, qui enfin troublent la tranquillité des citoyens, gênent leur liberté, et les soumettent à un code pénal nécessairement arbitraire et cruel, parce qu'il punit des délits créés par la volonté seule des inventeurs des taxes, et que le frein de la conscience ou de l'opinion n'existant point pour ce genre de crimes, il faut tout attendre de la crainte des supplices.

On trouve un tableau de ces mêmes opérations dans la vie de M. Turgot, page 130; mais l'auteur de cet ouvrage s'est servi de signes algébriques qui peuvent ne pas être familiers à tous les lecteurs; et de plus, il n'a pas donné les éléments de cette opération avec les détails nécessaires pour mettre en état de la bien comprendre, et même de l'exécuter, tout homme qui a des connaissances communes en arithmétique et en administration : c'est l'objet que je me propose ici, et il me paraît de la plus grande importance. Beaucoup de bons esprits, éblouis par les bruyants sophismes de quelques hommes ou ignorants, ou intéressés à embrouiller la science de l'administration, ont pris, pour l'établissement de l'impôt direct, une aversion machinale, pour ainsi dire; et cette aversion, ils la fondent presque uniquement sur la difficulté de ce changement, sur le bouleversement qui doit l'accompagner, sur l'énormité de la taxe dont ils croient les propriétaires menacés.

Le tableau de cette opération sera exécuté ici sur des nombres pris arbitrairement, parce qu'il vaut mieux, dans un exemple, opérer sur des nombres fictifs que sur des données inexactes, comme le se-

raient nécessairement celles qu'un particulier pourrait rassembler; mais ceux qui suivront ces calculs,
ceux qui entendront la suite de ces opérations arithmétiques, verront sans peine comment, en substituant d'autres nombres à ces nombres arbitraires,
on peut appliquer la même méthode à des opérations réelles. Quand il s'agit de calculs peu compli-
qués, cette méthode peut être employée au lieu de
l'algèbre, parce qu'il est aussi facile de substituer
des nombres à d'autres nombres, que des nombres
à des lettres; il faut seulement que les opérations
soient assez simples pour que l'on puisse en saisir
la marche générale, sans la confondre avec les résultats particuliers qui dépendent de la valeur individuelle des nombres. C'est par cette raison qu'on
s'est passé de l'algèbre, tant que les progrès de la
science des quantités n'ont pas fait sentir le besoin
d'opérations très-compliquées.

Nous supposerons d'abord que l'on veuille convertir à la fois en un seul impôt direct, tous les impôts indirects existants.

Supposons seulement cinq classes de propriétés,
La première :

Formant	100,000 l. de revenu.	
La 2me	150,000	
La 3me	200,000	$\Big)$ (1) [*]
La 4me	250,000	
La 5me	300,000	

[*] Note (1). Ces chiffres désignent ou les hypothèses, ou les
résultats de calculs auxquels on renverra dans la suite de cette
note.

Il n'est ici question ni de l'étendue de ces propriétés, ni de leur valeur relativement à cette étendue ; nous ne regardons ici comme différentes que celles qui, étant employées à des productions diverses, exigeant des frais de culture plus ou moins grands relativement à leur produit, ou enfin, étant différemment régies, ne supportent pas les impôts indirects d'une manière proportionnelle.

La première classe est composée de terres cultivées par des métayers, les autres le sont de terres affermées. Les terres exploitées par le propriétaire même retombent dans la classe qu'on voudra, en observant seulement que, pour ces terres, le propriétaire et le fermier ou le métayer sont alors une même personne. Si certaines terres jouissent de quelque privilége particulier, on sent que cela suffit pour en former une classe nouvelle.

Toutes ces terres sont supposées assujetties à un impôt direct proportionnel de 5o,ooo liv., et de plus, à des impôts indirects de 15o,ooo liv. ; les frais de perception montent à 3o,ooo liv., qui portent l'impôt à 18o,ooo liv. : d'où il résulte que les terres payent un impôt de 23o,ooo liv., et ne doivent en payer qu'un de 2oo,ooo liv. Ce n'est pas qu'on regarde comme absolument nuls les frais de perception d'un impôt direct ; mais on considère ici ces frais absolument nécessaires, comme pris sur les 2oo,ooo liv.

Le rapport du produit brut au produit net est,
    pour la première classe,

Celui de . . . . 4 à 1 ⎫
Pour la 2me, celui de . . . . 3 à 1 ⎪
Pour la 3me, celui de . . . . 5 à 1 ⎪
Pour la 4me; celui de . . . . 2 à 1 ⎪
Pour la 5me, celui de . . . . 6 à 1 ⎪
Ainsi le produit brut sera pour la première ⎬ (2)
    classe . . . . 400,000 ⎪
Pour la 2me . . . . 450,000 ⎪
Pour la 3me . . . . 1,000,000 ⎪
Pour la 4me . . . . 500,000 ⎪
Pour la 5me . . . . 1,800,000 ⎭

Les propriétés des deux premières classes sont assujetties à une dîme d'un vingtième, et celles des
autres classes à une dîme d'un quarantième sur le
produit brut.

Ces dîmes seront donc,

Pour la première classe. . . . . 20,000 ⎫
Pour la 2me . . . . 22,500 ⎪
Pour la 3me . . . . 25,000 ⎪
Pour la 4me . . . . 12,500 ⎪
Pour la 5me . . . . 45,000 ⎪
Ce qui porte le produit net de toutes les pro- ⎪
    priétés, ⎬ (3)
Pour la première classe à . . . . 120,000 ⎪
Pour la 2me, à . . . . 172,500 ⎪
Pour la 3me, à . . . . 225,000 ⎪
Pour la 4me, à . . . . 262,500 ⎪
Pour la 5me, à . . . . 345,000 ⎪
                       ————————
En tout . . . . 1,125,000 ⎭

Dont 1,000,000 appartient aux propriétaires, et 125,000 aux décimateurs. On fait ici abstraction de ce qu'il en coûte pour lever les dîmes, afin de rendre le calcul plus simple, et parce que d'ailleurs il serait facile d'y faire entrer cet élément. Il suffirait en effet d'ajouter à la valeur de la dîme, après la conversion de l'impôt, ce que le décimateur gagne par la diminution causée, dans les frais de perception, par la suppression de l'impôt.

Tel est le produit net actuel, et notre première opération est de chercher à connaître le produit net réel.

La suppression de l'impôt direct ne l'augmente point, puisqu'il est payé par les propriétaires. Il ne s'agit donc que des 180,000 livres d'impôts indirects. Ces impôts se distribuent sur les propriétés, de plusieurs manières différentes. Une partie de leur montant peut être regardée comme proportionnelle aux facultés, comme affectant toutes les sources de revenu, ou plutôt de dépense, et on peut considérer ces impôts comme proportionnels au produit brut; et dans ce cas, ils pèsent de trois manières sur les propriétés.

1° Ils sont payés par le propriétaire qui, avec une somme moindre, se procurerait les mêmes denrées, les mêmes ouvrages à un meilleur prix; 2° ils sont payés par le décimateur de la même manière; 3° ils le sont par le propriétaire qui reçoit moins de son fermier qu'il n'en recevrait si l'impôt n'existait point, parce que ce fermier ne serait obligé de garder qu'une partie moins grande du produit net, pour être en état de faire les mêmes avances, et en retirer le même intérêt. Supposons que le propriétaire ait 1,000 liv., le décimateur 200, le fermier 1,800, et que l'impôt soit 30 ; si on ôte cet impôt, le propriétaire aura 1,000, au lieu de 990 qu'il avait seulement en réalité ; le décimateur aura 200, au lieu de 198 seulement qu'il avait ; mais le fermier aurait pu donner 18 livres de plus au propriétaire, puisqu'il a 1,800 livres, au lieu de 1,782 qu'il avait seulement : le produit net ne sera donc augmenté que de 18 liv., et non de 30.

L'impôt peut être proportionnel au produit brut dans ce sens, qu'il diminue le prix des denrées pour le cultivateur, et alors le produit brut doit être censé augmenté de la valeur de l'impôt ; la partie du propriétaire reste la même, celle du décimateur et celle du fermier sont augmentées proportionnellement. Ainsi, dans l'exemple que nous venons d'examiner, si l'on suppose l'impôt supprimé, le propriétaire a toujours 1,000 livres ; le décimateur, au lieu de 200 liv., en a 202 ; le fermier, au lieu de 1,800, en a 1,828 : il pourrait donc donner 28 livres de plus au propriétaire ; le produit net réel serait donc de 1,230 livres, dont 1,028 appartiennent au propriétaire, et 202 au décimateur.

Enfin, il y a des impôts qui, comme la taille d'exploitation, répartis suivant un système particulier, augmentent d'une quantité égale à leur valeur le produit net réel, mais sans rien changer à la partie qui appartient au décimateur : ainsi, en suivant toujours l'exemple précédent, le produit brut restera

3,000 liv. comme dans le premier cas; le fermier qu i
n'avait réellement que 1,770, en ayant 1,800, pourrait donner 30 livres de plus au propriétaire, et le
produit net réel serait 1,230, dont 200 seulement ap-
partiendront au décimateur.

Maintenant je suppose l'impôt indirect composé de
quatre taxes différentes, l'une de 20,000 livres, l'autre
de 40,000, la troisième de 50,000, la quatrième de
70,000 : il faut examiner séparément l'effet de chacune.

Supposons donc que le premier impôt payé directement par le fermier, soit réparti sur toutes les propriétés, en raison inverse du rapport du produit brut
au produit net, c'est-à-dire dans ce sens : que de deux
propriétés égales, celle où le produit net est la moitié du produit brut paye le double de celle où le produit net en est seulement le quart ; les cinq classes de
propriétés, à raison de la valeur de leurs produits
nets (1), payeraient comme 2, 3, 4, 5 et 6, et à raison
de la proportion établie, comme $\frac{1}{4}$, $\frac{1}{3}$, $\frac{1}{5}$, $\frac{1}{2}$ et $\frac{1}{6}$, ou
comme 15, 20, 12, 30 et 10 (2). Ainsi les 20,000
livres doivent être distribuées entre les propriétés,
dans les rapports de 30, 60, 48, 150 et 60, ou 5, 10,
4, 25 et 10; c'est-à-dire que, divisant la somme totale en cinquante-quatre parties, la première classe
en doit payer 5, la seconde 10, la troisième 4, la
quatrième 25, et la cinquième 10. Ce qui était payé
par chaque classe, et par conséquent ce dont le produit net de chaque classe doit être augmenté pour
connaître son produit net réel, sera donc,

$$
\left.
\begin{array}{l}
\text{Pour la } 1^{re} \text{ classe, } \quad 5 \text{ part. ou } 1{,}851 \;\; \tfrac{85}{100} \\[4pt]
\text{Pour la } 2^{me} \text{........} 10 \text{ part. ou } 3{,}703 \;\; \tfrac{70}{100} \\[4pt]
\text{Pour la } 3^{me} \text{........} 2 \text{ part. ou } 1{,}481 \;\; \tfrac{49}{100} \\[4pt]
\text{Pour la } 4^{me} \text{........} 15 \text{ part. ou } 9{,}259 \;\; \tfrac{26}{100} \\[4pt]
\text{Pour la } 5^{me} \text{........} 10 \text{ part. ou } 3{,}703 \;\; \tfrac{70}{100}
\end{array}
\right\} (4)
$$

Supposons ensuite que du second impôt de 40,000 livres, 20,000 soient payées sur toutes les propriétés, par une augmentation dans les dépenses, et les 20,000 autres par les seules propriétés de la troisième classe, il faudra d'abord diviser les premières 20,000 proportionnellement au produit brut, c'est-à-dire, comme les nombres 40, 45, 100, 50 et 180 (3), ou 8, 9, 20, 10, et 36; ce qui donne,

$$
\left.
\begin{array}{l}
\text{Pour la } 1^{re} \text{ classe.....} 1{,}927, \text{ ou } \tfrac{71}{100} \\[4pt]
\text{Pour la } 2^{me} \text{..........} 2{,}168, \qquad \tfrac{56}{83} \; 67 \\[4pt]
\text{Pour la } 3^{me} \text{..........} 4{,}819, \qquad \tfrac{23}{83} \; 28 \\[4pt]
\text{Pour la } 4^{me} \text{..........} 2{,}409, \qquad \tfrac{53}{83} \; 64 \\[4pt]
\text{Pour la } 5^{me} \text{..........} 8{,}674, \qquad \tfrac{58}{83} \; 70
\end{array}
\right\} (5)
$$

Mais nous avons vu que ces 20,000 liv. d'imposition étaient une augmentation de dépense : il ne faut donc placer ici en accroissement du produit net, que des parties de ces sommes qui soient dans le rapport de ce qui reste entre les mains du fermier, au produit total, et par conséquent,

Pour la première classe, dans le rapport de 280,000 à 400,000, ou de 7 à 10, c'est-à-dire, 1,349 $\frac{39}{100}$.

Pour la seconde, dans le rapport de 277,500 à 450,000, ou 37 à 60, c'est-à-dire, 1,337 $\frac{34}{100}$.

Pour la troisième, dans le rapport de 775,000 à 1,000,000, ou de 31 à 40, c.-à-d., 3,734 $\frac{94}{100}$.

Pour la quatrième, dans le rapport de 237,500 à 500,000, ou de 19 à 40, c'est-à-dire, 1,144 $\frac{57}{100}$.

Pour la cinquième, dans le rapport de 1,455 à 1,800, ou 97 à 120, c'est-à-dire, 7,012 $\frac{5}{100}$.

(6)

Nous avons de plus 20,000 sur les propriétés de la troisième classe, augmentation à laquelle le décimateur participe dans le rapport de la dîme au produit brut : cette augmentation de 20,000 sera donc de 19,500 pour le propriétaire, et de 500 pour le décimateur.

Supposons maintenant que de l'impôt de 50,000, 20 soient payées, comme ci-dessus, par toutes les propriétés, par l'augmentation des dépenses; 20,000, pour toutes les propriétés, par la diminution du prix des productions; 10,000 de la même manière, par les seules propriétés de la seconde classe.

Nous aurons d'abord pour chaque classe les mêmes sommes que ci-dessus, puisque nous avons une somme égale à distribuer de même; de plus, une somme de 20,000 à distribuer ensuite entre toutes les propriétés proportionnellement au produit brut, et dont la totalité est une augmentation à partager entre le propriétaire et le décimateur.

Ces accroissements seront donc,

$$
\left.
\begin{array}{l}
\text{Pour la } 1^{re} \text{ classe, } \quad 1{,}927 \; \tfrac{71}{100} \\[4pt]
\text{Pour la } 2^{me}\ldots\ldots \quad 2{,}168 \; \tfrac{67}{100} \\[4pt]
\text{Pour la } 3^{me}\ldots\ldots \quad 4{,}819 \; \tfrac{28}{100} \\[4pt]
\text{Pour la } 4^{me}\ldots\ldots \quad 2{,}409 \; \tfrac{64}{100} \\[4pt]
\text{Pour la } 5^{me}\ldots\ldots \quad 8{,}674 \; \tfrac{70}{100}
\end{array}
\right\} (7)
$$

Et le décimateur en aura la vingtième partie.

Et le décimateur en aura la quarantième partie.

Il y aura de plus 10,000 liv. d'augmentation pour la seconde classe, dont le 20me ou 500 pour le décimateur.

Supposons enfin que des 70,000 livres du dernier impôt, il y en ait 40 réparties sur la totalité des terres, en augmentation de dépense; 20,000 en diminution de la valeur des produits; et 10,000 de cette dernière manière, sur les propriétés de la cinquième classe; nous aurons, pour cette première partie, la portion d'impôt payée (5) et (6)

$$
\left.
\begin{array}{l}
\text{Par la } 1^{re} \text{ classe}\ldots\ldots\ldots\ldots \quad 3{,}855 \; \tfrac{42}{100} \\[4pt]
\text{Par la } 2^{me}\ldots\ldots\ldots\ldots\ldots \quad 4{,}337 \; \tfrac{34}{100} \\[4pt]
\text{Par la } 3^{me}\ldots\ldots\ldots\ldots\ldots \quad 9{,}638 \; \tfrac{56}{100} \\[4pt]
\text{Par la } 4^{me}\ldots\ldots\ldots\ldots\ldots \quad 4{,}819 \; \tfrac{28}{100} \\[4pt]
\text{Par la } 5^{me}\ldots\ldots\ldots\ldots\ldots \quad 17{,}349 \; \tfrac{40}{100}
\end{array}
\right\} (8)
$$

Mais l'augmentation réelle pour la suppression de l'impôt indirect sera seulement,

$$
\left.
\begin{array}{l}
\text{Pour la } 1^{re} \text{ classe}\ldots\ldots\ldots\ldots \quad 2{,}698 \; \tfrac{78}{100} \\[4pt]
\text{Pour la } 2^{me}\ldots\ldots\ldots\ldots\ldots \quad 2{,}674 \; \tfrac{68}{100} \\[4pt]
\text{Pour la } 3^{me}\ldots\ldots\ldots\ldots\ldots \quad 7{,}469 \; \tfrac{88}{100} \\[4pt]
\text{Pour la } 4^{me}\ldots\ldots\ldots\ldots\ldots \quad 2{,}289 \; \tfrac{14}{100} \\[4pt]
\text{Pour la } 5^{me}\ldots\ldots\ldots\ldots\ldots \quad 14{,}024 \; \tfrac{10}{100}
\end{array}
\right\} (9)
$$

Somme égale à la diminution des dépenses du fermier. (Voyez ci-dessus l'explication des calculs relatifs au premier impôt.)

Les 20,000 livres qui étaient payées par une diminution de produit, donneront des augmentations égales à celle de l'impôt précédent. Enfin, les 10,000 livres qui étaient portées sur les terres de la cinquième classe produiront une augmentation égale, dont les décimateurs auront la quarantième partie, ou 250 livres.

Cela posé,

Nous trouverons que les premières propriétés portées à 120,000 livres, en y ajoutant les dîmes, seront augmentées,

Par la suppression du premier impôt,
de.................... $1{,}851\ \frac{85}{100}$ (4)
Par celle du 2me, de....... $1{,}349\ \frac{39}{100}$ (6)
Par celle du 3me, 1° de..... $1{,}349\ \frac{39}{100}$ (6)
$\qquad\qquad 2^{o}$ de.... $1{,}927\ \frac{71}{100}$ (7) $\Big\}$ (10)
Par celle du 4me 1° de..... $2{,}698\ \frac{78}{100}$ (9)
$\qquad\qquad 2^{o}$ de..... $1{,}927\ \frac{71}{100}$ (7)
Qui ajoutées à.......... $120{,}000$ (3)
____
Donnent........... $131{,}104\ \frac{83}{100}$

Les propriétés de la seconde classe seront augmentées,

Par la suppression du premier impôt,

de .... 3,703 $\frac{70}{100}$ (4)

Par celle du 2me, de....... 1,537 $\frac{34}{100}$ (6)

Par celle du 3me, 1° de..... 1,337 $\frac{34}{100}$ (6)

2° de..... 2,168 $\frac{67}{100}$ (7) (11)

3° de..... 10,000

Par celle du 4me, 1° de..... 2,674 $\frac{68}{100}$ (9)

2° de..... 2,168 $\frac{67}{100}$ (7)

Qui ajoutées à........... 172,500 (3)

Donnent........... 195,890 $\frac{40}{100}$

Les propriétés de la troisième classe sont augmentées,

Par la suppression du premier impôt,

de .... 1,481 $\frac{49}{100}$ (4)

Par celle du 2me, 1° de..... 3,734 $\frac{94}{100}$ (6)

2° de..... 20,000

Par celle du 3me, 1° de..... 3,734 $\frac{94}{100}$ (6) (12)

2° de..... 4,819 $\frac{28}{100}$ (7)

Par celle du 4me, 1° de..... 7,469 $\frac{88}{100}$ (9)

2° de..... 4,819 $\frac{28}{100}$ (7)

Qui ajoutées à........... 225,000 (3)

Donnent........... 271,059 $\frac{81}{100}$

Les propriétés de la quatrième classe sont augmentées,

Par la suppression du premier impôt,

de .... 9,259 $\frac{26}{100}$ (4)

Par celle du 2me, de .... 1,144 $\frac{57}{100}$ (6)

Par celle du 3me, 1° de ..... 1,144 $\frac{57}{100}$ (6)

2° de ..... 2,409 $\frac{64}{100}$ (7)

Par celle du 4me, 1° de ..... 2,289 $\frac{14}{100}$ (9)

2° de ..... 2,409 $\frac{64}{100}$ (7)

Ce qui joint à 262,500 (3)

$\left.\right\}$ (13)

Donne .... 281,156 $\frac{82}{100}$

Enfin, les terres de la cinquième classe seront augmentées,

Par la suppression du premier impôt,

de .... 3,703 $\frac{70}{100}$ (4)

Par celle du 2me, de .... 7,012 $\frac{5}{100}$ (6)

Par celle du 3me, 1° de ..... 7,012 $\frac{5}{100}$ (6)

2° de ..... 8,674 $\frac{70}{100}$ (7)

Par celle du 4me, 1° de ..... 14,024 $\frac{10}{100}$ (9)

2° de ..... 8,674 $\frac{70}{100}$ (7)

3° de 10,000

Ce qui ajouté à 345,000 (3)

$\left.\right\}$ (14)

Donne .... 404,101 $\frac{30}{100}$

La valeur totale des propriétés sera donc :

Pour la 1re .... 131,104 $\frac{83}{100}$

Pour la 2me .... 195,890 $\frac{40}{100}$

Pour la 3me .... 271,059 $\frac{81}{100}$

Pour la 4me .... 281,156 $\frac{82}{100}$

Pour la 5me .... 404,101 $\frac{30}{100}$

$\left.\right\}$ (15)

Total .... 1,283,313 $\frac{16}{100}$

Mais la partie de l'impôt payée immédiatement

par les propriétaires, sur le revenu, et qui par conséquent ne l'augmente point, est (5) et (6), (8)
et (9).

Pour la 1re classe............   2,313 $\frac{28}{100}$ ⎫
Pour la 2me.................   3,325 $\frac{32}{100}$ ⎪
Pour la 3me.................   4,337 $\frac{36}{100}$ ⎬ (16)
Pour la 4me.................   5,060 $\frac{28}{100}$ ⎪
Pour la 5me.................   6,650 $\frac{60}{100}$ ⎭
                                    ____
                                    21,686 $\frac{84}{100}$
Qui, ajoutées à...........   1,283,313 $\frac{16}{100}$
                                    ____
  Font.................   1,305,000

Comme on doit l'avoir, les propriétés étant
1,000,000, les dîmes 125,000, et l'impôt 180,000,
dont une partie égale à ces 21,686 liv. $\frac{84}{100}$, était
payée par une diminution réelle dans la valeur du
produit net actuel.

Connaissant ainsi le véritable produit net des cinq
classes des propriétés, il s'agit de répartir proportionnellement les 200,000 liv. d'impôts. Pour cela,
on multipliera par 200,000 la valeur de chaque classe,
et on divisera le produit par la valeur totale.

On aura donc, pour la valeur de ce que doit
payer,

La 1re classe................   20,432 $\frac{24}{100}$ ⎫
La 2me.....................   30,528 $\frac{85}{100}$ ⎪
La 3me.....................   42,243 $\frac{75}{100}$ ⎬ (17)
La 4me.....................   43,817 $\frac{34}{100}$ ⎪
La 5me.....................   62,977 $\frac{82}{100}$ ⎭
                                    ____
     Total............   200,000

Mais, en reprenant les éléments du calcul que nous avons fait, nous trouvons que la première classe payait, avant la conversion :

Impôt direct.................. 5,000   ⎫
Impôt indirect, diminuant le revenu (5) et (7) .... 11,104 $\frac{83}{100}$ ⎬ (18)
Impôt indirect, augmentant la dépense du propriétaire (16). 2,313 $\frac{28}{100}$ ⎭

$$18,418 \; \frac{72}{100}$$

Ainsi elles perdraient......... 2,014 $\frac{13}{100}$

De même, la seconde classe payait, avant la conversion :

Impôt indirect............... 7,500   ⎫
Impôt en diminution de revenu (5) et (7).................. 23,390 $\frac{40}{100}$ ⎬ (19)
Impôt en augmentation de dépense (16)................... 3,325 $\frac{32}{100}$ ⎭

$$34,215 \; \frac{72}{100}$$

Elles gagneraient donc....... 3,686 $\frac{67}{100}$

La troisième classe payait :

Impôt direct.................. 10,000   ⎫
Impôt en diminution de revenu (5) et (7).................. 46,059 $\frac{81}{100}$ ⎬ (20)
Impôt en augmentation de dépense (16)................... 4,337 $\frac{36}{100}$ ⎭

$$60,397 \; \frac{17}{100}$$

Elles gagneraient donc....... 18,153 $\frac{42}{100}$

La quatrième classe payait :

Impôt direct................ 12,500
Impôt en diminution de pro-
    duit (5) et (7)............. 18,656 $\frac{82}{100}$ $\Big\}$ (21)
Impôt en augmentation de dé-
    pense (16)................ 5,060 $\frac{28}{100}$

$\overline{}$ 36,217 $\frac{10}{100}$
Elles perdraient donc........ 7,600 $\frac{34}{100}$

La cinquième classe, enfin, payait :

Impôt direct................ 15,000
Impôt payé par la diminution
    du revenu (5) et (7)....... 59,101 $\frac{30}{100}$ $\Big\}$ (22)
Impôt payé par l'augmentation
    de dépense (16).......... 6,650 $\frac{60}{100}$

$\overline{}$ 80,751 $\frac{90}{100}$
Elles gagneraient donc....... 17,774 $\frac{8}{100}$

On voit ici comment l'impôt indirect pesait inégalement sur les différentes classes de propriétés, et
comment la nouvelle répartition rétablit l'équilibre
entre elles. Mais, après avoir examiné le sort des
propriétés, il faut examiner celui des propriétaires
et des décimateurs.

Les propriétaires de la première classe payaient
5,000 liv. d'impôt direct; et en augmentation de dépenses causées par les impôts, 1,926 liv. $\frac{62}{100}$, c'est-
à-dire les cinq sixièmes de ce que nous avons vu
ci-dessus (16) que cette augmentation de dépense
coûtait aux propriétaires et aux décimateurs réunis.
Leur revenu de 100,000 liv. était donc diminué de

6,926 liv. $\frac{62}{100}$, et se trouvait équivalent à ce que vaudrait, après la suppression de l'impôt, une somme de 93,073 liv. $\frac{38}{100}$. En effet, ils auront pour cette somme les mêmes choses qu'avant la conversion ils ne pouvaient avoir que pour 95,000 liv.

Voyons maintenant ce qui leur reste après la conversion. Leur revenu est d'abord de 100,000 liv. Elles sont, de plus, augmentées (10), par la suppression du premier impôt, d'une somme de 1,851 liv. $\frac{85}{100}$; par celle du second, d'une somme de 1,349 liv. $\frac{39}{100}$; par celle du troisième, encore d'une somme de 1,349 liv. $\frac{39}{100}$; et, de plus, puisque la valeur du produit brut est augmentée de 1,927 liv. $\frac{71}{100}$, des dix-neuf vingtièmes de cette somme, l'autre vingtième étant au profit du décimateur qui lève le vingtième de ce produit; cette somme sera donc 1,831 liv. $\frac{32}{100}$; par celle du quatrième, enfin, d'une somme de 2,698 liv. $\frac{78}{100}$, et d'une pareille somme de 1,831 liv. $\frac{32}{100}$; elles seront donc de 110,912 liv. $\frac{5}{100}$.

D'un autre côté, les décimateurs avaient 20,000 liv., sur lesquelles l'impôt leur coûtait, en augmentation de dépense, 386 liv. $\frac{66}{100}$; et il leur restait 19,613 liv. $\frac{34}{100}$. Mais, après la conversion, la valeur de ces dîmes est augmentée de 96 liv. $\frac{39}{100}$, par la suppression du troisième impôt, et d'une somme égale par la suppression du quatrième, puisqu'elles profitent d'un vingtième de l'augmentation de la valeur du produit brut. La valeur des dîmes sera donc de 20,192 liv. $\frac{78}{100}$. Partageant maintenant proportionnellement entre les propriétaires et les décimateurs, la somme de 20,432 liv. $\frac{24}{100}$, montant de l'impôt (17), les propriétaires payeront 17,285 liv. $\frac{27}{100}$, et les décimateurs, 3,146 liv. $\frac{97}{100}$.

Mais ici, nous avons supposé que les propriétaires, en faisant certaines avances de culture, partageaient les fruits avec leurs métayers ; il est donc clair que la valeur de la portion des propriétaires sera augmentée de 1,831 liv. $\frac{32}{100}$, et qu'ils pourront, à raison d'une augmentation égale en faveur des métayers, répéter sur eux une somme égale, puisque la suppression du troisième et du quatrième impôt augmente, pour chacun, d'une somme égale, la totalité du produit brut. Nous avons trouvé de même qu'en diminution de dépense sur la partie du produit brut, qui excède le produit net, ils gagnaient 5,397 liv. $\frac{56}{100}$, dont le tiers en diminution de leurs propres dépenses, puisqu'ils reçoivent 100,000 liv. sur cette partie, et deux tiers en diminution de celles des métayers, puisque les métayers gardent les 200,000 liv. qui restent (2). Ainsi, les propriétaires auront 1,799 liv. $\frac{18}{100}$, en diminution de dépense personnelle, et 3,998 liv. $\frac{38}{100}$ qu'ils pourront demander aux métayers. La valeur réelle du revenu des propriétaires sera donc 105,482 liv. $\frac{35}{100}$. Ils payeront un impôt de 17,285 liv. $\frac{27}{100}$, dont il faut ôter 5,429 liv. $\frac{70}{100}$, qu'ils ont droit de retenir sur les métayers, ce qui réduit l'impôt à 11,855 liv. $\frac{57}{100}$; et soustrayant cette somme de 105,482 liv. $\frac{35}{100}$, la valeur du revenu sera de 93,626 $\frac{78}{100}$, au lieu qu'il était, avant la conversion, de 93,073 liv. $\frac{38}{100}$: les propriétaires gagnent donc 553 liv. $\frac{40}{100}$.

Les décimateurs, de leur côté, ayant un revenu

égal à 20,192 liv. $\frac{78}{100}$, payeront 3,146 liv. $\frac{97}{100}$, et il leur restera 17,045 liv. $\frac{81}{100}$, au lieu de 19,613 liv. $\frac{34}{100}$; ils perdront donc 2,567 liv. $\frac{53}{100}$, d'où retranchant 553 liv. $\frac{40}{100}$, que gagnent les propriétaires, on retrouve les 2,014 liv. $\frac{13}{100}$ que perdaient les propriétés. Ainsi, la perte qu'éprouvaient les propriétés de cette classe, malgré la suppression des frais, se trouve plus que compensée en privant les décimateurs de l'exemption injuste dont ils jouissaient.

Les propriétaires de la deuxième classe payaient 7,500 liv. d'impôt direct ; et, de plus, conjointement avec les décimateurs, par l'augmentation de leurs dépenses, 3,325 liv. $\frac{32}{100}$ (16), qui, divisées dans le rapport de 20 à 3, donnent 2,891 liv. $\frac{58}{100}$ pour la part des propriétaires, et 433 liv. $\frac{74}{100}$ pour celle des décimateurs : il faut donc retrancher 10,391 liv. $\frac{58}{100}$ de la part des propriétaires, et par conséquent 139,608 liv. $\frac{42}{100}$ représenteront la valeur du revenu des propriétaires avant la conversion de l'impôt.

Après la conversion, la valeur du même revenu sera d'abord 150,000 liv., auxquelles il faut ajoutes (11) une augmentation de 3,703 liv. $\frac{70}{100}$, causée par la conversion du premier impôt; une augmentation de 1,337 liv. $\frac{34}{100}$, causée par celle du second ; une augmentation semblable, par celle du troisième; et, de plus, comme le produit brut est augmenté, par cette même conversion du troisième impôt, de 12,168 liv. $\frac{67}{100}$, dont le propriétaire ne gagne que les dix-neuf vingtièmes, l'autre vingtième étant pour les décimateurs, ceux-ci gagneront 608 liv. $\frac{44}{100}$, et les propriétaires, 11,560 liv. $\frac{23}{100}$. Enfin, la conversion du quatrième impôt produira une augmentation de 2,674 liv. $\frac{68}{100}$; et, de plus, les dix-neuf vingtièmes de 2,168 liv. $\frac{67}{100}$, ou 2,060 liv. $\frac{23}{100}$. Le revenu du propriétaire sera donc augmenté de 22,673 liv. $\frac{52}{100}$, et montera à 172,673 liv. $\frac{52}{100}$.

Le revenu des décimateurs était diminué, par les impôts, d'une somme égale à 433 liv. $\frac{74}{100}$, ce qui réduit la valeur de leur revenu à 22,066 liv. $\frac{26}{100}$.

D'un autre côté, ce même revenu des décimateurs, qui était de 22,500 liv., sera augmenté, par la suppression du troisième impôt, de 608 liv. $\frac{44}{100}$; et par celle du quatrième, de 108 liv. $\frac{44}{100}$; en tout, 716 liv. $\frac{88}{100}$; il montera donc à 23,216 liv. $\frac{88}{100}$, et c'est dans le rapport de ces deux sommes qu'il faut diviser l'impôt de 30,528 liv. $\frac{85}{100}$ (17) que cette classe de propriétés doit payer.

Les propriétaires payeront donc 26,910 liv. $\frac{57}{100}$, et les décimateurs, 3,618 liv. $\frac{28}{100}$; retranchant la première somme de 172,673 liv. $\frac{52}{100}$, il restera pour les propriétaires 145,762 liv. $\frac{95}{100}$; et sur leur impôt de 26,910 liv. $\frac{57}{100}$, ils auront à répéter sur leurs fermiers une somme de 22,673 liv. $\frac{52}{100}$, valeur de ce qu'ils gagnent pendant la durée du bail, par la suppression des taxes indirectes, ce qui réduit l'impôt que les propriétaires ont à payer réellement, à 4,237 liv. $\frac{5}{100}$. Il ne leur restait, avant la conversion, que 139,608 liv. $\frac{42}{100}$; ils gagnent donc 6,154 liv. $\frac{53}{100}$.

Les décimateurs avaient 23,216 livres $\frac{88}{100}$, sur lesquelles ils payent 3,618 livres $\frac{28}{100}$, et il leur reste 19,598 liv. $\frac{60}{100}$, et par conséquent, puisqu'ils avaient, avant la conversion, 22,066 liv. $\frac{26}{100}$, ils perdent

2,467 liv. $\frac{66}{100}$; et, en retranchant cette somme de celle que gagnent les propriétaires, on retrouve les 3,686 liv. $\frac{87}{100}$, que gagnent les propriétés de cette classe.

Les propriétaires de la troisième classe payaient 10,000 livres d'impôt direct; et de plus, conjointement avec les décimateurs, en augmentation de dépenses, une somme de 4,337 liv. $\frac{36}{100}$ (16), qu'il faut partager dans le rapport de leur revenu, c'est-à-dire, que les propriétaires doivent payer les huit neuvièmes, ou 3,855 liv. $\frac{43}{100}$, et par conséquent les décimateurs, 481 liv. $\frac{93}{100}$. La valeur du revenu des propriétaires était donc, avant la conversion, de 186,144 liv. $\frac{57}{100}$.

Après la conversion de l'impôt, ils auront d'abord les 200,000 livres, sans aucune diminution; et de plus (12), par la suppression du premier impôt, 1,481 $\frac{49}{100}$; par celle des impôts qui n'affectent point la part du décimateur, 14,939 liv. $\frac{76}{100}$; enfin, par celle des impôts qui augmentent la valeur du produit brut, et pour lesquels les décimateurs ont un quarantième de l'augmentation, puisqu'ils ont un quarantième du produit net, 28,897 liv. $\frac{59}{100}$.

L'augmentation du revenu des propriétaires de cette classe sera donc 45,318 liv. $\frac{84}{100}$, et leur revenu total, 245,318 $\frac{84}{100}$.

Les décimateurs avaient un revenu de 25,000 liv., dont la valeur, vu l'augmentation de dépense causée par l'impôt, n'était que 24,518 liv. $\frac{7}{100}$; et ils obtiennent, par la suppression des impôts, une augmentation de 740 liv. $\frac{97}{100}$, ce qui porte leur revenu à 25,740 liv. $\frac{97}{100}$; et c'est dans le rapport de ces deux sommes qu'il faut partager l'impôt, montant à 42,243 liv. $\frac{75}{100}$ (17), que ces propriétés doivent payer. Les propriétaires payeront donc 38,232 l. $\frac{11}{100}$, et les décimateurs, 4,011 liv. $\frac{34}{100}$. Mais les propriétaires avaient 245,318 liv. $\frac{84}{100}$, il leur restera donc 207,086 liv. $\frac{73}{100}$, et ils pourront exiger des fermiers, sans leur faire tort, non-seulement la valeur de l'impôt nouveau, mais la totalité des 45,318 liv. $\frac{84}{100}$ que ces fermiers payaient réellement, et dont la conversion de l'impôt augmente la partie qui reste entre leurs mains. Or, comme le propriétaire, avant la conversion, avait seulement 186,144 liv. $\frac{57}{100}$, ils gagneront 20,942 liv. $\frac{16}{100}$, dont 13,855 liv. $\frac{43}{100}$, parce qu'ils jouiront de la totalité des 200,000 liv. de produit net ancien, et 7,086 liv. $\frac{73}{100}$ que leurs fermiers leur donnaient de moins, parce qu'ils étaient chargés de cet excédant d'impôts.

D'un autre côté, les décimateurs auront 25,740 livres $\frac{97}{100}$, et doivent payer 4,011 liv. $\frac{64}{100}$; il leur restera donc 21,729 liv. $\frac{33}{100}$: et comme avant la conversion ils avaient 24,518 livres $\frac{7}{100}$, ils perdent 2,788 liv. $\frac{74}{100}$. Et si on retranche cette somme de ce que gagnent les propriétaires, il reste la somme de 18,153 liv. $\frac{43}{100}$, que gagnaient ces propriétés.

Les propriétés de la quatrième classe payaient 12,500 liv. d'impôt direct, et de plus, les vingt vingt-unièmes de 5,060 liv. $\frac{28}{100}$ (16) (somme payée par les décimateurs comme par les propriétaires, par une augmentation de dépenses), et ces vingt vingt-unièmes font 4,819 liv. $\frac{31}{100}$.

La valeur du revenu du propriétaire n'était donc que 232,680 liv. $\frac{69}{100}$.

Après la suppression de l'impôt, ce revenu est d'abord de 250,000 liv., auxquelles il faut joindre (13) une augmentation produite par la suppression du premier impôt, égale à 9,259 liv. $\frac{26}{100}$, en diminution de dépenses causées aux fermiers par l'impôt 4,578 liv. $\frac{28}{100}$. Enfin, en augmentation du produit brut, augmentation dont les décimateurs ont le quarantième, les trente-neuf quarantièmes de 4,819 l. $\frac{28}{100}$, ou 4,698 l. $\frac{80}{100}$, en tout 18,536 l. $\frac{34}{100}$, ce qui porte leur revenu à 268,536 liv. $\frac{34}{100}$.

De même, les décimateurs avaient 12,500 liv. que l'augmentation de leur dépense diminuait de 240 liv. $\frac{97}{100}$, et réduisait à 12,269 liv. $\frac{3}{100}$. Mais après la suppression des impôts indirects, la même valeur sera augmentée de la quarantième partie de l'augmentation du produit brut, ou de 120 liv. $\frac{48}{100}$, et montera à 12,620 liv. $\frac{48}{100}$; c'est donc entre ces deux sommes qu'il faut répartir proportionnellement l'impôt direct, montant à 43,817 liv. $\frac{34}{100}$ (17).

Les propriétaires payeront donc 41,850 liv $\frac{47}{100}$, et les décimateurs, 1,966 liv. $\frac{87}{100}$. Mais les propriétaires ont 268,536 livres $\frac{34}{100}$; il leur restera donc 226,685 liv. $\frac{87}{100}$, en répétant sur leurs fermiers une somme de 18,532 liv. $\frac{34}{100}$. Ils avaient, avant la conversion, 232,680 livres $\frac{69}{100}$; ils perdront donc 5,994 liv. $\frac{82}{100}$. Les décimateurs auront, après la conversion, 12,620 l. $\frac{48}{100}$, et payeront 1,966 l. $\frac{87}{100}$; il leur restera donc 10,653 liv. $\frac{61}{100}$. Mais avant la conversion, ils avaient 12,259 liv. $\frac{3}{100}$; ils perdront

donc 1,605 liv. $\frac{42}{100}$ qui, jointes à la perte des propriétaires, forment les 7,600 liv. $\frac{24}{100}$ que perd cette
classe de propriétés.

Enfin, les propriétés de la cinquième classe
payaient 15,000 liv. d'impôt direct, en augmentation
de dépenses causées par l'impôt, les vingt vingt-
troisièmes de 6,650 $\frac{60}{100}$ (16), les décimateurs devant
en payer les trois autres vingtièmes : cette somme
sera donc 5,783 liv. $\frac{13}{100}$; et la valeur du revenu des
propriétaires, avant la conversion de l'impôt, sera
représentée par 279,216 liv. $\frac{87}{100}$.

Après la conversion de l'impôt, ce revenu sera
d'abord augmenté (14) de 3,703 liv. $\frac{70}{100}$, par la suppression du premier impôt de 28,048 liv. $\frac{20}{100}$, parce
qu'ils doivent gagner, à cause de la diminution des
dépenses du fermier, que les impôts augmentaient
de cette somme.

Enfin, par l'accroissement du produit brut des
trente-neuf quarantièmes de 27,349 liv. $\frac{40}{100}$. Les décimateurs profitant d'un quarantième de cette augmentation, elle sera donc de 26,665 liv. $\frac{73}{100}$; l'augmentation totale de 58,417 liv. $\frac{63}{100}$, et la valeur du
revenu de 358,417 $\frac{63}{100}$.

La part du décimateur était de 45,000 liv. dont la
valeur, à cause de l'augmentation de dépense, se
trouvait diminuée de 867 liv. $\frac{47}{100}$, et n'était plus
que 44,132 liv. $\frac{53}{100}$. Par la suppression de l'impôt,
elle est augmentée de 683 liv. $\frac{67}{100}$; sa valeur totale
est 45,683 liv. $\frac{67}{100}$, et c'est proportionnellement à
ces deux sommes, que l'on doit diviser l'impôt de
62,977 liv. $\frac{82}{100}$ (17) que doit payer cette classe de
propriétés.

Les propriétaires payeront donc 55,858 liv. $\frac{18}{100}$, et les décimateurs 7,119 liv. $\frac{64}{100}$. Mais les propriétaires avaient 358,417 liv. $\frac{63}{100}$; il leur restera donc 302,559 liv. $\frac{45}{100}$ en répétant sur les fermiers 58,417 liv. $\frac{63}{100}$; c'est-à-dire 2,559 liv. $\frac{45}{100}$ au-dessus de ce que le nouvel impôt coûte aux propriétaires, et que les fermiers payaient par l'excédant de l'impôt indirect. Mais avant la conversion, les propriétaires avaient 279,216 l. $\frac{87}{100}$; ils gagnent donc 23,342 l. $\frac{58}{100}$; c'est-à-dire, 20,783 $\frac{13}{100}$ par la diminution de leur imposition, et 2,559 l. $\frac{45}{100}$ par l'excédant dont les fermiers sont délivrés, et que les propriétaires peuvent répéter sur eux.

Les décimateurs ont 45,683 liv. $\frac{67}{100}$, sur lesquelles ils doivent payer 7,119 liv. $\frac{64}{100}$; il leur restera donc 38,564 liv. $\frac{3}{100}$. Mais avant la conversion, ils avaient 44,132 livres $\frac{53}{100}$; ils perdent donc 5,568 liv. $\frac{50}{100}$. Et les retranchant des 23,342 $\frac{58}{100}$ que gagnent les propriétaires, on aura 17,774 liv. $\frac{8}{100}$ que gagnent les propriétés. On observera enfin que la somme du gain des propriétaires de la première, la deuxième, la troisième et de la cinquième classe, sera 50,992 liv. $\frac{67}{100}$.

Les évaluations nécessaires pour avoir, dans l'état réel, les éléments des calculs dont nous venons de présenter le tableau, ne peuvent être rigoureusement exactes.

Il est donc nécessaire d'observer :

1° Qu'on doit faire en sorte que le fermier n'essuie aucune perte; et qu'ainsi, les évaluations doivent être telles qu'on soit presque assuré de n'avoir point excédé la somme qu'il doit réellement payer pendant la durée du bail.

2° Qu'il faut encore faire en sorte que les propriétaires qui étaient trop favorisés pendant l'existence des impôts indirects, ne soient pas assujettis à un impôt plus fort que celui qu'ils doivent légitimement payer.

3° Qu'il suffit que, dans une première opération, ceux qui doivent gagner à la conversion des impôts indirects éprouvent un avantage sensible.

Ces trois principes paraissent justes.

Le fermier ne doit payer réellement aucun impôt. Ainsi, il serait injuste que le changement dans la forme de l'impôt lui fît éprouver une perte. Lorsqu'on augmente les impôts indirects, les fermiers souffrent pendant la durée de leur bail; mais cette conséquence nécessaire de cette forme d'impôt est une injustice et un motif pour les détruire. Si d'ailleurs le fermier paye trop, la culture en souffrira un dommage qui retombera, du moins en partie, sur le propriétaire. Elle s'améliorera, au contraire, si le fermier paye moins, et le propriétaire y gagnera (1). Une surcharge momentanée, payée par le propriétaire, ne sera qu'un petit mal pour lui, et ne sera un mal que pour lui seul. Une surtaxe payée par le fermier sera un petit avantage pour le propriétaire, mais sera un mal pour le fermier, et pour la culture en général. Ainsi, dans l'impossibilité d'établir une

(1) Il faut supposer que les baux sont assez longs pour que le fermier puisse recouvrer avant leur fin ses avances, et les intérêts de ses avances; or, ce n'est pas en six ou en neuf mois qu'il puisse le faire. (*Note des premiers Éditeurs.*)

répartition rigoureuse, c'est en faveur du fermier qu'il est juste de faire pencher la balance.

Ceux que les impôts indirects avaient ménagés, perdront par la conversion de ces impôts; et quoique cette perte soit juste, il paraît plus conforme à l'équité de rester en deçà, que d'aller au delà de ce qu'ils doivent payer. Si l'erreur est inévitable, il paraît que celle qui ménagerait trop les propriétaires auxquels on fait essuyer une perte produirait un mal moins sensible, puisqu'elle ne détériorerait l'état actuel, ni de ceux qui payent trop, ni de ceux qui ne payent pas assez.

Par la même raison, celui qui profite du changement, souffre moins d'une erreur qui lui est défavorable; il jouit de ce qu'il gagne, et par conséquent il est moins blessé de ne pas recevoir tout ce qu'il a droit d'obtenir.

On sent qu'il n'est pas ici question de commettre sciemment une injustice, mais seulement d'avoir une très-grande probabilité que, si l'on commet une erreur, ce sera celle qui, en la supposant volontaire, serait, de deux injustices entre lesquelles on serait obligé de choisir, la moins odieuse, celle qui ferait un moindre tort.

Aussi, non-seulement les frais de perception, mais même une partie de la remise que doit éprouver une portion des propriétaires, pourra être employée à s'assurer que les fermiers ne payeront pas une somme trop forte, et que ceux qui payent plus qu'ils ne payaient, ne seront pas lésés.

Dans l'exemple que nous avons choisi, nous trouvons 5o,992 liv. $\frac{67}{100}$ de profit pour certaines classes de propriétaires.

Ainsi, après avoir fait les évaluations avec la plus grande exactitude possible, on pourra diminuer, et ce que doit payer le fermier au propriétaire, et ce que doivent payer les propriétaires qui perdent par la réforme, de manière qu'aucune erreur qu'il soit raisonnable de supposer possible, dans ces évaluations, ne fasse payer à ceux-ci plus qu'ils ne doivent, et en même temps de manière qu'aucune erreur du même genre ne puisse enlever aux autres classes de propriétaires la totalité des 5o,992 liv. $\frac{67}{100}$; ce qui donne une très-grande latitude.

Alors une réforme de la répartition, qui sera d'ailleurs nécessaire peu de temps après la conversion totale, rétablira ce qui resterait encore d'inégalités, et, dans l'intervalle, celles qui auraient eu lieu dans la distribution de l'impôt entre le propriétaire et le fermier auraient déjà disparu par le renouvellement des baux.

Nous avons dit que les appointements fixes, payés par l'État, devaient porter une partie de l'impôt destiné à remplacer les impôts indirects.

Supposons, en conservant d'ailleurs les hypothèses précédentes, que ces appointements soient de 5o,000 livres, et qu'ils participent proportionnellement à toutes les espèces d'impôts, il est clair qu'ils ne gagnent, dans la conversion, que par une diminution de dépense. La somme ainsi gagnée étant 8o,000 liv. (voyez ci-dessus la distribution des quatre espèces d'impôts), la somme des revenus des propriétaires et des décimateurs 1,125,000 liv. (2) et (3), ce qui reste aux fermiers 3,025,000 livres, en tout 4,150,000 liv., il faut supposer que, sur cette dernière somme, 50,000 liv. appartiennent à ceux qui reçoivent ces gages fixes, et par conséquent qu'ils gagnent sur les 80,000 liv. dans la proportion de 5 à 415 ou 1 à 83, on les diminuerait donc de 963 l.$\frac{84}{100}$, et au lieu d'imposer les 200,000 liv., on imposerait seulement 199,036 liv. $\frac{16}{100}$.

Il est des cas où l'impôt, comme les entrées des villes, n'affecte point la totalité, mais seulement une partie du produit brut, et c'est alors cette partie et non la totalité seule, qu'il faut comparer avec la valeur des salaires fixes, consommés dans ces villes.

Quant aux salaires fixes, payés par des particuliers ou des corps, il faudra de même égaler cette retenue à ce que gagnent, par la conversion des impôts, ceux à qui ces rentes sont payées ; ce qui se déterminera de même que pour les appointements fixes ; seulement, dans le premier cas, l'impôt général est diminué d'une somme égale à cette retenue, puisque les salaires sont pris sur l'impôt ; mais ici l'impôt doit rester le même.

Les rentes constituées remboursables peuvent être mises dans la même classe que cette dernière espèce de salaires fixes ; mais il serait peut-être plus juste encore de ne pas les assujettir à la retenue : le remboursement n'étant pas exigible, il y aurait une lésion pour le créancier, dans le cas où l'intérêt commun ne baisserait pas dans la proportion de cette retenue ; tandis qu'en général le débiteur, en remboursant réellement, ou en offrant le remboursement, peut toujours obtenir une diminution proportionnelle à cette baisse de l'intérêt. Il faudrait donc au moins que la retenue n'eût lieu que pour un espace de temps déterminé.

Si les rentes en argent ne sont pas remboursables sans le consentement du créancier, si elles sont des cens dus par certaines terres, alors elles doivent être assujetties à une retenue proportionnelle à la totalité de l'impôt direct, parce qu'elles doivent être considérées comme une partie de la propriété aliénée sous cette forme.

Quant aux rentes dues en nature par une terre, elles doivent être traitées de la même manière, à cela près qu'on doit avoir égard à l'augmentation causée dans leur valeur par la suppression des impôts indirects.

Après avoir examiné comment on peut faire une conversion totale des impôts indirects par une seule opération, examinons ce qui aurait lieu, si, en suivant la même méthode, on convertissait seulement quelques impôts, et qu'on laissât les autres tels qu'ils sont.

Supposons, par exemple, que l'on convertisse seulement le quatrième impôt, et qu'on laisse subsister les autres.

La première classe (10) serait
augmentée de. . . . . $1{,}927\ \frac{71}{100}$
Plus. . . . . $2{,}698\ \frac{78}{100}$ (23)

Ou. . . . . $4{,}626\ \frac{49}{100}$

Et le produit net (3) résultant
de cette opération porté à.. $124,626 \frac{49}{100}$

La seconde classe (11) serait
augmentée de............ $2,168 \frac{67}{100}$

Plus........................... $2,674 \frac{68}{100}$ $\Big\}$ (24)

En tout.................... $4,843 \frac{35}{100}$

Et le produit net résultant de
cette opération (3) porté à.. $177,343 \frac{35}{100}$

La troisième (12) sera augmen-
tée de..... .... $4,819 \frac{28}{100}$

Plus..................... $7,469 \frac{88}{100}$ $\Big\}$ (25)

En tout.................... $12,289 \frac{16}{100}$

Et le produit résultant de
cette opération (3) porté à.. $237,289 \frac{16}{100}$

La quatrième (13) sera aug-
mentée de............... $2,409 \frac{64}{100}$

Plus..................... $2,289 \frac{14}{100}$ $\Big\}$ (26)

En tout.................... $4,698 \frac{78}{100}$

Et le produit net résultant de
cette opération (3) porté à.. $267,198 \frac{78}{100}$

La cinquième (14) sera aug-
mentée de............... $8,674 \frac{70}{100}$

Plus..................... $14,024 \frac{10}{100}$

Plus..................... $10,000$ $\Big\}$ (27)

En tout.................... $32,698 \frac{80}{100}$

Et le produit net résultant de
cette opération (3) sera de.. $377,698 \frac{80}{100}$

La somme totale de ces produits nets deviendra
donc :

$$1^{re} \text{ classe}\ldots\ldots\ldots\ldots\ldots\ldots\ldots 124{,}626\ \tfrac{49}{100}$$
$$2^{me} \text{ classe}\ldots\ldots\ldots\ldots\ldots\ldots\ldots 177{,}343\ \tfrac{35}{100}$$
$$3^{me} \text{ classe}\ldots\ldots\ldots\ldots\ldots\ldots\ldots 237{,}289\ \tfrac{16}{100} \quad\Big\} \ (28)$$
$$4^{me} \text{ classe}\ldots\ldots\ldots\ldots\ldots\ldots\ldots 267{,}198\ \tfrac{73}{100}$$
$$5^{me} \text{ classe}\ldots\ldots\ldots\ldots\ldots\ldots\ldots 377{,}698\ \tfrac{80}{100}$$

$$\overline{\qquad\qquad 1{,}184{,}156\ \tfrac{58}{100} \qquad}$$

Somme sur laquelle il faut lever l'impôt; et, si on
suppose que les frais de perception de cet impôt en
particulier soient de 10,000 liv. seulement, cet impôt
sera de 110,000 liv., et par conséquent les premières

$$\text{propriétés devront payer}\ldots\ldots 11{,}576\ \tfrac{94}{100}$$
$$\text{Les secondes}\ldots\ldots\ldots\ldots\ldots 16{,}475\ \tfrac{98}{100}$$
$$\text{Les troisièmes}\ldots\ldots\ldots\ldots\ldots 22{,}042\ \tfrac{53}{100} \quad\Big\} \ (29)$$
$$\text{Les quatrièmes}\ldots\ldots\ldots\ldots 24{,}820\ \tfrac{93}{100}$$
$$\text{Les cinquièmes}\ldots\ldots\ldots\ldots 35{,}085\ \tfrac{62}{100}$$

De plus, à cause des quatre impôts qui restent,
les mêmes propriétés payent encore, en augmentation de dépense sur leur ancien produit net, la moitié
de ce que leur coûtait, de la même manière, la totalité des impôts (16).

$$\text{Ainsi les premières perdent}\ldots 1{,}156\ \tfrac{64}{100}$$
$$\text{Les secondes}\ldots\ldots\ldots\ldots\ldots 1{,}662\ \tfrac{66}{100}$$
$$\text{Les troisièmes}\ldots\ldots\ldots\ldots\ldots 2{,}168\ \tfrac{68}{100} \quad\Big\} \ (30)$$
$$\text{Les quatrièmes}\ldots\ldots\ldots\ldots 2{,}530\ \tfrac{14}{100}$$
$$\text{Les cinquièmes}\ldots\ldots\ldots\ldots 3{,}325\ \tfrac{30}{100}$$

Les premières seront donc ré-

$$\text{duites à}\ldots\ldots\ldots\ldots\ldots\ldots 111{,}892\ \tfrac{91}{100}$$

Mais avant la conversion elles

$$\text{l'étaient à}\ldots\ldots\ldots\ldots\ldots\ldots 112{,}786\ \tfrac{76}{100}$$

Elles perdent donc......... 793 $\frac{81}{100}$

Et elles devraient perdre..... 2,014 $\frac{13}{100}$ (18)

Les secondes seront réduites à 159,206 $\frac{76}{100}$

Elles l'étaient, avant la conversion, à.............. 161,674 $\frac{68}{100}$

Elles perdent donc.......... 2,467 $\frac{97}{100}$

Et elles devraient gagner..... 3,686 $\frac{87}{100}$ (19)

Les troisièmes seront réduites à 213,077 $\frac{95}{100}$

Elles l'étaient, avant la conversion, à............ .... 210,662 $\frac{64}{100}$

Elles gagneraient donc..... .. 2,415 $\frac{31}{100}$

Et elles devaient gagner...... 18,153 $\frac{42}{100}$ (20)

Celles de la quatrième classe se trouveront réduites à...... 239,847 $\frac{71}{100}$

Elles étaient, avant la conversion, à................. 244,939 $\frac{72}{100}$

Elles perdent donc.......... 5,092 $\frac{1}{100}$

Au lieu de................. 7,600 $\frac{24}{100}$ (21)

qu'elles devaient perdre.

Celles de la cinquième classe, enfin, se trouvent réduites à 339,287 $\frac{88}{100}$

Elles l'étaient, avant la conversion, à.............. 323,349 $\frac{40}{100}$

Elles gagnent donc.......... 15,938 $\frac{48}{100}$

Au lieu de................. 17,774 $\frac{8}{100}$ (22)

qu'elles devaient gagner.

On voit par là que la conversion de cet impôt, non-seulement ne rétablit point l'équilibre, ne répartit point la totalité de l'imposition proportionnellement au produit net réel, mais augmente même

l'injustice produite par les impôts indirects au préjudice des propriétés de la deuxième classe.

Celles-ci payaient réellement 3,686 liv. $\frac{87}{100}$ (19) de
trop, et elles payent, par la conversion, 2,467 liv. $\frac{27}{100}$
de plus; en sorte qu'elles payeraient alors 6,154 liv.
$\frac{84}{100}$ de plus qu'elles ne doivent, ce qui est environ
d'un cinquième de leur impôt total. On trouverait,
en comparant ce que payent le propriétaire ou le
décimateur, de quelle manière l'injustice résultant
de cette opération pèse sur chacun d'eux; mais il
suffit qu'elle puisse augmenter l'inégalité causée par
les impôts indirects, pour qu'on doive chercher une
autre méthode.

Celle que nous croyons la meilleure consisterait
à faire le calcul pour les propriétés, comme si les
impôts indirects devaient être convertis en entier, et
de répartir la portion qu'on en détruit, de manière
à faire disparaître l'inégalité résultant de ceux qui
subsistent.

Conservons donc le même exemple que ci-dessus.

Comme on ne détruit qu'un impôt indirect, sur
la conversion duquel on n'épargne que 10,000 liv.
de frais, il reste un impôt de 220,000 liv. à payer;
aussi, pour savoir ce que doit chaque classe, il faut
ajouter un dixième à ce que nous avons trouvé (17)
qu'elles devaient payer.

La première classe devra donc   22,475 $\frac{46}{100}$
La deuxième................   33,581 $\frac{74}{100}$
La troisième................   46,468 $\frac{12}{100}$ $\Big\}$ (31)
La quatrième................   48,199 $\frac{7}{100}$
La cinquième................   69,275 $\frac{61}{100}$

Mais, après la conversion du quatrième impôt, la première classe, qui payait (18), 18,418 liv. $\frac{11}{100}$, gagne (23) 4,626 liv. $\frac{49}{100}$ en augmentation de revenu, 5,000 liv. d'impôt direct, 1,156 liv. $\frac{64}{100}$ en diminution de dépense (30). Elle paye donc encore par les autres impôts indirects 7,634 liv. $\frac{98}{100}$, et il lui restera à payer, par conséquent, 14,840 liv. $\frac{48}{100}$.

La seconde classe, qui payait (19) 34,215 liv. $\frac{72}{100}$, gagne, à la conversion de l'impôt (24) 4,843 liv. $\frac{35}{100}$ en augmentation de valeur, 7,500 liv. à cause de l'impôt direct, 1,662 liv. $\frac{66}{100}$ en diminution de dépense (30); en tout, 14,006 liv. $\frac{1}{100}$. Elle paye donc encore, par les autres impôts indirects, 20,209 liv. $\frac{71}{100}$, et par conséquent elle doit être seulement imposée à 13,372 liv. $\frac{3}{100}$.

La troisième classe, qui payait (20) 60,397 liv. $\frac{17}{100}$, gagne, à la conversion de l'impôt (25), 12,289 liv. $\frac{16}{100}$ d'augmentation de revenu, 10,000 liv. d'impôt direct, et 2,168 liv. $\frac{68}{100}$ en diminution de dépense (30); en tout, 24,457 liv. $\frac{84}{100}$. Elle paye donc encore 35,939 liv. $\frac{33}{100}$; et, comme son impôt total est de 46,468 liv. $\frac{12}{100}$, ce sont 10,528 liv. $\frac{79}{108}$ qu'il lui reste à payer.

La quatrième classe, qui payait 36,217 liv. $\frac{10}{100}$ (21), gagne à la conversion 4,698 liv. $\frac{78}{100}$ (26), 12,500 liv. à cause de l'impôt direct, 2,530 liv. $\frac{14}{100}$ par l'augmentation de dépense (30); en tout, 19,728 liv. $\frac{92}{100}$.

Elle paye donc encore 16,486 liv. $\frac{18}{100}$.

Mais son impôt total doit être 48,199 liv. $\frac{7}{100}$.

Il lui resterait donc à payer 31,710 liv. $\frac{89}{100}$.

Enfin, la cinquième classe, qui payait (22) 80,751 l.

$\frac{90}{100}$, gagne (27) 32,698 liv. $\frac{80}{100}$ en augmentation de revenu, 15,000 liv. d'impôt direct, et 3,325 liv. $\frac{30}{100}$ en diminution de dépense (30); en tout, 51,024 liv. $\frac{10}{100}$. Elle paye donc encore 29,727 liv. $\frac{80}{100}$; et, comme elle en doit 69,275 $\frac{61}{100}$, il lui reste à payer 39,547 liv. $\frac{81}{100}$.

On trouverait, par un même moyen, ce qu'il faut demander aux propriétaires et aux décimateurs, et ce que les premiers ont droit de répéter sur leurs fermiers. On ferait en sorte que les fermiers ne chan. geassent pas d'état, et que les décimateurs et les propriétaires payassent l'impôt proportionnellement à leur revenu, comme si la conversion eût été to- tale, et que seulement l'impôt eût été augmenté de 220,000 liv. au lieu de 200,000 liv.

Il se présenterait des cas où les propriétaires de- vraient non-seulement ne rien payer, mais recevoir au delà de leur produit net actuel; alors on pour- rait se borner à les affranchir totalement. Mais, en suivant le principe que nous avons proposé, celui de s'assurer que les fermiers ne payeront pas trop, et que les propriétaires qui doivent perdre à la conver- sion ne perdront pas au delà de ce que la justice exige de leur ôter, ce cas se présentera rarement, et n'a d'ailleurs aucun inconvénient durable, puisque une nouvelle conversion d'impôts indirects rétabli- rait l'équilibre; il faudrait seulement, en attendant, distribuer l'impôt de manière que les propriétés obli- gées de payer au-dessus de ce qu'elles doivent éprou- vassent un sort proportionnel. On voit comment une deuxième, une troisième conversion d'impôts pourrait s'exécuter successivement, en se conformant toujours au même principe.

Ceux qui se donneront la peine de suivre ces calculs verront qu'ils n'exigent pas des connaissances arithmétiques au-dessus de la règle de trois; qu'ils sont longs sans être difficiles; que tout homme qui sait l'arithmétique les exécutera sans peine. La grande difficulté de cette opération consiste à examiner chaque impôt séparément, à l'analyser dans toutes ses parties, pour savoir, d'une manière approchée, de quelles terres il diminue la production, de quels individus il augmente la dépense, et par quelles terres cette dépense est payée : par ce moyen, on parviendra à classer les différentes terres. Mais, pour qu'une terre soit dans la même classe qu'une autre, il faut que le rapport du produit brut au produit net actuel, celui de la dîme au produit brut, soient les mêmes, que l'influence de chaque impôt, soit pour augmenter la dépense, soit pour diminuer la valeur du produit, soit proportionnelle au produit net actuel, et il est nécessaire que cette proportion soit la même pour tous les impôts, et non pas seulement pour la masse totale du moment où l'on ne fait pas la conversion par une seule opération. On peut donc présumer d'avance qu'on aura un très-grand nombre de classes, et dès lors on peut craindre qu'il n'en résulte une très-grande complication. Mais la pratique, en montrant dans quelles limites il faudra resserrer les subdivisions, doit indiquer en même temps des moyens de réduire le nombre des classes, ou de simplifier le travail par des classifications successives.

Au reste, comme il s'agit non-seulement d'une distribution plus juste et moins dispendieuse de l'impôt, mais de la liberté de la jouissance des droits
d'hommes et de citoyens, de la prospérité publique,
liées intimement à cette révolution dans la forme des
impôts, et qui ne peuvent s'établir sans elle d'une
manière durable et paisible, de telles difficultés ne
doivent pas décourager. Ce qui est important, c'est
d'avoir des bases suffisamment précises, de connaître les faits avec une exactitude suffisante, et c'est
ce que les différents ordres d'assemblées provinciales
peuvent donner, et ce qui en même temps aurait
été impossible, sans l'établissement de ces assemblées,
et surtout sans l'établissement de leurs différents ordres.

En suivant les opérations indiquées dans cette
note, on sent combien il est utile de commencer
par la conversion des impôts dont la perception
est la plus coûteuse, et de pouvoir en remettre les
frais. C'est dans cette hypothèse que nous avons
calculé, parce qu'en effet ce cas est le seul où il n'y
ait qu'une conversion d'impôt, et que, si on demande,
en excédant d'impôt, une partie de ce que les frais
pouvaient coûter, c'est une véritable augmentation
que l'on exige. L'effet de la conversion est toujours
le même, il en résulte le même bien; car on doit
supposer l'augmentation nécessaire, et non regarder
la conversion comme un prétexte pour augmenter
le revenu public. C'est une conséquence nécessaire
de ce principe, que les citoyens d'un État ne peuvent devoir, ni une somme fixée, ni une partie dé-

terminée de leur revenu, mais seulement ce qui est nécessaire pour les besoins de l'État et le payement de la dette publique.

On doit observer seulement que si, en combinant, avec une augmentation d'impôts, la destruction des impôts indirects, et en égalant cette augmentation à la diminution produite par celle des frais, les pertes que peuvent essuyer une partie des citoyens, par des erreurs inévitables, sont moindres que celles qu'ils auraient essuyées, si on les avait assujettis à un impôt nouveau d'une valeur égale, sans convertir les autres; ces pertes seront toujours réelles, et contribueront à donner de la force aux oppositions, que les préjugés ou l'intérêt ne manqueraient pas d'élever contre cette opération salutaire. Il serait donc à désirer qu'on pût l'exécuter sans être obligé d'établir en même temps cette augmentation, quoique celle qui aurait lieu sous cette forme fût de toutes la moins odieuse et la plus facile à supporter, puisqu'il n'en résulterait une charge nouvelle que pour un petit nombre de propriétés, et une charge fort au-dessous de la valeur de cette augmentation.

NOTE CINQUIÈME.

Nous insérons ici un mémoire composé pendant l'assemblée des notables, et dont une copie est tombée entre nos mains.

On s'y proposait de consacrer la vente successive

des biens du clergé à la liquidation de la dette publique. En examinant ce mémoire avec attention, on trouvera, 1° que le produit de cette vente successive est équivalent à environ cinq cent trente millions reçus actuellement, ou vingt-six millions et demi de rente perpétuelle; 2° qu'il reste de plus, après toute l'opération, environ vingt-trois millions de revenu libre, en y comprenant ce que l'auteur propose de remettre aux communautés; 3° qu'il reste encore dans la même hypothèse les deux pour cent qu'on a réservés sans les employer en remboursements, ainsi que la formation graduelle de cette même somme laissée aux communautés : ce qui peut s'évaluer à environ quinze millions de rente perpétuelle.

Si l'on considère ensuite que l'auteur du mémoire a fixé à un taux très-bas la valeur des revenus ecclésiastiques, qu'il n'y a pas compris un grand nombre de maisons, d'établissements immenses, dont la vente aurait une très-grande valeur, puisqu'il en existe beaucoup dans les villes considérables où les terrains ont un prix très-haut, on verra que l'on peut, sans craindre de se tromper, augmenter toutes ces évaluations d'un quart, ou même d'un tiers, et que, par conséquent, les ressources que nous avons dit qu'on pouvait tirer de cette opération ne sont rien moins qu'exagérées.

Il en résulte même que, en ajoutant aux produits de ces ventes celui de l'aliénation absolue des domaines, et du rachat du droit de rentrer dans les domaines anciennement aliénés, ces ressources réunies seraient vraisemblablement assez grandes pour permettre d'exécuter la conversion des impôts proposée, article Ier, sans être obligé d'imposer en même temps une somme égale aux frais de perception ; ce qui rendrait l'opération plus facile, et produirait en même temps un soulagement plus rapide et plus sensible.

Moyen simple et juste de payer les dettes de l'État, et de soulager le peuple par la vente successive des biens ecclésiastiques, après la mort des possesseurs actuels.

I.

ABBAYES ET BÉNÉFICES SIMPLES.

I. On suppose que toutes les abbayes, comme les bénéfices simples, sont données depuis l'âge de 3o ans jusqu'à celui de 55, et dans cette proportion, que si on a donné 55 abbayes à des hommes de 3o ans, on en donne 54 à ceux de 31 .... et 31 aux gens de 55 ans. On suppose enfin la mortalité constante, suivant l'hypothèse de Moivre. Ces suppositions donnent évidemment un ordre d'extinction plus lent que l'ordre réel.

II. On suppose qu'à chaque extinction on vende au denier 25 la partie des biens du bénéfice qui en est domaine réel, et qu'on évalue en gros à la moitié ; que le reste soit remis aux communautés (sur lesquelles les dîmes ou autres droits sont levés), à condition de payer seulement les deux tiers du revenu actuel.

III. On suppose enfin que toutes ces sommes sont employées à payer des parties de la dette publique dont l'intérêt soit à cinq pour cent, et qu'on réserve seulement trois pour cent des intérêts éteints pour être employés en remboursements successifs.

Cela posé, en prenant la somme totale des revenus pour l'unité, on a les résultats suivants :

Sommes remboursées en 55 ans pour la vente des terres.   45,284
Remboursées par le tiers du revenu total, produit des
   droits abandonnés   19,089

                       Total.........   64,373

Somme actuelle représentant la première somme.....   89,104
Représentant la seconde.........................   37,561

                       Total.........   126,665

Remise faite aux communautés $\frac{1}{8}$ ou..............   016,666
Augmentation graduelle de revenu par les deux pour
   cent d'intérêts non employés en remboursements...   128,746

Intérêt de la dette éteinte......................   321,865
Revenu laissé aux communautés et payé par elles.....   33,333

     Total du revenu gagné par l'État.........   355,198

II.

COLLÉGIALES.

I. On conserve la première hypothèse.

II. On suppose la masse de la moitié des biens vendus à la fois, toujours au denier vingt-cinq, le reste laissé aux communautés, à condition d'en payer un revenu moindre d'un quart seulement, afin qu'employant ces sommes à éteindre des dettes à cinq pour cent, on ait dans l'intérêt de ces dettes un revenu égal dont on pût disposer ; ce revenu servirait à payer aux titulaires actuels une pension égale à la valeur du bénéfice, et ces pensions, à mesure qu'elles s'éteindront à leur mort, seront employées à la liquidation des dettes.

III. On conserve la troisième hypothèse.

Le revenu étant toujours égal à l'unité, on aura les résultats suivants :

Sommes remboursées par l'extinction graduelle des pensions

payées aux anciens titulaires..................   572,670
Somme actuelle qui représente cette somme........   112,683
Remise faite aux communautés $\frac{1}{8}$ ou.............   0,125,000
Augmentation graduelle en 55 ans..............   114,534
                                                   ─────────
Intérêt de la dette éteinte....................   286,335
Revenu laissé entre les mains des communautés....   037,500
                                                   ─────────
    Total d'augmentation de revenu pour l'État...   323,835

III.

ÉVÊCHÉS.

On conserve ici les mêmes hypothèses que pour les bénéfices simples, mais il faut assigner des appointements aux nouveaux évêques; appointements uniformes et partagés seulement en deux ou trois classes : on suppose la somme de ces appointements égale à la moitié des revenus actuels. D'où il résulte que l'on aurait ici une vente graduelle d'une moitié comme pour les bénéfices simples, mais en même temps une diminution progressive d'un sixième du revenu total, qui, ajoutée au tiers dont les communautés sont chargées, forme la moitié dont on a besoin.

Supposant donc le capital toujours égal à l'unité, on aura les résultats suivants :

Capitaux éteints en 55 ans.....................   35,733
Valeur actuelle de ces capitaux................   70,323
Remise aux communautés $\frac{1}{6}$ ou...............   016,666
Augmentation graduelle du revenu..............   054,812
Intérêt de la dette éteinte, charges déduites pour le
    payement des appointements..................   162,029

IV.

CHAPITRES DES CATHÉDRALES.

Nous conserverons ici les mêmes hypothèses que pour les col-

légiales, si ce n'est que nous laisserons en réserve la moitié des revenus pour donner, soit des appointemens à des ecclésiastiques
destinés pour aider les évêques, soit des pensions de retraite
aux curés.

On aura donc les résultats suivants :

Sommes remboursées en 55 ans..................... 28,633
Somme actuelle équivalente....................... 56,341
Remise aux communautés $\frac{1}{8}$ ou.................... 012,500
Augmentation graduelle de revenu................ 057,267

Intérêt de la dette éteinte....................... 143,167
Revenu payé par les communautés................. 018,750

Revenu acquis par l'État......................... 161,917

V.

MOINES.

Nous adopterons ici la même marche que pour les bénéfices
simples, en observant seulement que nous supposerons tous les
moines entrés en religion à l'âge de vingt ans, en s'éteignant en
65 ans. Nous préférons cette hypothèse où l'on suppose que l'on
supprime les maisons de moines à mesure que l'ordre manquerait
de sujets pour les remplir suivant une règle qui serait prescrite,
à une opération par laquelle on les supprimerait toutes à la fois,
en donnant des pensions aux moines. Dans celle que nous adop-
tons, on pourrait cependant permettre de sortir à ceux qui le
voudraient, mais alors on se contenterait de leur offrir une pension plus faible. Les résultats suivants en seraient augmentés.

On aurait, en supposant toujours le revenu total égal à l'unité :

Sommes remboursées en 65 ans par la vente....... 35,546
Par les revenus retenus.......................... 21,425

                                Total......... 56,971

Valeur actuelle de la première somme............. 52,045
De la seconde.................................... 31,369

                                Total......... 83,414

Remise faite aux communautés $\frac{1}{6}$ ou................ 016,636
Augmentation graduelle de revenu............... 113,942

Intérêt de la dette éteinte....................... 284,855
Revenu entre les mains des communautés.......... 33,333

Augmentation de revenu pour l'État.............. 318,188

On n'a point parlé des religieuses, parce que l'humanité semble exiger qu'on leur offre à toutes la liberté avec des pensions plus fortes qu'aux moines ; elles sont moins riches à proportion ; aussi cette partie de l'opération générale produirait moins.

VI.

RÉSULTAT GÉNÉRAL.

On suppose le revenu total des bénéfices simples, vingt millions ; celui des collégiales, trois millions ; celui des évêques et des chapitres des cathédrales, chacun six millions ; celui des moines enfin, vingt millions.

Nous aurons donc les deux tableaux suivants :

Dettes remboursées en 55 ans...........	1,845,483,000	En 65 ans, pour les biens des moines...	1,139,420,000
Valeur actuelle.......	363,133,300	Valeur actuelle.......	166,828,000
Somme remise aux communautés........	5,468,000	Somme remise aux communautés........	3,333,300
Augmentation graduelle...........	35,909,800	Augmentation graduelle...........	22,788,400
Revenu acquis par l'État.............	100,176,400	Revenu acquis par l'État.............	63,637,600

Total général des remboursements.......... 2,984,903,000
Valeur actuelle 529,961,300
Somme remise aux communautés........... 8,791,300
Augmentation graduelle du revenu dans le cours de l'opération......................... 58,698,200
Revenu acquis par l'État................. 163,814,000

VII.

RÉFLEXIONS.

Nous avons porté à 55 millions seulement le revenu de tous les biens ecclésiastiques, les cures et les communautés de filles exceptées, et cette évaluation est sûrement fort au-dessous de la vérité.

Nous avons négligé le produit de la vente des biens de ces dernières communautés, quoique celle des terrains immenses qu'elles occupent dans plusieurs villes doive monter à des sommes très-considérables.

Nous avons négligé de même le produit de la vente des couvents d'hommes, des abbatiales, d'une partie des maisons de chapitre, qui ne sont pas regardés comme des objets de revenu.

Nous avons supposé les biens vendus au denier 25, et cependant il faut observer que ces biens ne se vendant jamais, ne produisent actuellement ni droits de contrôle, ni lods et vente, qu'ils ne donnent pas lieu à des droits de franc-fief, et qu'on pourrait les déclarer exempts de tous ces droits. De même, puisqu'ils n'entrent point dans les successions, on pourrait établir pour eux le partage égal entre les enfants, sans aucun droit d'aînesse; alors, en les vendant par petites parties, il est certain qu'ils seraient achetés par le peuple fort au-dessus du denier 25.

Le produit de ces ventes et les remboursements proposés seraient donc fort au-dessus de ce que présente le tableau précédent, qui cependant offre des avantages immenses. Et ces avantages peuvent s'obtenir, 1° sans rien ôter à aucun individu actuellement existant et jouissant d'un bien ecclésiastique, et en améliorant même le sort des moines et des religieuses; 2° en conservant les évêques, un conseil qui les aide et les curés, c'est-à-dire, les seuls ecclésiastiques d'institution primitive, suivant les principes de la religion romaine, et les seuls qui soient humainement utiles; en donnant enfin au clergé une constitution plus conforme aux maximes de l'Évangile et aux usages anciens de l'Église ; 3° sans toucher à aucune propriété, puisqu'on emploie seulement à l'utilité générale de la nation des biens qui ne sont au fond que des aumônes ou des salaires, et dont par conséquent la distribution, sous la forme la plus utile, appartient à la puissance publique.

On objectera l'utilité des aumônes que les ecclésiastiques font au peuple, et le bien que les gros bénéfices font aux familles nobles. Nous répondrons, 1° qu'on laisse ici aux communautés plus de huit millions qu'on peut regarder comme aumône, et qui sont près du sixième du revenu supposé; 2° que la diminution d'impôt causée par le payement des dettes, et qui, à mesure que les bénéfices s'éteindraient, monterait à cinquante-huit millions, est plus qu'une compensation pour les aumônes; 3° qu'il faut soulager le peuple et sauver la nation avant de s'occuper des moyens d'enrichir la noblesse.

Les assemblées provinciales seraient chargées de la vente de ces biens, et dès lors les seules objections qu'on pourrait faire contre ce projet, l'une quant au droit, l'autre quant à l'utilité, perdent absolument toute leur force.

POST-SCRIPTUM.

Lorsque cet ouvrage a été envoyé à l'impression, on avait lieu de croire que l'assemblée des états généraux n'était pas très-prochaine; et alors le moyen le plus simple de parvenir à rétablir la nation dans l'exercice de ses droits, et les citoyens dans la jouissance de ceux qu'ils ont reçus de la nature, était de chercher d'abord à perfectionner la constitution des différents ordres d'assemblées de chaque province, pour y lier ensuite celle d'une assemblée nationale où la représentation fût égale et réelle. Tel est l'objet que j'ai traité dans la première partie de cet ouvrage.

Des événements sur lesquels il n'est pas temps encore de porter un jugement, ont accéléré l'époque de l'assemblée nationale. Il eût été à désirer, sans doute, que la nation eût eu le temps de s'éclairer sur ses droits et sur ses véritables intérêts ; que les citoyens destinés à être ses représentants eussent pu, en suivant les travaux des assemblées provinciales, acquérir des connaissances locales sur les détails de l'administration. Notre instruction sur la constitution des États se borne, en général, à quelques maximes plus ingénieuses que solides, plus dangereuses qu'utiles, tirées de l'Esprit des lois, et à une admiration plus bruyante qu'éclairée pour la constitution anglaise. Comment la nation pourrait-elle avoir de véritables lumières sur des questions que la non-liberté de la presse n'a jamais permis de discuter, et sur les détails d'une administration qui cachait dans la poussière des bureaux, les motifs réels et les résultats de ses opérations ?

Une assemblée nationale, préparée par l'instruction publique n'eût inspiré que de l'espérance ; elle eût été pour la nation l'époque d'une restauration assurée, et non une crise dont l'issue soit incertaine.

Aujourd'hui, à peine reste-t-il quelques mois pour dissiper cette nuée d'erreurs que l'ignorance, les habitudes, les préjugés de plusieurs siècles ont amassées, pour détruire les sophismes sur lesquels les passions et les intérêts particuliers ont appuyé les erreurs, et après ce court espace.....

Quel homme accoutumé à réfléchir sur ces objets ne sera pas effrayé de voir, d'un côté, une foule de dispositions qui rendraient le bien impossible pour une longue suite de générations, en opposant à tout perfectionnement des obstacles plus grands que ceux dont nous gémissons, et de l'autre un si petit nombre de moyens par lesquels on puisse, sans rien sacrifier du bien aujourd'hui possible, préparer des biens plus grands pour l'avenir, et non les contrarier? Que serait-ce s'il voyait en même temps ces opinions dangereuses, répétées par toutes les bouches, fermentant dans toutes les têtes, tandis que tout ce qui serait vraiment utile est ignoré ou méconnu? Combien n'est-il pas facile de faire regarder comme des barrières contre l'autorité, ce qui n'est que le partage de l'autorité; de confondre avec la liberté des prérogatives qui ne font que réunir entre eux et multiplier ceux à qui les abus sont utiles; de croire donner des défenseurs au peuple, et de n'en donner qu'aux préjugés, aux prétentions et à l'orgueil?

Osons présenter ici à nos concitoyens quelques principes qui nous paraissent suffire pour les préserver, et des erreurs de leur propre jugement, et de celles où une adresse étrangère pourrait les faire tomber.

Il faut d'abord s'attacher à bien connaître les droits naturels de l'homme dans toute leur étendue, ceux de la liberté, ceux de la propriété, ceux de l'égalité encore si méconnus chez toutes les nations qui osent se vanter d'être libres; ne pas trop se livrer sans doute à l'espérance de les lui rendre à la fois dans toute leur intégrité, mais ne souffrir, ni aucun rétablissement d'une chose antique, ni aucune nouveauté qui puisse porter à ces droits l'atteinte la plus légère.

La nature n'a fait que des hommes et des citoyens; toute prérogative suppose un devoir, et ne doit être qu'un moyen de le mieux remplir, pour la plus grande utilité de ceux qui ne sont qu'hommes et citoyens. Quiconque professe ou pratique d'autres maximes, quelque masque qu'il emprunte, est un ennemi de la liberté.

Dans toute loi, il faut d'abord examiner ce qui est juste, et ensuite quel est le meilleur moyen de faire en sorte que ce qui est juste soit observé. La raison seule peut nous apprendre en quoi consiste la justice, et le moyen d'y conformer l'ordre public; mais la raison ne peut avoir une influence générale, si elle n'est parfaitement libre : elle n'a commencé que dans ce siècle à paraître parmi les hommes; et tout ce qui porte l'empreinte du temps doit inspirer la défiance bien plus que le respect.

La vérité et la justice sont les mêmes dans tous les pays et pour tous les hommes. Ce qui est bon dans une province ne saurait être mauvais dans une autre. L'uniformité dans tous les objets de l'ordre public est un lien de plus entre les hommes : toute différence est une semence de discorde.

Tout pouvoir a été établi pour le bien de celui qui obéit. Il est absurde de supposer que les hommes doivent élever sur eux un pouvoir trop étendu, pour le contre-balancer par un autre aussi trop étendu. Mais il ne faut donner à chaque pouvoir que l'étendue nécessaire pour qu'il soit utile. L'homme ne s'est pas mis en société pour être froissé entre des pouvoirs opposés, et devenir également la victime de leur réunion ou de leurs querelles, mais pour jouir en paix de tous ses droits sous la direction d'une autorité uniquement instituée pour les maintenir, et qui, ne devant jamais avoir la puissance de les violer, ne peut avoir besoin d'être contre-balancée par une autre puissance.

Dans un pays assez heureux pour avoir, comme dans un grand nombre de provinces de France, des assemblées particulières de chaque canton, une déclaration des droits de l'homme et du citoyen, rédigée par des hommes éclairés, est la véritable barrière de tous les pouvoirs, la seule qui n'expose ni la tranquillité publique, ni la sûreté des individus.

Toute assemblée qui ne regarde pas la bonne foi dans les engagements, le respect pour les droits des particuliers comme un devoir sacré; qui se croit, parce qu'elle représente la généralité des citoyens, dispensée d'observer la justice, est plus dangereuse pour la liberté, que si un pouvoir égal était réuni entre les mains d'un seul homme.

Heureuse la nation si son choix tombe sur des hommes pénétrés de ces maximes; si elle préfère ceux qui raisonnent à ceux qui déclament, ceux qui ont des lumières à ceux qui ont du crédit et des richesses; enfin, ceux qui ont du patriotisme à ceux qui en montrent!

1789.

FIN DU TOME HUITIÈME.

TABLE DES MATIÈRES.

	Pages.
De l'influence de la révolution d'Amérique sur l'Europe. 1786	1
Introduction	3
Chapitre premier. Influence de la révolution d'Amérique sur les opinions et la législation d'Europe	11
Chapitre II. Des avantages de la révolution d'Amérique, relativement à la conservation de la paix en Europe	21
Chapitre III. Avantages de la révolution d'Amérique, relativement à la perfectibilité de l'espèce humaine	28
Chapitre IV. Du bien que la révolution d'Amérique peut faire par le commerce à l'Europe et à la France en particulier	30
Supplément	43
Projet de constitution	69
Essai sur la constitution et les fonctions des assemblées provinciales. 1788	115
Introduction	117
PREMIÈRE PARTIE	125
Article premier. Du droit de cité	127
Article II. Des différents ordres d'assemblées	143
Article III. Des conditions d'éligibilité	150
Article IV. Composition des assemblées	178
Article V. De la forme des élections	193
Article VI. De la forme des délibérations	211
Article VII. Utilité de la constitution proposée pour la formation d'une assemblée nationale	221
Article VIII. Prérogatives des députés des assemblées provinciales et de districts	258
Article IX. Fonctions des assemblées provinciales	268
Article X. Conclusion	271

Pages.

SECONDE PARTIE. Des fonctions des assemblées provinciales 278

ARTICLE PREMIER. Des impôts............................. *ib.*

I. Des impôts directs réels............................. 302

II. Des impôts indirects en général...................... 339

1° Des impôts levés directement sur les terres, mais indirects dans la réalité.............................. 351

2° Des impôts personnels............................. 355

3° Impôts sur les consommations...................... 361

V. Impôts sur les actes, ou sur les transmissions des propriétés.. 386

VI. Des impôts volontaires et des impôts sur le luxe 387

ARTICLE II. Des travaux publics 407

I. Des chemins.. *ib.*

II. Des canaux.. 419

III. Desséchement des marais 421

ARTICLE III. Des biens appartenant au public........... 433

ARTICLE IV. Établissements publics.................... 452

I. Des secours à donner aux pauvres................... 453

ARTICLE V. Milices 488

ARTICLE VI. Justice et police.......................... 494

ARTICLE VII. De la dette publique..................... 523

CONCLUSION 552

NOTES.—NOTE PREMIÈRE. Sur la manière de connaître le vœu de la pluralité dans les élections................ 559

NOTE SECONDE. Sur la forme des délibérations prises à la pluralité des voix.................................. 578

NOTE TROISIÈME... 604

NOTE QUATRIÈME... 608

NOTE CINQUIÈME... 647

Moyen simple et juste de payer les dettes de l'État, et de soulager le peuple par la vente successive des biens ecclésiastiques, après la mort des possesseurs actuels.... 649

Post-Scriptum 655

FIN DE LA TABLE DES MATIÈRES.